Harry M. Kuitert

Ich habe meine Zweifel

Eine kritische Auslegung des christlichen Glaubens

Aus dem Niederländischen übersetzt von Hermann Häring

Gütersloher Verlagshaus Gerd Mohn

Deutsche Erstausgabe

Titel der niederländischen Originalausgabe:
Het algemeen betwijfeld christelijk geloof
Een herziening
Uitgeverij Ten Have bv, Baarn/Niederlande 1992

Die Deutsche Bibliothek - CIP-Einheitsaufnahme

Kuitert, Harry M.:
Ich habe meine Zweifel : eine kritische Auslegung des christlichen
Glaubens / Harry M. Kuitert. Aus dem Niederländ. übers.
von Hermann Häring. - Dt. Erstausg. - Gütersloh:
Gütersloher Verl.-Haus Mohn, 1993
Einheitssacht.: Het algemeen betwijfeld christelijk geloof <dt.>
ISBN 3-579-02198-2

ISBN 3-579-02198-2

Umschlaggestaltung: HTG Werbeagentur, Bielefeld
Satz: ITS Text und Satz GmbH, Herford
Druck und Bindung: Clausen & Bosse, Leck
Printed in Germany

Inhalt

Zur Einführung

In der Liturgie der reformierten Kirche des Autors wird das Glaubensbekenntnis mit der Formel angekündigt »Der allgemeine, unbezweifelte christliche Glaube«. Harry M. Kuitert gab seinem Buch den Titel: »Der allgemein *bezweifelte* christliche Glaube«. Diese Umkehrung mußte die Insider wachrütteln und erschrecken. Den anderen aber machte sie klar, daß hier ein Theologe den christlichen Glauben kritisch zur Diskussion stellt und es auf eine gründliche »Revision« (Untertitel) ankommen läßt. Es ist kein Katechismus, auch keine Kurzfassung von Kuiterts Theologie, vielmehr faßt es die wichtigsten Inhalte des christlichen Glaubens in einem modernen Denk- und Argumentationsstil zusammen. Es geht um Gott und die Schöpfung, um Jesus Christus und die Erlösung, um Kirche und christliche Zukunftserwartung, um das Gebet sowie um die christliche Moral. Leserinnen und Leser haben es mit den Antworten nicht immer leicht, aber in ihren Zweifeln und im Zusammenhang ihres modernen Lebens werden sie ernstgenommen. So ist das vorliegende Buch eine Einführung ins Christsein, die den zweifelnden Zeitgenossen nicht überrollt, sondern seine Fragen in die Auseinandersetzung mit hineinzieht. Viele Antworten werden dadurch vorläufig und bescheidener, aber die eigentliche Herausforderung eines Vertrauens auf Gott erfährt keinen Abstrich. Im Gegenteil, Kuitert zeigt eindringlich, was es heißt, heute an Gott zu glauben. Dieses Buch verdient im Deutschland der selbstbewußten und wortreichen Theologen Gehör.

Zur Einführung werden hier drei Fragen gestellt: In welchen Diskussionszusammenhang ist das Buch einzuordnen? Was sind die Geheimnisse seines Erfolgs? Was hat der Übersetzer zur Sprache des Buches anzumerken?

1. Eine Frucht niederländischer Diskussion

Das vorliegende Buch hat in den Niederlanden eine unerwartete *Resonanz* gefunden. In neun Monaten sind zwölf Auflagen erschienen. Kirchliche Stellungnahmen sind kaum mehr zu übersehen, und keine Zeitung konnte es sich erlauben, auf eine Besprechung zu verzichten. Theologische Zeitschriften haben sich dem Werk gewidmet; Diskussions- und Studientage an Fakultäten und in Kirchengemeinden werden immer noch organisiert. Woher der Erfolg dieses Buches in dem säkularisiertesten Land Westeuropas? Sicher spielen spezifisch niederländische Faktoren mit, und vielleicht reicht die Säkularisierung dort weniger tief als die vielen Erhebungen vermuten lassen. Abnehmende Kirchlichkeit bedeutet noch nicht das Ende von Religiosität, und daß die Kirche für viele zur »Zusammenfassung aller Frustrationen« (Kuitert) wurde, muß nicht unbedingt an den Leuten liegen. Mit dem Rückgang von Religion aber verdampfen noch nicht die Fragen nach Orientierung und Sinn, nach den Grenzen unseres Daseins und einer beständigeren Wirklichkeit; denn daß uns weder glückliche Zukunft garantiert noch ein Recht auf das Dasein zugesprochen ist, kann nach Kuitert jeder erfahren. Zudem läßt sich nicht leugnen, daß die Niederlande noch immer ein konfessionell außerordentlich vielfältiges, ein für Christen begegnungs- und diskussionsfreudiges, ein für religiöse Traditionen tolerantes und offenes Land sind.

Das hat mit der *Konfessionsgeschichte* dieses Landes zu tun, die in vielem der deutschen vergleichbar ist. So gibt es seit dem 17. Jahrhundert - als Ergebnis einer komplizierten Entwicklung - Katholiken, Lutheraner und Täufer, vor allem aber die Reformierte Kirche mit Calvin als ihrem Kirchenvater, mit der Belgischen Konfession und dem Heidelberger Katechismus als ihren grundlegenden Dokumenten, mit der Schrift schließlich als der einzig entscheidenden Urkunde des Glaubens. Schon im 17. Jahrhundert aber kam es zu einer ersten, bis heute fortdauernden Spaltung im Streit um die Vorherbestimmung, die bis heute diskutiert wird. Während das 18. Jahrhundert nur Spaltungen bei der katholischen Kirche (1701) und den Lutheranern (1791) kennt, wird das 19. Jahrhundert zum Jahrhundert der großen reformierten Segregationen. Ab 1834 trennen sich mystisch ausgerichtete Erweckungsbewegungen (den Altreformierten Kirchen in Niedersachsen vergleichbar), dies im Kampf gegen eine aufklärerische, liberale und allzu staatsfreundliche Theologie. Mit der Bedeutung der Schrift ist wiederum ein Dauerthema künftiger Diskussionen geboren. Ab 1886 setzt sich schließlich eine zweite Trennung durch. Jetzt besinnen sich die »Orthodoxen« neu auf ihren calvinistischen Ursprung. 1892 schließen sich Erweckungsbewegung und Orthodoxie zur »*Gereformeerde Kerk*«, einer erneut reformierten Kirche zusammen, die bis heute fortbesteht. Diese Kirche wird immer die kleinere reformierte Schwester bleiben; sie gibt sich aber eine eigene Kirchenordnung, gründet in Amsterdam eine eigene »Freie Universität« (1896), baut sich eigene Kirchen und wird neben der reformierten Großkirche und der katholischen Kirche zu einer wichtigen Kraft in der niederländischen Gesellschaft. Übrigens ging die Zahl der reformierten Trennungen weiter; die letzte wurde 1944 vollzogen.

Allerdings sind diese Trennungen, so überholt die Liste ihrer Streitpunkte auch sein mag, kein Fossil, sondern lebendige Realität. Oft wird übersehen, daß in diesem Land nur deshalb Toleranz herrscht und immer wieder eingeübt werden kann, weil es schon im religiös-kirchlichen Bereich viele verschiedene, verschieden gelebte und öffentlich verteidigte Überzeugungen gibt; eine *eigene Meinung* gehört zur Grundtugend der Bürger. Bis in die sechziger Jahre hinein ist das gesellschaftliche Leben dieses Landes im Schul- und Vereins-, im Gesundheits- und Kirchenwesen auf den Säulen der Konfessionen errichtet. Da gibt es nicht nur den »katholischen Volksteil«, der innerhalb eines Jahrhunderts sein Bildungswesen bis hin zur »Katholischen Universität« in Nimwegen (1923) durchorganisiert, sondern auch die reformierten Säulen, von denen schon die Rede war. Und da bringen im konfessionellen Mosaik des Landes auch die vielen anderen Abspaltungen und Verzweigungen ihre Farbe ein, die »freigemachten« und die »Bündler«, die pietistischen und evangelikalen Gruppierungen, die sich zusammen mit den »großen« im reich gegliederten Medienwesen des Landes noch immer Gehör zu verschaffen wissen.

Was trägt diese Darlegung zum Verständnis des vorliegenden Buches bei? Zunächst ist es gut zu wissen, daß Kuitert Theologe der kleineren, der erneut reformierten Kirche ist. Von daher sind manche Polemik und viele Anspielungen zu begreifen. Bis zu seiner Emeritierung im Jahr 1989 ist er Professor für Dogmatik und Ethik an der Freien Universität Amsterdam. Er kommt somit aus einer Tradition, in der - in Reaktion auf eine liberale Theologie - die Schrift neu entdeckt und zum einzigen Mittelpunkt des Denkens und der Argumentation gemacht wurde. Es ist eine Tradition mit stark pietistischen Zügen und zugleich eine Tradition, zu der eine bilderreiche und der Literatur kundige, eine biblisch orientierte und zugleich erfahrungsbezogene Predigt gehört. Es ist eine Kirche, die sich besonders intensiv den *Fragen der Gegenwart* stellt und die Widersprüche zwischen einem praktisch politischen Glauben und dem Rückzug auf religiöse Erfahrung in besonderer Schärfe erlebt. Zugleich aber zählt Kuitert zu den angesehensten Theologen seines Landes, weil er konfessionelle und religiöse Grenzen durchbricht. Er setzte sich nicht nur mit neuen Strömungen von Kirche und Gesellschaft auseinander, sondern bezog in ihnen auch eindeutig Stellung. Dezidiert äußerte er sich zum Verhältnis von Glaube und Politik, von Glaube und menschlicher Vernunft, zur Wissenschaftlichkeit der Theologie, schrieb aber auch über Fragen von Selbstmord und Euthanasie. Wie souverän er die komplizierten Zusammenhänge von Ethik und Moral beherrscht, zeigt er wiederum in diesem Buch. Bei aller konfessionellen Gebundenheit hat er dabei Grenzen geöffnet und dafür mit seiner eigenen Kirche mehr als einen Strauß ausgefochten.

2. Eigenständige Antworten

Dadurch wird vieles an Kuiterts Buch verständlich, vieles bleibt aber auch erstaunlich. Verständlich wird, daß manche »klassischen«, im deutschen

Sprachraum weniger diskutierten Themen eine so wichtige Rolle spielen. Es sind genau die Themen, die zwischen den protestantischen Kirchen der Niederlande immer wieder besprochen wurden: die Frage einer natürlichen Gotteserkenntnis und einer autonomen Moral, aber auch die Frage nach Gottes Vorsehung und Prädestination, nach der Versöhnung am Kreuz und der Schuld der Menschen. Es ist die bohrende Frage nach einem Vertrauen auf Gott wider alle Erfahrung, es ist die ständige und unmittelbare Berufung auf die Schrift, welche - so ein gängiges Argument - die Existenz eines unfehlbaren Lehramts überflüssig macht. Es sind zudem die Fragen, die in einem Land spielen, das Karl Barth stärker als jedes andere Land rezipiert hat.

Nun mögen diese Fragestellungen zwar verständlich sein, für ein breites Leserpublikum werben sie jedoch nicht. So kommen wir zur erstaunlichen Seite der Geschichte: Dieses in gewissem Sinn konservative Buch hat Erfolg; denn erstaunlich und für viele Interessierte spannend ist die Art, in der Kuitert auf diese Fragen antwortet. Zunächst zeigt er (für ihn immer der entscheidende Schritt), daß es auch heute noch die sehr profanen *Fragen unseres Alltags* sind; denn auch wir kennen Scheitern und Angst, die Frage nach der Zukunft und die Freude einer Geburt. Dann gibt er überraschende, oft unberechenbare Antworten. Ganz unprotestantisch etwa gibt er der Tradition des Glaubens eine zentrale Stellung, kommt damit jedoch katholischen Anliegen nicht unbedingt entgegen. Ganz entgegen dem Erbe seiner Konfession wird der christliche Glaube zur konkurrierenden, aber auch dialogfähigen Schwester anderer Religionen, vom Judentum deutlicher unterschieden als »zeitgemäße« Theologen es gerne möchten, und zum großen Ärgernis vieler Glaubensgenossen stellt Kuitert das Thema Bibel nicht nur bis zum letzten Kapitel zurück (wo es doch am Beginn zu stehen hätte), sondern sagt auch allem offenen und verborgenen Biblizismus der Mittheologen und der Prediger den Kampf an. Er lehnt allen Moralismus im Namen des Glaubens ab, und in einem Rechtsstaat eine »ganz andere« Welt propagieren zu wollen, das hält er für weit übertrieben.

Wir sind so einem ersten Erfolgsgeheimnis dieses Buches auf der Spur. Kuitert durchbricht konsequent die (wirklichen oder vermeintlichen) Denk-, Sprech- und Argumentationsklischees seiner eigenen Kirche sowie der anderen Kirchen. Er sagt einer Buchstabenorthodoxie ebenso den Kampf an wie einer gottergebenen und weltabgewandten Innerlichkeit; er erzwingt damit Stellungnahmen und neue Positionen. Dabei kritisiert er jeden Versuch, die Fragen des Unheils mit überkommenen Modellen zu beantworten und präsentiert sich zugleich als wahrer Konservativer. Er findet es nicht richtig, daß wir zwar Omas und Opas Rotkohlrezepte schätzen, nichts aber von ihrem Glauben wissen wollen; denn in Glaubensaussagen, so Kuitert, haben sich die *Erfahrungen von Jahrhunderten* und Jahrtausenden niedergeschlagen und immer wieder korrigiert. Dennoch erklärt er viele von ihren Moralvorstellungen (die sexuellen zumal) schon einfach deshalb für überholt, weil uns heute andere Handlungsmöglichkeiten und damit auch andere Entscheidungszwänge gegeben sind. Die Regelethik der Zehn Gebote erklärt er meisterhaft, aber für den patriarchalen »Sexismus« etwa des Zehnten Gebotes, für die Sklavenhaltung, die Polygamie und die Kriegsmentalität des Alten Testaments findet er kein gutes Wort. Bringt das Buch neue Orientierung oder zeugt es nur von einem richtungslosen, allgemeinen Zeitgeist? Während viele seiner Kollegen gegen das Buch Sturm laufen und es - von Barth oder von historisch-kritischer Methode aus argumentierend - für einen Rückfall hinter theologische Standards halten, haben viele Laien den Eindruck, Kuitert sei einem neuen und modernen Durchbruch auf der Spur, dies den komplizierten, methodisch reflektierten und interdisziplinären Anstrengungen seiner Kollegen zum Trotz. Nicht als ob Kuitert hier schon neue Ufer erreicht hätte, vieles konnte man auch anderswo schon lesen; aber er holt den verunsicherten, den säkularisierten und vom Alltag gehetzten Leser unseres Kulturraums endlich an einer Stelle ab, wo sich dieser ganz und gar ernstgenommen fühlt.

3. Ernstgenommene Zweifel

Was ist dieses Neue? Kuitert bietet keinen neuen systematischen Ansatz; er liebt Systeme nicht, stammen sie nun von Hegel, von der protestantischen Orthodoxie oder von Karl Barth. Aber Kuitert will die Schöpfung nicht hinter Offenbarung und Erlösung verschwinden lassen und schlägt vor, die christliche Tradition als einen Kranz von Symbolen, als ein Bilderbuch, als ein *Angebot von Suchbildern* von und über Gott zu begreifen. Sie sind aus der Erfahrung von Generationen erwachsen und reichen vielleicht bis in die Vorzeit Israels zurück. Aber sie sind nur wie Umrißzeichnungen, die wir selber und aus eigener Erfahrung auszumalen haben. So schließen diese Bilder und Vorstellungen unseren Irrtum nicht aus; sie können sich ändern, ihre Vielfalt vermehren und reduzieren. Zudem zählen Widerspruchslosigkeit oder logischer Zusammenhang so wenig zu ihren Merkmalen, wie das Leben in sich widerspruchslos oder logisch zwingend ist. Aber eine solch lebendige Symbolwelt gibt uns Angebote und Richtungszeichen, ohne die wir weder leben noch zu einer letzten Orientierung finden können. So hat es auch keinen Sinn, immer wieder einen »reinen Ursprung« zu konstruieren, nach dem schlagenden Argument oder einem unwiderleglichen Verhaltenskodex zu suchen. Die Quelle will dem Fluß dienen, Argumente zerschellen in den Katastrophen des Alltags. Unser Verhaltenskodex hat mehr mit konkreter Lebenserfahrung als einer spezifischen Offenbarung zu tun.

Gegensätze können so (unüberbrückbar?) bestehen bleiben, wie sich die Wahrheit des christlichen Lebens - für niederländische Erfahrung - in widersprüchlichen Ausprägungen zeigt. Einerseits kritisiert Kuitert aufs äußerste jeden Moralismus und jedes politische Christentum; es gehe um Gott, um Erlösung und um die Heilsbedeutung von Tod und Auferstehung, also nicht um die Transformation des Glaubens in Solidarität. Andererseits bleiben in der Frage nach Gott und seinem Heil unlösbare Abgründe, die nur noch in rätselhaften Bildern zu bewältigen sind; auf die Lehre von den Zwei Reichen kann er dabei nicht verzichten. Einerseits ruft Kuitert dazu auf, die großen und klassischen Fragen des christlichen Glaubens endlich wieder ernstzunehmen; andererseits will er niemandem widersprechen, der diesen Ernst nicht mit ihm teilt. Das, was Menschen heute fühlen, gibt gegenüber dem oft utopischen Anspruch der christlichen Botschaft den Ausschlag. So konnten Vorwürfe wie »liberal«, »bürgerlich« und viel zu »personalistisch« nicht ausbleiben. Und was die katholische Tradition betrifft: Zwar könnte sie sich über einen Entwurf freuen, in dem (wie gesagt) neben der Schrift Tradition und Symbole eine so große Rolle spielen, zugleich aber finden sie nicht nur die Kirche auf die Funktion der Predigt eingeschränkt, sondern auch das Abendmahl und die Sakramente weit unter Wert verkauft. Aber auch dafür weiß er unwiderlegliche Gründe zu nennen.

Was also macht das Buch so spannend? Sind die Diskussionen unseres Nachbarlandes so interessant, besticht die Unberechenbarkeit seiner Argumente, oder ist es die Eigenständigkeit vieler Antworten? Das Buch lebt, wenn ich recht sehe, noch von einem zweiten und viel wichtigeren - übrigens unvorhergesehenen - Erfolgsgeheimnis. Es lebt nicht von innerkirchlichen Diskussionen, sondern vom *Diskussionsstand unserer Gesellschaft*. Dieses Buch läßt in ungewohnt intensiver Weise die Fragen des modernen säkularisierten Menschen zur Geltung kommen. Natürlich weiß niemand so genau, was die Frauen und Männer auf den Straßen von Amsterdam, von Hamburg oder Berlin denken. Es werden immer sehr verschiedene Individuen bleiben. Eines aber ist sicher: Sie kämpfen mit ihrem Alltag und es fehlt ihnen die Orientierung einer selbstverständlichen, vielleicht kirchlich organisierten, vielleicht kulturell inkarnierten Religion. Kuitert läßt es darauf ankommen, daß gerade diese Menschen in ihrem profanen Alltag ernste, d.h. interessante und lebenswichtige Fragen haben, und er geht davon aus, daß die Tradition christlicher Vorstellungen von diesen Fragen her neu erschlossen werden kann. Kuitert nimmt, einfacher gesagt, diese Fragen ernst.

Diese Fragen von säkularisierten, vermeintlich oder wirklich religionslosen Menschen sind nicht mehr wie früher auf die eine oder andere Glaubenswahrheit gerichtet, sondern getragen von Unsicherheit oder gar von der Verzweiflung am Sinn von Mensch, Gesellschaft und Welt. Deshalb steht dieses Buch von selbst in der großen Tradition des radikalen, wahrheitssuchenden *Zweifels*. Er bildet die Folie für den niederländischen wie für den deutschen Titel des Werkes. Es ist ein konsequenter, ein radikal gemeinter und nicht einfach ein beherrschbarer, intellektuell überwindbarer Zweifel, der oft an Verzweiflung grenzt. Kuitert behauptet deshalb nicht, eine überzeugende Antwort verhelfe uns zum Glauben; »denn nur wenige Menschen geben aufgrund von Vernunftargumenten ihre Zweifel auf«. Und dennoch kann der Glaube aus dem Zweifel geboren werden, denn »am Zweifel zu zweifeln - das wäre möglich«.

Weil dieses Buch diesen radikalen Zweifel ernstnimmt, ist es nicht mit erhobenem Zeigefinger, sondern in der Solidarität des Fragens geschrieben. Auch Kuiterts Antworten sind nur als Diskussionsangebote zu begreifen. Mehr noch, Kuitert läßt nicht nur die Probleme der Menschen zu, sondern er akzeptiert sie auch als seine persönlichen Fragen. Das erfordert Anstrengung, denn »manchem Christen bricht der Schweiß aus, wenn er entdeckt, daß sogar Gläubige von grundlegenden Zweifeln befallen werden können«. So läßt Kuitert zu, was zuzugeben Theologen in der Regel so schwer fällt, daß wir in der westlichen Kultur nämlich alle zu Zweiflern geworden sind und daß diese Situation nicht weggeredet oder wegbeschworen werden kann. So reagiert er positiv auf die drei großen Fragen der Wahrheit: Ob der Glaube sich in sich als wahr, als richtig und als glaubwürdig erweist. (1) Sprechen wir wahr und stimmig über Gott, Schöpfung und Erlösung; nehmen wir diese Fragen in sich also ernst, obwohl sie um uns herum (wie es scheint) längst verschwunden sind, so daß unser Glaube an Gott und Christus gegen allgemeine Überzeugungen angeht? (2) Ist dieser Glaube, wie er von uns interpretiert wird, auch nach außen richtig und verstehbar; sprechen wir über Glauben und Religion in angemessener Weise, gehen also die Fragen der Gegenwart in ihn ein und verarbeiten wir in ihm die »Zeichen der Zeit«? (3) Ist dieser Glaube in seiner gegenwärtigen Gestalt auch glaubwürdig? Erst eine glaubwürdige Interpretation kann ja - über Stimmigkeit und Richtigkeit hinaus - die nötige Überzeugungsarbeit leisten und eine Überzeugungsgemeinschaft erwirken.

Es fällt nun auf, daß Kuiterts Buch gerade kein Katechismus sein will und daß stimmige Antworten nicht sein erstes Ziel sind. Deshalb braucht auch niemand mit allem einverstanden zu sein, und ich selbst habe meine großen Fragen etwa zu den Äußerungen über die politische und andere emanzipatorische Theologien; vielleicht wird Kuiterts Polarisierung von transzendentem Heil und gesellschaftlicher Gerechtigkeit dem biblischen Sachverhalt und den Intentionen dieser Entwürfe doch nicht gerecht. Aber ebenso unbestritten ist auch, daß Kuitert auf einer grundsätzlichen Wahrheit und Stimmigkeit von Glaube und Theologie besteht. Weder »Gott« noch die »Erlösung« dürfen wir als Chiffren für innerweltliche Ereignisse verwenden, der Tod stellt weitergehende Fragen. Gott muß uns zudem im Alltag begegnen oder er begegnet uns gar nicht. Es geht also um Gottes prinzipielle Wahrheit auf einer grundsätzlichen und unaufgebbaren Ebene.

Es fällt ferner auf, daß Kuitert die Richtigkeit und aktuelle Verständlichkeit des christlichen Glaubens sehr ernst nimmt. Zwar mag man seine Fragen bürgerlich, personalistisch, innerlich oder gar individualistisch nennen, aber niemand kann leugnen, daß sich die Fragen in Westeuropa eben so stellen, anders als etwa in Lateinamerika. So verhindert Kuitert, daß jene Neuansätze zum Versatzstück und zur Alibifigur für unsere eigenen verdrängten Fragen werden. Deshalb mögen alle, denen diese Fragen und deren Beantwortung nicht gefallen, ihrerseits sagen, welche Alltagsfragen denn sie entdeckt und welche Antworten sie anzubieten haben. Wenn Kuiterts Antworten nicht befriedigen, dann zeigt dies doch nur ein allgemeines Problem unserer Theologie. Ihre Antworten mögen zwar wahr, in sich stimmig, mit dem Argumentationsarsenal von Jahrhunderten gestützt und unwiderleglich sein, für ihre Adressaten sind sie in der Regel nicht mehr plausibel. Damit ist nicht ihre Falschheit bewiesen, wohl aber ihre mangelnde Resonanz und ihre Dialogunfähigkeit. So liegt, wie schon Dietrich Bonhoeffer gut gesehen hat, das gegenwärtige Hauptproblem christlicher Glaubensaussagen in ihrer Richtigkeit und Akzeptanz.

Kuitert erkennt dies und gibt dieses Problem mit einer Glaubwürdigkeit zu, die vielen von uns fehlt. Allerdings verstehe ich *Glaubwürdigkeit* hier nicht als Ehrlichkeit im Sinne einer moralischen Kategorie. Solche Glaubwürdigkeit ist eigentlich selbstverständlich; die offene und die sublime Lüge sollte in Theologie und Predigt verpönt sein. Unter Glaubwürdigkeit verstehe ich auch nicht einfach den ehrlichen Versuch, mit Menschen ins Gespräch zu kommen und unter der Oberfläche ihrer kritischen Distanz die wirklichen Fragen zu hören. Ich verstehe Glaubwürdigkeit in unserem Zusammenhang als Frucht von Zivilcourage und intellektueller Redlichkeit. Glaubwürdigkeit hat mit dem Mut zu tun, auch Glaube und Theologie zu Feldern des Experiments, des Versuchens, Irrens und neuen Versuchs zu machen. Glaubwürdigkeit hat deshalb mit der Kraft zu tun, sich selber nicht nur moralisch, sondern auch intellektuell und existentiell, eben konsequent in Frage zu stellen. Es ist der – in den Niederlanden erlernbare – Mut zur eigenen Identität, der vielen Theologen (und nicht nur ihnen) fehlt und der sie so leicht in vorgegebene Richtungen und Schubladen einordnen läßt.

4. Zur Sprache des Buches

Allerdings gibt es noch einen ganz anderen Aspekt, von dem Kuiterts Erfolg in den Niederlanden lebt und der bei der Übersetzung einige Schwierigkeiten bereitete. Kuitert war schon immer ein Meister seiner Sprache: Buchtitel von ihm wurden zu geflügelten Worten, und wenigstens eine Aussage oder ein Begriff seiner Bücher ging jeweils in den Sprachschatz seiner Kolleginnen und Kollegen über. Kuitert hat nun mit diesem Buch den theologischen Jargon in besonderer Weise durchbrochen. Niederländisch entwickelt sich ohnehin zu einer schnellen Sprache; kurze Sätze dominieren und Satzfragmente sind akzeptiert. I.ü. gilt mehr das Ideal kurzer angelsächsischer Präzision als deutscher Tiefe mit reich geschachtelten Satzperioden. Es ist auch bekannt, daß die Theologen seiner Konfession Predigt und Theologie nie weit auseinanderklaffen ließen. Aber Kuitert ging in diesem Buch noch einen Schritt weiter. Das Buch will von einem breiten, auch jungen Leserkreis verstanden und gelesen werden; so hat er die ohnehin schnelle Sprache noch einmal beschleunigt. »Turbo-Sprache« wird das in den Niederlanden genannt: Sätze oft zu kleinsten Denkeinheiten verkürzt oder zu einer Interjektion aufgelöst: ungewohntes Tempo! Sehr gut dazu geeignet, Emotionen und Reaktionen aufzugreifen. Eine solche Sprache, ohne Prädikat und Nebensätze, in einem deutschen theologischen Buch? Beinahe unmöglich! So wurde ein erster Übersetzungsversuch aufgegeben: kein Stakkato und keine umgangssprachliche Rede, also kein Turbolader mit sportlichem Appeal (die man ohnehin auf CD hätte sprechen müssen). Es entstand wohl eher ein Mittelklassewagen, mit gedrosseltem Motor und gutem Bremsvermögen, mit einer soliden Karosserie.

Damit muß es - schon wegen des Inhalts - kein langweiliges Buch geworden sein. Aber Kuiterts Duktus und Sprachschwung wurde gebrochen. Es ist wie mit dem Originalfilm und seiner Synchronisation. Auch aus diesem Grund ist Kuiterts Wirkung auf das deutschsprachige Publikum schwer abzuschätzen. Bleibt nur zu hoffen, daß das Werk von möglichst vielen gelesen und besprochen, diskutiert und ernstgenommen wird: von den wahrhaft Liberalen ebenso wie von Biblizisten, von weltoffenen Mitchristen ebenso wie von Fundamentalisten (auch sie gibt es unter uns), von suchenden und tastenden Mitbürgern ebenso wie von Esoterikern mit Charismatik und Reinkarnationsgedanken; dabei seien die ökumenisch Gesinnten und Dialogbereiten ebensowenig vergessen wie die unbeweglichen Konfessionalisten und all jene, für die andere Religionen noch immer Heidentum und Aberglaube bedeuten. Die einen werden sich bestätigt, aber auch zum Widerspruch herausgefordert fühlen; die anderen werden tiefer nachdenken und sich vielleicht bekehren.

Vor allem aber bleibt zu hoffen, daß dieses Buch von Zweifelnden gelesen wird. Das christliche Glaubensgut ist ja nicht verschwunden, sondern, wie Kuitert bemerkt, »auf den Supermarkt geraten und dort vielleicht im Sonderangebot zu entdecken«; das schaffe gerade bei Christen Verwirrung, Ängste und Furcht. Zugleich aber verdrängen wir zu gerne, daß wir alle zu Zweifelnden geworden sind. Ich sagte weiter oben, es liege Kuitert in erster Linie nicht an den von ihm gegebenen Antworten. Woran denn sonst? Daran, daß wir mit der christlichen Tradition wieder offen und unbefangen umgehen, kritisch und behutsam, hörend und kreativ zugleich. Aus diesem Grunde kann der Erfolg dieses Buches auch im deutschsprachigen Raum nicht groß genug sein. Deshalb ist Kuiterts Werk kein Werk zur schnellen Lektüre. Trotz Turbo-style wurde es in den Niederlanden zum Studienbuch für einzelne und Gruppen. Man hat wieder entdeckt, daß jeder große Glaube aus einem tiefen Zweifel geboren wurde.

Auf Seite 299 findet der Leser Hinweise auf Personen und Sachverhalte, die ihm vielleicht nicht so geläufig sind.

Dezember 1992 *Hermann Häring*

Einleitung

Ein Buch zu schreiben über den Glauben, der allmählich allgemein bezweifelt wird, hat seine Gründe. Ich zähle sie auf.

Verwirrung: Das vielseitige Angebot von Glaubensvorstellungen schafft Unruhe. Es wird aktualisiert und neu konstruiert, eine vertraute Einheit verschwindet, ohne daß dafür Neues an die Stelle tritt. Kurzum, der christliche Glaube ist auf den Supermarkt geraten und dort vielleicht im Sonderangebot zu entdecken. Dies ist ein erster Anlaß, mehr Anlaß als Grund, um dieses Buch zu schreiben.

Angst überkommt jeden, der bekennen muß, er kenne sich nicht mehr aus, nachdem er jahrelang in der »Gewißheit des Glaubens« verharrte. Das ist ein weiterer Anlaß, vielleicht eher ein Grund für dieses Buch.

Hinzu kommt gewiß Irritation über die traurige Furcht manch eines Christen, sich am Glauben die Finger oder den Mund zu verbrennen. Der christliche Glaube wird zur heißen Kartoffel, die wir weder ausspucken können noch schlucken wollen.

Gegen diese Verwirrung, die Ängste und diese Furcht will ich mit diesem Buch etwas tun, wohl wissend, daß ich den selbst gestellten Anspruch nicht einlösen kann. Wie gehe ich vor? Es läuft darauf hinaus, daß ich die Tradition noch einmal anbiete und versuche, ohne den heißen Atem der Aktualität und Nutzanwendungen, ohne die Sucht nach Relevanz etwas Brauchbares aus ihr zu machen.

Natürlich werde ich sie nicht einfach abspulen. Jahrelange Erfahrungen und Gespräche mit anderen, Interpretationen anderer und von mir selbst spielen dabei eine Rolle. Dennoch, was ist das doch wieder, die christliche Glaubenstradition? Was laden wir uns mit dem christlichen Glauben auf den Hals?

Wir möchten ihn anders haben als früher, aber wie anders soll er sein? Das müssen wir natürlich wissen, wenn unser Vorschlag nicht zum Windei werden soll. Einkehr ist also vonnöten. Wir sollten kurz aufhören mit dem Gehetze um Nutzanwendung und Relevanz. Vielleicht ist der christliche Glaube nicht einmal relevant oder relevant für ganz andere Dinge als uns lieb ist.

Der leichtfertige Entschluß, ein Versprechen einzulösen, steckt natürlich auch dahinter. Wir haben immer virtuos abgebaut und für den baufälligen Rest Gerüste errichtet. Bauen wir jetzt selber mal auf und überlassen wir das nicht nur den anderen. Es gilt also, Farbe zu bekennen. Die Frage lautet jedoch nicht: »Was muß ich glauben?«, sondern: »Was glaube ich wirklich?« Das soll in diesem Buch zu lesen sein. Natürlich habe ich darüber nachgedacht, manches schnell angenommen und schnell wieder verworfen. Bisweilen will auch ich es lieber glauben als ich es wirklich tue. Trotz aller Vorbehalte aber liegt hier das Resultat dessen vor, was ich wirklich glaube, auch wenn ich es nicht immer hinausposaune.

Je länger ich schrieb, desto schwieriger wurde die Form. Entweder man äußert sich persönlich, dann kommt es leicht zum individuellsten Ausdruck der individuellsten Emotionen, und davon haben wir schon genug, oder man schreibt eine komplette Dogmatik, also eine Lehrübersicht. Auch das wollte ich nicht, denn das wäre wieder zu unpersönlich gewesen. So blieb denn ein Kompromiß als Antwort auf drei Fragen: Woran halte ich mich (1), was sind die Gründe dafür (2), und was fange ich damit an (3)?

Es wird also keine Theologie geboten. Auch das wäre möglich gewesen, aber in der Theologie sind, durchaus zu Recht, Theologen mit Theologen im Gespräch. Dieses Mal wollte ich mit anderen Menschen sprechen. Kein peppiger Talk sollte es werden, keine Predigt, auch keine Apologie (oder doch?) und ganz sicher keine Modernisierung. Allein das Wort! Als müßten wir dem religiösen Glauben erst Façon beibringen! Wir stellen nur die Frage, worum es im christlichen Glauben auch gleich wieder ging.

Die langweiligen Stücke kann jeder überschlagen. Die Glaubenstradition bietet nur Ausdrucksmaterial, mit dessen Hilfe wir uns besser über den Glauben äußern können, das ist alles. Kein »Vogel friß oder stirb«. Gewiß sollten wir nicht alles für wichtig nehmen, denn nur ein Fanatiker will, daß er über alles reden kann. Aber ich unterstütze mit diesem Buch auch nicht die Bequemlichkeit von Menschen, die den Kontakt mit dem christlichen Glauben eben nicht ganz verlieren möchten. So ist auch einige Anstrengung gefordert.

Amstelveen, Dezember 1991

Erkenntnisquelle: Die Tradition

I. Der christliche Glaube als religiöse Tradition

Niemand wagte zu behaupten, Religion sei in erster Linie die Folge einer Berührung durch das Mysterium im Geist des Menschen. Forscher, die das Phänomen Religion ernstnahmen (...), haben es sorgfältig vermieden, dabei auf irgendeinen Beweis einer Aktivität zu verweisen, die vom Mysterium selber ausgeht.

J. van Baal

1. Der Glaube der Väter: Reinfall und Empfehlung

Den christlichen Glauben gab es schon, bevor wir die Augen öffneten. Einerseits macht das die Sache um einiges leichter, Christen brauchen das Rad nicht mehr zu erfinden. Oft erwecken sie diesen Eindruck, besonders wenn neu gebaut, rekonstruiert oder das Angebot um »neue Glaubensmodelle« vermehrt wird. Doch das ist Schein. Solche Übungen erwecken den Eindruck, als wäre der Glaube der Väter ein Baukasten; man schiebe die Steine so lange hin und her, bis die Konstruktion einigermaßen befriedigt. Aber kein Neubau, keine Überprüfung, keine Revision oder was sonst noch wäre möglich, wäre nicht eine Tradition vorangegangen.

Das hat aber auch eine Kehrseite; denn wir kommen mit dem Glauben nicht direkt in Berührung, sondern haben ihn immer aus zweiter Hand. Wir bekommen ihn von unseren Eltern, sie erhalten ihn von ihren Eltern, die wieder von den ihren und so weiter. Das erklärt die Zwiespältigkeit der Tradition, die wir lieben oder mit der wir übers Kreuz geraten. Das Wort »traditionell« kann Zustimmung oder Ablehnung, oft beides zugleich hervorrufen. Das Fahrrad und die Rotkohlrezepte müssen von Oma sein, aber mit dem Glauben steht es anders. In ihm will man - wenn er überhaupt noch gefragt ist - gerade nicht traditionell sein. Wie kommt das?

Vermutlich, weil es beinahe unmöglich ist, Glaubenstradition und Kirche voneinander zu trennen. Ist uns die Kirche zuwider - und das ist, wie bekannt, bei vielen Menschen der Fall -, dann auch die Glaubenstradition; denn diese ist per definitionem kirchlich. So erhält Tradition im religiösen Kontext leicht die Zusatzbedeutung von Traditionalismus. Wer glaubt, scheint an alten Lebensrezepten und an Ideen von Menschen zu hängen, die aus Angst vor Veränderungen immer nur auf das schwören, was schon immer so war und deshalb so bleiben muß. Zwar gibt es solche Menschen, aber sie wissen nicht, was Tradition ist. Sie leben nicht mit ihr, auch die Tradition nicht mit ihnen, sondern verstecken sie hinter einem Vorhang. Nur wenn sie »bewahrt« oder »verteidigt« werden muß, holen sie sie hervor. An einer solchen Behandlung geht die Tradition zugrunde.

Das ist schade, denn die christliche Glaubenstradition ist - erstens - nicht gleichbedeutend mit Armut, sondern mit Reichtum. Allein schon die Kunstgeschichte stellt das unter Beweis, zeigt sie uns doch einen unerschöpflichen Quell von Motiven, Bildern, Entdeckungen und Vorstellungen, die zu ebenso vielen neuen Entdeckungen und Ideen inspirieren.

Ferner ist die christliche Glaubenstradition nicht so weltfremd, wie ihr oft unterstellt wird. Gut, sie mag seltsam auf eine Welt wirken, in der alles für machbar gilt, aber an diese weltfremde Überzeugung halten sich Menschen nur während einer begrenzten Zeit ihres Lebens. Hätte man sie in ihren Kinderjahren - etwas unfein gesagt - nicht so derb mit dem Glauben gemästet, kämen wir etwas leichter durch diese kulturelle Entwöhnungskur, als das meistens der Fall ist.

Worüber soll es in diesem Kapitel - und eigentlich im ganzen Buch - gehen? Das Wort »Tradition« bedeutet - buchstäblich - Überlieferung und läßt sich in doppelter Bedeutung verstehen: das Überlieferte (als Substantiv also), und überliefern (als Verb). Beide Seiten von »Tradition« werden hier behandelt. Ich beginne mit Tradition in der Bedeutung dessen, was von einer Generation zur anderen überliefert wird. Überlieferung setzt immer Menschen voraus, die die Sache, um die es geht, weitergeben. Wie kompliziert das Überliefern selber ist (ein umfassender Prozeß), wird später besprochen.

Tradition umfaßt natürlich mehr als nur die Glaubensvorstellungen der christlichen Tradition. Weitergegeben werden christliche Sitten, Gewohnheiten und das, was man dafür hält. Es gibt von Gruppe zu Gruppe verschiedene Lebensstile, kirchliche Riten und so weiter. Sogar außerhalb der Kirche finden wir christliche Tradition im Überfluß. Bei anderer Gelegenheit versuchte ich klar zu machen, daß unsere ganze westliche Kultur von einem Glauben ausgeht, der in sie eingewoben ist. Religion wird nicht nur bezeugt, sondern - oft unbewußt - auch gelebt.

Auf diesen Aspekt der Tradition werde ich nicht eingehen. Nicht als ob das unwichtige Dinge wären, aber Mitmachen oder Aussteigen hängen in unserer Zeit vor allem von der Glaubwürdigkeit der Vorstellungen ab, an denen das Christentum festhält. So beschäftige ich mich vornehmlich mit der Glaubenstradition im Sinn einer Lehre: *Was* glauben Christen und was geben sie an die folgende Generation weiter? In diesen Sinn werde ich also selber zu einem Teil des Überlieferungsprozesses.

2. In der Vergangenheit gewachsen

Tradition überliefern heißt Glaubensvorstellungen weitergeben. Es sind Illustrationen eines großen Bilderbuchs, das zum Anschauen einlädt. Die Bilder müssen selber ihre Wirkung entfalten; sie sind schön, wecken Interesse oder sie tun es eben nicht. Empfehlungen und Appelle, sie in die Tat umzusetzen, helfen nicht weiter, denn Bilder wirken nicht so. Bilder haben nur den Sinn, beim Anschauen zu helfen.

Entgegen verbreiteter Meinung ist die christliche Glaubenstradition kein geschlossener Block. Zwar wird das gern aus ihr gemacht, aber dann entstehen theologische Systeme, auf die ich gleich zurückkomme. Die christliche Tradition ist nicht ein System, sondern historisch gewachsen. Im Lauf der Geschichte haben sich Vorstellungen angesetzt und abgetrennt. So haben wir es heute mit einem Gesamt, einem Lehrgebäude zu tun, das zwar nicht wie Sand zerrinnt (das wäre zuviel behauptet), aber doch aus Teilen aufgebaut ist, die nicht immer zueinander passen. Dazu gehört vieles, das wir nicht entfernen wollen oder das nicht wegzukriegen ist. Auf der anderen Seite haben wir im Lauf der Jahrhunderte ziemlich viel hinausgeworfen, was uns manchmal leid tut.

Tradition zeigt also nicht, wie es begann, sondern wie es weiterging. Sie ist mehr Strom als Quelle, und das ist sogar gut so; denn der Sinn der Quelle ist es, einen Strom zu bilden. Der Ruf »zurück zu den Quellen« bedeutet deshalb weniger als wir gewöhnlich meinen. »Zurück zur Quelle« bedeutet zunächst einmal, gegen den Strom zu schwimmen, was schwer, wenn nicht gar unmöglich ist. Ferner macht dieses Programm auch keinen Sinn, weil ja alles auf den Strom abzielt. Allerdings kommt nicht alles, was in den Strom geriet, aus der Quelle, wie umgekehrt nicht alles, was aus der Quelle kam, noch im Strom zu finden ist.

In das Mauerwerk der christlichen Tradition wurden in den vergangenen Jahrhunderten, um zu einem anderen Bild überzugehen, kolossale Breschen geschlagen. Die christliche Lehre ist nicht mehr im Schwange. Deren Trägerin, die Kirche, hat an Ansehen und Einfluß verloren, auch wenn wir nicht unterschätzen sollten, wieviele Menschen ihr noch angehören. Eine gängige Umschreibung meint sogar, die Christen seien zur »kognitiven Minderheit« geworden, sagen wir: zur seltsamen Ente im Teich.

Deshalb entstand doch wohl einige Panik in Kirche und Theologie: Es wimmelt von Entwürfen, die den Glauben brauchbarer gestalten sollen. Das geht so weit, daß auf die Erstarrung, gegen die sich alles richtete, die Verwirrung folgte. Was dem einen Erneuerung bedeutet, nennt der andere Verfall und umgekehrt. Inzwischen sind sich viele Christen unsicher darüber geworden, was der Glaube nun bedeutet und was nicht. So entscheiden sie eben für sich selbst, was sie von ihm behalten wollen und was nicht.

Dagegen ist nichts einzuwenden, mehr noch, das war schon immer so. Glauben geschieht nie kollektiv, sondern persönlich. Doch bevor jemand für sich persönlich entscheidet, was die Tradition für ihn bedeutet, muß er wissen, was sie darstellt. Daß der christliche Glaube allgemein bezweifelt wird, kann diesem nichts anhaben; aber wir müssen natürlich wissen, *was* wir da bezweifeln, bevor unser Zweifel beginnt.

3. Gesamtsystem: Untergang der Tradition

Es ist zwar möglich, aus der christlichen Tradition ein Lehrsystem zu machen, aber dann haben wir uns aufs Gebiet der Theologie begeben. Es gibt dafür sogar einen festen Begriff, den der systematischen Theologie. Dies ist eine Disziplin, in der die christliche Tradition nach bestimmten Prinzipien geordnet wird. Lücken werden ausgefüllt und labile Inhalte stabilisiert. Das ist eine so spannende wie notwendige Tätigkeit, die aber zu großen Unterschieden führt und deutliche Grenzen hat; Schulen sprechen mit Schulen, Theologen mit Theologen.

Nun ist gegen systematisches Denken in der Theologie nichts einzuwenden, aber sicher etwas gegen theologische Systeme und alles gegen Systeme, die ein Gesamtsystem liefern wollen über Gott und Sein Werk. Nach meiner Überzeugung sind wir dazu nicht imstande und können damit nur zum Schaden von Kirche und Christentum fortfahren. Absichtlich nenne ich dabei die Kirche. M.E. ging die christliche Kirche nämlich mit ihrer Lehre, die gewiß unentbehrlich ist, in Richtung eines solchen Gesamtsystems viel zu weit und belastete so eine Generation nach der anderen mit einer religiösen Erziehung, die nur kontraproduktiv wirken konnte.

Was habe ich gegen Tradition oder Lehre in Form eines Gesamtsystems? Wer auf eine Totalübersicht aus ist, sucht seine Stärke per definitionem in der Vervollkommnung der christlichen Lehre. Aber so wichtig die sog. Lehre auch sein mag, so wenig ist sie um ihrer selbst willen da, vielmehr dient sie einem anderen Ziel. Die »Lehre« ist, wie wir noch sehen werden, wie ein Vexier- oder Phantombild und will dazu verhelfen, denjenigen zu finden, der in die Lehre eingezeichnet ist. Natürlich muß dieses Phantombild gut sein, sonst kommt man zu einem »verkehrten« Ergebnis. Aber der Nutzen der Lehre, ihres Ausbaus und ihrer Perfektionierung hat eine Grenze, die in deren Funktion zu suchen ist. Was darüber hinausgeht, ist nicht verboten. Zur Ehre Gottes läßt sich nicht nur singen, sondern auch spekulative Theologie treiben; aber mit dem Suchbild Gottes hat das nichts mehr zu tun. Genau dieses Suchbild aber will die Tradition sein.

Wer die christliche Tradition also zu einem Gesamtsystem ausbaut, verschafft uns zuviel des Guten. Wir wissen einfach zu wenig von Gott, um so ein abgerundetes Bauwerk errichten zu können. Ein Gesamtsystem verkleistert die Lücken, setzt Flicken auf und tut so, als müßten wir nie sprachlos sein und als müßten wir nie zugeben, daß wir etwas nicht wissen. Aber diese Lücken sind eben vorhanden, sogar in großer Zahl, und sind nicht zu entfernen. Wer sich darüber keine Rechenschaft gibt, kommt über eine Lehre um der Lehre willen nicht hinaus. Für Quaestionen und Lehrkonflikte mag das gut sein, nicht aber für das Suchen und Finden von Gott.

Der größte Einwand gegen ein Lehrsystem ist jedoch sein eigener Anspruch, ein Gesamtsystem von Gott und seinem Heil sei *möglich*. Das ist nicht nur zuviel des Guten, sondern auch etwas, das nur Gott möglich ist, der allein das Ganze überblickt. Dafür müßten wir sozusagen Seinen Standpunkt einnehmen. Merkwürdigerweise behauptet das denn in aller Unschuld auch mehr als ein Theologe. So stand irgendwo zu lesen, das menschliche Dasein biete einen verwirrenden Anblick, es sehe aber ganz anders aus, »wenn man sich auf den Standpunkt Gottes stellt«. Das ist kein Versprecher, vielmehr meint der Autor allen Ernstes, er nehme Gottes Standpunkt ein. Wir können uns fragen, ob er so dumm oder so überheblich ist. Nein, er hält nur an einem Gesamtsystem fest und behauptet ganz arglos, er gebe Gottes Standpunkt wieder. Das ist natürlich unmöglich.

Wer sich so der Gesellschaft präsentiert, schadet dem Glauben mindestens in zweifacher Weise. *Erstens*, eine Kirche, die über Mensch und Welt »von oben«, sozusagen von Gott aus spricht, gibt der kirchlichen Lehre äußerst befremdliche Züge. Normale Menschen sehen keineswegs von Gott aus auf die Dinge herab. Der wirkliche Weg führt von unten nach oben, von der Frage zur Antwort, von suchenden Menschen zu einem Gott, den sie finden. Wäre die Glaubenslehre nicht von oben, sondern »von unten« her aufgebaut, dann sähe sie ganz anders, viel menschlicher aus. Jetzt schreckt sie ab, und die eherne Sicherheit wird eisig. Selbst bei ihren Anhängern zerstört sie, was Schleiermacher »Sinn und Geschmack fürs Unendliche« nannte, und verstellt so neuen Generationen den Zugang zur christlichen Tradition.

Die *zweite* Weise ergibt sich aus der ersten. Kann sich eine Kirche, die aus der Tradition ein Gesamtsystem gemacht hat, gegenüber den Menschen noch anders verhalten als wie eine Instanz, welche die Wahrheit gepachtet hat, wenn nicht gar besitzt? »Legen wir die christliche Lehre so dar, daß Menschen sie begreifen können«, hörte ich kürzlich einen Bischof sagen. Das ist eine deutliche Sprache. Die Kirche hat es schon begriffen, begreift es sogar so gut, daß sie es notfalls auch einfach sagen kann. Das mag zwar gut gemeint sein. Wenn die kirchliche Lehre in diesem Sinn aber als ein »Gesamtsystem« verstanden wird, dann beginnt sie nicht nur »von oben«, also bei Gott, sondern bringt noch ein zweites »Von-oben« ins Spiel, eine wissende Kirche nämlich, die zum unwissenden Volk hinabsteigt. Das eine »Von-oben« zieht das andere nach sich.

So läßt sich der Glaube aber nicht weitergeben. Er muß bleiben, was er ist: der Niederschlag einer Anhäufung von Erfahrungen durch die Generationen. Und, so füge ich entschieden hinzu, es muß ihm gelingen, mit dieser Erfahrung neue Erfahrungen zu wecken.

4. Der christliche Glaube: Religion unter Religionen

Der christliche Glaube ist denn auch eine Religion unter den Religionen. Es hat keinen Sinn, dies zu leugnen, indem wir z.B. für das Christentum Offenbarung beanspruchen, sie aber anderen Religionen absprechen. Auch hilft die Behauptung nicht weiter, Christen lebten aus dem »Glauben«, andere Glaubensgemeinschaften dagegen seien nur »Religionen«. Das sind sehr anfechtbare Definitionen. Zudem geht eine solche Darstellung der Dinge aus vom eigenen, von Gott geoffenbarten und deshalb unanfechtbaren Recht der *christlichen* Religion. Von der Überheblichkeit eines solchen Denkens ganz abgesehen, ist diese Behauptung zu simpel, um wahr zu sein. Wir verstellen uns mit ihr viele Aspekte des christlichen Glaubens, die erst sichtbar werden, wenn wir bereit sind, das Christentum als Religion unter den Religionen zu begreifen.

Wenden wir uns also zuerst den Religionen zu, die unsere Welt kennt. Religionen lassen sich immer noch am besten begreifen als Geflechte aus Mythen, Glaubensvorstellungen, Riten und Verhaltensmustern, die von einer Gemeinschaft getragen werden und ihrerseits diese Gemeinschaft erhalten. Mit dem Wort »Geflecht« möchte ich darauf hinweisen, daß Religionen das Ergebnis einer Geschichte sind. An ihrem Entstehungsprozeß haben Millionen von Menschen teilgenommen. Wenn es in Religionen um demokratische Meinungsbildung ginge, was zwar nicht der Fall ist, dann bekäme die Tradition immer noch mehr Stimmen als der erstbeste volksnahe Reformer. Die Geschichte religiöser Traditionen erklärt, anders gesagt, deren Macht und kann zugleich zeigen, daß Traditionen einem Prozeß von Zusammenwachsen und Abstoßen unterlagen und ihm immer noch unterliegen, falls es sie noch gibt. Dadurch ist ein unentwirrbarer Komplex von oft unerklärlichen Elementen entstanden. Ich sage das aus der Zuschauerperspektive. Für die Anhänger einer Religion jedoch, die täglich mit ihrem »Glauben« leben, bilden sie eine vertraute Einheit.

Ein solches Geflecht versuche ich zu verstehen als spezifische Antwort auf die stets wiederkehrenden Fragen, mit denen das Menschsein uns und alle Menschen konfrontiert. Die Religionen führen uns also zu den menschlichen Erfahrungen, die allen Menschen gemeinsam sind und veranlassen alle Menschen, nach ihrem Gottesbewußtsein zu greifen (1). Aber je nach religiöser Tradition gaben sie diesem Gottesbewußtsein unterschiedliche Inhalte und bauten es zu einem bestimmten Gottesbild aus (2). Darauf komme ich noch ausführlich zurück und beschränke mich zunächst aufs Nötigste. Ich stelle die Frage: Was sind diese universalen menschlichen Erfahrungen?

Sagen wir es so: Alle Menschen lachen und weinen oft aus denselben Gründen. Glück, gesunde Kinder, Vitalität: es gibt keine Kultur, in der sich nicht Menschen darüber freuen. Tod, Krankheit, Schmerz, Leiden und schlechtes Gewissen (um einiges aufzuzählen) rufen überall Trauer hervor. Dann gibt es noch die Ungewißheiten: den Zufall, die unerklärlichen Rückschläge, eine undurchsichtige Zukunft, die in ihrem Schoße birgt, was noch niemand weiß. Universale Freuden und universale Trauer und Angst: Es gibt keine Kultur, in der nicht Menschen diese Grunderfahrungen mit dem Wissen um Gott in Verbindung brachten und ihm spezifische Konturen gaben. Die verschiedenen Religionen sind, so könnten wir sagen, unterschiedliche Einkleidungen Gottes. Die Unterschiede hängen von der Frage ab, wie die Gemeinschaften oder Kulturen Gott als Antwort auf die Grunderfahrungen verstanden und gesehen haben.

Auch diese Antwort ist wieder auf vorhergehende Erfahrungen gegründet. Das Leben von Generationen hat gezeigt, daß Gott eine Macht ist, die wir erweichen können oder gerade nicht, daß wir Ihn fürchten müssen oder gerade nicht, daß Er in sich ängstigende Aspekte mit freundlichen oder ganz anderen vereint, oder daß diese sich verteilen über eine Mehrzahl von Göttern, die untereinander nicht im Einklang sind. Ich nenne nur einige Möglichkeiten als Hinweis auf die großen Unterschiede, mit denen religiöse Traditionen auf ein und dieselbe Problemsituation reagieren.

Eine von diesen religiösen Traditionen ist die christliche. Der christliche Glaube geht also zurück auf dieselben Grunderfahrungen des menschlichen Daseins, die wir überall auf der Welt antreffen (1). So wie überall verbindet er sie bei deren Verarbeitung mit dem Gottesbewußtsein, aber er tut dies auf seine eigene, spezifische Weise, so daß das Wort »Gott« seinen eigenen, für das Christentum spezifischen Inhalt erhält (2).

5. Die Vielzahl der Glaubenstraditionen

Religiöse Traditionen setzen universale Existenzfragen sowie spezifische, einer bestimmten Gemeinschaft gemeinsame Antworten voraus, die auf Gott verweisen. Welchen Sinn haben diese Antworten für die Menschen?

Diese Antworten bieten Sicherheit, indem sie festlegen oder definieren, wer wir sind, was unsere Welt ist und welche Mächte uns in unserer Welt letztlich bestimmen. Diese Antworten, die religiöse Vorstellungen auf die »ewigen Fragen« geben, sind nicht selbstverständlich und bieten nur dem Beruhigung, der ihnen vertraut. Deshalb fordern sie Glauben.

Manch einer meint, der Glaube, verstanden als ein Leben mit Glaubensvorstellungen, mache uns den Umgang mit den »ewigen Fragen« allzu einfach. Dieses Vorurteil ist leicht zu widerlegen. Warum greifen Menschen, im allgemeinen doch auf Bequemlichkeit bedacht, dann nicht öfter auf den Glauben zurück? Und um noch ein weiteres Fragezeichen hinzuzufügen: Ist es nicht ein Irrtum, das menschliche Dasein für so simpel zu halten, daß es ohne Glauben auskommen kann? Ohne Glaube lebt niemand wohl.

Die Ungewißheit der Glaubenstraditionen sollten wir nicht vertuschen, das wäre in keiner Weise gut, gehört sie doch einfach dazu. Religiöse Glaubenstraditionen fallen nämlich nicht aus der Luft oder vom Himmel, sondern sind Menschenwerk. Alles, was wir über das Oben sagen, kommt von unten.

Das ist ein äußerst interessantes Faktum. Es zeigt nämlich, daß wir selber auf dem Spiel stehen, wenn es um religiösen Glauben geht. Wir konstruieren uns eine Vorstellung von Gott, und gleich gehe ich näher auf die Frage ein, ob es so etwas gibt wie eine Macht, die wir Gott nennen können. Einstweilen gehe ich davon aus. Ganz offenkundig bringen wir in dieser Vorstellung zugleich eine Vorstellung über uns selbst und unsere Welt ein - mit allen damit verbundenen Fragen: Schaffen wir uns diese Gottesvorstellung nach dem Bild von uns selbst und unserer Welt, oder bestimmt das Bild, das wir uns von Gott entwerfen, umgekehrt unser Welt- und Menschenbild?

Um eine (vorläufige) Antwort zu geben: Ersteres ist der Fall, anders ist es nicht möglich. Aber es hat das zweite als Wirkung - merkwürdig genug: Das ganze Phänomen der Religion hat damit zu tun. Diese Wirkung ist aber nur möglich, wenn wir »von unten« her nicht gänzlich im Dunkeln tasten. Doch darüber später im Kapitel über Gott.

Religiöser Glaube gibt auch Aufschluß über die Frage, wie Menschen sich selber erleben. Sind wir Macher, unsterbliche Seelen, Wegwerfartikel oder Schuldner? Religiöser Glaube schließt immer eine Auslegung von uns selber ein. Daraus folgt nicht, daß religiöser Glaube auf Anthropologie zu reduzieren sei, auf das Festhalten an einem normativen Menschenbild und nicht mehr, so als wäre alles, was von Gott handelt, eigentlich überflüssig. Wäre das der Fall, warum gibt es dann überhaupt so etwas wie religiösen Glauben, und warum verschwindet er nicht? Offensichtlich kommt Religion einem allgemeinen menschlichen Bedürfnis entgegen, um es möglichst provokativ zu formulieren. Das heißt nicht, daß Gott *deshalb* schon existiert. Ob diesem Bedürfnis etwas entspricht, das ist im Blick auf die Vielfalt religiöser Traditionen gerade die Frage.

Damit wird das Phänomen Religion nicht einfacher, nicht einfacher auch der Versuch, die Wahrheit des Christentums im Rahmen der Religionen zu bestimmen. Daß man sich zur Überwindung aller Unsicherheit gerne auf Offenbarung beruft, ist durchaus begreiflich. Ich werde es in diesem Buch jedoch nicht tun, weil ich der Meinung bin, daß wir die Wahrheit des Christentums auch anders feststellen dürfen und können, ohne dabei die Nicht-Gläubigen von der Meinungsbildung auszuschließen.

6. Verwandtschaft und Unterschied

Dieser Ansatz macht es uns möglich, auf Verwandtschaft und Unterschiede zwischen Christentum und anderen Religionen zu achten. Die Verwandtschaft liegt im vorgegebenen Bewußtsein von Gott, den universalen Grunderfahrungen des menschlichen Daseins sowie in der Tatsache, daß die Verarbeitung dieser Erfahrungen dem (undeutlichen) Bewußtsein von Gott genaueren Inhalt verleiht. Dies geschieht dann im Rahmen einer religiösen Tradition, die ihrerseits wieder aus der Erfahrung lebt, daß Gott ihren Gottesvorstellungen entspricht.

Die Verwandtschaft besteht also in der unumstößlichen Tatsache, daß alle, auch die christlichen Glaubensvorstellungen über Gott und Heil, »von unten« kommen.

In der näheren inhaltlichen Bestimmung aber liegen Unterschiede; nicht nur zwischen Christentum und anderen Religionen, sondern auch zwischen den anderen religiösen Traditionen selbst. Diesen Unterschied – oder besser: diese Unterschiede – dürfen wir uns allerdings nicht zu einfach vorstellen. Sie können so groß sein, daß sie sogar das Basisproblem des menschlichen Daseins, auf das der religiöse Glaube zu antworten hat, verschieden umschreiben.

Hier ist nicht der Ort, das Verhältnis zwischen dem christlichen Glauben und den anderen Religionen zu vertiefen. Ich möchte nur einige Mißverständnisse abwehren.

Beginnen wir mit einer Wahrheit, die m.E. nicht oft genug wiederholt werden kann. Wenn Religion Unsinn ist, ist es das Christentum auch. Das folgt aus allem oben Gesagten. Dieser Folgerung könnten wir uns nur entziehen, indem wir dem Christentum eine Sonderposition zuerkennen, um so die eigene Wahrheit sicherzustellen. Nun hat sich schon gezeigt, daß dieser Gedanke auf keinem festen Grund basiert, und ich füge hinzu, daß er jedes interreligiöse Gespräch ausschließt. Gespräch bedeutet ja, daß Partner einander auf der Basis von Gleichheit behandeln. So schwierig das auch ist, es geht eben nicht anders. Sonst bliebe nur das Bekenntnis übrig, und das wäre für ein Gespräch zu wenig.

Aber wir können die Spannung zwischen Christentum und den anderen Religionen auch nicht mit Hilfe der Behauptung auflösen, andere Religionen hätten dasselbe zu bieten wie das Christentum. Das ist zwar gut gemeint, aber falsch (alle Religionen sind nun einmal nicht gleich). Die Behauptung ist aber auch kontraproduktiv; denn um des Dialoges willen nimmt sie dem Christentum wie den anderen Religionen ihre Eigenheit und unterläuft so gerade den Dialog, weil sie Christentum und Religionen im Grunde nicht ernstnimmt. Streng genommen wäre dann überhaupt kein Dialog mehr nötig. Warum sollte er stattfinden, wenn doch alles auf dasselbe hinausläuft?

Ebensowenig sollten wir dem Gedanken folgen, die sogenannte natürliche Gotteserkenntnis sei nur von einem Gott der Offenbarung her zu erklären. Das hieße, für die christliche Wahrheit eine Offenbarung zu fordern, die wir den anderen Religionen absprechen. Auch damit wäre die Gesprächsbasis verloren, jetzt aber von einem vorgegebenen Überlegenheitsbewußtsein aus.

In welche Richtung sollen wir uns aber dann bewegen? Kann man überzeugt glauben und den eigenen Glauben zugleich relativieren? Einfach ist das wohl nicht, jedoch können wir einer Relativierung kaum entgehen, und sei es nur deshalb, weil wir keinen anderen Zugang zu Gott haben als den der Tradition, in der wir aufgewachsen sind. Aber es gibt mehrere Traditionen. Ich denke z.B. an die 130 Millionen Japaner, von denen noch nicht einmal ein Prozent dem christlichen Glauben anhängt. Sind sie alle im Irrtum? Ist nicht das beste, das uns zu sagen bleibt, dies, daß alle Glaubenstraditionen dieselben Rechte haben, da sie alle von ihrem eigenen Erfahrungshintergrund her dem Bewußtsein von Gott einen Inhalt geben? Darüber muß zu reden sein, sobald wir eingesehen haben, daß die Christenheit auf dieselbe Weise zu ihrer Gotteserkenntnis gekommen ist wie alle anderen Menschen.

II. Tradition und Glaube

Daß es uns an Glaube fehle, kann man nicht sagen. Allein die einfache Tatsache unseres Lebens ist in ihrem Glaubenswert gar nicht auszuschöpfen.
Hier wäre ein Glaubenswert? Man kann doch nicht nicht-leben. Gerade im »kann doch nicht« steckt die wahnsinnige Kraft des Glaubens; in dieser Verneinung bekommt sie Gestalt.

Franz Kafka

1. Glaube, kein Playback der Tradition

Eine Glaubenstradition ist dazu da, daß wir an sie glauben, was schon das Wort besagt. Schauen wir, was damit gemeint sein kann und was nicht.

Beginnen wir mit einigen Klärungen zum Wort »Glauben«. Wir benutzen es, grob gesagt, in zwei Bedeutungen. In einer Aussage wie »Ich glaube, hilf meinem Unglauben!« bedeutet »glauben« soviel wie eine Tat setzen; es ist eine Tat des Vertrauens, eine Tat, in der ich auf eine Herausforderung oder ein Angebot eingehe. »Glauben« in dieser Bedeutung hat immer etwas mit einem Engagement zu tun, in dem wir uns mit »der guten Sache« identifizieren.

Als diese »gute Sache« vor allem in Begriffen der Gesellschaftskritik formuliert wurde, bedeutete Glaube in diesem Sinn dann vor allem »kritisches Engagement«. Eigentlich braucht das aber nicht der Fall zu sein.

Die andere Bedeutung, in der wir das Wort »Glauben« verwenden, bezieht sich auf das, *was* geglaubt wird; es ist der geglaubte Glaube. In diesem Fall schauen wir nach dem Inhalt, der Gesamtheit der Vorstellungen, an welche die Christenheit glaubt (z.B. an »Die Zwölf Artikel des Unbezweifelten Christlichen Glaubens«). Glauben bedeutet in diesem Zusammenhang ganz einfach: für wahr halten. Zu glauben, daß Gott die Unterdrückten rettet, hat z.B. nur Sinn, wenn wir es für wahr halten, daß Gott existiert und so handelt, wie Ihn die christliche Tradition darstellt. Dieses »für wahr halten« ist ein ebenso unverzichtbares Element des Glaubens wie das Engagement. Auf weitere Feinheiten gehe ich hier nicht ein. Beide Bedeutungen sind natürlich aufeinander angewiesen. Was wäre der Glaube als Engagement, wenn es nichts gäbe, wofür man sich engagieren kann? Umgekehrt hätte es keinen Sinn, sich an eine Summe von Glaubensvorstellungen zu halten, wenn dies kein Engagement nach sich zöge.

Damit wird noch etwas anderes deutlich. Mit dem Glauben als Engagement können wir zeigen, daß wir wirklich glauben; aber das, woran wir glauben, wird durch unser Engagement nicht mehr oder weniger wahr. Wahr oder falsch, das ist eine eigenständige Fragestellung, die eine eigene Antwort verlangt. Wir können ja auch an Ansichten von oder über Menschen glauben, die etwa falsch oder den Glauben nicht wert sind. Deshalb ist und bleibt die Frage nach der Wahrheit von Glaubensüberzeugungen unverzichtbar. Haben sie einen Sinn und welchen?

Was bedeutet es nun, »der Glaubenstradition zu glauben«? Es besagt sicher nicht, daß wir alles, was der christliche Glaube an Vorstellungen mit sich bringt, ohne jedes weitere Problem akzeptieren müßten. Daraus würde ein »Vogel friß oder stirb«, also gerade kein Glaube im Engagement. Aber es liegt doch sehr nahe, sich auf Glaubensvorstellungen, auf diese Bilder also, einzulassen und sich selbst dann die Frage zu stellen, ob wir damit etwas anfangen können. Das wäre nicht unehrerbietig oder unverbindlich. Im Gegenteil, es ist die einzig mögliche Art, sich mit ihnen auseinanderzusetzen.

Wo führt das hin? Das ist von Mensch zu Mensch verschieden. Für manche bedeutet Glaube eine Art Bejahung dogmatischer Überzeugungen. Dagegen ist nichts einzuwenden, solange man mich nicht zu dieser Art von Glaube zwingt. Andere setzen sich mit ihm nur oberflächlich auseinander oder »fangen mit ihm nichts an«. Auch das ist eine Möglichkeit. So gibt es viele Arten des Umgangs mit dem Glauben. Der Glaube, so ließe sich zusammenfassen, gibt zu denken. Akut wird er erst bei Not oder Freude, nicht dauernd also, sondern in bestimmten Situationen.

Warum betone ich das? Weil Glaube Glaube bleiben muß, d.h. eine freiwillige, auf Einsicht und Überzeugung beruhende Annahme von Glaubensvorstellungen. Dietrich Bonhoeffer versprach sich selber, er werde, einmal aus dem Gefängnis entlassen, ein Buch über die Frage schreiben, was Christen glauben müssen. Sofort aber fällt er sich selber ins Wort: »Was *müssen* wir glauben? Falsche Frage. Was glauben wir wirklich?« Ich möchte nun nicht behaupten, wir könnten oder dürften uns nicht selber dazu ermutigen, an Vorstellungen der christlichen Glaubenstradition festzuhalten. Aber alles was darüber hinausgeht, macht aus dem Glauben eine Playback-Show, eine Imitation ohne eigene Stimme. Das geht nicht. Die Tradition ist zweifellos vorgeformt, weil sie aus Worten, Bildern und Vorstellungen vorangehender Generationen besteht. Aber glauben heißt buchstäblich zu-stimmen. Das kann ich nicht bei allen Vorstellungen, und wenn ich es könnte, auch dann nicht immer. Ist das schlimm, so daß ich mir dabei ein schlechtes Gewissen machen muß?

Bisweilen leiden Menschen unter der Zwangsidee, wer nicht glaube, der lebe in Hader mit Gott. Damit wäre der Glaube verzeichnet, sogar sehr grob. Seine Annahme würde zur Vorbedingung und der Besitz einer Sache zur Belohnung für das Durchhalten. Aber mit solcherart Unsinn denaturieren wir den Glauben zu einer Art Verpflichtung im Sinne von »Jeder bekommt, was er verdient«. Nichts ist freier - und freiwilliger - als Glauben. Glauben ist eine Lebensart, bei der man sich wohl fühlt, gerade nicht das Festhalten an Vorstellungen aufgrund eines Pflichtgefühls oder aus Angst vor Strafe.

Zu Recht können und dürfen wir in der Kirche also sagen: »Dies oder jenes kann ich unmöglich akzeptieren«, oder auch: »Ich befinde mich in einer Phase, in der ich mit«, sagen wir, »der Auferstehung Jesu nichts anfangen kann«. Vielleicht hält das für längere Zeit an. Für den Betroffenen selber und die Gruppe, zu der er gehört, ist das gewiß problematisch, aber nach meiner Erfahrung völlig normal. Die christliche Glaubenstradition ändert sich dadurch nicht, auch dann nicht, wenn wir sie neu interpretieren. Experimente muß es geben, sonst stagniert das, was ich im folgenden den »Prozeß der Aneignung und Weitergabe« nennen werde. »Was bleibt, kommt nie zurück.« (J. Eykelboom) So steht es um die christliche Tradition.

2. Glaubenserkenntnis als Vorschuß

Wie jede andere Glaubenstradition kommt auch die christliche eindeutig »von unten«. Menschen haben Erfahrung auf Erfahrung gestapelt und mit diesen Erfahrungen, schematisch ausgedrückt, das Wort »Gott« inhaltlich gefüllt. Das Wissen von Gott, das die christliche Tradition weitergibt, trägt so den Charakter eines Entwurfs, es ist *Glaubens*erkenntnis. Damit verweise ich nicht auf eine geringere Art von Erkenntnis, sondern auf eine Erkenntnis von ganz bestimmter Art. Alle Erkenntnis, an die wir uns halten, beginnt mit einer Erwartung, einer Hypothese also, von der wir hoffen, daß sie sich in der Praxis bestätigt. Sobald sich diese Bestätigung ausnahmslos und immer neu wiederholt, sprechen wir nicht mehr von einer Hypothese, sondern von einer Erkenntnis. Alle Erkenntnis hat also bescheiden begonnen, als Hypothese, als einstweiliger Vorschuß auf eine Bestätigung. Dieser Hinweis ist in unserem Zusammenhang nicht so abwegig; denn auch der Glaube ist eine Form von Erkenntnis, wenn auch einer Erkenntnis-im-Entwurf. Er ist in seiner Art persönlich, dem Fall vergleichbar, daß wir jemanden liebenswürdig finden. Auch das ist eine Erwartung, eine Hypothese, von der wir ausgehen, die aber im praktischen Umgang erst noch bestätigt werden muß. Aber wir haben mit unserer Aussage der Bestätigung schon vorausgegriffen. Als Vorschuß ist diese Art der Erkenntnis sogar eine Frage von Mut; denn es bleibt vorläufig offen, ob uns die Auflösung des Knotens die erwartete Bestätigung oder eine Enttäuschung bringt.

Gotteserkenntnis und Gotteserkenntnis können also zweierlei bedeuten. Das eine ist eine *Erkenntnis als Vorgriff* auf die Lösung der Fragen; diese

Erkenntnis ist in der Glaubenstradition zu Hause, sie ist ein »religiöses Wissen« (das wir vermehren müssen, wie ich in der Vorhalle einer Kirche las). Als Frucht der kumulativen Erfahrung vorhergehender Generationen ist sie auf die Bestätigung in der Praxis, d.h. auf die Bestätigung in eigener Erfahrung angewiesen. Dieses andere ist also *Erkenntnis als Bestätigung*, als Lösung der Fragen, Wissen im eigentlichen Sinn. In ihrer Art ist sie mystisch, der Kuß des Ewigen. Zunächst bleibt uns nur der Vorgriff; wenn ihm aber nie eine Bestätigung folgt - auch nicht die Spur einer Bestätigung oder doch wenigstens etwas, das so verstanden werden kann -, dann stirbt der Glaube ab wie eine Pflanze, die kein Wasser mehr bekommt. Glaube ohne Erfahrung ist unmöglich.

Ich fasse zusammen: Glaubenserkenntnis geht zurück auf kumulative Erfahrung, sie trägt Entwurfscharakter und wartet auf ihre letztliche Bestätigung durch Gott Selbst. Wer glaubt, nimmt einen einstweiligen Vorschuß auf diese Auflösung am Ende.

3. Tradition und Offenbarung

Ist die christliche Tradition also nicht auf Offenbarung gegründet? In der Verwendung dieses Begriffs kann ich - und damit unterstreiche ich die Darlegungen des vorhergehenden Paragraphen - wirklich keine Hilfe finden, jedenfalls dann nicht, wenn er auf eine übernatürliche Quelle der Gotteserkenntnis verweisen soll. Seine Wirkung ist ja offenkundig; mit ihm erhält unsere Gotteserkenntnis eine unantastbare Position. Das aber ist nur Schein; denn *erstens* gehen so auch andere Religionen vor, etwa der Islam. Auch sie berufen sich auf eine Offenbarung, und wir sind keinen Schritt weiter, weil »Offenbarung« unter dieser Voraussetzung kein unterscheidender Begriff mehr ist. *Zweitens* werden im Gespräch mit Außenstehenden überhöhte Preise gefordert. Wir treten nicht nur als Rechthaber auf, sondern machen uns auch gegenüber aller Kritik immun, weil Offenbarung ja per definitionem nicht falsch sein kann.

Aus diesem Grund habe ich auch Probleme damit, den christlichen Glauben mit einem »Sprung« beginnen zu lassen. Das erinnert zu sehr an die Losung: »Erst glauben, dann reden wir weiter!« Der christliche Glaube wird so zu einer Art Zirkel, in den man nur mit einem Sprung hineinkommen kann: »Augen zu und durch!« Aber wir können von den genannten Problemen auch ganz absehen, weil ein Sprung von der christlichen Tradition her gar nicht nötig ist. Er braucht nicht erst diesen Kraftakt zu unternehmen; denn christlich gesehen steht jeder Mensch schon mit Gott, dem Schöpfer, in Beziehung.

Ist es also Unsinn, von Offenbarung zu sprechen? Das gewiß nicht, aber alles hängt davon ab, wie wir den Begriff verwenden wollen. Der Gott des christlichen Glaubens ist ein Gott, der Sich offenbart; das scheint mir ein Kernstück der christlichen Tradition zu sein. Im Kapitel über Gott kommen wir darauf zurück. Er ist kein schweigender Urgrund, kein tiefer Ozean, so sehr diese Bilder auch helfen können, sondern ein aktiver Gott, der Sich nicht unbezeugt läßt. Gemäß dem christlichen Glauben lernen die Menschen Gott kennen, indem Gott Sich Selber zu erkennen gibt. Dabei offenbart Er aber nicht auf übernatürliche Art Wahrheiten über Sich, die von den Menschen zu akzeptieren sind, falls sie sich Christen nennen wollen. Zwar gibt es christliche Wahrheiten von Gott, zu denen auch ich mich bekenne, aber sie sind nicht vom Himmel gefallen. Es sind Charakterisierungen von Gott und Seinem Heil, die von Menschen stammen und in menschlicher Sprache formuliert sind, die auf den Erfahrungen von Generationen und Generationen vor uns beruhen.

Diese Erfahrungen sind in keiner Weise abgesichert, tragen keinen göttlichen Stempel und kein Siegel, das mir deren Wahrheit verbürgt. Selbst die Tatsache, daß sie in der Bibel zu finden sind, verleiht ihnen keine besondere Geltung, denn die Überzeugung, daß die Bibel Autorität verleihe, ist selber wieder eine Glaubensüberzeugung ohne Garantie. Diese Wahrheiten wollen nur zusammenfassen, was christlicher Glaube für Gottes Werk an Mensch und Welt hält. Nichts ist dagegen einzuwenden, wenn das jemand Offenbarung Gottes nennen möchte. Aber wir haben dann keine übernatürliche Erkenntnisquelle vor uns, sondern etwa ein Werturteil von Christen über ihre eigene Glaubenstradition.

Ich greife also nicht auf Offenbarung als Fundament christlicher Glaubenstradition zurück, sondern gebe ihr einen ganz anderen Unterbau, um den es hier geht. Viele Religionswissenschaftler und Anthropologen umschreiben religiösen Glauben, auch den christlichen, als ein Universum von Symbolen, mit Hilfe derer sich Menschen im Leben eine Orientierung verschaffen. Gott, Jesus, Kreuz, Jenseits - es sind alles Symbole, die uns unseren Platz zuweisen, so wie dies eine Fahne oder das Vaterland tun.

Mit dieser Art, über den Glauben zu sprechen, habe ich keine Probleme. Er lebt in unserem Kopf und in unserem Herzen. Aber wie kam er hinein? Auf diese Frage kann der phänomenologische Ansatz im Grunde deshalb nicht antworten, weil sie ihn nicht interessiert. Ich dagegen halte diese Frage für wichtig und bemühe mich, in diesem Kapitel - zugegeben, auf meine eigene Art und Weise - eine Antwort auf die folgende Frage zu finden: Wie kam Gott mit Seinem Heil in unseren Kopf (und in unser Herz)?

4. Tradition als Suchprojekt

Wir beginnen mit der Frage, wie es der christlichen Tradition überhaupt gelingt, ihren Entwurf von Gott weiterzugeben. Es gelingt ihr, weil dieser Entwurf wie ein Suchprojekt funktioniert, wie eine Zeichnung oder ein Bild, von früheren Generationen erstellt, mit dessen Hilfe sich neue Generationen auf den Weg machen können, um Gott zu finden. Ohne Zeichnung oder Bild wüßten wir überhaupt nicht, worauf wir bei der Suche zu achten hätten. Gott könnte sozusagen alles sein oder nichts. Natürlich können wir uns auch dann noch schrecklich irren, wenn wir uns - mit einem Bild oder einem Suchprojekt *wohl* gewappnet - auf den Weg machen; denn auch das Bild kann Fehler haben, falsch konstruiert sein und uns dazu verführen, etwas für eine Erfahrung von Gott zu halten, was überhaupt keine Gotteserfahrung sein kann. Solche Komplikationen sind mit religiösen Traditionen, also auch mit der christlichen, als einem Suchprojekt verbunden. Darauf gehe ich nicht weiter ein.

Wie ich im vorigen Paragraph aufgezeigt habe, ist das Suchprojekt die Frucht von Erfahrung und für sein Fortbestehen auf die Erfahrung der nachfolgenden Generationen mit dieser Erfahrung angewiesen. Dabei bin ich mir der Tatsache bewußt, daß ich damit das ganze Gebäude der christlichen Lehre auf eine andere Basis, für viele sogar auf schwankenden Boden setze. Aber das ist kein Grund zum Erschrecken, sondern zur Beruhigung, weil dieser Ausgangspunkt für eine Suche charakteristisch ist. Sobald wir nämlich christliche Tradition als ein Suchprojekt verstehen, können wir viel gelassener mit ihr umgehen als wir es früher gewohnt waren. Diese Tradition braucht nicht einfach »geschluckt« zu werden, sondern will sich mit uns auf den Weg machen. Christliche Wahrheit ist keine absolute Wahrheit, sie läßt sich verbessern und verträgt sachgemäße Kritik. Bestätigende Erfahrungen können ausbleiben oder sich in ihr Gegenteil verwandeln usw. In jedem Fall können Christen keine Fundamentalisten mehr werden.

An dieser Suche kann nicht nur jeder rechtschaffene Mensch teilnehmen (wie der Philosoph Aratos mit Zustimmung des Paulus sagte), sondern wer sucht, befindet sich einstweilen auch in einer vielversprechenden Gemeinschaft. Wer sucht, wird finden.

Wie steht es um das Finden selbst? Das Finden ist der Test, dem jedes Suchprojekt, also auch das christliche, zu unterwerfen ist. Dabei können wir uns keinen besseren Test ausdenken, denn er entspricht unserer normalen Art zu kontrollieren. Wenn jemand etwas behauptet und wir herausfinden wollen, ob seine Aussage wahr ist, dann müssen wir seine Behauptungen überprüfen. Alle Überprüfungen aber, auch die kompliziertesten, lassen sich auf ihre einfachste Form zurückführen, auf die Erfahrung. Genauso steht es mit der christlichen Tradition. Als Glaubenstradition zeigt sie sich als Informationsträgerin, konfrontiert sie uns mit Aussagen über Gott und erwartet, daß wir sie für wahr halten. Nun, was bietet sich mehr an, als diese Aussagen der Prüfung zu unterziehen, die ich soeben Erfahrung nannte? So kann sie letztlich nur darin bestehen, daß wir Ihn finden, der uns im Suchprojekt vorgezeichnet ist. An dieser Überprüfung nun darf sich wirklich jeder beteiligen. Er wird sogar dazu eingeladen, mehr noch, er wird dabei benötigt. Denn je mehr Menschen sich beteiligen, desto sicherer ist das Endresultat des Tests. Ein Leben lang dürfen wir uns mit ihm beschäftigen, wie sich die christliche Kirche Jahrhunderte lang damit beschäftigt hat. Erst in der Ewigkeit wird das Verfahren abgeschlossen sein.

Genau dieser Umstand macht viele Sucher skeptisch und verhindert selbst ihre Teilnahme an der Überprüfung. Aber so ist es eben. Recht, eigentlich und endgültig Recht (oder Unrecht) bekommt ein Mensch erst am Ende, vorher nicht. Heute ist unser Erkennen, um Paulus zu zitieren, noch wie ein Sehen in »Spiegeln und Rätseln«, aber am Ende werden wir schauen »von Angesicht zu Angesicht«. Jetzt erkennen wir unvollkommen, aber dann werde ich »erkennen, wie ich selber erkannt bin«.

5. Die Sprache der Tradition

Tradition und Kommunikation gehören zusammen. Zunächst gilt das in *vertikaler* Richtung. Die Tradition dient der Kommunikation mit Gott, die ich im vorhergehenden Paragraphen als ein »Finden« beschrieben habe.

Damit dient die Tradition zugleich der *horizontalen* Kommunikation, also dem gegenseitigen Verstehen der Menschen bei ihrem Sprechen von Gott. Religiöse Überzeugungen sind so immer gemeinsame Überzeugungen. Die Tradition liefert uns die Sprache, in der wir sie ausdrücken, gratis mit. Diese bildet das Ausdrucksmaterial, mit dessen Hilfe wir uns über Gott äußern können. Wer sie von Hause aus nicht mitbekommt, muß sie von anderen lernen oder ist mit Stummheit geschlagen. Menschen aber, die aus diesen oder anderen Gründen, etwa aus Verlegenheit, von Gott nicht mehr sprechen, sind am Ende dazu auch nicht mehr fähig. Das gilt übrigens auch für diejenigen, die zuviel über Ihn gesprochen haben.

So ist dieses Ausdrucksmaterial Vorbedingung für Kommunikation. Sünde, Gnade, Versöhnung, Schöpfung, Gott - das sind Worte, also keine Definitionen, noch weniger Dogmen, die man wie warme Semmeln über die Theke schiebt. Indem ich sie »Ausdrucksmaterial« nenne, lasse ich genau ihre Inhalte offen. Das ist kein Nachteil, denn nur so kann das Gespräch über die Tradition weitergehen. Wir können z.B. fragen, was mit ihnen »gemeint« ist.

Läuft das nicht auf die »Sprache Kanaans« hinaus? Manchmal schon. Manche Menschen verfügen nur über die festgelegte Sprache der Tradition. Warum sollten wir abfällig darüber reden? Vielleicht verwenden sie Klischees; aber was für den einen ein Klischee ist, ist für den anderen lebendige Sprache. Wer junge Leute etwa über Popmusik reden hört, hört auch immer dasselbe. Geben sie deshalb nicht ihrer Überzeugung Ausdruck?

Nur sollten wir, wie ich schon öfters sagte, nicht gezwungen werden, diesen Sprachgebrauch als Kennzeichen der Wahrheit zu akzeptieren. Das ist er bestimmt nicht, sondern ist und bleibt im Gegenteil eine unbeholfene Sprache, Zeichen für einen Mangel an Integration des Glaubens in das gelebte Leben.

Zwei Bemerkungen füge ich hinzu. *Erstens*, das Ausdrucksmaterial, das die Sprache der Tradition für uns bereithält, schafft nicht nur Kommunikation zwischen den heute lebenden Menschen, sondern auch zwischen uns und der Vergangenheit, den Generationen vor uns, wie auch zwischen uns und der Zukunft, den noch kommenden Generationen. Die Tradition ist ein Erbe, mit dem wir gesegnet sind und unsererseits unsere Nachkommen segnen können. Ich halte das für einen außerordentlich prägenden Aspekt der christlichen Tradition.

Deshalb *zweitens* noch ein letztes Wort über die Tradition als »Lehre«. Lehre ist ein etwas engerer Begriff, der zugleich einen anderen Akzent trägt. In der christlichen Lehre werden Gott und Sein Werk in mehr oder weniger festen Formeln sozusagen festgelegt. Für die Weitergabe von der einen auf die andere Generation ist das ein riskantes, aber unverzichtbares Unternehmen. Die Lehre schlägt das Gold der Tradition in passende Münze. So kann die christliche Kirche eine Katechese entwickeln, unterrichten, zu theologischem Denken herausfordern, über die Inhalte des christlichen Suchprojekts Diskussionen eröffnen und was da sonst noch sei. Das genügt allerdings nicht. Zur »Lehre« gehören auch ein Stück Lebenseinstellung und die Selbstinterpretation, an die sich eine Gemeinschaft hält, ja sogar ein Stück Weltanschauung. Lehre ist Lebensorientierung, zubereitet für den täglichen Gebrauch, also ein relatives, aber unverzichtbares Element.

III. Tradition und Interpretation

Eine Metapher kann man erst beurteilen,
wenn man zur Einsicht kommt.
J. J. van Es

1. Aneignung und Weitergabe

Die christliche Glaubenstradition wird angeeignet und weitergegeben, so wie es eben mit Glaubenstraditionen geht. Mit diesen Worten umschreibe ich einen komplizierten Prozeß, der jedoch entscheidend ist für die Gestalt, in der wir die christliche Tradition antreffen. Ginge es um keine Glaubenstradition, dann bräuchte er auch nicht so kompliziert zu sein. Denn der Glaube muß zwar formuliert werden, wenn man über ihn sprechen will, aber er ist keine Formel für den Kopf, sondern eine Heilsbotschaft, die wir uns selber aneignen müssen. Sie bewirkt Emotionen und verlangt eine Zustimmung, die uns bis in den Grund unseres Daseins berührt. So empfangen wir die Glaubenstradition auch immer in der von früheren Generationen angeeigneten Form und geben sie, wenn es gut geht, an die folgende Generation in der Form der eigenen Aneignung weiter. Natürlich wäre eine Weitergabe auch ohne eigene Aneignung möglich, man könnte dafür Papageien anstellen; aber der Glaube würde dann zur Formel, und Formeln packen nicht. Das ist der Grund für ein hohes Maß an Sprachlosigkeit von Menschen, die dem Glauben hilflos gegenüberstehen. Der Glaube ist ihnen etwas Fremdes geblieben. Ihrerseits geben auch sie wieder, um mit Godfried Bomans zu sprechen, die Schachtel geschlossen weiter. So stirbt die Weitergabe ihren eigenen sanften Tod.

Wir empfangen den christlichen Glauben also in der Gestalt einer Aneignung. So trägt er die Fingerabdrücke der vorhergehenden Generationen, und wenn unsere Enkel mit ihm in Berührung kommen, trägt er auch unsere. Daraus wird verständlich, warum die christliche Glaubenstradition - wie alle religiösen Traditionen - so sehr auf Auslegung und Interpretation angewiesen ist, heute vielleicht noch mehr als früher. In unserer Zeit vollziehen sich Aneignung und Weitergabe viel weniger kollektiv als in den früheren Jahrhunderten; sie sind viel individueller gefärbt, was nicht illegitim ist. Wie ich früher schon zeigte, verträgt die christliche Tradition bestens allerlei persönliche Interpretationen, bisweilen sind diese so interessant, daß sich die Mühe lohnt, sie weiterzuerzählen. Dann sprechen wir von »Theologien«, von einer »Friedenstheologie«, einer »Theologie der Arbeit«, einer »feministischen Theologie« usw., die ihrerseits dann wieder eine persönliche Note erhalten können (Mary Daly bietet eine andere feministische Theologie als Rosemary Ruether). Wenn es jedoch zu viele von diesen »Theologien« gibt, dann werden sie zu Eintagsfliegen, oder besser gesagt, es zeigt sich, daß sie es sind. Man könnte ja auch vorschnell auf den Gedanken kommen, die eigene Entdeckung habe Weltformat. Jedenfalls sollten wir persönliche Interpretationen nicht mit der Tradition verwechseln, selbst dann nicht, wenn sie von einem Theologen oder einer Theologin von Format entwickelt sind.

Wäre es mit der Tradition aber nun so einfach, daß wir sagen könnten, hier stehe die eigentliche Botschaft und dort seien die Fingerabdrücke derer, die sie weitergeben, dann würde Auslegung bedeuten, die Botschaft aus der Verpackung zu schälen. Aber das Problem ist ja gerade, was dann als Botschaft und was als Verpackung gilt und mit Hilfe welcher Instrumente sich beide voneinander abgrenzen lassen. Diese Fragen werden akut, sobald wir die ersten Zeugen befragen, das Neue Testament. Es spricht in den Begriffen einer Kultur und einer Zeit zu uns, die uns sehr ferne stehen. Was will es uns sagen? Was an ihm sollen wir Fingerabdrücke nennen und was Botschaft? Für eine gute Aneignung und Weitergabe ist diese Frage zu lösen. Aber wie? Aneignung und Weitergabe selber sind die Antwort. Eine Botschaft eignet sich an, wer sie versteht. »Verstehen« aber bedeutet, daß man sie in die eigene Lebens- und Denkwelt hereingeholt hat. Erst wenn das geschehen ist, können wir sie weitererzählen.

2. Auslegung und Interpretation

Die Interpretation von Fragen im Sinne »Was sagt mir das?« oder »Was bewirkt das in mir?« ist also unverzichtbar; denn Überlieferung setzt Einsicht in die Bedeutung der überlieferten Aussagen voraus. Daß es uns auch noch gibt und nicht nur unsere Ahnen, diese Bemerkung ist nicht ungehörig, sondern in der Kette des Weitergebens ein unverzichtbare Haltung; denn ohne uns und unsere Generation stockt der Prozeß. Wir sind zwar nicht das Kriterium - keine Generation ist es, da die Tradition größer ist als wir, aber wir sind unverzichtbar mit unserer Auslegung und Interpretation.

Auslegung und Interpretation verweisen auf zwei verschiedene Tätigkeiten. Auslegung benutze ich mehr im Sinne von Überbrückung des historischen Abstands, z.B. des Abstands zwischen einer Kultur von Ackerbauern mit ihrer Ackerbauernsprache und der Kultur der High-Tech-Industrie, in der wir uns befinden. Unter Interpretation verstehe ich dagegen die Suche nach der Bedeutung von Glaubenstradition. Erlegen wir ihr diese Bedeutung auf oder entdecken wir sie in ihr? Beides gilt, aber die Abfolge ist entscheidend; wir verleihen nämlich eine Bedeutung, weil wir sie zuvor entdecken. So muß es also beim Vorrang der Tradition vor den Tradenten bleiben.

Die Interpretation der Tradition kann zwar in viele, aber nicht in alle Richtungen verlaufen. Die Grenze zwischen annehmbarer und unannehmbarer Auslegung beginnt mit der Frage, was denn der Autor meinte. Wenn aber mehr als eine Hand an einem Text geschrieben hat, wird die Antwort schwierig. Vieles ist dann möglich, mit Ausnahme des wirklich Unmöglichen, daß nämlich der Ausleger nicht mehr liest, was dasteht. Die Behauptung etwa, Auferstehung heiße Aufruf zum Aufstand, gibt die Meinung von Evangelisten und Aposteln wohl kaum wieder, sosehr Aufstand bisweilen nötig ist. Zwar mögen sich die Worte gleichen, aber die Metapher der Auferstehung hat im Neuen Testament eben nichts mit Aufstand zu tun.

Bei Aneignung und Weitergabe, bei der Interpretation also, müssen wir durch »Versuch und Irrtum« lernen. Auch dieses Buch ist ein »Versuch«, also in keiner Weise ein Wort, das keinen Widerspruch duldet. Dieser Weg von »Versuch und Irrtum« schafft keine Angst. Die christliche Glaubenstradition braucht nicht nur Strukturen der Plausibilität, sondern schafft sie sich auch selbst, wenigstens dann, wenn sie etwas zu sagen hat und sich nicht in Folklore erschöpft. Genau darin unterscheidet sich Folklore von Tradition. Folklore ist auf uns angewiesen, wenn sie fortbestehen soll, weil sie von Traditionalismus lebt. Wir dagegen bestehen fort dank der Tradition.

3. Übertragener Gebrauch von Vorstellungen: die Metapher

Für ein gutes Verständnis der christlichen Glaubenstraditon, vor allem für einen fruchtbaren Umgang mit ihr, folgt nun ein Paragraph mit einer - in meinen Augen - wesentlichen Einsicht. Um über Gott und Sein Werk sprechen zu können, bedient sich der religiöse Glaube auch in seiner christlichen Version eines übertragenen Sprachgebrauchs. Der Kürze halber spreche ich von Metapher.

Eine Metapher ist eine Form der Bildsprache, der sich zwar Menschen regelmäßig bedienen, die aber dennoch von besonderer Art ist. »Auf dem Zebrastreifen über die Straße gehen« ist eine Metapher. Ein Zebra ist ein Tier mit weißen und schwarzen Streifen, und irgendjemand hat nun gedacht, daß dieser Überquerungsstreifen etwas von einem solchen gestreiften Zebra hat. Dadurch wird das Stückchen Straße zwar kein Zebra, aber wir beziehen uns auf etwas von diesem Zebra (nämlich sein gestreiftes Fell), um die Fußgängerüberquerung zu charakterisieren.

Nun geht es hier nur um den Wortgebrauch in einer bestimmten Aussage. Metaphern können aber weiter reichen. Jedenfalls verstehe ich in diesem Kapitel - und weiterhin in diesem Buch - unter Metapher vor allem den übertragenen Gebrauch von Vorstellungen und ganzen Vorstellungskomplexen. Um ein Beispiel zu geben: Im örtlichen Wochenblatt stand zu lesen, der Bürgermeister habe es verstanden, seinen Vorschlag sicher durch den Gemeinderat zu lotsen. Das ist eine Metapher, die den Bürgermeister als einen Lotsen und den Gemeinderat als gefährliches Fahrwasser darstellt. Er ist, wie jeder weiß, nicht wirklich ein Lotse und der Gemeinderat natürlich nicht ein Stück Meer. Aber der Journalist, der den Bürgermeister charakterisieren wollte, griff auf diese Vorstellung zurück, denn damit konnte er - jedenfalls nach seinem eigenen Urteil - sachgemäß über den Bürgermeister informieren.

Bei Metaphern geht es also um (1) einen übertragenen Gebrauch von uns bekannten Gegebenheiten. Diese werden (2) auf etwas oder jemanden übertragen, um (3) damit über diesen Jemand oder dieses Etwas charakteristische Informationen weiterzugeben. Die geschieht (4) auf der Grundlage einer Übereinstimmung, die der Sprecher zwischen der bekannten Gegebenheit und den Menschen oder Dingen, über die er informieren will, sieht.

In diesem Sinn trägt alles Sprechen von Gott, also der ganze religiöse Sprachgebrauch, den Charakter einer Metapher. Niemand hat Gott je gesehen. Wir können uns über Ihn also nicht anders äußern als in Ausdrücken, die wir der uns bekannten Wirklichkeit entnehmen. Von »Ausdrücken« sprach ich, aber das ist nicht genug. »Vorstellungen« muß ich sagen und hinzufügen, daß es keine Vorstellung von Gott und Seiner Welt gibt, die nicht den Charakter eine Metapher trüge. Eine Metapher ist nicht dasselbe wie ein Vergleich. Auch dessen bedienen wir uns beim Sprechen über Gott und Sein Heil. »So wie ein Vater sich seiner Kinder erbarmt, so erbarmt sich der HERR derer, die ihn fürchten.« Dieser Satz ist ein Vergleich. Wie alle Vergleiche verwendet er den Ausdruck »so wie«. Der Sprecher oder Schreiber macht damit selber schon deutlich, daß seine Aussage übertragen aufzufassen sei. Ferner gibt er an, woran er bei seinem Vergleich denkt. Bei Metaphern ist keines von beidem der Fall. »Ich glaube an Gott, den Vater, den allmächtigen Schöpfer des Himmels und der Erde«, ist eine Metapher. Wir müssen sie selber entdecken und dann den Vergleichspunkt erahnen, der den Sprecher inspirierte, als er das Gottsein Gottes mit dem Vatersein verdeutlichte, wie wir es kennen.

4. Wie weit geht die Metapher?

Damit bin ich bei dem Problem, das sich aus dem metaphorischen Sprachgebrauch ergibt. Das Problem liegt nicht in der vermeintlichen Tatsache, Metaphern seien nicht »echt«, könnten über Gott also keine echte Informationen geben. Diese Ansicht ist völlig unbegründet; denn mit Bildsprache lassen sich Informationen genausogut weitergeben wie mit Formeln. Mehr noch, eine Formel sagt sehr wenig, Bildsprache dagegen - von Dingen und Menschen, aber auch von Gott - viel mehr. Zwar sind wir gezwungen, von Gott in metaphernhaften Vorstellungen zu sprechen - wir können nicht anders -, aber eigentlich widerspricht das dem Informationscharakter von Metaphern auch gar nicht. Das Problem liegt ebensowenig in der Tatsache, daß Metaphern im frommen Sprachgebrauch oft so stark miteinander verwoben sind, daß ein vernünftiger Mensch nur noch den Kopf schütteln kann. So hörte ich einen Pfarrer beten, wir möchten alle »Kinder des Herrn Jesus« werden. »Kinder Gottes« läßt sich sagen, das ist eine feste Metapher und Vorstellung. Sind wir aber »Kinder Jesu«? Bei solcher Beliebigkeit bekommt man keinen festen Grund mehr unter die Füße, wenn es um Glaubensvorstellungen geht.

Aber das können wir überleben. Das eigentliche Problem ist anderweitig zu suchen. Welchen Punkt der Übereinstimmung hatte der Sprecher vor Augen, als er z.B. Gott Vater nannte oder den Kreuzestod Jesu ein Opfer? Dabei rede ich vom Sprecher, als ob sich ein »erster Sprecher« so einfach finden ließe. Dem ist natürlich nicht so. Metaphern gehen von Hand zu Hand, sie gehen in den Sprachschatz einer Glaubenstradition ein und führen dann als Erkenntnisquelle ein eigenes Leben. Dabei verlocken sie dazu, möglichst viele Züge und Details der Vorstellung auf Gott oder andere Inhalte zu übertragen und vermitteln mit solchen Operationen sogar den Eindruck, als ließe sich auf diese Weise unser Wissen von Gott vergrößern. Ist das der Fall?

M.E. können wir dabei nicht zurückhaltend genug sein. Metaphern können überbelastet und bis ins Absurde hinein dadurch überdehnt werden, daß man Inhalte auf sie überträgt, für welche die Vorstellung nicht bestimmt war. Sobald das geschieht, fährt sich eine Metapher fest. Noch schlimmer, erst schuf sich die Wirklichkeit (Gottes) ein Bild, und nun schafft das Bild eine Wirklichkeit, wird sozusagen zu deren Konstrukteur, statt etwas darüber mitzuteilen. Die erste Frage lautet also: Wo beginnt und endet der Teil der Metapher, der eine bestimmte Glaubensvorstellung auf Gott und Sein Werk übertragen will? Von Jesus wird gesagt, er werde sein Leben geben zum Lösepreis für viele. Was ist der Sinn dieser Aussage, wo beginnt er und wo hört er auf? Wird die Vorstellung zu sehr ausgedehnt, dann kommt es etwa zur Frage, wem der Lösepreis zu zahlen ist. Gott? Will Gott also doch Blut sehen? Aber ihn »dem Teufel« zuzuerkennen, das wäre keine bessere Alternative. Kann der Teufel - what ever he may be - solcherart Opfer fordern? Aufgrund wessen denn? Alle sinnlosen Auseinandersetzungen um diese Fragen lassen sich auf die Überbelastung einer Metapher zurückführen, die bis ins Absurde hinein überdehnt worden ist.

Nehmen wir noch ein zweites Beispiel: Jesus wird uns vorgestellt als unser »Fürsprecher« beim Vater. Gibt es im Himmel also zwei Personen? Und sind sie anfänglich nicht eins? Natürlich ist auch das eine absurde Vorstellung, aber sie entsteht, sobald man einer Metapher mehr Inhalte zubilligt als wozu sie sich eignet.

Aber wozu eignet sich die Metapher dann und wozu nicht? Wer bestimmt, wann die Metapher überzogen wird, was daran absurd ist und welcher Maßstab uns dafür zur Verfügung steht? In der Tat geraten wir hier in Grenzkonflikte, die unlösbar sind, es sei denn mit einem Machtwort. Wenn wir das ablehnen (und wir haben es abzulehnen), dann bleibt uns nur noch anzuerkennen, daß an diesem Punkt zwischen Christen große Unterschiede bestehen und auch bestehen dürfen.

Diese Fragestellung lastet über allen Glaubensvorstellungen. Ich halte das für ein Glück im Unglück, denn wir brauchen nicht jeder Interpretation zu folgen. Was auf Gott übertragen werden darf oder muß und was nicht, das kann bisweilen sehr klar sein, bisweilen ist es umstritten, bisweilen wird es vom einen akzeptiert und vom anderen nicht. So ist das eben, wir werden dadurch keine besseren oder schlechteren Christen.

Aus Widerwillen dagegen, daß alles - also auch alle Interpretationen - akzeptiert werden mußten, haben sich Menschen oft genug auch von den elementaren Glaubensvorstellungen und den Emotionen verabschiedet, denen alles entsprang. Das ist nicht mehr nötig. Die Emotionen, die den Glaubensvorstellungen zugrundeliegen, brauchen wir uns von den Vorstellungen selbst nicht mehr stehlen zu lassen. Den Metapherncharakter der Glaubensvorstellung zu erkennen, befreit uns von krampfhaftem Buchstabenzwang. Vorstellungen bestehen nicht, um einfach geschluckt zu werden. Wie wir gesehen haben, geben Vorstellungen zu denken.

Gott der Schöpfer

IV. Was zu Gott gehört

Wie der Mensch ist, so ist sein Gott,
darum wird Gott so oft zum Spott.
J.W. Goethe

1. Wissen wir überhaupt etwas?

Das Wort »Gott« ist für gläubige Menschen ein Schlüsselwort, ein Code, der die Tür zu einer anderen Welt öffnet oder ins Schloß fallen läßt. Deshalb ist es auch das meist gebrauchte, um nicht zu sagen das meist mißbrauchte Wort des religiösen Sprachschatzes. Pastoren und Priester reden zuviel von Gott oder wissen von Ihm kaum noch etwas zu sagen. Nicht-professionelle Gläubige hingegen sind zu verlegen, um Gott zur Sprache zu bringen.

Zwischen Beredsamkeit und Verlegenheit stellt sich die Frage, was wir von Ihm eigentlich wissen. Ist ein solches Wissen überhaupt möglich? Ist nicht schon der Begriff »Gott« höchst merkwürdig, wörtlich geradezu »aus der Luft gegriffen«? Und wirkt die Tatsache, daß Menschen diesen Begriff in endlosen Variationen herausgeputzt haben, nicht wie ein Menetekel dafür, daß wir uns in unseren selbst geschaffenen Illusionen verirrt haben und jedem modischen Einfall, jeder Laune verfallen sind? Wer sagt mir, daß Gott überhaupt existiert und dies noch in der Gestalt, in der das Christentum Ihn darstellt?

Das ist ein modernes Problem. Zur Zeit Luthers fragten sich die Menschen voller Angst, ob Gott ein gnädiger Gott sei; an seiner Existenz wurde nicht gezweifelt. Genau dies tun wir heute, mit allem damit verbundenen Schuldgefühl und - nicht zu vergessen - den damit verbundenen Ängsten. Manchem Christen bricht der Schweiß aus, wenn er entdeckt, daß sogar Gläubige von grundlegenden Zweifeln befallen werden können.

Eine Antwort ist also dringend nötig. Wenn es sie nicht gibt, oder wenn wir die Frage nicht wenigstens zufriedenstellend besprechen können, dann möge der Leser den Rest des Buches vergessen. Denn bis zur letzten Seite will es näher umschreiben, was Christen unter »Gott« verstehen, wer Er ist - falls es überhaupt um ein »Er« geht - und was Er tut. Beispielsweise hängt die Aufwertung des einfachen Mannes namens Jesus von Nazaret gänzlich davon ab. Jesus kann nur etwas bedeuten, wenn und sofern Gott von Bedeutung ist. Wäre aber von Gott nichts zu berichten, dann würde uns Jesus - und nicht nur Jesus -, sondern die gesamte christliche Tradition zerrinnen.

Kommen wir zurück zu der Frage, ob Gott wirklich existiert. Gibt es darauf eine Antwort? Ja, aber nicht verbunden mit der Ausrede, der Begriff »existieren« lasse sich auf Gott nicht anwenden, Gott sei zu groß, als daß es Ihn gebe; es gebe eben nur Geschöpfe. M.E. führt diese Argumentation in eine Sackgasse, weil alles auf seine eigene Weise existiert. Ein Stein existiert nicht wie ein Mensch, und Liebe existiert wieder anders als eine Zahl. So existiert auch Gott nicht - falls er existiert - in der Art Seiner Geschöpfe.

Daraus folgt aber nicht, Gott existiere nicht oder wir müßten uns mit der Antwort abfinden, daß Gott »existiert« (in Anführungszeichen, da Er nicht wirklich existiert). Nun steht eine solche Lösung ohnehin im Konflikt mit der uns verfügbaren Sprache, weil wir Anführungszeichen zwar schreiben, aber nicht hören können, so daß letztlich niemand mehr versteht, was damit denn gemeint sein soll. Weiter hilft jedoch der Hinweis, daß Zweifel ein typisch westliches Phänomen ist und zutiefst mit unserer Kultur der Relativierung und des Selbstvertrauens zusammenhängt. Ein Blick auf die Religiosität etwa Indiens oder der muslimischen Welt vermittelt uns dagegen ein ganz anderes Bild. Im Licht der Weltreligionen ist die Behauptung, Gott existiere nicht, weit unsinniger als die Gegenbehauptung, Er existiere.

Die angemessenste Antwort - eine Antwort, bei der wir uns selbst als prüfende Partei ins Spiel bringen - ergibt sich aus der Frage, mit der ich diesen Paragraphen begann: Wer sagt mir, daß Gott existiert? Wörtlich genommen waren es Opa und Oma. Umfassender formuliert - da auch sie es vom Hörensagen übernahmen - ist es die christliche Glaubenstradition. So lautet also die entscheidende Frage, wie denn unsere Vorfahren dazu kamen und woran wir erkennen können, daß sie recht hatten. Dieses Kapitel gilt der Antwort auf diese und ähnliche Fragen.

Dabei behaupte ich nicht, eine überzeugende Antwort auf diese Fragen verhelfe jemandem zum Glauben; denn nur wenige Menschen geben wohl aufgrund von Vernunftargumenten ihre Zweifel auf. Aber am Zweifel zu zweifeln - das wäre möglich.

2. Gott hat nicht mit dem Christentum begonnen

Jeder, der glaubt, beginnt bei seinem eigenen Glauben, dies ist der einzig mögliche Weg. Das schließt jedoch das Bedürfnis nach Rechenschaft nicht aus. Sobald wir noch andere Religionen zur Kenntnis nehmen, wird dieses

Bedürfnis sogar zur Notwendigkeit. Woher kommt das Christentum und warum gibt es neben ihm noch so viele andere religiöse Traditionen?

Die historische Entwicklung kann uns darüber einigen Aufschluß geben. Das Christentum ist undenkbar ohne den Glauben Israels, das ihm darin voranging. Ich verweise nur auf die Bibel, in welche die christliche Kirche nicht nur die Geschichte Jesu samt deren Auslegung, sondern auch die jüdischen Heiligen Schriften als das sogenannte Alte Testament aufgenommen hat. Nebenbei sei bemerkt, daß auch der Islam eine nach-jüdische, sogar eine post-christliche Religion ist. Israel steht seinerseits auf den Schultern semitischer Frömmigkeit, die ihrerseits wieder ohne Vorgänger undenkbar ist. Ich gehe hier nicht auf die Frage ein, ob wir diese Entwicklung als eine aufsteigende Linie verstehen können, wiewohl es dafür m.E. gute Gründe gibt, sondern stelle nur fest, daß dem Christentum doch viele Entwürfe von Gott und Seinem Heil vorangegangen sind. Nach einem Wort von G. van der Leeuw ist der christliche Gott ein Nachzügler im Pantheon der Götter.

Damit komme ich zum Wort »Gott«. Ursprünglich ist es ein Adjektiv; Gott bedeutete also »göttlich«. Mit diesem Etikett wurden ein Ereignis, ein Faktum, eine Macht versehen, wenn man von ihr spürte, daß die von einer anderen Ordnung sei, von einer Ordnung, die menschliches Maß übersteigt. Die klassische griechische Mythologie beruht auf diesem adjektivischen Gebrauch des Wortes »Gott«. Die Götter, denen Israel in der semitischen Welt begegnete, sind von derselben Art. Es sind mehr oder weniger personifizierte Mächte, die für die Gemeinschaft einen »Mehrwert« repräsentieren: Fruchtbarkeit etwa für die Ackerbauern und für Eroberer vitale Leibeskraft.

Nun brachte die griechische Philosophie unsere westliche Kultur davon ab, einer Mehrzahl von Göttern anzuhängen. Platon rechnet damit für immer ab. Viele Götter zu akzeptieren besage, in Gott selbst Widersprüchlichkeit zu akzeptieren (die Götter Homers wälzen sich kämpfend im Staube), was mit dem Gottesbegriff nicht vereinbar ist. Aber ein Rest vom adjektivischen Gebrauch des Wortes Gott im Sinne von »göttlich« bleibt auch bei ihm bestehen. Von Israel dagegen haben wir nicht nur gelernt, daß es nur einen Gott gibt (Monotheismus), sondern wir lernten auch und zugleich, daß Gott nicht einfach adjektivisch etwas Göttliches, sondern ein eigenes, persönlich bestimmtes Wesen ist, ausgezeichnet durch Macht und Wille (Theismus). Bevor ich darauf zurückkomme, verweile ich noch bei der Geschichte und der Verwendung des Wortes Gott.

Das Adjektiv »göttlich« hat sich also erst später zum Substantiv und eigentlichen Begriff »Gott« gewandelt, wurde aber noch später, als alle Konkurrenten abgeschüttelt waren, auch zur Benennung desjenigen Gottes, der gemäß dem christlichen Glauben zugleich der einzige Gott ist. Trägt der Gott des christlichen Glaubens also einfach den Namen »Gott«? Dieses

Ergebnis mag verwirren, denn mit einem Namen wird immer das einzigartig Individuelle eines Wesens herausgehoben, weshalb Götter ja auch früher Namen hatten. Wenn wir also schon das Wort »Gott« zum Namen machen, indem wir es für den Gott des Christentums reservieren, dann geraten wir damit in eine Art Niemandsland zwischen Name und Begriff. Dann hat das Wort »Gott« von beiden etwas, und das rächt sich. Fassen wir das Wort »Gott« nämlich als einen Namen auf, dann haben die Theologen recht, die der Meinung sind, Gott dürfe kein Begriff sein. Verstehen wir das Wort »Gott« aber als einen Begriff, dann wird deutlich, warum es mehrere Götter gibt. Denn ein Begriff ist immer offen, läßt sich auf mehr als eine Sache anwenden, so wie etwa der Begriff Tisch offen ist: Man mag ihn für Platten auf einem Fuß oder auf vier Füßen, für viereckige oder runde Platten, für hohe oder tiefe verwenden - immer handelt es sich um Tische, solange sie wenigstens ein oder zwei wesentliche Kennzeichen des Begriffs Tisch erkennen lassen. So empfehlen sich auch die Kandidaten für den Begriff Gott. Die Religionsgeschichte legt dafür ein beredtes Zeugnis ab.

Müssen wir uns also zwischen Name und Begriff entscheiden? Nein, und aus mehr als aus einem Grund ist es viel schöner, bei dieser Doppeldeutigkeit zu bleiben. Ich zeige das an einer berühmten Geschichte des Alten Testaments, aufgezeichnet in 1 Kön 18,20-46. Der Prophet Elija inszeniert gemäß dieser Erzählung auf dem Berg Karmel eine Art Test mit der Frage, wer denn der wahre Gott sei: Baal, der Name eines der bei Ackerbauern sehr beliebten Fruchtbarkeitsgötter, oder der HERR, die klassische Übersetzung für Jahwe, den Namen des Gottes Israels. Lassen wir die Einzelheiten der Geschichte auf sich beruhen. Der Test läuft darauf hinaus, daß Feuer vom Himmel eine Antwort geben soll, indem es die zubereiteten Opfer anzündet. Wird es von Baal kommen oder vom HERRN? Eine Herausforderung, die letztlich auf den Ruf hinausläuft: »Wolle sich der wahre Gott erheben!«

Nachdem die Baalspriester den Namen ihres Gottes angerufen hatten, »doch es kam kein Laut und niemand gab Antwort«, ist Elija an der Reihe, um den Namen des HERRN anzurufen. Dann geschieht es, Feuer fährt vom Himmel und verzehrt das ganze Opfer.

> *»Das ganze Volk sah es, warf sich auf das Angesicht nieder und rief: Der HERR ist Gott, Der HERR ist Gott!« (V. 39)*

Der Test ist es, der die Geschichte so spannend macht. Wer ist nun eigentlich Gott, Baal oder der HERR? Diese Frage setzt voraus, daß Gott als Begriff verstanden wird. Denn nur dann hat die Antwort einen Sinn, nur der HERR sei Gott, oder um es mit Miskotte zu sagen: Der HERR ist der »alleinige Inhaber der Gottheit«. Damit der HERR überhaupt Gott genannt werden konnte, mußte das Wort »Gott« zuvor schon bekannt und verständlich gewesen sein. Was für Folgerungen sind daraus zu ziehen?

3. Woher kommt das Bewußtsein von Gott?

Worte benutzen wir, um auf Begriffe hinzuweisen. Sollte aber das Wort »Begriff« schon zu viel an Reflexion voraussetzen, können wir auch von »Bewußt-sein« sprechen. Eines der geheimnisvollen Tatsachen unserer Kultur ist das Bewußtsein von Gott. Wie kommen wir zu ihm?

Wie die soeben erzählte Geschichte vom Propheten Elija zeigte, müssen das Wort »Gott« auf ein Gottesbewußtsein zurückgehen (1) und dieses Bewußtsein einen erkennbaren Inhalt haben (2), sonst hätte der Ausruf nicht die geringste Bedeutung. In der Aussage »der HERR ist Gott« geht der Erkenntnis des HERRN als Gott also logisch eine Art Gotteserkenntnis voraus.

Dieser Sachverhalt ist deshalb so bedenkenswert, weil wir meistens vom Gedanken ausgehen, Gott sei das Ergebnis bestimmter eingreifender menschlicher Erfahrungen, aufgrund solcher Erfahrungen tauche eben das Wort »Gott« sozusagen auf. Zwar habe ich das früher auch behauptet, aber diese Erklärung bleibt zu ungenau. Gewiß, Menschen benennen bestimmte Erfahrungen mit Hilfe der Worte »Gott« und »göttlich«, aber streng genommen entstammt das Bewußtsein von Gott selbst nicht dieser Erfahrung. Im Gegenteil, wir können Erfahrungen nur als Erfahrungen von Gott auslegen, wenn zuvor schon ein Gottesbewußtsein vorhanden ist. Das besagt zwar - ich komme später darauf zurück -, daß dieses Gottesbewußtsein nur in Verbindung mit bestimmten Situationen, Ereignissen, Erfahrungen oder was sonst noch eine sinnvolle Rolle spielen kann. Woher aber kommt es?

Die christliche Tradition spricht von »natürlicher Gotteserkenntnis«. Der Begriff ist jedoch mißverständlich, denn er setzt die Unterscheidung zwischen einer »natürlichen« und einer »übernatürlichen« Erkenntnisquelle voraus, womit wir nun mal nichts anfangen, weil letztlich - wie ich notfalls behaupten würde - alle Erkenntnis »natürlich« ist.

Mit dem Ausdruck »natürliche Gotteserkenntnis« kann jedoch auch eine Gotteserkenntnis gemeint sein, die nicht aus der christlichen Glaubenstradition stammt, sondern dieser vorausgeht, sogar deren notwendige Voraussetzung bildet. Ohne natürliche Gotteserkenntnis gibt es also auch keine christliche, wie die Geschichte von Elija exemplarisch zeigt. Was aber bedeutet das? Vom Kirchenvater Tertullian stammt das Wort, die menschliche Seele sei von Natur aus christlich, der Mensch also von Natur aus ein Christ. Das ist zwar reichlich viel, wohl zu viel behauptet. Ließe sich aber nicht sagen, wir hätten von Natur aus ein Bewußtsein von Gott, ein religiöses Bewußtsein? Das klingt bescheidener und stimmt besser mit den Beobachtungen auf religiösem Gebiet überein. Nur, was meint dann die Formel »von Natur aus«? Nach der christlichen Tradition haben die Menschen ein Wissen um Gott, weil sie als Geschöpfe von Gott stammen, ihnen das Gottesbewußtsein also »eingeschaffen« sei. Auch das klingt reichlich allgemein, aber vielleicht läßt es sich nicht genauer sagen. Nur sollten wir dabei nicht an einen »angeborenen« oder »eingeborenen« inneren Erkenntnisschatz denken, der sich von selber öffnet, sondern an die menschliche Fähigkeit, auf die erkennbare Gegenwart Gottes des Schöpfers in unserem Leben zu reagieren, die gerade nicht mit einem besonderen Organ, sondern mit unserer normalen menschlichen Ausrüstung erfaßt werden kann. Als Gottesgeschöpfe sind wir Menschen ausgerichtet auf den Umgang mit Gott.

4. Religiöse Glaubenstraditionen als Entwürfe von Gott

Wenn es ein Gottesbewußtsein gibt und uns dies - jedenfalls gemäß der christlichen Tradition - sogar eingeschaffen ist, woher kommt dann die Fülle der Religionen und wie können wir deren Unterschiede erklären?

»Niemand hat Gott je gesehen«, dies bildet den Hintergrund des ganzen weiteren Problems. Alles, was Menschen in religiöser Hinsicht durch die Jahrhunderte hin getan haben und tun, läßt sich so zusammenfassen: Sie haben sich von Gott ein Bild *entworfen*. Das ist nicht wörtlich gemeint, obwohl in mancher Religion greifbare Bilder eine Rolle spielten und dem Volk Israel - genau deshalb - der Entwurf eines »geschnitzten« oder »gegossenen« Bildes verboten wurde. Aber ohne Bilder - d.h. ohne Namen zu geben, ohne Benennungen, Entwürfe, Charakterisierungen usw. - können Menschen von Gott nicht sprechen. Zwar können wir mit Paul Tillich sagen, wir nähmen unsere Vorstellung in dem Moment wieder zurück, da wir sie uns machen. Dennoch arbeiten wir mit einem Namen, mit Charakterisierungen oder Beschreibungen von Gott.

Allerdings schwingt im Wort »Entwurf« Distanz mit, so daß Gläubige die Gottesvorstellung, die ihnen ihre eigene Glaubenstradition bietet, wohl nicht gerne Entwurf nennen. Dennoch wähle ich diesen Begriff, weil er zeigen kann, wie prekär Glaube ist. Menschen *können* einfach nicht anders, als sich Entwürfe zu machen. Ich skizziere kurz, wie das vor sich gehen könnte.

Religiöse Glaubenstraditionen sind kollektive, d.h. gemeinschaftliche Konkretisierungen des Gottesbewußtseins durch ein Gottesbild, einen Entwurf von Gott. Deren Verschiedenheit beruht nicht auf Willkür, sondern setzt universale, in allen Kulturen auftauchende Daseinsprobleme voraus, die eine religiöse Verarbeitung verlangen. Sprechen wir mit Bowker von den »Religion schaffenden Wesenszügen« der menschlichen Existenz. Diese Ausarbeitung fällt deshalb so unterschiedlich aus, weil die verschiedenen Kulturen letztlich nicht dieselben Ereignisse, Zustände und Machtäußerungen, weil sie also ungleiche Tatsachen in ungleicher Weise mit dem Gottesbewußtsein in Verbindung bringen.

Zuerst ein Wort zu der universalen Daseinsproblematik, den »ewig wiederkehrenden Problemen« der Menschheit. Dabei geht es um völlig unbestreitbare menschliche Grunderfahrungen aller Zeiten und aller Kulturen. Greifen wir kurz auf das Kapitel über die Tradition zurück. Es gibt eine Anzahl von Dingen, worüber alle Menschen in allen Kulturen lachen, und andere Dinge, worüber sie überall und immer weinen, Konstanten also. Menschen sind glücklich über gesunde Kinder, sie weinen in ihrer Trauer über die Toten. Auch Ungewißheit ist eine solche Konstante, der die Menschen immer und überall in den Ereignissen um sie herum begegnen. Im religiösen Glauben nun werden diese Erfahrungen vom Gottesbewußtsein her ausgelegt. Tod – um dieses universelle Daseinsproblem als Beispiel zu nennen – bedeutet dann nicht mehr wirklich Tod, sondern einen, durch bestimmte Riten vollzogenen, »Transit« in eine andere Welt, vielleicht auch Geborgenheit im Reich der Schatten, einem Totenreich also, in dem wir dem Herrscher der Unterwelt übergeben sind. Schuld – um ein anderes Problem zu nennen – bedeutet dann nicht wirklich Schuld, sondern eine Verirrung, die durch Reinigungsriten überwunden oder durch Opfer versöhnt werden kann, vielleicht auch einen tragischen Irrtum, der deshalb tragisch ist, weil Menschen für ihn schuldlos büßen müssen.

In solchen Auslegungen vom Gottesbewußtsein her versuchen Menschen, mit den endlosen Problemen des Daseins ins Reine zu kommen. Bisweilen stimmen die Versuche miteinander überein, meistens jedoch tun sie es nicht. Oft können wir die Antworten anderer Religionen nicht einmal begreifen. Aber in einem, besser gesagt, in zwei Punkten besteht eine umfassende Übereinstimmung: Immer werden Daseinsprobleme verarbeitet (1), indem eine Verbindung zum Gottesbewußtsein (2) geschaffen wird.

In der Art dieser Verbindung und in der Auswahl entscheidender, also heil- oder unheilbringender Macht- und Ohnmachtserfahrungen gehen die Kulturen ihre eigenen Wege, gestalten das Gottesbewußtsein also unterschiedlich aus. So kann Gott zum Überwinder des Todes werden, zur helfenden Hand, wenn nichts mehr gelingen will, oder zu der Macht, die wir manipulieren können, wenn wir mit einem großen Unternehmen beginnen – um nur einige Beispiele zu nennen.

Hier ist nicht der Ort, weiter auf religiöse Traditionen einzugehen. Mit diesem Exkurs wollte ich nur drei Dinge unterstreichen: *Erstens*, auf diese Weise hat auch der christliche Glaube seine spezifische Gestalt erhalten. Auch er ist, *zweitens*, ein Gottesentwurf von unten, also von Menschen erstellt, die Gott nie gesehen haben und ihre Daseinsprobleme nun in christlicher Weise - d.h. durch eine christliche Konkretisierung des Wortes Gott - verarbeiteten. Auf diesen Aspekt der Frage bin ich schon im Kapitel über die Tradition ausführlich eingegangen, deshalb komme ich hier nicht mehr darauf zurück.

Aber da ist noch ein *dritter* Gesichtspunkt. In der christlichen Tradition haben die Ur-Fragen eine spezifisch christliche Antwort erhalten. Am besten können wir deshalb begreifen, was die christliche Religion - die gewiß mehr ist als eine Lehre - will, indem wir fragen, wie sie mit diesen Daseinsproblemen ins Reine kommt. Was antwortet sie etwa auf die Frage, warum ich bin? In der christlichen Tradition lautet sie: Wir sind zur Ehre Gottes. Auch dem Leiden und dem Tod wird im christlichen Glauben ein solcher Platz zugewiesen. Sie werden weder geleugnet noch verdrängt, sondern durch die ewige Geborgenheit bei Gott überboten. Die Besonderheit kann so weit gehen, daß die universale Daseinsproblematik vom christlichen Gottesverständnis her sogar neu formuliert werden kann. Christlich gesehen heißt das Urproblem nicht Sterblichkeit, nicht einmal Leiden, sondern Entfremdung des Menschen von seinem Schöpfer. Wir können die christliche Tradition - von Adam bis Christus - erst dann richtig begreifen, wenn wir sie ins Licht der Fragen halten, auf die sie die erlösende Antwort sein will.

5. Religiöser Glaube als Bedürfnis

Offensichtlich bewirkt das Gottesbewußtsein in allen Kulturen, daß Menschen ihre Erfahrungen zu einem mehr oder weniger ausgereiften Gottesentwurf ausarbeiten. Religiöser Glaube kennt offensichtlich eine Bedürfnisseite. Mehr noch, ein solches Bedürfnis ist m.E. eine unumstößliche Wahrheit, die sich von mehr als einer Seite her erhellen läßt.

Eine erste Gegebenheit ist das unausrottbare Bedürfnis von Menschen, sich einer Sache hinzugeben, die größer ist als sie selber. Menschen sind dafür nicht nur offen, sondern suchen sogar nach etwas oder jemandem, woran oder an den sie sich verlieren können. Ist das nicht irrational? Gewiß ist es das, aber deshalb nicht zu verachten. Hätten wir dieses Bedürfnis nur besser zur Kenntnis genommen, bemerkt Adorno einmal, dann hätten sich nicht so viele Menschen kopflos an Führer, Volk und Vaterland weggeworfen. So verfehlen sie Denjenigen, der ihre Hingebung und Loyalität wirklich verdient, Gott. Meist entdecken sie das zu spät, so daß sie zu Knechten von harten Herren und strengen Ideologien werden. Das ist tragisch. Religiöses Bedürfnis kann zum Urheber seiner eigenen Tragik werden.

Doch habe ich damit nur die psychologische Seite des Bedürfnisses beleuchtet, das wir auch von der religiösen Seite her angehen können. Das tut z.B. Martin Luther im Großen Katechismus. Menschen, so Luther, suchen für ihr Dasein einen festen Grund, also nach etwas oder jemandem, dem sie sich anvertrauen können. Und das, dem du dich letztlich anvertraust, worauf du dein Herz setzt, das ist dein Gott. Dies gleicht in etwa der formalen Umschreibung, mit der z.B. Paul Tillich Religion charakterisiert, nämlich als etwas, »das den Menschen unbedingt angeht«.

Das sind angemessene Umschreibungen, doch dürfen wir nicht vergessen, daß sie noch nichts über den wahren Gott bzw. über die Wahrheit Gottes sagen. Wir kommen also wieder auf dieselbe, schon genannte Ambivalenz zurück. Offensichtlich schafft sich das Bedürfnis sehr leicht seinen festen Grund. Ist das nicht verdächtig? Schafft Hunger Brot?

Die Bedürfnisseite des christlichen Glaubens finden viele Christen in der Tat befremdlich, wenn nicht gar verdächtig. Erscheint Gott, vom religiösen Bedürfnis her gesehen, nicht notwendigerweise als Produkt eigener Projektion? Nun ist dieser Verdacht gewiß nicht von der Hand zu weisen, aber erstens sehe ich nicht, wie Christen ihren Glauben an Gott anders erklären sollten als mit dem Hinweis, daß er u.a. einem allgemein menschlichen Bedürfnis entspricht. Zweitens kommen wir ohne Projektion nicht zum Ziel.

Damit bin ich bei der zweiten Frage, was nämlich all diese Gottesentwürfe wert sind. Als Antwort zitiere ich ein weiteres klassisches Wort, in diesem Fall von Calvin. Nach ihm beweist die Religionsgeschichte - also der Glaube an all diese Götter -, daß der Mensch ein kolossaler »fabricator«, d.h. Produzent von Göttern ist. Ich möchte Calvin hierin folgen und seine Aussage noch radikalisieren, um deren Tragweite zu unterstreichen. Calvin nahm nämlich sich selbst und seine eigene christliche Glaubenstradition davon aus, der Gott des christlichen Glaubens sei kein »fabrizierter« Abgott. Aber so verschafft er sich etwas vorschnell sein Recht. Daß Götter auf der Basis des Gottesbewußtseins gemacht werden, das gilt auch für Calvin und seine christliche Tradition. Hat doch niemand Gott je gesehen. Auch das christliche Gottesbild ist ein Entwurf, von dem die Zeit - wenn nicht gar die Ewigkeit - erst erweisen muß, ob es uns in der Tat Gott oder nur unser eigenes Spiegelbild vor Augen führt. Wir projizieren also genauso wie alle anderen Menschen. Nichts sollte uns hindern, dies offen zuzugeben. Die Frage lautet nicht, ob es sich um eine Projektion handelt oder nicht, sondern ob wir glauben, daß unseren Projektionen die Wirklichkeit entspricht. Sahen wir Gespenster, als wir uns unsere Vorstellungen bildeten, oder stießen wir auf Gott, der uns zur Projektion provozierte?

Unser Thema wird in der philosophischen Anthropologie als die Frage nach dem beschrieben, worauf wir »angewiesen« sind. Menschen, so läßt sich dort lesen, sind für ihr Menschsein auf etwas angewiesen, das sie übersteigt, also auf einen Punkt der Transzendenz, der sie in Stand setzt, »sichere Schritte« zu tun. Das ist allerdings eine formale, inhaltlich noch leere Charakterisierung. Ob das, worauf Menschen sich richten, wirklich Menschenmaß übersteigt und festen Grund bietet, das ist »von unten her« nicht mehr zu entscheiden. Dafür sind wir auf eine Antwort angewiesen, die »von oben« kommt, auf nicht weniger als ein »Wolle sich der wahre Gott erheben!«.

6. Nicht alles kann Gott heißen: eine erste Sichtung

Nicht alles kann Gott heißen. Wir dürfen zumindest erwarten, daß sich der Gott, dem sich ein Mensch anvertraut, durch die Jahrhunderte hin als Gott bewährt. Bleibend muß er Menschen und menschliches Maß übersteigen, will er die Macht sein, auf die wir bauen. Anders enden wir bei »the God that failed«, einem gescheiterten Gott.

Damit habe ich schon einen Faktor genannt, der unter den Gottesentwürfen zu einer ersten, so selbstverständlichen wie hinreichenden Klärung führt. Die Geschichte - aufgefaßt als eine nie endende Sturzflut von historischen Veränderungen - wirkt wie ein Scharfrichter religiöser Bewegungen und Traditionen. Götter, die nichts bedeuten, verlassen vorzeitig die historische Bühne und bekommen höchstens im Museum einen Platz. Standardbeispiel sind die Fruchtbarkeitsgötter, die bei ackerbauenden Völkern im Schwange waren. Es lag damals sehr nahe, die Fruchtbarkeit mit »Gott« zu verbinden, denn Ackerbauern sind auf diese angewiesen, weil ihr Überleben von ihr abhängt. Sobald sich das Überleben aber aus anderen Quellen speist, weil die Gesellschaft beispielsweise zur industriellen Produktion übergeht oder mit Kunstdünger arbeitet, verlieren die Götter und Göttinnen der Fruchtbarkeit ihren Reiz. Sie vermochten also kulturelle Veränderungen nicht zu überleben, sondern gingen mit der Kultur, in der sie zum Leben kamen, wieder unter. Das geschah bei allen Gottesbildern, die das Wort »Gott« an Sachverhalte klebten, die von einer bestimmten Gesellschaft als Mehrwert erfahren wurden.

Viele religiöse Traditionen sind so untergegangen, andere werden noch folgen. Keine einzige kann sich diesem Test entziehen, auch nicht das Christentum. Ist das Grund zur Angst? Im Gegenteil, denn wenn das Christentum wirklich »aus Gott« ist, wird es überleben. Wenn sich aber niemand mehr zur christlichen Version Gottes bekennt, dann beruht sie offensichtlich auf einem Irrtum. Dieser Test gilt, nebenbei bemerkt, auch unseren mehr persönlichen Göttern: der Liebe, d.h. auch dem oder der Geliebten, dem Sex, dem Betrieb oder der Karriere. Wir können auch sie zu Göttern machen, aber wenn sie nicht mehr leisten, was wir von ihnen erwarten - und sie leisten es nicht -, dann sind sie wie ein Schilfrohr, das die Hand durchbohrt, die sich darauf stützt.

Diese Form von Religionskritik hat Zeit, wenn nicht gar die Ewigkeit nötig. Doch können wir jetzt schon zu Entscheidungen kommen; denn mit dem Gottesbewußtsein unvereinbar - als Erfahrung von Gottes Macht und Wille also ungeeignet - sind alle Erfahrungen, in denen Gott nicht Gott bleibt, sondern zu einem Bestandteil von uns und unserer Welt herabgewürdigt wird. So können Wasser, Feuer, Luft und Erde nie zu Gott werden, so sehr auch die jonischen Naturphilosophen in ihnen das erblickten, »was die Welt im Innersten zusammenhält«. Die klassische, griechische wie christliche Philosophie hat das richtig erkannt und Gott deshalb Eigenschaften zugesprochen wie: unsichtbar, immateriell, unbegreiflich, ewig, allgegenwärtig und allmächtig. Ein Gottesbegriff, der diesen Bedingungen nicht entspricht, hebt sich von selbst auf.

Damit haben wir die Vielfalt religiöser Traditionen einer ersten Sichtung unterworfen. Sie ist philosophischen Ursprungs, gewiß, aber die christliche Tradition hat sie übernommen. Ich zitiere z.B. den Anfang des Niederländischen Glaubensbekenntnisses, eine Schrift aus dem Jahr 1561. Es ist ein protestantisches Glaubensbekenntnis, dessen Autor 1567 zwar zur Strafe erhängt wurde, das aber in diesem Punkt die ganze vorhergehende christliche Tradition kompakt zusammenfaßt: »Wir glauben mit dem Herzen und bekennen mit dem Mund, daß es ein einziges und einfaches geistiges Wesen gibt, das wir Gott nennen: ewig, unbegreiflich, unsichtbar, unveränderlich, unendlich, allmächtig, vollkommen weise, gerecht, gut und ein überaus überströmender Quell aller Güter.«

Beim ersten Hören mag diese Terminologie nur wenige Menschen ansprechen. Soll damit das christliche Suchbild von Gott umschrieben sein? Fehlt nicht völlig die Wärme eines Glaubensbekenntnisses? Ein Wunder, daß sich solche Zeilen bis heute behaupten konnten. Aber zu unserem Glück haben sie sich behauptet. Die Terminologie ist zwar abstrakt und auf nähere Auslegung angewiesen, aber sie bleibt unverzichtbar. Ein Rückgriff auf die besprochene Formel »Der HERR ist Gott« macht das deutlich. Sobald wir nämlich nicht mehr wissen, für welche Inhalte der Begriff »Gott« steht, haben wir auch »den HERRN« verloren. Natürlich darf sich jeder eine bessere Terminologie ausdenken. Aber erstens ist dies eben nicht so einfach, und zweitens muß sie dieselben Dienste verrichten können wie diese abstrakte Sprache. Sie muß die Transzendenz Gottes umschreiben. Der Gott des christlichen Glaubens ist wenigstens Gott. Er muß - was immer wir auch von Ihm berichten - qualitativ anders sein als seine Geschöpfe. Menschen sind nicht ewig, unsterblich, allmächtig usw.; in der Regel sind sie nicht einmal weise, gerecht oder gut. Gott ist also zumindest anders, anders als Menschen sind. Genau um dies auszudrücken, verwendet die christliche Tradition diese abstrakten Begriffe, die sie die »nicht mitteilbaren Eigenschaften« Gottes nennt.

Viele Menschen - auch Theologen - halten Gott für ein so großes Mysterium, daß sie jeden Versuch, über Ihn etwas auszusagen, als eine Art Verrat an seiner Gottheit ablehnen. Das beruht, wie mir scheint, auf einem Mißverständnis, denn auch die Behauptung, Gott sei unaussprechlich, ist ja eine - sogar weitreichende - Aussage über Gottes Wesen. Diesem Standpunkt ähnelt das andere Mißverständnis, wir könnten von Gott keine logischen Aussagen machen, weil Er nicht in die Gesetze unserer Logik passe. Nun ist letzteres durchaus möglich. Daraus folgt aber keineswegs, wir könnten *deshalb* über Gott keine logischen Aussagen machen; denn über jemanden, sei es Gott oder ein Mensch, der nicht logisch handelt oder spricht, können wir uns sehr wohl logisch unterhalten.

Dazu gehört noch eine letzte Bemerkung. Ist es nicht pedantisch oder sogar unmöglich, daß Menschen Kriterien aufstellen zur Beurteilung Gottes? Gewiß, wenn es denn um eine Beurteilung Gottes ginge. Diese Kriterien helfen jedoch nicht Gott, sondern unsere Bilder von Ihm zu überprüfen. Im anderen Falle dürften wir uns überhaupt kein Bild von Ihm machen; aber auch das wäre schon ein Kriterium. An Kriterien werden wir also gebunden sein, solange wir uns über Gott nicht ausschweigen wollen.

7. Mindestens wie eine Person

Die philosophischen Bestimmungen Gottes mögen für den christlichen Gottesbegriff notwendig sein, hinreichend sind sie nicht. Der Satz »Gott ist Liebe« klingt schon viel besser; denn in ihm kommt etwas Personhaftes zum Ausdruck, und das ist in der Tat grundlegend für den Gott des christlichen Glaubens. Woher bezieht das Christentum den Mut, Gott als ein personales Wesen zu verstehen?

Dazu muß ich auf das Kapitel von Gott dem Schöpfer vorausgreifen. Was Schöpfung besagt, werde ich erst dort ausführlich besprechen. Doch eine grundlegende Tatsache nenne ich schon hier: Gott muß, um Gott zu sein, doch wenigstens wie sein Geschöpf sein, wenigstens können, was wir können. Er ist mehr, unendlich viel mehr: ewig, unsichtbar, unbegreiflich und all die anderen Dinge, die wir im vorhergehenden Paragraph aufzählten. Jetzt beweisen die philosophischen Begriffe ihren Wert. Aber Er ist doch wenigstens wie wir. Dieser Gesichtspunkt hat für das christliche Gottesbild eine äußerst praktische Konsequenz. Charakteristisch für uns Menschen ist unsere Befähigung zur Kommunikation. Wir können denken, fühlen, wollen, planen, sowohl auf andere Menschen als auch auf Situationen oder Ereignisse reagieren, uns in Worten und Taten äußern, uns ausschweigen oder zurückziehen. Das alles zusammen nenne ich das Personhafte am Menschen, das uns von anderen Lebewesen unterscheidet. Nur Menschen sind für uns Personen.

Nun, es wäre doch seltsam, wenn Gott, der Schöpfer personhafter Menschen, nicht auch Selbst wenigstens personhaft, also fähig wäre, zu wollen, zu planen, auf Situationen und Ereignisse zu reagieren, so wie es Seine Geschöpfe können, wenn Er nicht eingreifen könnte, falls Er wollte usw. Sollte Er, der das Ohr pflanzte, Selber nicht hören, und der das Auge schuf, Selber nicht sehen?

Ich verwende nicht das Wort »Person«, weil es mir ein viel zu prekärer Begriff zu sein scheint. Rudolf Ottos Urteil darüber (»Gott ist zu groß für solche Schachteln«) hat sicher seinen Sinn. Gott ist ja nicht einfach ein übergroßer Mensch, auch wenn die Metaphern, in denen wir von Ihm sprechen, von menschlichem Tun und Lassen inspiriert sind. Andererseits geschieht das nicht zufällig oder weil uns keine anderen Mittel zur Verfügung stünden. Es gibt ja auch Religionen, die Gott »tierförmig« statt menschenförmig darstellen. Aus Rücksicht auf Rudolf Ottos Einwand nenne ich Gott also »personhaft«, halte diese Charakterisierung aber auch für unaufgebbar für den Gott, wie ihn das Suchprojekt des christlichen Glaubens umreißt.

Im Alten wie im Neuen Testament spricht Gott so, wie Personen eben sprechen. Hunderte Male können wir da lesen: »Dann sprach der HERR und Er sagte...«. Ziel solcher Aussagen ist es allerdings nicht, daß wir uns schwindlig denken an der Frage, wie dieses Sprechen vonstatten ging; Gott spricht, indem er spricht. Vielmehr sollen wir Gott verstehen als ein Wesen, das die Züge einer Person trägt. Deshalb trägt er auch einen Namen, wie eben Personen einen Namen tragen.

Mit dieser Personhaftigkeit ist nun eine praktische Folge verbunden, die m.E. die gesamte christliche Glaubenstradition wie in einem Brennpunkt bündelt. Gemäß dem christlichen Glauben ist Gott ein ansprechbarer Gott. »Wer Ihn anruft in der Not, findet Seine Gunst unendlich groß!« Dieser Psalmvers zeigt nebenbei, daß der christliche Gott ursprünglich ein Retter aus der Not ist und wenig Beschäftigung mehr hätte, wäre nirgendwo mehr Not am Mann.

Das ganze Netzwerk der christlichen Glaubenstradition, alle christliche Theologie und Glaubensverantwortung, die wir uns nur ausdenken können, hat also nur dieses eine Ziel, nämlich darzulegen, daß Gott ein Gott ist, den wir anrufen können. Darum glaube ich weniger an Versuche, die Gott als ein anderes Wort für zwischenmenschliche Solidarität verstehen. Auf diese Solidarität kann ich mich zwar berufen, anrufen wie Gott jedoch kann ich sie nicht. Gerade dafür aber ist das christliche Gottesbild entworfen, dies aus der Überzeugung heraus, Menschen könnten damit ihr Leben bewältigen.

8. Macht und Wille

Es kennzeichnet die christliche Glaubenstradition, daß sie nicht bei einem abstrakten Gottesbegriff - wie etwa »einziges und ewiges Wesen« - stehenbleibt, sondern Gott in einem grundlegenden weiteren Schritt als ein personhaftes Wesen versteht. Aber auch diese Aussage muß ergänzt, besser gesagt, expliziert und entfaltet werden, wenn uns klar werden soll, was den christlichen Gottesentwurf von anderen Entwürfen unterscheidet.

Ich versuche das mit Hilfe der von de Groot - Hulst entliehenen Begriffe »Macht« und »Wille«. Auch diese Begriffe sind, zugegeben, noch ziemlich leer. Sie werden aber entschieden konkreter, sobald wir uns klarmachen, daß sie einfach von der ältesten christlichen Tradition - der Bibel - abgelesen sind. Der Gott, der da als der wahre Gott gilt, manifestiert sich als ein Wesen, das durch »Macht und Wille« gekennzeichnet ist. Diese Begriffe können die Bedeutung von Gottes Personhaftigkeit zugleich ergänzen und weiter entfalten. Gott einfach »Person« zu nennen, das wäre - wie schon gesagt - zu glatt, führte zu Mißverständnissen, machte Gott zu einem allzu selbstverständlichen Wesen. Die Begriffe »Macht« und »Wille« verweisen dagegen genau auf jenes Stück Geheimnis, daß mit dem Personhaften vor allem verbunden bleiben muß.

Aber das ist nicht alles. Von der ältesten Tradition her gesehen bedeuten »Macht und Wille« weder die Rechtfertigung des Glaubens für einen menschlichen Gottesentwurf noch ein Stück späterer Theologie, sondern Gott, wie er erfahren wurde. Mit »ältester Tradition« meine ich vor allem das Alte Testament, das für die Autoren des Neuen Testaments ohne Einschränkung seine Geltung als Heilige Schrift behielt. Die Berufung auf das Alte Testament zeigt ja noch einmal, wie nahe der christliche Gottesentwurf dem Israels steht. Er ist eine Version davon, eine Variante.

Um welche Erfahrungen geht es nun bei »Macht und Wille«? Es geht um die normalsten und zugleich eingreifendsten Erfahrungen im Leben, um das, was uns trifft, um Ereignisse, die den Lauf der Dinge verändern. Manchmal bringen sie uns Glück, manchmal Trauer, aber was sie auch bringen mögen, wir sind ihrer nicht Herr. Dabei entdecken wir nicht einfach einen handelnden Gott. Dahinter stecken wohl eine Macht und ein Wille. Es ist eine furchterregende Macht, die uns ohne Zweifel - um das biblische Bild vom Töpfer und Tongefäß zu verwenden - formen und zerbrechen kann. Und es ist ein furchterregender Wille, solange nicht deutlich ist, was diese Macht eigentlich will. Geht es um eine gute, uns wohlgesonnene

Macht? Ich stelle mir vor, daß sich der Glaube an Gott als ein personhaftes Wesen anhand solcher Erfahrungen und Fragen entwickelt hat. Ereignisse werden zu Erfahrungen eines Gottes, dessen Absichten wir trauen können oder auch nicht. Ist dieses Gottesbild etwas zu simpel? Möglicherweise, aber es ist von weitreichender Bedeutung.

Das läßt sich an einer gegenläufigen Glaubensvorstellung zeigen. Dem Gott als »Macht und Wille«, in der Religionsgeschichte theistisches Gottesverständnis genannt, steht der »unbewegte Beweger« gegenüber, das Gegenteil von »Macht und Wille« und Idol der klassischen Philosophie. Gott wird zwar als Macht, aber nicht als Gegenspieler mit einer bestimmten Absicht dargestellt. Auch diese Idee entspringt, wohlgemerkt, der Erfahrung, daß Gott nicht handelt. Zwar geschieht alles mögliche, wodurch sich Mensch und Welt verändern; was aber geschieht, das verweist nicht auf Gott, denn auf diesem Terrain ist Gott auch nicht zu suchen. Dieser unbewegte Gott ist weit über den Lärm des Daseins erhaben, läßt sich nicht in Begriffen wie Aktion und Reaktion, »Wille und Macht« beschreiben. Unveränderlichkeit, Unbewegtheit inmitten von allem, was geht, was kommt und uns überkommt, sind Seine sicheren Kennzeichen.

Ich überspitze den Gegensatz, weil beide Erfahrungen - und Gottesbilder - manchmal ineinander übergehen. Andererseits ist dabei der Unterschied zwischen dem personhaften, machtvoll wollenden Gott und dem »unbewegten Beweger« nie ganz verschwunden. Dieser Unterschied ist von grundlegender Bedeutung und kann den in der Praxis weitreichenden Unterschied zwischen dem theistischen und dem deistischen Suchprojekt gut illustrieren. Entweder wir begegnen - theistisch - Gott in den Veränderungen des Lebens, in allem also, was uns überkommt, oder das alles ist - deistisch - nur ein Geräusch, in dem Er gerade nicht gegenwärtig ist. Die Aktien des Theismus haben in den vergangenen Jahren an Wert verloren. Nach Überzeugung vieler Christen können wir nicht mehr daran festhalten, daß Gott mit all diesen Ereignissen etwas zu tun hat. Natürlich ist dieser Abschied von Gott als »Macht und Wille« möglich. Wir sollten dann nur wissen, was wir tun; denn für die christliche Glaubenstradition geht es dabei um einen wesentlichen Punkt. Im Kapitel über Gottes vorhersehende Fügung komme ich darauf zurück.

9. Was will Gott?

Wenn Gottes Macht uns formen und zerbrechen kann, wie ergeht es uns dann mit dieser Macht? Zur Beantwortung dieser Frage könnte ich die ganze christliche Glaubenstradition zitieren, also eine lange Litanei von Versicherungen, daß Gott - wenn bisweilen auch unter dem Anschein des

Gegenteils - uns nicht zerbrechen, sondern erhalten will. Sie beginnt mit Seinem Namen als Schöpfer und endet bei Gott als dem Erlöser. Das ist ja der Clou des ganzen christlichen Glaubens. Er setzt einen Gott als Macht voraus, und auf dieser Basis dient alles - Geschichte um Geschichte, Bild und Bild, Text um Text, Redewendung um Redewendung - dazu, uns einzuprägen, daß wir dieser Macht, so furchterregend sie auch sei, vertrauen können. Er will uns unversehrt haben und erhalten.

Um nur einige markante Wendungen des christlichen Sprachgebrauchs zu nennen: Strich für Strich können wir mit Hilfe der - in Relativsätzen überlieferten - Attribute das Antlitz Gottes zeichnen. All diese Aussagen geben ja Erfahrungen wieder, die Menschen mit Gott hatten; sie enthüllen also, was das Wort »Gott« für Menschen mit einem lebendigen Glauben besagt. Ich wähle willkürlich aus: »Gott, der die Betrübten tröstet«, »Gott, der den Armen rettet«, »Gott, der in der Not hilft«, »Gott der will, daß alle Menschen gerettet werden«, »Gott, der gerne vergibt«, »Gott der in Ewigkeit die Treue hält und die Werke Seiner Hände nicht vergehen läßt«, »Gott, der den Schuldigen keineswegs für unschuldig hält«. - Es gibt da eine feste Terminologie von Gebeten, Anreden und Ermutigungen.

Gott will Umgang. Das ist vielleicht die kühnste, beinahe unglaublichste Zusammenfassung all dieser Wendungen. Gott hat Interesse an Menschen, an jedem Menschen, am einzelnen. »Wer bin ich, daß Er an mich denkt?« Wir haben den christlichen Glauben erst richtig begriffen, wenn wir es mit aller dazugehörenden Scheu wagen, das zu bejahen.

Dieses Ergebnis läßt sich natürlich auch systematischer mit der christlichen Glaubenstradition zusammenfassen, die den Willen Gottes unter den großen Grundthemen des christlichen Glaubens zur Sprache bringt. Sie spricht von Gott dem Vater und der Schöpfung, von Jesus Christus und von der Versöhnung, von Gottes Reich und der Vollendung. Die ganze christliche Glaubenstradition erscheint so als Entfaltung alles dessen, was Gott will. Als Entfaltung dieser Entfaltung läßt sich wiederum dieses Buch verstehen.

Schöpfung besagt, daß Gott nicht allein sein will, Er will Gesellschaft. Wir leben, wie es heißt, mit Gott. Aber das Umgekehrte ist ebenso wahr: Gott lebt mit uns. Das ist eine spezifisch christliche Erfahrung.

Versöhnung besagt, daß Gott unsere Gesellschaft für immer will. Er nimmt uns mit allem an, was an uns nicht in Ordnung ist - wobei annehmen mehr bedeutet mehr als dulden. So sehr ist er auf unsere Gesellschaft aus.

Mit *Vollendung* will der christliche Glaube schließlich sagen, daß Gott uns einen Platz in der Ewigkeit gibt. Er nimmt uns nach all unseren Irrfahrten »wie neu« zurück.

Dazu muß ich etwas bemerken. Auf den ersten Blick ergibt sich jeder der drei Themenkreise aus dem anderen, in Wirklichkeit aber passen sie nicht so bruchlos zusammen. Sie reiben sich - wie sich viele Teile der christlichen Tradition reiben - übrigens nicht anders als in anderen Glaubenstraditionen auch. Dadurch können wir bei der Wiedergabe der Tradition verschiedene Akzente setzen. Wir können etwa alles auf den Nenner des Schöpfers bringen. Wer in diesem Zusammenhang über die Schöpfung spricht, geht dann vom - lebbaren oder unerträglichen - alltäglichen Leben aus. Wir können aber auch alles von Jesus Christus her neu gruppieren. Die Versöhnung bringt uns dabei zur Kirche als einer seltsamen Ente im gemeinsamen Teich. Die Vollendung schließlich bezieht alles auf die Zukunft von Menschheit und Welt. Vorläufig reicht es, die drei Themen unverbunden nebeneinander stehenzulassen. Im achten Kapitel komme ich darauf zurück.

10. Gott ist die Liebe, Gott kann alles, Gott sieht alles

Einen festen Kern in der christlichen Tradition bildet das Kapitel über die sogenannten Eigenschaften Gottes. Verbirgt sich darin nur eine abscheuliche Terminologie und ein Anlaß, vom Glauben abzufallen? Das mag für viele so sein, die Sache selbst ist viel sinnvoller als wir meistens vermuten. Die sogenannten Eigenschaften Gottes wollen durchbuchstabieren, was wir nach christlichem Glauben von Gott erwarten können. Bisweilen haben wir mit ihnen keine Schwierigkeiten, bisweilen bescheren sie uns Probleme, bisweilen bewirken sie - nach Ausweis aller Erfahrung - sogar eine Art Gottesfinsternis. Aus diesem Grund gehe ich hier auf einige dieser Eigenschaften ein.

1. Gott ist die Liebe - das ist die meistgenannte und darum die inhaltsleerste Tugend, welche die Christenheit Gott zuschreibt. Die dem Neuen Testament entnommene Formulierung läßt Gott sogar mit dieser Eigenschaft zusammenfallen. Dies kann dem Mißverständnis Vorschub leisten, daß auch die Umkehrung erlaubt sei, die Liebe sei Gott. Das ginge zu weit, würde einen Rückfall in den adjektivischen Gebrauch des Wortes »Gott« bedeuten und Gott wieder dessen berauben, was gerade seinen Auszug aus dem Viel-Götter-Denken ausmachte. Gott ist und bleibt »jemand«, ein »personhaftes« Wesen, Träger von Macht und Willen. Unter dieser Voraussetzung stehen jedoch Gott und Liebe in der christlichen Tradition sehr dicht beieinander. Wo die Liebe wohnt, da wohnt Gott.

Aber ist Gott wirklich die Liebe? Die Frau, die sagte: »Ich glaube es, habe jedoch noch nie was davon gemerkt«, können wir verstehen. Den Begriff »Liebe« müssen wir wirklich sehr weit fassen, wenn wir darin alles unterbringen wollen, was uns Gott antut! Wir stoßen hier auf etwas, das durch alle Jahrhunderte hin für die Christenheit ein brennendes Problem gewesen ist. Jetzt gehe ich darauf nicht ein, nenne es nur und komme im Kapitel über Gottes vorhersehende Fügung ausführlich darauf zurück.

2. Von ähnlicher Art sind die Probleme bei der Allmacht Gottes. Die christliche Tradition läßt keinen Zweifel darüber, daß Gott allmächtig ist. Wäre es anders, er würde aufhören, Gott zu sein. Dennoch haben zumal Theologenkreise starken Widerstand entwickelt, von Gottes Allmacht zu sprechen. Was steckt dahinter? Sicher ist auf eine gute Definition zu achten. Natürlich meint Allmacht nicht eine Art von Kraftmeierei. Auch ist kein Begriff gemeint, der in logische Widersprüche führt, als müsse Gott etwa einen Stein erschaffen können, den Er Selbst nicht heben kann. Gottes Allmacht können wir am besten folgendermaßen verstehen: Gott kann, was Er will. In klassischen Begriffen wurde es so ausgedrückt: »Was seine Liebe erreichen will, das versagt Ihm sein Vermögen nicht«. In diesem Sinn bedeutet seine Allmacht Macht über alles. Damit ist nichts Abstraktes oder Widersprüchliches gemeint.

Allmacht ist also weder als eine Kraft oder Macht ohne Vernunft noch als eine »Übermacht« zu verstehen, welche die äußere oder innere Freiheit des Menschen ausschaltet. Allmacht wäre so zu einem anderen Wort für äußere oder innere Vergewaltigung entartet, denn das hat die christliche Tradition nie gemeint. Sogar dort, wo sie aus Gottes Allmacht eine Art All-Ursächlichkeit machte, hütete sie sich davor, diese Allmacht zu einer Konkurrentin der menschlichen Freiheit oder seines freien Willens zu erheben.

Die entscheidenden Hemmungen, Gottes Allmacht vorbehaltlos zu bejahen, sind jedoch nicht auf philosophischem Gebiet, sondern in der Praxis des Alltags zu suchen. Wenn Gott nämlich eine Macht über allem ist, warum ändert Er dann nichts am Elend in der Welt? Warum verhindert Er nicht wenigstens die schlimmsten Dinge? Das Elend der Welt bedeutet ja für Menschen, die an Gott als »Macht und Wille« glauben, wirklich ein großes Problem. Auf alles, was ich mit diesen Zeilen aufwerfe, komme ich im Kapitel über Gottes vorhersehende Fügung zurück.

3. Gott sieht alles. So schön der Vers auch sein mag: »Auf Bergen und in Tälern, ja überall ist Gott«, man hat damit ganzen Generationen Angst gemacht. Gottes Allgegenwart wurde im Sinne des Satzes ausgebeutet, daß »Gott alles sieht«. Das ist die Vorstellung vom Buhmann, die sich innerhalb wie außerhalb der Kirche mit einer erstaunlichen Hartnäckigkeit hält. Sollten wir, um Jan Eykelboom zu zitieren, doch eine heimliche Angst haben »vor ihm, der alles sieht, auch wenn es ihn nicht gibt«?

Es ist an der Zeit, mit diesem Mißverständnis aufzuräumen. Gottes Auge ist nicht das perfekte Mittel, mit dem die Lehrerin ihr Unvermögen kompensiert, die Schulklasse im Blick zu behalten, oder auf das sich Priester und Pastoren berufen, um ihre Schäfchen bis in die Privatsphäre hinein zu überwachen.

Der christlichen Tradition gemäß ist Gott anders. Er ist kein neidischer Buchhalter, der böse wird, wenn man ihm nicht schöne Augen macht. Gottes »Auge« ist kein böses, sondern ein verliebtes Auge; es legt uns nicht fest. Deshalb ist es besser, dem Auge Gottes ausgeliefert zu sein als den Augen, die Milan Kundera als dessen Ersatz beschreibt, den Fernsehkameras. Zudem gibt es auch ganz andere Situationen, in denen der Gedanke, daß Gott alles sieht, unsere letzte Zuflucht bedeutet. Ich erinnere mich an den Schluß einer Dissertation von H.W. Vijver über lateinamerikanische Befreiungstheologie, in der vom Ende der Diktatur in Argentinien berichtet wird. Als sich dort die Gefängnisse öffneten, fand man eine Zelle, in der an die Wand geschrieben war: »Allein mit meiner Trauer. Ana«. Gott sieht alles, das ist gut so.

11. Der himmlische Vater

Sowohl in der jüdischen als auch in der christlichen Tradition wird Gott mit »Vater« angesprochen, in einer häufig verwendeten Variante und in Erinnerung an das Vaterunser auch mit »himmlischer Vater«. Bei einer großen Anzahl von Christen ist diese Art Terminologie in Mißkredit geraten, weil sie einem süßlichen Frömmigkeitsstil Tür und Tor öffnet, weil sie zu einer Intimität führt, die ich selber jedenfalls nicht ertragen kann, oder weil sie ein patriarchalisches oder gar sexistisches Denken voraussetzt.

Bevor wir kritiklos alles akzeptieren, was uns die christliche Tradition anbietet, oder umgekehrt genauso kritiklos alle Kritik an der Tradition bejahen, tun wir gut daran, uns den metaphorischen Charakter dieser Anrede bewußt zu machen. Es ist eine Form von metaphorischem Sprachgebrauch und will auf Gott etwas übertragen, das einen menschlichen Vater kennzeichnet. Was aber soll das sein? Natürlich nicht alles, was den menschlichen Vater ausmacht, denn dann laufen wir Gefahr, die Metapher bis hin zur Lächerlichkeit zu überdehnen. Wir müssen uns auf jene Züge menschlicher Vaterschaft beschränken, die Anlaß dazu waren, auch Gott Vater zu nennen.

Eines ist deutlich: Es kann sich nicht um Männlichkeit im biologischen Sinn des Wortes handeln. Deshalb macht es keinerlei Sinn, die Anrede »Vater« durch die Anrede »Mutter« zu ersetzen, es sei denn, jemand wolle wirklich Sexismus in irgendeiner Art fördern. Nirgendwo in der christlichen Tradition werden sexuelle Züge auf Gott übertragen. Der Widerstand gegen den Gedanken, Gott falle mit einem der beiden Geschlechter zusammen, kennzeichnet dagegen schon die älteste Tradition. Gott ist ganz eindeutig nicht die Muttergöttin, aber ebensowenig in diesem Sinn der Vatergott. Wir dürfen deshalb auch Gottes Vater-sein keineswegs mit sexistischen oder patriarchalischen Folgerungen verbinden. Wo das im Lauf der Geschichte dennoch geschah oder noch immer geschieht, wird die Metapher für Zwecke mißbraucht, für die sie nicht erfunden wurde.

Ich will damit keineswegs abstreiten, daß die christliche Tradition, von der Bibel bis zu Barth, eine mann-zentrierte Kultur verrät. Das ist ebenso unbestreitbar wie diese Tradition eine vor-industrielle Welt voraussetzt. Wer das nicht bedenkt, kann deren Bilder und Sprechweisen nicht begreifen.

Aber so wenig wir daraus eine Rückkehr von industriellen zu agrarischen Verhältnissen folgern können, so wenig können wir an eine Kultur mit patriarchalischem Männerverhalten gebunden bleiben. Daß Jesus und die Zwölf Apostel Männer waren, ist ebenso unbestreitbar wie die Tatsache, daß in der christlichen Tradition der Nachdruck auf Söhne gang und gäbe ist. »Ihr seid alle Söhne!«, sagt Paulus, den ich hier zitiere; von Töchtern dagegen spricht der Apostel nicht. Aber sind wir deshalb zu genau dem gleichen Verhalten verpflichtet? Wo dies geschieht und man z.B. nur Männern die kirchlichen Ämter anvertrauen will, tut man genau das, was Feministinnen gerne übelgenommen wird. Hinter einem solchen Verhalten steckt m.E. ein kulturelles Mißverständnis und nicht einfach die Überdehnung der Metapher »Vater«.

Was die irdischen Väter mit Gott in der Anrede »Vater« verbinden kann, das sind m.E. die Sorge, die Treue und die Vertrauenswürdigkeit, die ein guter Familienvater - lateinisch »pater familias« genannt - zugunsten der Seinen zeigt. Die Aussage »Gott ist Vater« meint also, daß Er treu ist wie ein Vater, daß Er wie ein Vater Sorge trägt für Mensch und Welt, daß wir auf Ihn rechnen können. Wenn wir mehr hineinlesen und den Titel für einen anderen Zweck benutzen wollen, sind wir unwiderruflich auf dem Irrweg.

Aber auch bei den hier vorgenommenen Beschränkungen bleiben noch Fragen unbeantwortet. Folgt aus dem Vatertitel, daß die Beziehung zwischen Gott und Mensch mit einer Vater-Kind-Beziehung vergleichbar ist? Das könnte einen guten Sinn ergeben, solange wir bei der Anrede »Kind« an erwachsene Söhne und Töchter denken, so wie in der antiken Familie mit »Kind« die erwachsenen Söhne und die Töchter gemeint sind. Es würde also viel zu weit führen - so fromm es auch klingen mag -, aus dieser Redeweise ein Verhältnis zu konstruieren, das Gott und Mensch mit einem erwachsenem Vater und dessen unmündigen Kindern vergleicht. So würde der Glaube infantilisiert, woran niemand mitarbeiten sollte. Wir sind auch vor Gott keine Kinder, sondern verantwortliche erwachsene Wesen.

Was aber geschieht, wenn wir mit unserem Vater nie ins Reine gekommen sind, wir also nur einen Vater kennen, der uns klein hielt, statt uns Raum zu geben? M.E. ist es dann wenig sinnvoll, uns zur Anrede »Vater«

zu zwingen, wenn wir wirklich Gott meinen. Zwar beginnt das Gebet, das uns Jesus lehrte, mit »Unser Vater«, niemand aber ist dazu verpflichtet, diese Anrede zu wiederholen. Zahllose andere Metaphern, die genauso gut sind, stehen zur Verfügung.

12. Gott ist groß - Allah akhbar: die Anbetung

»Gott ist groß - Allah akhbar!« Dieser Ausruf kann zu einem Füllwort verschlissen werden. Ursprünglich jedoch gehört er zur lebendigen Sprache der Anbetung. Wenn wir von einem Menschen erfüllt sind, sei es aus Verliebtheit, aus Bewunderung oder Respekt, dann sagen wir von ihm: Ich bete sie/ihn an. Tatsächlich ist das ein übertragener Sprachgebrauch, also eine Metapher; denn Menschen beten andere Menschen nicht wirklich an. Nur Gott ist der totalen Hingabe würdig. »Anbeten« ist also ein religiöser Begriff. In diesem Paragraphen zum Abschluß des Kapitels über Gott möchte ich von zwei Gestalten sprechen, in denen Christen die Anbetung vollziehen. Zum einen geht es um die Anbetung in der Liturgie, die ich hier auf den Nenner der »Etikette« bringen will. Zum anderen geht es um die Anbetung, in der ich gemäß Ijob »die Hand auf den Mund lege«. Ich spreche dann von Gottes Unbegreiflichkeit.

1. Das christliche Gottesbild umfaßt viele Züge, denen wir in anderen Religionen auch begegnen und die den gesellschaftlichen Verhältnissen eines mehr primitiven Zusammenlebens entlehnt sind. Gott erscheint dort als König, der für immer herrscht, dessen Macht feststeht usw. Man lese nur die Psalmen, in denen die Menschen als Seine Untertanen bezeichnet werden. Das alles sind Metaphern eines König-Untertanen-Modells. In solche Worte nun wird die Anbetung gekleidet. Menschen dienen Gott, ehren Ihn, lobsingen Ihm oder erscheinen vor Seinem Thron. Man denke an das englische »worship«. All diese Worte verweisen auf den Untertan, der scheu, jauchzend oder beschämt am Hofe erscheint, um sich vor seinem erhabenen König zu verbeugen. Religiöse Frömmigkeit ist sozusagen Etikette. Man muß wissen, was sich gehört, wenn man sich Gott nähert. Wer keine Etikette kennt, weiß nicht, wie er sich vor dem Allerhöchsten zu benehmen hat. Ja, er weiß nicht einmal, daß er beim Allerhöchsten auf Besuch ist. Was hat er da eigentlich zu suchen? Für uns sind diese Begriffe nicht mehr selbstverständlich. Lob, Ehre, Sich-verbeugen, das sind Begriffe, die wir im gegenseitigen Umgang nicht mehr gerne verwenden, da sie uns etwas kriecherisch vorkommen. Und selbst auf Gott bezogen können sie unbrauchbar, wenn nicht gar widerlich werden, sobald wir ihren Ursprung nicht mehr sehen und sie nicht für den spezifisch religiösen Sprachgebrauch reservieren. In der christlichen Tradition wurden diese Metaphern

Bestandteil der Liturgie, des christlichen Gottesdienstes. In der Sprache der Liturgie können wir es mit Gott durchaus »übertreiben«. Der reformierte Zweig der Christenheit hat damit mehr Probleme als der anglikanische und der römisch-katholische Flügel - es sei denn beim Psalmensingen, auf das sich die Reformierten doch am besten verstehen. Wenn der Pastor aber auf der Kanzel vom »Herrn« spricht, dann sollten wir gerade nicht mehr an das Verhältnis von Herr und Knecht denken, auch wenn er das Wort noch so feierlich ausspricht; denn ohne einen eigenen religiösen Inhalt kann es uns nicht mehr überzeugen. Der Angeredete erhält dadurch eine Ausnahmestellung. Dies ist beabsichtigt, nicht die Degradierung von Menschen zu Sklaven.

2. Die Anbetung kann neben Liturgie und Gottesdienst auch einen anderen Weg gehen. Der Ausruf »Gott ist groß - Allah akhbar« kann uns auch dazu auffordern, die Hand auf den Mund zu legen und mit unserem Gerede aufzuhören. »Gott ist groß« besagt auch, daß wir Ihn nicht begreifen.

Damit berühre ich dasjenige, was in der Tradition mit der Unbegreiflichkeit Gottes umschrieben wird. Es ist ein Bekenntnis und nicht ein erzwungenes Eingeständnis. Wer Gott ehrt, muß zusehen, daß *Gott* geehrt wird und nicht die eigene Gotteskonstruktion, so sehr wir auf unsere Konstruktionen angewiesen sind. Gottes Unbegreiflichkeit bedeutet also, Gott Gott sein zu lassen, ein Wesen, das - bei allem, was sich von Ihm auch sagen läßt - unsere Erkenntnis und unseren Verstand übersteigt. Alle Worte verweisen auf Ihn, und doch reicht keines dazu aus, Ihn angemessen zu ehren. Deshalb ist die Vorstellung von der »leeren Mitte« (S.J. Ridderbos) gar nicht so schlecht. Die Speichen eines Rades sind unverzichtbar, wenn sich das Rad drehen soll, aber in der Mitte ist eine Leere, weil die Speichen nicht in sie hineinreichen.

Ich komme damit zur Aufgabe, die Gottes Unbegreiflichkeit in der christlichen Tradition hatte und immer noch haben muß. Gewiß muß uns Gottes Unbegreiflichkeit vor unserer Besserwisserei bewahren, aber noch mehr vor einem Gott, den wir uns so nach unseren Wünschen und Ansichten zurechtmodelliert haben, daß er uns aus der Hand frißt. Wenn sich nämlich dann zeigt, daß Er es doch nicht tut, dann paßt Er letztlich nicht in unseren Denkrahmen und bekommt Seinen Abschied.

Aber ein begreiflicher Gott ist nicht der wahre Gott. Ein begreiflicher Gott ist ein Gott-nach-Maß, den wir nicht anbeten können. Ich bin der Überzeugung, daß wir das Bekenntnis zu Gottes Unbegreiflichkeit mehr denn je betonen müssen. Der reformierte Theologe Herman Bavinck begann das in seiner Glaubenslehre Gott gewidmete Kapitel mit einem Paragraphen über Gottes Unbegreiflichkeit. Ich kann ihm dabei folgen. Wenn wir die Anbetung Gottes durchhalten wollen, sind wir von sehr vielem Wissen zu erlösen.

V. Der Schöpfer von Mensch und Welt

Ich anerkenne, daß die Aussage »Die Natur ist Gott«, wenn sie von einem gläubigen Gemüt stammt – eine christliche Aussage ist.
J. Calvin

1. Warum bin ich und warum bin ich nicht vielmehr nicht?

Wie allen Glaubensvorstellungen liegt dem Glauben an Gott, dem Schöpfer des Himmels und der Erde, menschliche Erfahrung zugrunde. »Erfahrung« verstehe ich im Sinne von etwas, das uns widerfährt, das in Worte gefaßt und dem Bedeutung verliehen wird. Aus welchem Grund kamen nun Menschen dazu, von Gott als Schöpfer zu sprechen, um damit ihrer Erfahrung Ausdruck zu geben? Ich möchte das Problem in einem geflügelten Wort, wiederum einer Frage, zusammenfassen: »Warum bin ich und warum bin ich nicht vielmehr nicht?« Dieses Wort klingt rätselhaft, und das ist auch die Absicht, denn ein Rätsel zwingt zum Nachdenken. Aber es formuliert ein Gefühl, das einen Menschen wie ein Blitz treffen kann: Ich existiere, aber ich hätte auch nicht existieren können. Das bedeutet ein schwindelerregendes Bewußtsein mit zwei Seiten.

Zunächst kann es zu einem dankbaren Staunen über das Dasein führen. Wer bin ich, daß ich sein darf? Welche Macht hat mich ins Dasein gerufen? Ich zitiere Ossip Mandelstamm in der Übersetzung von Paul Celan:

Man gab mir einen Körper – wer
sagt mir, wozu? Er ist nur mein, nur er.

Die stille Freude: atmen dürfen, leben.
Wem sei der Dank dafür gegeben?

Aber das hat seine *Kehrseite*, denn es erregt auch Schauder, wenn ich entdecke, daß ich ebensogut nicht hätte sein können. Die Welt schwankt, wenn wir daran denken. Wir befinden uns in der Hand einer Macht, die uns - wie die tägliche Erfahrung zeigt - ebensosehr formen oder erhalten wie zerbrechen kann. Was für eine Macht ist das? Können wir ihr vertrauen oder gerade nicht? Wir stehen damit vor der entscheidendsten Frage des menschlichen Daseins.

Religiöse Traditionen haben dieser Macht Namen verliehen, die nähere Auskunft darüber geben sollten, was diese Macht bedeutet und was wir von ihr erwarten können. Die christliche Tradition tat das auch, indem sie diese Macht den Schöpfer von Mensch und Welt nannte. Die ganze christliche Lehre ist nun nichts anderes als eine eingehende Diskussion der Frage, was Christen mit »Gott dem Schöpfer« meinen, und läuft auf den Glauben hinaus, daß dieser Macht zu trauen sei.

Wie kam die christliche Tradition zu dieser Antwort? Dazu muß ich auf Israel verweisen, von dem die Christenheit die Antwort übernahm. Auch Israel steht wieder auf den Schultern anderer, namentlich der ackerbauenden Völker, die sich von der Natur und derem Zyklus abhängig wußten und daraus mühelos eine göttliche Macht formten. Diese sogenannten Fruchtbarkeitsreligionen sind nicht so unbegreiflich und dumm, wie manchmal behauptet wird; denn bis heute entwindet uns die Natur mit ihrem unerschöpflichen Vermögen, in jedem Frühling wieder neu zu beginnen, ein beinahe religiöses Schaudern.

»Beinahe«, sage ich, denn Juden und Christen haben die Natur gerade nicht mit dieser Macht identifiziert, die Menschen formen und zerbrechen kann. Über der Natur steht da noch Gott, auf den sich die Menschen, sozusagen gegen die Natur, berufen können. Zwar ist, so können wir sagen, die Natur *von* Gott, ein Instrument und ein Kleid Gottes. Aber, wie wir wohl auch sagen dürfen, ist nach der christlichen Glaubenstradition Gott nicht mit seinem Kleid identisch. Gewährt der Glaube an Gott den Schöpfer den leichtesten Zugang zum christlichen Glauben? Das scheint der Fall zu sein, weil wir dem Schöpfer ja überall begegnen. Das ist zwar wahr, wie wir noch sehen werden, aber manchmal kann dies für den Glauben an Gott zugleich zur größten Enttäuschung führen.

Schon Luther, einer der protestantischen Kirchenväter des 16. Jahrhunderts, pflegte zu sagen, es sei viel leichter, an Gott den Erlöser zu glauben; denn wer wolle nicht gerne erlöst werden, wenn er sich im Elend befindet. Aber an Gott den Schöpfer zu glauben, das war für ihn ein wahres Kunststück, denn dann müssen wir die tägliche Erfahrung mit Gott verbinden: unsere Arbeit - oder eben Arbeitslosigkeit - und Handicaps, unsere persönlichen und kollektiven Unglücksfälle ebenso wie alle Freuden des Daseins. Kurzum, Gott der Schöpfer kommt jener Macht am nächsten, die sich jeder Berechnung entzieht. Zwar könnten wir auch leugnen, Gott habe mit der täglichen Erfahrung etwas zu tun, wo aber bliebe dann wiederum der Schöpfer? Auf diese Frage gehe ich noch ausführlich ein. Vorläufig reicht es festzustellen, daß der Glaube an den Schöpfergott nicht so einfach ist, wie man oft behauptet.

2. Gott als Schöpfer: Vertrauen

Was bedeutet nun der Glaube an Gott den Schöpfer? Viele Menschen denken zunächst an den Aufbau der Welt mit all den Konstruktionsproblemen, die sich daraus ergeben. Sie sind gewiß nicht zu leugnen, jedoch stehen sie nicht an erster Stelle und sind nicht einmal die Hauptsache. Zwar läßt das Wort »Konstruktion« an die Entstehung von Mensch und Welt denken, aber Information über sie müssen wir bei der wissenschaftlichen Forschung einholen. Mit Recht sucht in den Schöpfungsberichten niemand mehr Auskunft über einen Entstehungsprozeß. Ebensowenig zerbrechen wir uns den Kopf über die Frage, wie die Handlung, die wir »schaffen« nennen, näher zu umschreiben ist. Im Kapitel über die Schöpfung geht es also nicht um einen Einblick in die Konstruktionsarbeit des Allerhöchsten. Davon wissen wir nichts und die Schöpfungsberichte werden auch nicht erzählt, um uns darüber aufzuklären.

Wir verstehen diese erst richtig, wenn wir sie als eine Art Glaubensbekenntnis begreifen, daß »die Erde des HERRN ist in ihrer ganzen Fülle«. Die zitierten Worte bilden eine Zeile aus Psalm 24, prangen am Giebel der »Bank of England« in London und zeigen dasselbe Erstaunen wie die Schöpfungsgeschichte von Genesis 1. Deren Autor wird nicht müde, alles, aber auch wirklich alles aufzuzählen, was ihm, d.h. der damaligen Welt bekannt war und von dem er sagt, daß wir es dem Werk des Schöpfergottes zu verdanken hätten. Genesis 1 ist eine ganz sonnige und positive Geschichte, ein Lobpreis auf Gott, den Schöpfer. Die ganze bunte Reihe von Menschen, Tieren und Dingen, aus denen die Wirklichkeit aufgebaut ist, hat nichts Ängstigendes an sich. Es ist das Werk Seiner Hände, und deshalb können wir uns darin zu Hause fühlen.

Aber der Gedanke einer »Macht, die uns formen und uns zerbrechen kann«, ist damit nicht verschwunden. Er kehrt im Bild des Gottes, der seine Menschen aus Erde formt (Genesis 2) und vor allem im Bild vom Töpfer wieder. Ich unterstreiche das hier, denn erst vor diesem Hintergrund - genauer gesagt, im Bewußtsein dessen, daß wir Lehm in den Händen des Töpfers sind - wird deutlich, daß die christliche Lehre vom Schöpfergott einen befreienden Glauben weitergibt. Können wir nicht darüber glücklich sein, daß die Erde des HERRN ist? Ja, das ist mit dem Schöpfungsglauben gemeint. Die Erde könnte ja auch ins Nichts fallen, der Macht des Kapitals ausgeliefert oder dem Recht des Stärkeren unterworfen sein. Aber nein, sie ist des HERRN.

Wenn wir nun auch wüßten, wer der HERR ist, dann wären wir vollends beruhigt. Nun, die ganze christliche Tradition bemüht sich darum, uns zu erzählen, wer der HERR ist. Mit dem Evangelium von Jesus als ihrem Höhepunkt ist sie in Wirklichkeit nichts anderes als eine nähere Erläuterung der Frage, wer uns gewollt und erschaffen hat.

Die Frage, was für eine Macht da eigentlich an den Fäden unseres Daseins zieht, wird also mit dem Glauben an Gott den Schöpfer beantwortet. Er will uns. Er ist keine eifersüchtige, unberechenbare Macht, die wir eigentlich fürchten müßten, sondern ein Gott, der sah, daß gut war, was er gemacht hatte. Es gibt uns nicht nur, heißt das, sondern wir glauben auch, daß es gut ist, daß es uns gibt. Es gibt nicht nur die Welt, sondern wir glauben auch, daß sie umschlossen ist von Gott, der sie täglich bestätigt, daß sie mit Verheißungen des Schöpfergottes schwanger geht, daß sie eine ganz besondere Welt ist. Dies gibt der Christenheit den Mut zu sein.

3. Gott ist wenigstens sein Geschöpf: Vertrautheit

Das ist noch nicht alles. Neben dem Band des Vertrauens gibt es zwischen dem Schöpfer und seinen Geschöpfen auch ein Band der Vertrautheit. Der Schöpfer ist mit uns vertraut, so wie es der Dichter eines der Psalmen sagt:

> *Bevor ein Wort unserer Zunge entglitten ist, kennt Er schon unsere Gedanken.*

Wie ist das möglich? Bei Schoonenberg, einem römisch-katholischen Theologen, las ich einen Rätselspruch, der uns auf die richtige Spur bringt: »Was ist die Grenze, wenn nur ein Land angrenzt?« Beim ersten Hinsehen ist diese Zeile Unsinn, aber der Schein trügt. Zwei Länder grenzen so aneinander, daß nur ein Land angrenzt, wenn das eine Land das andere Land umschließt, so wie eine Mark ein Pfennigstück umschließt oder ein Ozean einen Tropfen. Mit diesem Bild können wir uns in die Frage hineindenken, wie Gott und Mensch aneinander angrenzen. Gott umfängt uns, aber wir umfangen nicht Gott. Unsere Grenze ist es, daß wir nicht Gott sind oder sein werden, daß Gott aber keine Grenze hat, sondern uns umschließt. Er ist wenigstens sein Geschöpf, also gewiß nicht weniger als das, was wir sind.

Das besagt ausdrücklich mehr, als daß er wenigstens *könne*, was wir können, wie sich im vorhergehenden Kapitel gezeigt hat. Der Schöpfer, der das Ohr pflanzte, hört auch selbst, etwas anderes ergäbe keinen Sinn. Hier nun gehe ich weiter und möchte zeigen, daß Er uns auch *umfängt*, also wenigstens sein Geschöpf *ist*. Es ist nicht so, daß wir aus Gott bestehen, wir bestehen vielmehr in Ihm. Unser Leben und unsere Freude, unser Leiden und Sterben, alles spielt sich innerhalb Gottes ab. Zugleich ist Gott natürlich viel mehr als wir und nicht auf das beschränkt, was wir sind und können. Von Gottes Regierung über »alle Dinge« bliebe wenig übrig, wäre Gott nur sein Geschöpf.

Aber die Aussage, daß er »wenigstens sein Geschöpf« sei, bleibt bestehen. Gott weiß von uns, weil Er uns mit all unserem Tun und Lassen, in unserem Leiden, in unserer Sterblichkeit und selbst in unserem Tod umfängt. Das alles gehört in Gott hinein. Aus diesem Grund ist Gott mit uns viel vertrauter als wir es uns denken. Wir brauchen Ihm nicht alles zu sagen, eigentlich brauchen wir Ihm überhaupt nichts zu sagen, denn Ihm ist schon alles bekannt. Ich kenne in der Wüste unserer Welt kaum einen tröstlicheren Glauben. Welche Rätsel uns das Dasein auch aufladen möge, nach aller Erfahrung auch auflädt, wir sind vom Schöpfer umfangen.

Es ist also nicht so, wie ich hinzufügen möchte, daß Gott das Leiden und den Tod von Menschen erst in der Person Jesu erkennen und auf sich nehmen müsse. Vom Tod als Strafe, von einer Todesstrafe also, ja, davon weiß die Tradition zwar zu sprechen. Aber eine solche Darstellung der Dinge - aus dem Bedürfnis geboren, der Person Jesu eine besondere Rolle zuzuschreiben - wird Gott dem Schöpfer nicht gerecht. Da verzerren wir die christliche Tradition ebenso wie es die Kirchenväter taten, wenn sie Gott so gerne als leidenschaftslose Ewigkeit, als einen kleinen Rest von unbewegtem Beweger darstellten. Gott der Schöpfer ist aber nicht leidenschafts-los, sondern leidet und stirbt mit Seinen Geschöpfen mit. Allerdings ist das nicht alles, was von Gott zu sagen ist, denn zugleich ist Er über alles erhaben, was wir sind, tun und erleiden. Er geht nicht mit uns unter, aber ebensowenig in uns auf. Er hat weder unsere Hilfe noch eine Rettung durch uns nötig, wie Etty Hillesum meinte, und worin ihr viele New-Age-Philosophen folgen. Vom Standpunkt der christlichen Tradition aus ist das ein Irrtum, da Er wenigstens wir, wenigstens Seine Welt, aber zugleich unendlich mehr ist als das.

4. Wozu sind wir auf Erden?

Wenn ich mich nicht täusche, lautete die erste Frage des römisch-katholischen Katechismus: »Wozu sind wir auf Erden?« Das ist eine klassische Frage, die mich an einen mittelalterlichen Vers erinnert. Er lautet:

Weiß nicht woher, weiß nicht wohin,
mich wundert, daß ich noch fröhlich bin.

Glücklicherweise fragen wir uns nicht jeden Tag, woher wir kommen oder wohin wir gehen. Aber das ist natürlich eine Frage! Was sollen wir hier eigentlich tun, und wer kann uns das sagen? Sollen wir hier nur essen, trinken, überleben, so schlecht und recht wie es eben möglich ist?

Es geht um die Frage nach dem Grund unseres Daseins. Aber niemand kennt diesen Grund, wie unser Dasein ja auch keine Notwendigkeit, keine Rechtfertigung aus höheren Interessen kennt. Es ist kontingent, eine Tatsache und ein Geschehen, daß nun einmal abläuft. Wozu es gut ist, das mag Gott wissen. Und in der Tat bleibt nur eine Antwort übrig: Wir wissen nur, daß wir zur Ehre Gottes da sind. Das ist eine klassische Weisheit der christlichen Glaubenstradition, geschmäht und abgegriffen. Aber eigentlich ist es die einzige Antwort, die uns bleibt. Sie bringt in erster Linie zum Ausdruck, daß ich die Antwort auf die Grundfrage meines Daseins nicht kenne, auch nicht zu kennen brauche; Gott aber kennt sie, und das ist genug. Ich mache dazu vier Anmerkungen.

Erstens, der Satz, wir seien »zur Ehre Gottes« da, erlöst uns von vielem Kopfzerbrechen, denn er macht uns zum Teil eines Plans oder Spiels (falls das Wort in diesem Zusammenhang nicht zu oberflächlich wirkt), das sich vor Gottes Angesicht vollzieht. Christen können jetzt sagen: Wir brauchen das Spiel nicht zu durchschauen, um darauf vertrauen zu können. Es ist Sein Spiel, weil es der Schöpfer ist, der mit Seinen Geschöpfen spielt. Wer aber gelernt hat, dem Schöpfer zu vertrauen, erfährt damit vielleicht nicht immer Freude, aber er findet darin seinen Frieden.

Zweitens, was ich hier gesagt habe, bildet die fröhliche Seite des Daseins. Beschäftigt zu sein und zu tun, was Menschen eben tun oder zu tun verpflichtet sind, Wissenschaft zu treiben, mit Technik umzugehen oder über Dinge nachzudenken (um nur einiges zu nennen), das alles bedeutet, daß wir uns im Garten des Schöpfers betätigen. Mit der Entfaltung von Wissen und Können, mit Industrie oder Handel, mit Kernenergie und der Beherrschung von Naturgewalt wird Gott geehrt, falls wir dies alles in den Dienst der Menschen stellen. Das alltägliche, nicht primär das kirchliche Leben ist ein Leben zur Ehre Gottes.

Drittens, das Spiel ist sicher auch ein derbes Spiel, selbst so derb, daß mir das Wort jetzt auf den Lippen erstirbt. Es hat also eine Nachtseite, die keineswegs fröhlich stimmt. Ich zähle nur einiges auf: Zwar dürfen wir zu unserem eigenen Erstaunen einfach am Leben sein und es lohnend finden, jedoch können wir es nur durch die enge Schleuse des Todes verlassen. Dabei spreche ich noch nicht über das, was ihm vorangehen kann, also von Krankheit, Verfall, Erschöpfung und Schmerz. Es sind abscheuliche Dinge, von denen wir kaum behaupten können, Gott lege sich damit Ehre ein, gleich ob wir sie ertragen oder nicht. Dabei denke ich noch gar nicht an die Gemeinheiten, die wir Menschen einander antun oder angetan haben und die unser Leben sowie das Leben von anderen nicht weniger zerrütten oder verbittern können als Krankheit und Verfall.

Viertens, das Spiel kann so derb sein, daß das Vertrauen auf Den, der uns hineinzog, daran zerbricht. Ich bin sogar der Meinung, das lasse sich überhaupt nicht vermeiden, denn kein Mensch kann unverzagt an die Güte des Schöpfers glauben, es sei denn, jemand könnte uns davon überzeugen, daß Gott - trotz allem - Vertrauen verdient. Genau das ist nun die Absicht des christlichen Glaubensentwurfs. In gewissem Sinn läßt sich die gesamte christliche Verkündigung, die der Lehre von der Schöpfung folgt (also das ganze Neue Testament, Paulus und die Evangelien), als eine gigantische

Predigt verstehen mit dem Ziel, Vertrauen auf den Schöpfer zu wecken. Nur bleibt der Erfolg oft aus. Die Schöpfung behält etwas Doppeldeutiges, das Leben oft hinreißend, aber gelegentlich auch wieder greulich. Darauf komme ich noch mehr als einmal zurück.

5. Schöpfung als Lebens- und Weltanschauung

Bis jetzt habe ich die persönliche Beziehung, nämlich Vertrauen und Vertrautheit, betont. Aber der Glaube an Gott den Schöpfer beeinflußt in tiefgehender Weise auch unsere Sicht von Mensch und Welt. Vieles von diesem Einfluß wurde so sehr zum Gemeingut europäischer Kultur, daß uns dessen christliche Herkunft kaum noch bewußt ist.

Nach unserer Überzeugung besitzt jeder Mensch als Gottes Geschöpf gleiche Würde und ist deshalb mit gleicher Ehrfurcht zu behandeln. Als säkularisiertes Echo davon heißt es in der amerikanischen Verfassung: »Alle Menschen sind gleich geboren«. Das ist zur Lebensanschauung gewordenes Christentum. Man braucht kein Christ zu sein, um diese gesellschaftliche Norm zu bejahen, auch wenn sie Christen - von ihrem Glauben an Gott den Schöpfer her - sicher unterschreiben und praktizieren werden.

Das ist aber nicht das einzige. Zum Glauben an Gott den Schöpfer gehört es auch, daß Mensch und Welt auf der Seite der geschaffenen Dinge stehen; das heißt auf alle Fälle, daß sie nicht Gott oder göttlich sind, sondern Geschöpf. Auch damit hängt wieder sehr vieles zusammen, das unser Denken und Handeln bestimmt. Christen werden nicht so schnell ein Stück der geschaffenen Wirklichkeit, seien es Sexualität oder Fruchtbarkeit, die Lebensflamme, Politik oder Waffen, in den Himmel heben, als begegneten sie darin einem Stück von Gott selbst.

Viel näher liegt es, wie ich immer wieder guten Glaubens annehme, daß den Christen die Schöpfung in ihrem Geschaffen-sein, die ganze Wirklichkeit also, am Herzen liegt, weil sie Gottes Schöpfung ist. An erster Stelle stehen dabei die Menschen, die in der christlichen Tradition nicht ohne Grund Bild Gottes genannt werden. Die Schöpfung ist bei Christen, falls es nicht zu anspruchsvoll klingt, in guten Händen. Liebe ist »konservativ«, weil sie etwas bewahrt, das zu bewahren der Mühe wert ist.

Die Schöpfung im Sinne der geschaffenen Wirklichkeit ist nicht identisch mit der Natur, geschweige denn mit der Natur im Sinne der Naturwissenschaften, die dadurch gekennzeichnet ist, daß Gott in ihr nicht vorkommt. »Methodischer Atheismus« wurde das einmal genannt, und jeder kann sich mit ihm abfinden. Was aber ist zu sagen, wenn die methodische Betrachtungsweise überdehnt, wenn also dieser naturwissenschaftlich abstrakte Naturbegriff zu einer Lebensanschauung wird? Mit dieser Frage komme ich zu einem anderen, noch umfassenderen Gesichtspunkt von weltanschaulicher Art. Der Glaube an Gott den Schöpfer *widersetzt* sich nicht nur einem solchen Lebenskonzept, das die Wirklichkeit von Gott loslöst, sondern ist geradezu deren Gegenteil. Wer an Gott als den Schöpfer glaubt, geht von einer Verbindung zwischen Gott und der Wirklichkeit aus und versteht diese als ein unverzichtbares Element, als eine Ausrichtung, von der wir nicht absehen können. Damit aber verändert die Wirklichkeit selber ihren Charakter. Ich möchte das noch näher auslegen.

Zunächst betone ich noch einmal, daß es um »die gesamte Wirklichkeit« geht. Die christliche Tradition versteht das Wort Schöpfung nicht einfach als einen anderen Begriff für die unberührte Natur, auch nicht als eine Umschreibung der Umwelt, die wir schonen müssen. Natürlich gehören zur Schöpfung auch diese Dinge, die wir deshalb in Liebe bewahren müssen. Dasselbe jedoch gilt auch für die Gartenstädte aus Beton sowie für die industrielle Produktion, durch die sich die Menschheit am Leben erhält. Schöpfung ist also nicht ein Begriff, der die Welt in einen romantischen Schleier hüllt. Daß die Wirklichkeit als Schöpfung, wie wir sagten, ihren Charakter verändert, das bedeutet, daß sie einen anderen Status erhält. Sie bleibt dieselbe Welt und wird dennoch anders. Was ich damit meine, sei an einem Beispiel illustriert. Wer meine Frau auf der Straße gehen sieht, sieht eben eine Frau gehen, mehr sieht er nicht. Ich selbst aber weiß mehr, nämlich daß dies meine Frau ist. Dadurch geht nicht auf einmal eine andere Frau auf der Straße, da meine Frau ja dieselbe bleibt. Ich aber weiß, daß sie eine Beziehung hat, von der die anderen nichts wissen.

Dasselbe gilt für die Welt. Wer sie als Schöpfung versteht, der sieht eine wesentliche Dimension unserer Wirklichkeit in deren Beziehung zu diesem Gott, der uns in sie hineingestellt hat und auf dem Weg durch sie hindurch begleitet. Wer eine solche Interpretation als dilettantisch abtut, dem sei dazu alle Freiheit gegeben. Er hinterläßt jedoch keinen Eindruck, denn es ist genauso dilettantisch, die Welt ohne Gott verstehen zu wollen. Welche Interpretation läßt der komplexen Wirklichkeit von Mensch und Welt Gerechtigkeit widerfahren? Letztlich kommt es auf diese Frage an, deren Beantwortung nur in der letzten Enthüllung unserer Geschichte bestehen kann und die uns zur Ewigkeit führt. Solange wir dort noch nicht angekommen sind, behält der Glaube an die Schöpfung sehr wohl seine Ehre als ein angefochtenes Stück christlicher Erkenntnis.

6. Schöpfung, Sündenfall, Erlösung

Der Autor der Schöpfungsgeschichte zählt im Rahmen des damaligen Kenntnisstandes das auf, was »geschaffen ist« und nennt es »alles, was da ist«. Alles, was da ist, komme von Gott. Dieser Aufzählung wird noch eine andere Bestimmung hinzugefügt: »Gott sah, daß es gut war.« Merkwürdig! Soll alles, was da ist, wirklich gut sein? Das wäre doch wohl zuviel des Guten. Was geschieht denn mit dem Übel?

Es scheint mir - um auf diese Frage zu antworten - undenkbar, daß der Autor der Schöpfungsgeschichte nichts gewußt hätte von Naturkatastrophen und Krankheiten, die uns zerstören, oder von den Unzulänglichkeiten und Gebrechen an Mensch und Tier. Mit der »guten Schöpfung« kann unmöglich gemeint sein, das alles gut sei, was es gibt. Die Folgerung muß eher lauten, daß »alles, was es gibt«, nicht identisch ist mit der Schöpfung, also mit dem, was »geschaffen« ist. Daß Gott sah, daß es gut war, könnten wir also folgendermaßen interpretieren: Mensch und Welt sind von Gott gut erschaffen. Aber das Böse, das es gibt, kommt von uns Menschen, die wir die Schöpfung verdorben haben. Das ist denn auch die klassische Auslegung, die die Schöpfungsberichte als eine historische Abfolge versteht. Erst habe es eine gute Schöpfung gegeben, Mensch und Welt befanden sich im »Zustand der Gerechtigkeit«; danach kam der Sündenfall von uns Menschen. Als Reaktion darauf habe Gott die Erlösung des gefallenen Menschen in Gang gesetzt.

Heute können wir aus der Schöpfungsgeschichte keine solchen historischen Schritte mehr herauslesen. Es hat keine Zeit gegeben, in der alles gut war und die dann abgelöst wurde von einer anderen Zeit, die mit dem Sündenfall begann. Zwar bietet eine solche historische Abfolge ein handliches Schema, es hat aber höchstens als »Lernmodell« einigen Nutzen. Wir müssen Schöpfung, Sündenfall und Erlösung also anders verstehen. »Schöpfung« bedeutet kein früheres Ereignis, sondern beschreibt einen Wesenszug unserer Wirklichkeit. Was wir in ihr finden, das ist in erster Linie und unwiderleglich das schöpferische Angebot Gottes; Mensch und Welt sind sozusagen sein Einsatz in die Geschichte.

Was aber bedeutet der Sündenfall? Auch diese Erzählung ist nicht als eine vergangene Geschichte, sondern als eine Charakterisierung unserer gegenwärtigen Wirklichkeit zu verstehen. Diese Erzählung beschreibt *unseren* Einsatz. Um die Wirklichkeit von Mensch und Welt darzustellen, benötigen wir auch die schwarze Kohle des Bösen, das von Menschen betrieben wird, die in die Netze ihrer eigenen Bosheit verstrickt sind. Das Gesamtbild ist damit aber noch nicht abgeschlossen; denn ein drittes Merkmal von Mensch und Welt besteht darin, daß ihr Schöpfer auch ihr Erlöser ist. Um uns das sagen zu lassen, müssen wir in die Kirche, in der das Evangelium vom Erlöser, von Jesus Christus, gepredigt wird. Darauf kommen wir später zurück.

Hier fasse ich zusammen: Schöpfung, Sündenfall und Erlösung - die drei klassischen Titel, unter denen die christliche Tradition von altersher zusammengefaßt wurde - können wir am besten verstehen als drei Merkmale oder als drei aktive Mächte unserer Wirklichkeit. So gesehen ist die Schöpfung ein Schlachtfeld. Dabei müssen wir alle drei gut auseinanderhalten, wenn wirklich klar werden soll, wie es gemäß dem Glauben in dieser Welt mit uns steht.

Jetzt interessiert uns der Einsatz Gottes des Schöpfers, womit dieser Paragraph begann. Was von Ihm kommt, ist gut. Diese Aussage kann nicht falsch sein, weil Gott gut ist. Zudem können wir das auch im Schöpfungsbericht lesen: »Gott sah, daß es gut war«. Aber woher das Übel kommt, ist dann eine unabweisbare Frage.

Wie ich schon erwähnte, hat die christliche Tradition die Antwort vor allem in der Bosheit des Menschen gesucht. Es ist auch wirklich nicht zu leugnen, daß unser Einsatz in die Schöpfung viel verdorben hat und immer noch so ungefähr alles verdirbt, was Gott geschaffen hat. Es ist gut christlich und im Einklang mit der christlichen Tradition, wenn wir daran festzuhalten. Aber damit ist nicht alles gesagt.

Stammt etwa eine Flutwelle, die Bangladesch heimsucht und hunderttausend Tote verursacht, von der Bosheit der Menschen? Viele fromme Christen haben mit dieser Folgerung keine Schwierigkeiten. Durch die Sünde sei die Natur aus ihrem Gleichgewicht gebracht, auch Bangladesch stehe auf unserem Konto. Wenn irgendwo ein Vulkan zu arbeiten beginnt und ganze Dörfer unter einem Regen von Feuer und Asche begräbt, dann verweisen sie auf denselben Hintergrund. Auch das habe mit der Schlechtigkeit der Menschen zu tun und sei eine Art von Strafe, zwar nicht für die dort wohnhaften Menschen, jedoch für die Menschheit im allgemeinen.

Ich halte davon nichts. Diese leichtfertigen Erklärungen erhellen nichts, es sei denn das pharisäische Herz der Menschen, die solche Behauptungen in die Welt setzen und der Meinung sind, andere seien größere Sünder als sie selbst. Es muß um mehr gehen. Aber um was?

7. Das bittere Rätsel der guten Schöpfung

Der Schöpfungsglaube kann nicht bedeuten: »Alles, was es gibt, ist gut«. Das wußten die Menschen auch damals. Schon der Schöpfungsbericht macht etwa für den Tod eine Ausnahme. Dieser wird dargestellt als eine Art Strafe für den Ungehorsam der Menschen, gehört also nicht zum »Guten«. Paulus fügt später hinzu, daß nicht nur der Tod, sondern auch die Sünde - also die Bosheit von Menschen sowie deren Gefangenschaft in ihr - etwas Schlechtes sei. Heute fügen wir wohl wieder andere Dinge hinzu: nicht nur Sünde und Tod, sondern auch Krankheit, Mißbildungen und Naturkatastrophen sind nicht »gut«. So ist z.B. Krebs nichts, womit

Gott sich als Schöpfer Ehre einlegen kann, und dennoch gibt es Krebs. Also nicht alles, was es gibt, ist nach unserem Urteil »gut«; deshalb finden wir die »gute Schöpfung« nur zusammen und in Verbindung mit Dingen, die wir beim besten Willen nicht für gut halten können.

Müssen wir es dennoch gut nennen? M.E. liegt dieser Frage ein Irrtum zugrunde. Niemand, auch Gott nicht, kann von uns verlangen, »gut« zu nennen, was nicht gut sein kann. Wir wären zu täglicher Unehrlichkeit verurteilt, was ja nicht beabsichtigt sein kann. Wir selbst dürfen und müssen sogar erklären, was gut ist, was also zur guten Schöpfung gehört und was nicht. Etwas anderes kann nicht zur Debatte stehen.

Damit kommen wir in Probleme. Zunächst ist es schon ein mißliches Unterfangen, einfach darüber zu befinden, was gut ist und was nicht. Sollten alle Menschen zu allen Zeiten und in allen Kulturen gleich darüber denken? Gibt es den Becher des Guten je unvermischt? Können wir uns nicht bei der Bestimmung des Guten und des Nicht-Guten täuschen? All diese Fragen drängen sich in kürzester Zeit auf und sind nicht einfach zu beantworten. Jedoch hatte auch der Autor der Schöpfungsberichte Mut, zwischen gut und nicht gut zu unterscheiden. Warum also sollten wir es nicht tun können?

So nennt er, wie wir sahen, den Tod nicht einen Teil der »guten Schöpfung«. Für ihn stand der Tod auf der verkehrten Seite. Das war ein mutiger und begreiflicher Entschluß, aber stimmt er wirklich? Wohin würde die Welt führen, wenn es keinen Tod gäbe? Zwar gehört der vorzeitige Tod nicht zu dem, was »gut« ist, aber Sterblichkeit ist mit unserem Menschsein gegeben, da wir von Gott als endliche Wesen geschaffen sind. Sowohl das Leben als auch der Tod, beide also gehören zu Gott. Übrigens könnte ein endloses Leben sehr langweilig werden und wäre unter Voraussetzung des Organismus, der wir sind, in keiner Weise angenehm. Wenn wir das Menschsein also als ein Faktum der »guten« Schöpfung akzeptieren, dann gehört auch das Sterben dazu. Ganz anderes seht es um die Frage – um eben doch dabei zu verweilen –, ob wir den Tod ertragen! Sünder können das nicht, wie Paulus sagt; sie sind der Meinung, daß sie in ihm bleiben müssen und sehen in ihm eine Strafe Gottes. Doch darauf gehen wir später ein.

Selbst wenn wir der guten Schöpfung etwas zurechnen dürfen, haben wir damit noch keine Antwort auf die peinigende Frage, mit welchem Ziel denn alles begann. Woher kommt denn das, was »nicht gut« ist, also das Böse in der Schöpfung? Der vorhergehende Paragraph half uns zwar ein Stück weiter, indem er uns das Böse nach der Devise zuschrieb: Schmutzige Hände machen keine gute Arbeit. Aber damit ist nicht alles abgedeckt, was in unserer Welt an Bösem zu finden ist. Woher kommt der Rest? Warum überträgt die Tsetsefliege die tödliche Schlafkrankheit? Nach unserem Urteil ist das keine gute Sache. Warum kann ein Erdbeben eine halbe Provinz vom Erdboden fegen? Auch das ist nicht gut, jedoch Wirklichkeit. Woher kommt das alles, wenn nicht von unseren eigenen schmutzigen Händen?

Es gibt keinen anderen Ausweg als denjenigen, den man »das bittere Rätsel der guten Schöpfung« nannte. Die von Gott geschaffene Welt kennt auch Böses, Bitterkeit, unaussprechliches Grauen. Wir können es nicht gut nennen und brauchen das auch nicht zu tun. Darüber war ich hoffentlich hinreichend deutlich. Offensichtlich kann von Gott auch etwas kommen, das schlecht oder böse ist; es ist zwar Gottes Einsatz, nach unserem Urteil aber nicht gut. Dies, nicht die menschliche Sünde, macht die Schöpfung zu einer zwiespältigen Realität. Kommt es wirklich von Gott? Ja, daran möchte ich festhalten. Die Alternative, es komme von nirgendwo her oder von einer anderen, uns unbekannten Macht, führt zu keinem Resultat. Im Gegenteil, es macht alles nur noch schlimmer. Wenn es aber von der Natur käme, dann würden wir uns im Kreis drehen, denn auch sie kommt letztlich vom Schöpfer.

Ich fasse zusammen: Das Bekenntnis zur »guten Schöpfung« besagt nicht, daß alles, was da ist, gut sei. Ebensowenig ist alles gut, was geschieht, wie wir noch näher sehen werden. Offensichtlich müssen wir selber beurteilen, ob etwas zur guten Schöpfung gehört oder nicht. Ist es nach unserem Urteil nicht so, dann bleiben uns zwei Möglichkeiten. Entweder wir schreiben das Böse auf das Konto menschlichen Fehlverhaltens (1), oder wir ordnen es dem bitteren Rätsel der guten Schöpfung zu (2). Mit dem ersten decken wir nicht alles Übel ab. So bleibt ein Teil übrig, der nur den einen Namen »nicht-gut« tragen kann und doch einen Ursprung in Gott haben muß. Es gehört zur Freiheit und Selbständigkeit des Menschen als Gottes Geschöpf, dies gegenüber dem Allerhöchsten auch aussprechen zu dürfen.

8. Doch Konstruktionsprobleme: die Evolution

Doch kommen wir nicht umhin, nach der Konstruktion unserer Welt zu fragen. Die Schöpfungsgeschichte mag zwar eine Charakterisierung sein, eine im christlichen Glauben gegebene Weltinterpretation. Wenn uns eine solche Interpretation aber nutzen soll, dann muß sie unsere Wirklichkeit ernstnehmen, sich also in ihrem Rahmen verständlich machen können. Sie muß wenigstens die Frage beantworten können, wo denn in unserer Wirklichkeit Gott anzutreffen ist. Wenn wir davon ausgehen, daß »Schöpfung« nicht ein vergangenes Ereignis, sondern eine Charakterisierung unserer gegenwärtigen Wirklichkeit bedeutet, wie stellen wir uns dann die Gegenwart des Schöpfers in Seiner Schöpfung vor?

Bei der Beantwortung dieser Frage läßt sich die Evolutionstheorie als eine wissenschaftliche Erklärung für die Entstehung von Mensch und Welt nicht übergehen. Diese Theorie hat vielen Christen Schwierigkeiten bereitet und bereitet sie ihnen noch heute. Jedoch beruht dies m.E. auf einem Mißverständnis.

In der Vergangenheit war die Evolutionstheorie deutlich von der Absicht getragen, Gott als überflüssige Hypothese zu entlarven und so abzulehnen. Das ist verständlich, wenn wir bedenken, daß die klassische Schöpfungslehre krampfhaft an der Idee festhielt, die Genesis gebe einen Bericht über die Entstehung von Mensch und Welt. Daran hielt allerdings auch der streitbare Evolutionsspezialist fest, weshalb er vom christlichen Glauben an Gott den Schöpfer nichts wissen wollte. Nun hat die Evolutionstheorie ihre weltanschauliche Dimension schon lange eingebüßt. Ihre wissenschaftliche Rekonstruktion der Entstehung von Mensch und Welt macht unsere Probleme mit dem Tun und Lassen in der Welt keineswegs größer als sie ohnehin schon waren. Diese naturwissenschaftliche Theorie erklärt den Gang der Dinge ja im nachhinein und in keiner Weise vorher. Gerade das ist das Schöne an der Evolutionstheorie, daß sie den unvorhersehbaren Charakter der Entwicklung unterstreicht. Sie erklärt, wie es geschehen konnte (und nicht, daß es geschehen mußte), daß sich aus einer einfachen Amöbe schließlich höhere Organisationsformen des Lebens entwickelten. Der Prozeß hat ja schon stattgefunden; die Evolutionstheorie folgt sozusagen nur den Spuren zurück und entdeckt die Mechanismen, mit deren Hilfe sich die Entwicklung vollzog. Aber auch diese Mechanismen können nur zeigen, mit welcher »Methode« die Entwicklung voranschritt und voranschreitet, nicht aber, welchen Weg die Entwicklung nun wirklich einschlägt oder welches Ergebnis sie zeitigt. Kurzum, die Evolution bleibt ein unverhersagbarer Prozeß, dessen Weg nur nachträglich beschrieben, dessen Ziel dagegen nicht angegeben werden kann.

Steht eine solche erklärende Theorie im Widerstreit zum Glauben an Gott, den Schöpfer? Viele Menschen ziehen diese Folgerung. Wer einmal von der Evolution ausgehe, so ihre Überzeugung, für den habe Gott keine Funktion mehr. Diese Meinung bleibt jedoch einem Verständnis von Gott und seinem Werk verhaftet, das vielleicht populär ist, sich aber nicht halten läßt und von der christlichen Tradition nicht bestätigt wird. Gott ist weder an übernatürlichen Eingriffen zu erkennen noch ausschließlich dort gegenwärtig, wo wir uns übernatürliche Eingriffe vorstellen können.

Die Geschichte von den zwei Reitern zeigt, was ich damit meine. Der eine erzählte: »Ich habe ein schreckliches Abenteuer erlebt; mein Pferd scheute, strauchelte und warf mich zu Boden. Aber das Genick habe ich mir nicht gebrochen; darin entdecke ich Gottes Hand.« Sein Begleiter antwortete: »Gottes Hand entdecke ich darin, daß ich ruhig weiterreiten konnte; mein Pferd strauchelte nicht.«

Gewiß, Evolution und ein übernatürlicher Raum für Gott sind schwer miteinander zu vereinbaren. Aber ist Gott nur dort gegenwärtig, wo wir etwas Wunderbares oder etwas »Übernatürliches« erleben? Der christliche Glaube hat weder »übernatürliche Eingriffe« noch die Ablehnung (natur)wissenschaftlicher Tatsachen nötig. Erkenntnis ist Erkenntnis, und wir dürfen froh sein, daß es sie gibt.

9. Wo also begegnen wir Gott?

Wenn Gott nicht auf übernatürliche Weise anwesend ist, wie denn dann? Wo können wir Gott dann in der Wirklichkeit begegnen? Wo bleibt dann die berühmte Hand, wo der »Finger« Gottes in der Geschichte? Mit solchen Fragen stehe ich schon halb im Kapitel über Gottes Erhaltung und Regierung unserer Welt. Das liegt auf der Hand, denn die Schöpfung setzt sich in deren Erhaltung fort, in Gottes vorsehender Fügung. Wer A sagt, muß auch B sagen. Und wer nicht mehr B sagen will (also die vorsehende Fügung akzeptieren), muß sich gut umsehen, denn damit hat er auch schon A (die Schöpfung) aufgegeben.

Beginnen wir mit Gottes Hand in der Entstehungsgeschichte selbst, oder etwas enger umgrenzt: in der Natur, im Zyklus der Jahreszeiten. Ist es angesichts der Zurückhaltung Israels und der Christenheit gegenüber aller Naturverehrung gut, damit zu beginnen? Ja, denn kein geringerer als Calvin wagte in einem unbewachten Augenblick - obwohl, kannte Calvin unbewachte Augenblicke? - zu sagen, richtig verstanden könne man die ganze Wirklichkeit Gott nennen. Lateinisch (die Sprache, in der er sein Lehrbuch schrieb) heißt das: Pie dici potest naturam esse Deum.

Das ist weniger unsinnig als es auf den ersten Blick klingen mag; denn das von Calvin verwendete Wort »natura« ist heute nicht mit »Natur«, sondern eher mit »Wirklichkeit« zu übersetzen. Dieses Wort wählte Calvin nicht ohne Grund, und ich schließe mich ihm dabei an. In dem Wort »Wirklichkeit« steckt das Wort »wirken«. Wenn wir sagen, daß Gott, gut verstanden, die Wirklichkeit sei, dann identifizieren wir Gott nicht einfach mit der Summe alles Bestehenden. Rein sprachlich ist das natürlich nicht auszuschließen, aber es brächte uns zu einer anderen Religiosität als der christlichen und würde uns zu einer Verwechslung Gottes mit dem führen, was er gemacht hat. Wir haben schon gesehen, daß der Schöpfungsbegriff das nicht zuläßt.

Wir meinen nicht die Summe von allem, was ist. Aber alles, was ist, das »*wirkt*« auch und macht etwas mit uns. In diesem Sinne, als die Summe aller »Wirkungen«, d.h. aller Aktion und Interaktion, ist Gott in der Tat alles, was da ist. So wird der Ausspruch Calvins schon verständlicher.

Damit ist aber alles noch nicht gesagt. Es muß noch ein Element hinzukommen, wenn die Aussage nicht einfach Gott mit allem identifizieren soll, was geschieht. Was soll das sein?

Ich greife auf die Formulierungen des dritten Paragraphen dieses Kapitels zurück. Gott ist »wenigstens« alles Geschehen, alles also, was geschieht, Umgekehrt aber ist alles Geschehen zusammen nicht einfach Gott; denn in und unter dem Geschehen verbirgt sich Gott als Macht und Wille. Das ist die verborgene, für uns oft unerkennbare Art, mit der er Seiner Schöpfung einwohnt. Ich mache dazu drei Anmerkungen.

Erstens: Wo ist Gott? Dies ist eine bekannte Frage mit ebenso bekannten Antworten wie: »hoch im Himmel« oder »tief unten« in unserem eigenen Innersten. Das ist mythologische Sprache, gegen die zwar niemand Bedenken anmelden kann, die aber an ihre Grenzen stößt. Wo also ist Gott? Außer auf Erden, wo er sich als Macht und Wille in allem verbirgt, was geschieht, ist Gott nirgendwo.

Das besagt, *zweitens*, daß wir in allem, was uns herausfordert, was uns bestimmt, fröhlich macht, verwirrt, erkranken läßt sowie in allem anderen nicht nur der Wirkung unserer Gene, der Politik von Pol Pot oder dem unerwarteten Tod begegnen, sondern letztlich – in all diesen Ereignissen – Gott Selbst. Gilt das auch für den Zyklus der Natur, in der wir Ihn nach Meinung vieler Christen nicht suchen dürfen? Gewiß! Nicht ohne Grund verweisen Propheten wie Jesaja auf sie: Sieh nach den Sternen, wenn du einen Eindruck von Gott bekommen willst. Und warum sollten wir nicht sagen dürfen: Erlebe den Frühling, wenn du ein unbegreifliches Schöpfungswunder sehen willst?

Dann aber begegnen wir sicher, *dritte* Bemerkung, Gott als einem »Jemand«, wenigstens einem »Jemand« mit einem Plan und der Macht, diesen Plan zu verwirklichen. Was ist der Plan des Daseins? Diese Frage bildet die große Crux der Menschheit. Die religiösen Traditionen haben den Mut, dem Plan hinter Mensch und Welt einen Inhalt zu geben – auch das Christentum schreckt davor nicht zurück. Wir leben, um zu leben; Sinn des Lebens ist das Leben selbst. Das ist keine oberflächliche Antwort, sondern dankbarer und engagierter Glaube an Gott den Schöpfer. Leider scheint das nicht immer richtig zu sein und kommen Menschen – wie wir noch sehen werden – mit diesem Glauben in große Verlegenheit. Dennoch kann es der christliche Glaube nicht bei weniger belassen als beim Glauben an einen Gott, dem wir in unserem menschlichen Dasein als Macht und Wille begegnen – wenigstens solange wir nicht in eine »leere« Welt geraten wollen.

10. Die Schöpfung ist umfassender als der Mensch

Im folgenden Kapitel lege ich genauer dar, daß im christlichen Schöpfungsglauben der Mensch als Geschöpf einen besonderen Platz einnimmt. Das ist aber nicht so zu verstehen, als drehe sich alles um den Menschen, und als gebe es daneben nur noch eine »Restgröße«, sei es als die Kulisse, vor der sich das Drama von Gott und Mensch abspielt, sei es als Material für den Menschen, damit er sich an ihm ungehindert versuche.

Das stünde ja zunächst zu all unserer Erfahrung im Widerspruch. Von den Proportionen her gesehen sind wir - verglichen mit der Gesamtheit all dessen, in das wir eingebettet sind - die Untergebenen der Natur. Menschen sind an Gewicht ein Stäubchen in der Waagschale, Nachzügler in der Zeit, die um fünf vor Zwölf die Bühne betraten. Allerdings sind wir nicht ohne Macht. Die Schöpfungsgeschichte sagt nicht ohne Grund: »Erfüllt die Erde und macht sie euch untertan«. Es ist die Bestätigung einer Erfahrung und zugleich eine Ermutigung, wenngleich es heute nicht ohne Gefahren ist. Nach Meinung mancher gingen wir in diesem »Herrschen« und »Unterwerfen« schon viel zu weit.

Dennoch sind wir, *erstens*, nicht allein. Es dreht sich nach dem christlichen Glauben bei Gott nicht ausschließlich um den Menschen, die Tiere und Pflanzen; da gibt es auch noch das ganze ökologische System. Auch dieses ist Gottes Schöpfung, und warum sollte das für Gott nicht alles von Bedeutung sein? Daß wir dem Schöpfer Gewalt antun, indem wir Sein Werk antasten, das ist, wie mir scheint, kaum zu bestreiten.

Eine *zweite* Anmerkung sei hinzugefügt. Wer nur von Mensch und Gott, von Gott und dem Menschen weiß und den Rest als Kulisse betrachtet, landet bei einer unmöglichen Mystik. Augustinus hatte für diesen Gedanken viel übrig. »Gott und die Seele zu kennen. Muß da noch etwas hinzukommen? Gar nichts.« Doch möchte ich ihm darin nicht gerne folgen. Ich habe nichts gegen Mystik - auch wenn diese Aussage ein wenig von der Definition abhängt -, aber alles gegen eine Haltung, welche die Schöpfung als geschaffene Wirklichkeit umgehen möchte. Das hieße ja, daß wir um unserer Beziehung zu Gott willen lieber auf die Schöpfung verzichten, als uns von ihr beschenken zu lassen. Für mich selber wäre das schade, es gibt ja auch die Not des Sterbens. Für den Schöpfer wäre es nicht ehrenvoll, denn wofür gäbe es dann noch unsere Erde? Es stände schließlich im Widerspruch zum Weg unserer Begegnung mit Ihm. Dieser führt ja über die geschaffene Wirklichkeit, d.h. über alles, was geschieht.

Gehen wir also, verglichen mit der heute beliebten Darstellung der Dinge, einen Schritt zurück. Gott als Befreier, Gott als Erlöser, Gott der unsere Sache zu Seiner Sache macht - Jahrzehnte lang waren solche Worte Trumpf in den Kirchen. Dabei bleibt unbestritten, daß die Sache der Menschen dann auch die Sache Gottes ist, wenn sich Menschen freiwillig selbst ruinieren, dabei sich selbst, ihren Mitmenschen und der ganzen Schöpfung zur Last werden. Gott macht gerade, was krumm ist. Doch führten diese Worte leicht zu einer Umkehrung. Sie lautet dann: »Wir, die wir unsere Sache zu Gottes Sache machen«. So aber geraten wir leicht in die Nähe eines Gottes, der existiert, um unsere Wünsche zu erfüllen. Erfüllt er sie aber nicht, dann ist Er im Grunde kein Gott oder wir wissen mit dem Glauben keinen Rat mehr.

Dagegen müssen wir, wie mir scheint, bescheidener auftreten. Zwar ist unsere Sache - d.h. unser Leben, Wirken, Leiden und Lieben - gemäß christlicher Tradition etwas, das Gott zu Herzen geht. Aber Gott hat sozusagen mehr Sorgen, er kümmert sich um die ganze Schöpfung. So hält sich das Christentum an eine etwas weniger ich-zentrierte Vorstellung des Glaubens. Die Umwelt als wesentlicher Bestandteil von Gottes Schöpfung - und nicht nur als eine unentbehrliche Beigabe für unser eigenes Überleben - bekommt so eine Chance.

11. Der Schöpfer und das alltägliche Leben

Die christliche Kirche von heute spricht wenig über die Schöpfung. Zögerlich wird das Thema hier und da wieder aufgenommen, aber es bekommt keinen Rückenwind. Woher kommt das? Im Hintergrund steht der Einfluß der Theologie Karl Barths. Er war ein scharfsinniger Kritiker, der die christliche Tradition an einem Punkt neu interpretierte. Nach ihm dürfen wir nicht länger behaupten, Gott zeige sich in der Natur, in der Geschichte oder in einem Sachverhalt der Schöpfung, daneben enthülle er sich auch in Jesus Christus. Nein, nach Barth gibt es nur ein Wort Gottes und dieses eine Wort ist das Wort, das Er in Jesus Christus zu uns spricht. Alles, was Gott zu sagen hat, sein Evangelium und sein Gebot, ist denn auch abzulesen an Jesu Person und Werk.

Ich unterschätze nicht die guten Seiten dieser Neuformulierung der christlichen Tradition; denn für den christlichen Glauben sind Person und Werk Jesu zentrale Größen. Aber wenn wir sie zu den einzigen Größen machen, so daß es nur noch ein Wort Gottes gibt, dann wirkt diese Absicht kontraproduktiv. Dann verschwindet nämlich Gott der Schöpfer hinter Gott dem Befreier oder Erlöser. Damit verschwindet das alltägliche Leben hinter dem kirchlichen Leben.

Spielt sich nicht dort das menschliche Dasein ab? Die Determinanten, die unser Leben bestimmen, liegen außerhalb der Kirche, im (so außergewöhnlichen) gewöhnlichen Leben. Das beginnt mit unserer biologischen Ausstattung, die wir nicht selber wählten, und endet bei den Mitmenschen, die - persönlich oder über die Gesellschaft - unsere Lebenswelt bestimmen. Gerade auch sie haben wir in den meisten Fällen nicht gewählt. Aber in dieser Welt sind wir unsrerseits, ob wir es wollen oder nicht, wieder auf das Leben anderer bezogen: in der Arbeit und bei Festen, in den persönlichen, gesellschaftlichen und politischen Dilemmas, in den Freuden ebenso wie in der Trauer und in Leiden, das wir an all diesen Dingen erleben. Dies alles, wovon ich nur einige Schlüsselworte aufführte, nenne ich das alltägliche Leben, in dem wir eine Familie gründen, unseren Betrieb in Gang halten, eine Stelle haben oder verlieren, die Rolle der Hausfrau übernehmen (ob wir es wollen oder nicht), und bald dann in Pension gehen, verfallen und begraben werden.

Nun, für den christlichen Glauben ist es unvorstellbar, daß Gott außerhalb all dessen steht. Das ist meine These, mit der ich dieses Kapitel beschließe. Als Demjenigen, der über unseren Anteil und unser Schicksal verfügt (was nicht ausschließt, daß wir nach Möglichkeit selber verfügen) und innerhalb der Grenzen dessen, was wir können und dürfen (was nicht ausschließt, daß wir selber soweit gehen als möglich), begegnen wir Gott. Es ist Seine vornehmliche Art, mit uns umzugehen. Wer lebt, nimmt diesen Umgang am besten bewußt an. Wie das zu geschehen hat und zu welchen Problemen das führen kann, werde ich noch besprechen. Aber was ich zu Beginn dieses Kapitels sagte, wird dadurch nur bestätigt: Der Glaube an Gott den Schöpfer ist nicht der leichteste, sondern eher der schwierigste Teil der christlichen Tradition.

Ich weiß, daß es mehr gibt als diesen Alltag, daß es auch die Kirche gibt und die Vergebung der Sünden, die wir im alltäglichen(!) Leben begangen haben. Aber Vergebung der Sünden zu empfangen, das ist etwas anderes, als einem Kind das Leben zu schenken, und Versöhnung ist etwas anderes als zu sehen, wie die Betuwe in Blüte steht.

Ich wage zu behaupten: Wer Gott nicht im alltäglichen Leben begegnet, der wird Ihn schließlich auch in der Kirche nicht mehr finden.

VI. Der Mensch als Geschöpf

Manch' haben erkundet fremdes Land,
von denen keiner sich selbst erkannt.
Anonymus

1. Gibt es ein christliches Menschenbild?

Wer von Menschen und Auffassungen vom Menschen spricht, spricht von sich selbst, deshalb vertreten wir Menschen nie ein unparteiisches Menschenbild. Wir haben Interesse daran, wie man uns zeichnet, wollen nicht das alles sein, was andere aus uns machen. Oder anders gesagt: bisweilen übergeht ein Menschenbild, was gerade wir sehr wichtig finden.

Es ist keine Frage, daß auch die christliche Tradition ein bestimmtes Menschenbild vertritt. Wer aber näher auf die Frage eingeht, entdeckt sehr schnell, daß es da nicht eines, sondern viele Menschenbilder gibt, und daß der Streit über sie nie ein Ende finden wird Deshalb steht uns Bescheidenheit wohl an. Gewiß hat die christliche Tradition etwas zum Menschenbild zu sagen, doch spreche ich lieber nicht von einem umfassenden Menschenbild. Es sind nur bestimmte Züge im Menschsein, die der christliche Glaube unterstreicht, beleuchtet, deutlicher herausarbeitet und in seiner Art auslegt. Weiter möchte ich nicht gehen.

Es geht um eine »christliche Interpretation«, das ist wohl eine annehmbare Terminologie. Beim Wort Interpretation sollten wir jedoch nicht an rein subjektive, gar willkürliche Ansichten denken, mit denen jeder nach Belieben sogenannte harte Tatsachen einkleiden kann. Wenn es Interpretationen nicht weiter bringen, nützen sie nichts. Laßt hundert Blumen blühen - die Tatsachen verändern sich dadurch nicht; ein Mensch bleibt ein Mensch, ob man ihn oder sie nun als ein Bild Gottes betrachtet oder als einen unbehaarten Vierfüßer auf zwei Beinen. Aber so einfach ist die Lage nicht, weil es keine harten Fakten gibt. Sie stehen immer in einem Zusammenhang, von dem her sie ihre Bedeutung erhalten. Dies gilt sogar für den, der Gegebenheiten zu »harten Fakten« erklärt.

Eine christliche Interpretation des Menschseins ist an sich also nichts Befremdendes, nicht »subjektiver« als andere Auslegungen auch. Nur etwas kann und muß von jeder christlichen Auslegung erwartet werden, nämlich daß sie den Gegebenheiten des Menschseins, wie wir sie kennenlernten, keine Gewalt antut.

Diese Mindestvoraussetzung reicht aber noch nicht aus. Wie sollten wir so weiterkommen, wenn, sagen wir, zehn Menschenbilder im Anspruch miteinander konkurrieren, das Menschseins angemessen zu interpretieren? Können wir außer der Forderung, mit den Gegebenheiten sorgfältig umzugehen, einen Maßstab bedenken, mit dessen Hilfe wir mehr und weniger akzeptable Interpretationen voneinander unterscheiden können?

In der Tat, es gibt ihn. Den Preis verdient das Menschenbild, das die Merkmale des Menschseins, über die wir verfügen, noch am besten in ihren gegenseitigen Zusammenhang bringen kann, davon nicht etwas verschwinden läßt und bestimmte Seiten nicht unterbelichtet. Ob das Menschenbild, das Christen vertreten - ich spreche mit Absicht nicht vom christlichen Menschenbild - dieser Voraussetzung entspricht, müssen wir untersuchen.

2. Das Phänomen Mensch (1): die biologische Existenz

Was charakterisiert die Menschen? Die Frage bedarf einer Erklärung, denn Menschen gibt es in unendlichen Variationen. Der eine Mensch ist nicht der andere, Männer sind keine Frauen, die eine Frau auch nicht die andere usw. Wegen dieser Unterschiede habe ich bis jetzt nicht von »dem Menschen« gesprochen; denn eine solche Redeweise nivelliert und schert alle Menschen über einen Kamm. Unterstreichen wir zunächst also, daß jeder Mensch ein einzigartiges Exemplar seiner Art ist. Einzigartig heißt, daß es für andere Exemplare nicht aus- oder einzutauschen ist. Es gibt jedoch grundlegende, leibliche wie psychische Merkmale, die allen Menschen gemeinsam sind und die ich im Begriff »Merkmale des Menschseins« zusammenfasse. Nachdem dies geklärt ist, nehme ich mir im Zusammenhang dieses Kapitels die Freiheit, von »dem Menschen« zu sprechen.

Gemeinsam ist allen Menschen, daß sie ein biologischer Organismus sind. Diese Existenzweise führt zu Beschränkungen, die für das Tun und Lassen von Menschen bestimmend sind. So können wir uns unsere eigene genetische Ausstattung nicht auswählen, sondern erhalten sie von unseren Eltern. Diese genetische Ausstattung aber ist bestimmend für unsere leibliche Konstitution, in einem weiteren Sinn sogar für unsere Veranlagung, die Anfälligkeit für bestimmte Krankheiten, Abweichungen usw. Zur Art dieses Organismus gehört es auch, daß wir imstande sind, uns fortzupflanzen, Kinder zu bekommen, daß wir älter werden und schließlich sterben. Daß wir Menschen endlich sind und sterben müssen, ist an sich kein Unglück oder Schiffbruch des Daseins, sondern mit dieser Existenzweise gegeben. Warum wir damit dennoch soviel Probleme haben, lege ich weiter unten dar: Der Sünder kann es nicht ertragen.

Damit ist auch verbunden, daß Menschen Bedürfnisse haben, die erfüllt werden müssen, wenn sie leben wollen. Es sind leibliche, aber auch seelische Bedürfnisse. Ist der Mensch also als ein Bedürfnisbündel zu beschreiben? Gewiß prägen diese Bedürfnisse alle Beziehungen, in denen sich Menschen bewegen, angefangen von der Beziehung zu Gott bis hin zur Beziehung mit dem Geliebten. Zugleich aber kommt es darauf an, *welche* dieser Bedürfnisse wir befriedigen; beispielsweise gibt es auch das Bedürfnis, Verantwortung zu tragen.

Sind Menschen durch ihre biologische Konstitution also determiniert? Nein, diese Folgerung wäre falsch. Richtig aber ist, daß sie in Leib und Geist an Grenzen stoßen. Wer darauf keine Rücksicht nimmt und Menschen z.B. zumutet, daß sie sich grenzenlos für Gott und den Nächsten einsetzen, der wird bald merken, daß es von einem bestimmten Moment an zu Materialermüdung kommt. Zur Illustration dessen erzählt Freud die Geschichte von den Schildbürgern, die beschlossen, ihrem Pferd das Fressen schonend abzugewöhnen und deshalb täglich seine Ration verringerten. Am Tag aber, an dem es endlich haferfrei arbeiten sollte, war das »heimtückische Tier« tot.

Menschen können also nicht alles, was sie wollen, und noch weniger alles, was andere wollen. Das heißt jedoch nicht, sie seien von biologischen Gesetzmäßigkeiten determiniert, denn sie sind mit ihrem biologischen Organismus nicht identisch. Schon die Tatsache, daß ich diesen Satz niederschreibe und mich dadurch von meinem Organismus unterscheiden kann, ist ein Beweis. Innerhalb der genannten Grenzen können Menschen deshalb »ja« sagen, obwohl ihr Organismus »nein« sagt und umgekehrt. Gegenüber dem Material, aus dem sie gemacht sind, haben sie also eine gewisse Freiheit. Die einzige »Determination« besteht darin, daß sie - aufgrund ihrer leiblichen Konstitution! - nicht wie andere Lebewesen mit ihrem Organismus identisch sind. Das ist die Schwäche der Menschen, aber auch ihre Stärke. Menschen haben kein festes Repertoire, das sie abarbeiten. In jeder Situation müssen sie neu ersinnen, was zu tun ist, und sei es nur den Gedanken, daß ein neues Repertoire zu entwickeln sei.

Ich sagte: er-sinnen. »Menschen müssen ihr Tun und Lassen ersinnen«. Das bedeutet, daß sie »sinnvoll« handeln und in ihrem Handeln Sinn steckt. Sie können gar nicht anders handeln, dafür sind sie Mensch. Dies führt aber zu der Frage: Woher holen sie diesen Sinn?

3. Das Phänomen Mensch (2): der Mensch als soziales und kulturelles Wesen

Menschen sind auch soziale Wesen, sofern sie auf andere Menschen angewiesen sind. Das gilt zunächst schon für ihre nackte Existenz, denn um Leben zu erhalten, sind wenigstens zwei andere nötig, ein Erzeuger und eine Mutter. Aber auch überleben kann ein Mensch nicht ohne die anderen, ist er doch angewiesen auf deren Hilfe und einiges Wohlwollen, auf Kooperation. Robinson Crusoe ist gut erdacht, aber ein fiktiver Mensch, denn Einzelgänger überleben nicht. Das wußte auch sein Autor, deshalb fügte er doch noch einen anderen hinzu, nämlich Freitag.

Damit ist noch nicht alles gesagt. Ein Mensch ist nicht nur auf andere angewiesen um zu überleben, sondern auch um jemand, eine Person mit eigenen Kennzeichen zu sein. Schon die einfache Tatsache, daß ein Mensch einen Namen nötig hat, der ihn von anderen unterscheidet, macht es deutlich. Wer gibt ihm oder ihr den Namen? Es sind die anderen. Wodurch wird ein Mensch zu mehr als einem austauschbaren Lebewesen, so daß er als Hans, als Holzträger, als Zauberin oder als Jürgens Mutter erkannt wird? Erkannt zu werden heißt ja, einen Namen zu tragen und inmitten von anderen *von* diesen einen Platz zugewiesen zu bekommen. Das Zusammenleben, die Gesellschaft oder wie wir »die anderen« auch nennen wollen, verleiht dem Menschen also seine soziale oder gesellschaftliche Identität.

Karl Marx folgerte daraus, wir dürften aus dem Menschen nicht mehr machen als das, was er ist: ein »gesellschaftliches Ensemble«, ein aus gesellschaftlichen Elementen zusammengesetztes Wesen. Ein Mensch empfange seine Identität ausschließlich aus den Händen der Gesellschaft, deren Teil er ist; eine andere Identität habe er nicht.

Das geht jedoch einen Schritt zu weit. Denn aus der Tatsache, daß wir ohne andere Menschen und ohne die Gesellschaft, deren Teil wir sind, nicht Mensch sein können, folgt noch nicht, daß wir in dieser Gesellschaft restlos aufgehen. Das wäre unser Untergang als Mensch. Wo dieses Menschenverständnis praktiziert wurde, ist es auch zum Untergang des Menschen gekommen. Gerade in dieser Fixierung verliert der Mensch seine Identität. Ein Mensch kann seine Identität als Mensch (als Person, als ein Jemand mit einem Namen) nur bewahren, wenn er darüber hinaus noch eine Beziehung hat, welche die gesellschaftlichen Beziehungen übersteigt. Als soziales Wesen ist der Mensch deshalb auf mehr angewiesen als nur auf die Gesellschaft, wenn er nicht in ihr auf- und damit untergehen will.

Menschen sind nicht nur soziale Wesen, sie bestehen auch nicht ohne ein Minimum an »Welt«, an einer Kultur, die sie sich im Kampf gegen das Chaos erobert haben. Unter Kultur verstehe ich alles das, was Menschen aus ihrer Umgebung machen: einen Ort zum Wohnen und Arbeiten, zum Genießen und Spielen, zum Sterben und um begraben zu werden. Wo Menschen das nackte Überleben auch nur um einen Millimeter überschreiten, entsteht Raum für das Wunder der Kreativität, beginnt also Kultur. Dieser Schritt ist für Menschen so elementar, daß er als ein Meilenstein der Evolution angesehen wird. Dort, wo ein Platz zum Wohnen eingerichtet ist oder wo Tote begraben werden, stoßen wir zum ersten Mal auf Menschen.

Da wir uns selber mitten in einer - sogar hochentwickelten - Kultur befinden, fällt uns das Besondere dieses Übergangs nicht mehr auf. Wir finden höchstens, daß es uns besser gehe als so vielen anderen, die in »primitiveren« Kulturen leben. Geht es uns jedoch wirklich besser? Das ist die Frage. Zwar leben wir anders, aber doch wohl aufgrund derselben unerschöpflichen Neugier und Kreativität.

Zur Kultur gehört Religion. In Wirklichkeit ist Religion ein kulturelles Phänomen. Für sie ist Phantasie nötig, Kreativität, Projektionsvermögen (also das Vermögen, sich ein Bild zu machen), Bewußtsein von Gott und von Unendlichkeit; schließlich sind Herausforderungen nötig, welche dieses Bewußtsein mit Ereignissen und Zuständen verbinden, die einen »Mehrwert« bedeuten. Ohne Kultur gibt es keinen religiösen Glauben mit seiner Tradition.

Soviel zum Phänomen Mensch als biologischem, sozialem und kulturellem Wesen. Was habe ich mit diesen drei Merkmalen gewonnen? Sie verweisen auf Gegebenheiten, die in jedem Menschenbild ihren Ort bekommen müssen, also auch in einem Menschenbild, das Gott einbezieht. Das ist, wie mir scheint, nicht schwierig. Eher sehe ich Probleme für ein Menschenbild, das Gott heraushalten will; denn diese Merkmale machen auch deutlich, daß »der Mensch«, wie ich jetzt sagen darf, für sein Menschsein auf etwas angewiesen ist, das ihn übersteigt, also auf wirkliche Transzendenz. Er rechnet und arbeitet mit ihr, unbewußt oder (in seiner Religion) bewußt.

4. Unheilbar religiös

Halten wir also an einem fest, daß nämlich Menschen für ihr Menschsein auf etwas angewiesen sind, das sie übersteigt, auf Transzendenz. Im Kapitel über Gott haben wir gesehen, wie dieser Tatbestand einen Prozeß des Suchens bewirkt, der seinerseits zu einer Vielheit religiöser Traditionen geführt hat. Mit all dem nun wurde ein Tatbestand nur beschrieben. Das schloß gewiß einige Interpretationen nicht aus, aber die entscheidende Frage blieb offen: Wie können wir uns erklären, daß Menschen für ihr Menschsein dermaßen auf Gott angewiesen, daß sie - wie ich es nannte - unheilbar religiös sind? Um dieses »Angewiesensein auf Gott« zu erklären, beruft sich der Apostel Paulus auf den griechischen Philosophen Aratos. Er macht sich dessen gewagte Aussage »Wir sind von Seinem [= Gottes] Geschlecht« zu eigen und zum Hintergrund der menschlichen Suche. »Geschlecht« ist die etwas hölzerne Übersetzung eines griechischen Wortes, das in der Regel

»Art« oder - etwas wissenschaftlicher umschrieben - »genus« bedeutet. Es gibt also eine gewisse Verwandtschaft, wie der Apostel feststellt, im Sinne von: »Jede Art sucht ihresgleichen«. Das klingt seinen Zeitgenossen gut in den Ohren; denn das hatten sie schon immer behauptet. Deshalb behaupten auch manche Interpreten des Apostels, mit dieser Anspielung überziehe er seine Botschaft. Ich finde seine Erklärung in jedem Fall sympathisch, auch wenn sie zu weit gehen sollte, denn vielsagend ist schon die Tatsache, daß sich ein Apostel so weit auf fremdes Terrain hinauswagt.

Wie aber kommt es, daß Menschen Gottsucher sind und dies auch hartnäckig bleiben? Weil sie etwas von Gott in sich haben. Manche griechische Kirchenväter reden von einem Splitter oder einem Fünkchen von Gott, deshalb hätten Menschen Sehnsucht nach ihrer Heimat. Bis heute kehrt dieses Thema in der Mystik zurück. Jedoch geht es ein Stück zu weit, denn dieser Splitter will auch lokalisiert sein. Ist es unser Verstand? Ist denn, wie uns Meister Eckehart versichert, die Seele »Gottes Weingarten«? Ist unser Geist wirklich mit Gott verwandt? Wenn wir in dieser Richtung weitersuchen wollten, müßten wir erst erklären, was Seele, Geist oder Verstand sind. Aber in christlichen Betrachtungen über den Menschen wurde darüber schon so viel spekuliert, daß ich in dieser Unternehmung kein Heil entdecken kann. Diesen »Splitter« oder dieses »Fünklein« dürfen wir auch aus einem anderen Grund nicht wörtlich nehmen; denn er würde uns in kürzester Zeit wieder zu dem Gedanken führen, ein Mensch bestehe aus zwei Komponenten: einem höheren Teil (Seele oder Geist) und aus einem niedrigeren (dem Leib). In diese Falle - denn das ist es - ist die christliche Kirche schon einmal getreten, mit der Verachtung des leiblichen Daseins als Konsequenz.

So können wir in der Bildsprache immer noch besser von »Einwohnung« sprechen: Wir suchen Gott, weil er in uns wohnt. Gott ist Derjenige, »von dem ich fand, daß er in mir der Grund meines Grundes sei« (Jan Luyken). Dieser Satz faßt das, was ich meine, ausgezeichnet zusammen. Er kann das Bewußtsein dafür wachhalten, daß es uns die christliche Glaubenstradition zugesteht, den festen Grund nicht nur außerhalb unser zu suchen. Daneben gibt es auch noch eine mystische Spur: »Wird Christus tausendmal zu Bethlehem geboren und nicht in dir, du bleibst doch ewiglich verloren.« (Angelus Silesius)

Zurück zur Frage, die uns beschäftigte: Wie erklären wir das Angewiesensein der Menschen auf Gott? Der Nachteil des mystischen Weges ist es, daß wir für unsere Suche die Außenwelt nicht mehr benötigen. Gott und die Seele zu kennen, sei genug, sagte Augustinus; Calvin stimmte ihm darin zu. Mystik - es wurde oft gesagt - entweltlicht den Menschen. Wir wissen auch ohne Erfahrung sehr gut, wer oder was Gott ist. Er ist unser eigenes Innerstes.

Ich selber entscheide mich für das, was ich in einem früheren Kapitel »das Bewußtsein von Gott« nannte. Menschen sind Gottsucher, weil sie von Gott gereizt werden, dazu herausgefordert, mit Ihm als ihrem Schöpfer zu kommunizieren. Eine solche Darstellung der Dinge bindet das Bewußtsein von Gott an unsere Erfahrung von Mensch und Welt, läßt die Welt nicht einfach Welt sein.

5. Ganz ohne Gott? Der Mensch als Sünder

Menschen mögen zwar eine einzigartige Erscheinung sein, aber sie sind dennoch voll von Widersprüchen. Auch das ist mit Händen zu greifen. Zwar sind alle Voraussetzungen für ein Zusammenleben mit menschlichem Antlitz gegeben, doch will es nur mit Mühe gelingen, es hier und da zustandezubringen. Unerwartet führen die besten Absichten zu individueller und kollektiver Gewalt. Als einzelne mögen wir moralisch handeln, aber sobald man uns zusammensetzt, entsteht ein unmoralisches Kollektiv, in dem nur mit Ach und Krach zu vermeiden ist, daß ein knallharter Gruppenegoismus dem Recht des Stärksten in den Sattel hilft. Wie kommt das und warum ist das ein so hartnäckiges Phänomen?

»Es nagt ein Wurm in unserer Birne«, sagt Annie Schmidt. Das ist wirklich der Fall. Aber was ist das für ein Wurm, wo kommt er her und wie können wir uns seiner erwehren? Die christliche Glaubenstradition sucht die Erklärung für dieses Rätsel in einem Sachverhalt, der alle Menschen in gleicher Weise betrifft, also (wie ich sagen darf) »im Menschen«. Der Mensch ist ein unverbesserlicher Sünder, ein Rückfalltäter.

Man hat andere Erklärungen gegeben. Ist es ein Fehler des Schöpfers, den gutzumachen Er später selber kommt? Das wäre möglich. Hat Gott dieses Risiko bewußt einkalkuliert, als Er freie Menschen schuf, weil frei zu sein bedeutet, daß man das Falsche wählen kann? Auch das wäre möglich. Aber das christliche Menschenbild schließt sich dieser Meinung nicht an, sondern nennt den Menschen einen mutwilligen Sünder. Sie behauptet, daß mit ihm alles Elend beginnt.

Was ist Sünde? Das Wort - um damit zu beginnen - ist unverzichtbar. Ich reihe mich also nicht in den Chor derer ein, die ein anderes Wort suchen oder verwenden. Das Wort ist in Ordnung, und wir verwenden es jeden Tag vielfach. Auch das Wort »Sünder« gehört ganz einfach zu unserem Sprachschatz. Allerdings müssen wir es von den Verzerrungen befreien, mit denen eine religiöse Erziehung Menschen oft genug belastet hat.

Sünde sei »dasjenige, das man lassen kann«, sagte der Kirchenlehrer Coelestius. Das ist eine schöne (übrigens auch so gemeinte) Definition, sie ist aber einseitig und oberflächlich. Sünde ist ein Sammelbegriff, darin hat Coelestius recht, weil das Wort viele Haltungen und Handlungen moralischer Art abdeckt. Dieses Element darf auch nicht aus dem Begriff verschwinden, denn sonst verliert er seine Brauchbarkeit. Wer aber Sünde auf Fehlhandlungen beschränkt, führt eine gemäß christlicher Tradition viel zu simple Umschreibung ein, die zudem - wie Schiller gut sah - aller Erfahrung widerspricht: »Das eben ist der Fluch der bösen Tat, daß sie fortzeugend immer Böses muß gebären«. Diese Fehlhandlungen haben immer eine Wurzel; sie kommen aus einer Grundhaltung, die wir - das sei nebenbei bemerkt - als Test bei der Frage verwenden können, ob es sich um Sünde oder um etwas anderes handelt.

Der Verweis auf die Selbstsucht bringt uns beim Versuch, diese Grundhaltung zu umschreiben, weiter. Luther beschrieb sie sehr genau als ein Sich-selbst-zugewendet-sein. Als Grundhaltung kann sie in verschiedener Gestalt erscheinen. Sie führt zu Aggression, Mißgunst, Haß oder Betrug. Aber warum sollten sich Menschen so verhalten? Sie fürchten sich davor, zu kurz zu kommen. Menschen fürchten sich davor, einmal »ohne« die Erfüllung ihrer Bedürfnisse oder ohne die für sie nötigen Dinge - z.B. ohne Liebe oder Wegzehrung - zu sein. Hinter der Selbstsucht steckt also die Angst als Quelle eines Verhaltens, das die christliche Tradition »Sünde« nennt.

Mit dieser inhaltlichen Bestimmung befinden wir uns immer noch auf der Ebene der Moral. Warum Sünde ein Wort aus dem religiösen Sprachschatz ist, wird deutlich, wenn wir näher auf diese Angst eingehen. Menschen haben Angst, einmal »ohne« zu sein (ohne Liebe oder Wegzehrung) wegen der Isolation von ihrem Schöpfer, in der sie sich befinden. Das Ur-übel des Menschen ist - geradezu wörtlich - Gott-vergessenheit; er ist zwar nicht gänzlich, aber doch in hohem Maße von Gott verlassen. Aus diesem Grunde tauschen Menschen das Vertrauen in das Leben schnell ein für Angst.

Mit dieser Bestimmung haben wir uns von der ersten Umschreibung - »tun, was man lassen kann« - ein gutes Stück entfernt, obwohl das Bild noch nicht vollständig ist. Denn zur Sünde gehört noch der geheimnisvolle Aspekt der Ohnmacht.

6. Erbsünde?

Der Kirchenvater Augustinus hat die Ohnmacht gegenüber dem Bösen tief durchlebt und dafür einen Rahmen entworfen, demgemäß wir die Sünde nicht aus der Welt schaffen, weil Sünde »Erbsünde« ist. Diese Theorie war sowohl sachlich wie terminologisch ein Mißgriff, obwohl der Begriff schon geprägt war, bevor Augustinus auf der Bühne erschien. Sünde ist nicht erblich, also kein genetischer Tatbestand, der Begriff »Erbsünde« also Unsinn. Umso rätselhafter ist es - und das wollte Augustinus in jedem Fall verdeutlichen -, daß wir mit ihr nicht aufhören können.

Augustinus und seinem Privatleben haben wir es zu danken(?), daß Sünde in großen Teilen der christlichen Kirche primär mit Sexualität in Verbindung gebracht wurde. Mit ihr hatte Augustinus lange Zeit seine Probleme. Er erfuhr sie als eine Macht, welcher der Mensch zu seiner Schande ausgeliefert ist. Für ihn war es die Macht der Begierde, oder (wie es im Kirchenlatein heißt) der Konkupiszenz. Daß man ihr wohl oder übel ausgeliefert sei, wurde nach ihm (wie wir in »De Civitate Dei« lesen können) durch den Tatbestand der Erektion bewiesen; denn sie überkommt den Menschen ohne sein eigenes Zutun. Das ist natürlich Unsinn; in einem Gedankengang stecken gleich drei Fehler. Erstens dachte Augustinus offensichtlich nur an Männer, als er das schrieb. Zweitens ist Sex nicht etwas, wogegen man sich so gut wie möglich wehren muß bzw. womit man so wenig möglich tun darf. Aus dieser Haltung erklärt sich die seltsame Regel, Sex habe nur der Fortpflanzung und nichts anderem zu dienen.

Aber falsch ist vor allem die Identifizierung von Sünde und Sex, obwohl viele Menschen Sex nur spannend finden, wenn er Sünde ist. Ebenso wie die Aggression ist Sex nicht etwa ein animalischer Rest im Menschsein, sondern eine ganz normale Funktion, mit der wir Menschen ausgestattet sind. Zwar können wir mit ihr Schiffbruch erleiden, aber für andere vitale Emotionen gilt das auch, und meistens richten diese größere Verwüstungen an als die Übertretungen der sexuellen Moral.

Zur Sünde gehört Schuld; die Zwiespältigkeit der Kultur geht, wenn wir der christlichen Tradition folgen wollen, auf die Rechnung der Menschen. Schuld ist ein lebensgefährliches Wort, weil schlaue Menschen innerhalb und außerhalb der Kirche es gerne benutzen, um über andere zu herrschen. Schuld in diesem Sinn ist das Schuldgefühl, das wir gegenüber den Eltern, dem Lehrer und unseren eigenen unverarbeiteten Trieben bekommen. Mit ihm müssen wir zum Psychiater, denn es ist eine Art Vergiftung und verdirbt sehr viel Lebensfreude; es kriecht weiter, wo es nicht mehr gehen kann.

Dennoch oder gerade deshalb können wir Schuld aus dem Wörterbuch des christlichen Glaubens nicht streichen, denn unser Menschsein hängt eng mit ihm zusammen. Tiere können nicht schuldig werden. Die Strafprozesse, die man im Mittelalter gegen sie führte, waren zwar kein Witz, denn viel Angst und Schuldgefühl waren damit verbunden; dennoch können wir sie unmöglich mehr ernstnehmen. Schuld entsteht nur, wo es Menschen, wo es freie Menschen gibt, die gegenüber einem anderen (großgeschrieben oder nicht) anders hätten handeln können, als sie handeln wollten. Warum aber entschieden sie sich nicht anders? Genau das ist das Rätsel, das unerklärliche Rätsel Schuld, weil jede Erklärung schon eine Entschuldigung bedeutet. Wer sagt: »Na ja, der Grund dafür liegt ...«, der ist schon dabei, seiner Schuld aus dem Wege zu gehen. Aber das ist kein akzeptabler Weg; denn wenn uns die Entschuldigung gelingt, dann unterschreiben wir unseren eigenen Bankrott. Offensichtlich wollen wir dann als unzurechnungsfähig gelten.

Am Schluß von John Braine's »Der Weg nach oben« fand ich es wieder. Als seine Frau wegen einer schlimmen Gemeinheit entsetzt vor ihm aus dem Hause flieht und gleich darauf tödlich verunglückt, nimmt sich die Hauptperson das, so seine Freunde, sehr zu Herzen. Sie trösten ihn mit den Worten: »Kein Mensch tadelt dich, wirklich niemand!«, worauf er nichts anderes zu antworten weiß als: »Genau das ist ja das Schlimme.«

Sünde, Schuld und Ohnmacht sind Tatbestände unserer Erfahrung. Warum ändert sich ein Mensch so wenig, warum ändert sich die Welt nicht, warum (so Antonius in seiner Predigt an die Fische) schwimmt der Hecht noch stummer, der Aal noch krummer, auch wenn alle sagen: »die Predigt hat gefallen«? Die christliche Tradition weiß auch keine Antwort, sondern bestätigt nur die Erfahrung, indem sie das Böse eine »Macht« nennt und Sünde eine »Gefangenschaft«, in die sich Menschen freiwillig begeben, die sie aber unfreiwillig festhält. Das ist, wie mir scheint, eine bessere Formel als die der »Erbsünde«.

7. Der Mensch als Abbild Gottes

Bei der Beschreibung des Phänomens Mensch konnte ich mich bis jetzt auf Gegebenheiten der Erfahrung beziehen. Menschen sind nicht identisch mit ihrer biologischen »Natur«, sie sind religiös und eine rätselhafte Mischung von Größe und Elend. Was in den letzten Paragraphen dieses Kapitels zu besprechen ist, läßt sich nur schwer an der Erfahrung festmachen, ist aus ihr jedenfalls nicht zu folgern. Worum geht es? Gemäß christlicher Tradition bemüht sich Gott nicht nur als Schöpfer, sondern auch als Erlöser um die Menschen. Menschen müssen aus dem Sumpf, in den sie geraten sind, um zu werden, was sie sind: Menschen.

Das klingt einigermaßen paradox (werde was du bist!), aber ich kann mich so ausdrücken, weil wir das Wort »Mensch« in doppelter Bedeutung verwenden können. Erst verwenden wir es beschreibend: Wir sagen, was ein Mensch tatsächlich ist. Dann wird es normativ verwendet: Wir sagen, was er zu sein hat. Beschreibend habe ich mich unter dem Titel »das Phänomen Mensch« versucht. In diesem Paragraphen nun gehe ich auf den Menschen, auf das Menschsein in normativer Absicht ein, also auf das, dem wir entsprechen müssen, um wirklich Mensch zu sein. Ich tue das unter dem Titel »der Mensch als Abbild Gottes«.

Der Ausdruck stammt aus dem Schöpfungsbericht und hat die christliche Tradition durch die Jahrhunderte hin beschäftigt. Ich beabsichtige nicht, von dieser Terminologie eine Art biblischer Exegese zu geben. Sie blieb schon immer für eine Vielfalt mehr oder weniger spekulativer Interpretation offen. So fasse ich meine Besinnung darüber in einigen Punkten zusammen.

1. Die klassische kirchliche Tradition konnte es nicht lassen, das Bild Gottes irgendwo in der kreatürlichen Konstitution des Menschen zu suchen, da es im Schöpfungsbericht genannt wird. Es muß doch etwas im oder am Menschen sein, das ihm diesen Titel verschafft hat und das ihn, um etwas Wichtiges zu nennen, vom Tier unterscheidet. Ist es sein Verstand, sein Selbstbewußtsein oder aufrechter Gang? Keine dieser Antworten kann überzeugen. Männertheologen wagten bisweilen, das Bild Gottes im Mannsein zu suchen, wodurch die Frau von diesem Ehrentitel ausgeschlossen war. Solche Ideen gab es früher in den besten Kreisen, und sie waren nicht spezifisch christlich. Aber sie besagen Unsinn; denn Menschen sind als Mann oder als Frau Mensch, und gemäß der Schöpfungsgeschichte ist jeder Mensch, Mann oder Frau, mit dieser näheren Bestimmung nach Gottes Bild geschaffen.

M.E. wäre es also nicht fruchtbar, nach den spezifischen menschlichen Eigenschaften zu suchen, in denen wir das Bild Gottes unterbringen könnten. Besser wäre es sogar, dies nicht zu tun. Denn wenn wir es schon in der menschlichen Ausstattung suchen wollen, dann müssen wir alles, was einen Menschen zum Menschen macht, also seine *gesamte* Ausstattung, darin aufnehmen.

2. Mehr Einigkeit besteht in der Auslegung, daß es um eine Funktion geht. Bild Gottes bedeutet einen Auftrag. Steht in derselben Schöpfungsgeschichte nicht, daß der Mensch über die Tiere herrschen und sich die Erde unterwerfen soll? Was liegt näher, als beim Bild Gottes an den Hüter der Schöpfung zu denken, an die Berufung des Menschen, Gottes Beauftragter, wenn man so will, sein Gutsverwalter zu sein? Auch eine solche Auslegung wäre möglich, aber wie jede andere Auslegung ist auch sie anfechtbar (und angefochten).

3. Sicher ist, daß mit diesem Ausdruck dem Menschen inmitten der anderen Geschöpfe eine Ausnahmestellung eingeräumt wird. Gott gehört zur Definition des Menschen. Die Ehre und Würde von Menschen, eines jeden Menschen, ist damit also benannt (was dies näherhin auch bedeuten mag) und damit deren Schutzwürdigkeit festgestellt. Warum muß mit Menschen sorgfältiger umgegangen werden? Weil sie nach Gottes Bild und Gleichnis geschaffen sind, sagt die christliche Glaubenstradition.

Diese schützende Wirkung hat der Ausdruck von Anfang an, also schon im Alten Testament und im Judentum, gehabt. Wo man mit Menschen gleichgültig umgeht, geht es nicht christlich zu. Stärker noch: Wer sich an einem Menschen vergreift, vergreift sich an Gott.

4. Die christliche Tradition hat immer mit der Frage gerungen, ob das Bild Gottes durch den Sündenfall verlorenging und dem Menschen neu eingeprägt werden muß, oder ob es - wenigstens einigermaßen - erhalten blieb. Die Antwort steht und fällt jedoch mit der Frage, ob der Sündenfall als historische Tatsache zu verstehen ist. Wenn dies nicht stimmt, was ich oben verteidigte, dann brauchen wir uns nicht zu entscheiden, weil der Mensch keinen Verlust erlitten hat; dennoch muß er verändert werden.

So kann im späteren christlichen Sprachgebrauch das Wort »Bild Gottes« zum festen Begriff für die Bestimmung des Menschen werden: Er muß werden, was er ist. Was also ist sein Auftrag? Er muß Gottes Bild darstellen, wie Gott handeln und Gottes Nachfolger sein. Er muß barmherzig und gnädig sein, langmütig, zur Vergebung bereit und nicht in Ewigkeit zürnend, um eine klassische Charakterisierung Gottes zu zitieren. Menschsein ist nicht nur ein Geschenk, nicht nur eine große Ehre, sondern auch eine Aufgabe.

5. Manche Kirchenväter waren ihrer Zeit voraus und verstanden diese Bestimmung als den Zielpunkt einer Art Evolution. Wir seien als Menschheit noch nicht so weit, daß wir Gott widerspiegeln können, noch seien wir unterwegs, aber einmal würden alle Menschen zusammen das Bild Gottes formen. Das ist ein anziehender Gedanke, aber mehr auch nicht. Andere sahen es viel individueller, aber genauso optimistisch. Bild Gottes zu werden, das sei eine Frage des persönlichen Wachstums; während unseres Leben veränderten wir uns langsam auf unsere Bestimmung hin. Auch der Apostel Paulus sagt das, aber treu seinem radikalen Glauben an eine andere Welt predigt er zugleich die Notwendigkeit einer Umgestaltung: Wir verändern uns nicht nur, sondern werden auch verändert. Zwar beginnen wir hier damit, unserer Bestimmung zu entsprechen (»Christi Bild in uns tragen« kann er es nennen), aber für die endgültige Veränderung ist ein Eingriff von der Ewigkeit her notwendig.

8. Menschsein als Tatbestand, als Geschenk und als Bestimmung

Der Mensch ist eine Erscheinung in unserer Wirklichkeit, über die Biologen, Psychologen, Philosophen und Anthropologen nachdenken, um einzeln und gemeinsam möglichst viel Wissen zu erwerben. Ich nenne dies das Wissen vom Menschen als einem Tatbestand. Falls es ein christliches Menschenbild geben sollte, taugt es nichts, wenn es nicht in den normalsten Tatsachen von Mensch und Welt begründet ist, die uns Erfahrung und

Wissenschaft zugänglich machen. Es darf diese Tatsachen nicht verdrängen, falls sie unwillkommen sind oder nicht in die Tradition passen. Der christliche Glaube mag ruhig seine eigenen Ideen zur Frage haben, was Menschen sein oder tun müssen. Diese Ideen müssen aber ihren Bezug behalten zu dem, was ein Mensch - als Phänomen gesehen - ist und was er kann. Von einem Frosch kann man keine Federn zupfen und für die übergroße Mehrheit der Menschen ist der Zölibat eine unmögliche Verpflichtung, deshalb auch eine ungehörige Forderung (ganz abgesehen vom Aberglauben, Sex mache einen Menschen unrein und ungeeignet für ein kirchliches Amt).

Ebensowenig ist das christliche Menschenbild problemlos zu identifizieren mit allem, was man als »Tatbestand« präsentiert. Unvermeidlich sind wir selbst in alles verwickelt, was als Kenntnis vom Menschen ausgegeben wird; in Wirklichkeit verhandeln wir es immer über uns selbst. Vorsicht ist also geboten. Aus diesem Grund ist der heutige Kenntnisstand u.a. schon bald der Kenntnisstand von gestern. Wenn ein christliches Menschenbild allzu detaillierte »Fakten« in sich aufnimmt, muß es sie später wieder abstoßen oder es geht mit ihnen unter. Dagegen wäre nichts einzuwenden, nur wäre das Wort »christlich« wieder einmal vorschnell mißbraucht.

Worin also ist das Christliche zu finden? Wir haben es nicht in allerlei Spezialitäten zu suchen, die man durch die Jahrhunderte hin als typisch christlich präsentierte. So glaubte man etwa, Masturbation mache taub, Sex vor der Ehe sei schlecht, Homosexualität sei widernatürlich und mehr solcher Klischees, die sich auf die sogenannte menschliche Natur (ihrerseits noch einmal zur biologischen Natur verengt) berufen. Eine solcher Naturbegriff ist viel zu unscharf, als daß wir mit ihm arbeiten könnten. Zwar tut das offiziell die römisch-katholische Kirche immer noch, aber bei genauerem Hinsehen zeigt sich, daß ihr Naturbegriff nicht weiter reicht als bis zu dem, was im zwölften Jahrhundert etwa Thomas von Aquin für natürlich hielt. Den Menschen damit heute den Marsch zu blasen, das ist absurd und reine Schikane.

Die Berufung auf die Natur des Menschen kann also nicht überzeugen, weil bei unserer Frage die »Natur« gar nicht zur Debatte steht. Wenn sie aber zur Debatte stünde, dann ließen sich diese Normen von ihr her überhaupt nicht erhärten. Daß z.B. Frauen von der »Natur« mit einer Gebärmutter ausgestattet sind, besagt noch lange nicht, sie müßten gebären.

Nach Meinung mancher Protestanten liegt der Fehler anderswo: Wir hätten nicht bei der sogenannten Natur zu Rate zu gehen, sondern bei der Gnade; deshalb müßten wir von der Person Jesu Christi ableiten, worin das Menschsein besteht. Jesus sei ja der wahre Mensch. Ist er für uns deshalb nicht normativ? Aber auch dieser Weg führt nicht weiter. Jesus war unverheiratet, soweit es uns jedenfalls bekannt ist, denn seine Lebensgeschichte berichtet nichts über eine Beziehung zwischen Mann und Frau. Aus Erfahrung wußte er wohl nicht, was Vater-Sein bedeutet, denn von Kindern hören wir nichts. Zudem lebte er als jüdischer Mann in einer agrarischen Kultur, also in einer Männerwelt, in der Sklaven eine allgemeine Erscheinung waren usw. Ich kann nicht einsehen, wie wir aus seinem Leben und Wirken ein normatives Menschenbild konstruieren könnten. Das ist auch gut so, möchte ich hinzufügen; denn Jesus ist einer von uns, er trägt unsere menschlichen Züge und Eigenheiten. Wenn wir wissen, wie *wir* konstruiert sind, dann wissen wir es auch von Jesus, nicht umgekehrt.

Ist das Kinderlied »Ich möchte sein wie Jesus« also Unsinn? Keineswegs, aber in ihm wird ein Ideal besungen, dem wir folgen wollen; solche Ideale werden inhaltlich mit den Forderungen einer Zeit gefüllt. »So demütig und so gut« sangen die Kinder im 19. Jahrhundert; im 20. Jahrhundert singen sie: »So streitbar und so revolutionär«. Andere Inhalte werden noch folgen. Das alles sind Ideale, aber keine Normen, die wir aus dem Menschsein Jesu ableiten könnten. Damit behaupte ich nicht, daß wir im Tun und Lassen Jesu überhaupt keine Normen finden; wir finden sie namentlich in der vorbildlichen Art, mit der Er Gott und den Nächsten liebte bis zum Tod. Aber auch diese Normen, so muß ich sagen, hingen so sehr mit seiner Berufung zusammen, daß wir aus ihnen keineswegs eine allgemeine Vorschrift ableiten können. Doch darauf komme ich später zurück.

9. Erkenne dich selbst!

Fügt der Glaube dann dem Menschen als Tatbestand noch etwas hinzu, und wenn dies so ist, was denn? Meine Antwort wäre: Er ordnet das Menschsein in einen größeren Orientierungsrahmen ein, der ihm als Geleit dient und ihm erzählt, wie es mit ihm steht. Ein Mensch ist ein Geschöpf Gottes, sein Dasein wird ihm von Höherer Hand gewährt als ein Geschenk, das ihm Freude bringen soll.

Das ist nicht immer der Fall, auch das weiß die christliche Tradition genau. Zwar kommt dieses Geschenk von Gott, dennoch kann es mißglücken. Menschen können zu einem Leben mit leiblichen und geistigen Behinderungen oder sogar zu beidem verurteilt sein. Andere werden mit Krankheiten geschlagen, die sie Stück um Stück zerstören, und so könnte ich weitermachen. Manchmal haben Menschen die Kraft, so ein Dasein anzunehmen, aber manchmal bleibt ihnen kein Funke Freude mehr, geschweige denn, daß sie dieses Leben noch als ein Geschenk erfahren könnten. Manch etwas hochgestimmter Glaubenszuspruch zerbricht dann an der erbärmlichen Situation, in der sich solche Menschen befinden. Gott legt sich damit keine Ehre mehr ein, das darf gesagt werden. Wir dürfen sogar, so wie Iwan Karamasow, die Eintrittskarte zurückzugeben, wenn wir meinen, dafür hinreichende Gründe zu haben.

Der christliche Glaube würdigt das Dasein nicht nur als Geschenk, sondern sieht im Leben auch eine Verheißung. Menschen sind als Menschen unterwegs zu ihrer Bestimmung und werden diese - hier oder im Jenseits - auch erreichen. Darum lohnt sich die Mühe, dafür zu kämpfen, das uns Mögliche daraus zu machen und den Mut zu haben, das Individuum (die letzte unteilbare Einheit) zu sein, das der Schöpfer in Gedanken hatte, als er uns ins Dasein rief: als Mann und Frau (1), als soziales Wesen, angewiesen auf Gemeinschaft anderer Menschen und in Suche nach ihr (2) sowie als Schöpfer und Entfalter der Kultur in einer vorgegebenen Welt (3).

Es geht um einen Beitrag zur Selbsterkenntnis; damit fasse ich zusammen, was die christliche Tradition vom Menschen zu berichten hat. »Erkenne dich selbst«, stand über dem Eingang eines alten griechischen Tempels. Die christliche Tradition unterstützt diesen Aufruf nicht nur, sondern beansprucht auch, dazu einen eigenen Beitrag zu liefern, indem sie den Menschen ein Geschöpf Gottes nennt, Gegenstand von Gottes Fürsorge. Wer weiß, wer oder was Gott ist, weiß auch besser, wer er selbst ist. »Erkenne Gott, dann erkennst du besser dich selbst«, wäre als Aufruf über dem Eingang zur christlichen Kirche nicht verkehrt am Platz.

Kann jemand aber sich selbst erkennen? Ein Freund, der vom Leben Abschied nehmen mußte, rang mit der schmerzlichen Erfahrung, daß er sich während seines Lebens den Hinterbliebenen nicht hinreichend erklären konnte. »Oh, daß mich doch jemand begriffe, mich mir selber und den anderen auslegen könnte!« Ich erinnere mich, daß ich damals die ersten Zeilen von Psalm 139 las:

Herr, Du hast mich erforscht und Du kennst mich.
Ob ich sitze oder stehe, Du weißt von mir.
Von fern erkennst Du meine Gedanken.
Ob ich gehe oder ruhe, es ist Dir bekannt,
Du bist vertraut mit all meinen Wegen.
Noch liegt mir das Wort nicht auf der Zunge
Du, Herr, kennst es bereits.

Im Hexenkessel des Daseins mit all seinen widersprüchlichen Beziehungen und Verbindlichkeiten, aus denen ein Leben aufgebaut ist, gibt es immer noch Einen, der weiß, was ich hätte sein wollen, auch wenn ich es anderen nicht auslegen kann.

VII. Gottes vorsehende Fügung: Über die Erhaltung und Regierung aller Dinge

»Von meinen 200 Mitschülern wurden 193 vergast. Es ist ein befremdlicher Gedanke, daß der Vater dabei die Hand im Spiel gehabt haben soll. Aber wenn er dabei die Hand nicht im Spiel hatte, bei was dann?«

György Konrád

1. Das alltägliche Leben: Ort der Begegnung mit Gott

Als ich ein kleiner Junge war, ging ich gerne zur Kirche, denn dort geschahen spannende Dinge; die Orgel spielte, es wurde gesungen, und der Klingelbeutel war kurz in meinen Händen. Später, als ich älter wurde, hörte das auf und drehten sich die Verhältnisse um. Außerhalb der Kirche war es jetzt spannender als drinnen. Wie recht ich hatte!

Das eigentliche Leben eines Menschen spielt sich außerhalb der Kirche ab. Dort geht er zur Schule und arbeitet er, dort liebt er, verliert er sein Herz an einen Menschen oder an seine Arbeit, schmiedet er Pläne, die sein Denken und Handeln bestimmen, dort bekommt oder verfehlt er die ihm zustehende Anerkennung, und dort geht er schließlich dem Verfall und dem Tod entgegen. Eine bunt gemischte, bisweilen bestürzende Reihe gewöhnlicher und außergewöhnlicher Dinge, das macht unser Leben aus. Es wäre doch äußerst merkwürdig, wenn wir Gott außerhalb dieses alltäglichen Lebens oder wenn wir umgekehrt dieses unser Leben außerhalb von Gott ansiedeln müßten. Das Wichtigste, der Clou, das eigentliche Dasein stünde dann außerhalb des Glaubens. Wie nebensächlich wäre dann Gott, und wie wenig Chancen hätten wir, Ihm zu begegnen!

Mit dieser Einführung knüpfe ich beinahe in Form einer Wiederholung am Kapitel über die Schöpfung an, und dafür gibt es einen wichtigen Grund. Die Schöpfung und was von alters her »vorsehende Fügung« genannt wird - oder die »Erhaltung und Regierung Gottes von allen Dingen« - hängen eng miteinander zusammen. Schon die klassische Tradition hatte ihre Schwierigkeiten mit der Frage, wo es noch um die Schöpfung und wo es um die Erhaltung und Regierung geht. Aber sie konnte sozusagen die Enden der Fäden noch aneinanderknüpfen; denn bei der Schöpfung dachte sie immer noch an eine wohlumschriebene, abgegrenzte und am siebten Tag abgeschlossene Tat Gottes, also an eine Aktion in der Vergangenheit. Wir können das nicht mehr; denn die Schöpfung erfolgt, wie ich zeigte, im Verlauf eines Prozesses. Seitdem wir Menschen auf der Bühne erschienen sind, ist nicht einmal mehr das Wort Prozeß angebracht, denn jetzt geht es unmittelbar um »Geschichte«. So läßt sich nicht mehr behaupten, daß Schöpfung und Erhaltung einander überlagern, weil auch die Unterscheidung zwischen beiden ihren zwingenden Charakter verloren hat.

Deshalb beginne ich diesen Paragraphen mit den Worten, mit denen ich das Kapitel über die Schöpfung abschloß: Das alltägliche Leben ist der Ort unserer Begegnung mit Gott. Wenn wir Ihm da nicht mehr begegnen, hilft auch eine Begegnung in der Kirche nicht mehr.

Bevor wir uns jedoch in allgemeinen Erwägungen verlieren, möchte ich mit einem Mißverständnis aufräumen. Mit Gott im alltäglichen Leben meine ich nicht - sicher nicht in erster Linie - die Gegenwart eines Gottes, der Aufträge verteilt. Natürlich möchte ich daran festhalten, daß Gott sich uns - jedenfalls christlich gesehen - in Seinem Auftrag zeigt, Gerechtigkeit und Nächstenliebe zu üben. So schwierig es manchmal auch sein mag herauszufinden, worin die Suche nach Gerechtigkeit besteht, so unbestreitbar begegnen wir Gott in diesem Auftrag, den gut zu erfüllen sich lohnt.

Ist Gott aber nicht mehr als ein Auftraggeber? Wird Er so nicht auf moralische Aspekte eingeengt und als ein anderes Wort für Gebot mißbraucht? Das war nie die Absicht der christlichen Tradition. Wo es aber dazu kam, wurde das Christentum zu einer überanstrengten und schonungslosen Handlungs-Religion, die vergaß, daß Gott nicht nur Gebot, sondern auch Genuß ist.

Dennoch können sich viele Christen beim Gott des alltäglichen Lebens kaum etwas anderes denken, weil sie - wie mir scheint - mit der christlichen Tradition von Gottes vorsehender Fügung nichts mehr anfangen können. Sie können sich nicht mehr vorstellen, daß Gott ihr Leben wirklich lenkt. Diese für den Glauben katastrophale Verlegenheit ist zu bedauern; denn wenn wir in den alltäglichen, unser Leben bestimmenden Ereignissen und Dingen Gott nicht mehr begegnen können oder dürfen, wenn wir also nicht mehr spüren, daß Er nicht nur Mensch und Welt im allgemeinen, sondern auch unser konkretes Leben erhält und regiert, dann können wir Ihm auch nicht mehr danken, Ihn nicht einmal mehr verfluchen. Dann hat der Glaube seine Bedeutung für das menschliche Dasein verloren.

Wenn Gott uns aber Sein Antlitz in Seinem Tun und Lassen - an Mensch und an Welt, also auch an uns - zeigt, stellt sich die andere schwierige Frage, was für ein Gesicht Er dann noch hat. Hat er überhaupt noch ein Gesicht oder hat er es nicht längst verloren?

2. Die Vorsehung und was uns an ihr zuwider ist

Die klassische Vorstellung von Gottes vorsehender Fügung besagt, daß der Schöpfer Seine Welt nicht aus den Händen gibt, sondern »alle Dinge wie mit Seiner Hand« erhält und regiert. Hinter allem, was in der Welt geschieht, also auch hinter allem, was uns in unserem persönlichen Leben begegnet, steht in irgendeiner Weise Gott. Das folgt schon aus dem Schöpfersein Gottes, wie es im fünften Kapitel zu lesen ist.

Die Ehrlichkeit gebietet es jedoch, darauf hinzuweisen, wie ausgesprochen unpopulär diese Vorstellung unter Christen geworden und wie groß die Widerstände im Gegensatz zu früher sind. Wie ich meine, gibt es dafür viele und unwiderlegliche Gründe. Bevor ich jedoch näher auf sie eingehe, räume ich einige andere Widerstände aus dem Weg, die auf Mißverständnissen beruhen. Umso deutlicher kann ich dann den eigentlichen Widerstand besprechen.

»Vorsehung« und »vorsehende Fügung« sind zu mißverständlichen Begriffen geworden. Aus der klassischen Philosophie stammend wurden sie von den Kirchenvätern übernommen, um später nicht mehr aus dem Sprachgebrauch zu verschwinden. Was ist an ihnen falsch? Nichts, wenn man sie gut definiert. Aber in der Regel wird höchstens das Wort »Vorsehung« erläutert. Dies läßt an »voraus-sehen« denken: Anders als wir Menschen sieht Gott alles voraus und kann deshalb alles so schön regeln. Wirklich schön? Aus der Sicht der Betroffenen verhält sich das natürlich nicht immer so, wohl aber aus Seiner eigenen Sicht. Alles kommt so, wie Er es will; deshalb ist alles, was geschieht, definitionsgemäß Sein Wille. Allgemein gesehen läßt sich diese Interpretation in drei Richtungen weiterdenken, von denen jede für sich Gottes Vorsehung zur Karikatur macht.

1. Rechtfertigung: Die Verhältnisse werden legitimiert, weil die Vorsehung alles rechtfertigt. Dabei denke ich an jemanden wie Adolf Hitler, der sich auf Gottes vorsehende Führung berief. Daß er zum Führer des Großdeutschen Reiches wurde, mußten wir als eine Fügung der Vorsehung verstehen. Was ist an diesem Vorsehungsglauben nicht in Ordnung? Er mußte zur Rechtfertigung eines Handelns dienen, für das die Vorsehung einfach nicht herhalten kann. Wie Hitlers Berufung auf die Vorsehung in aller Deutlichkeit zeigt, können wir auf diesem Wege alles rechtfertigen.

2. Resignation: Genauso leicht kann die Vorsehung zur Resignation führen; denn alles kommt, wie es sein muß, und wie es sein muß, so kommt es. Weil wir daran nichts ändern können, haben Widerstand und Aufstand keinen Sinn. Aber so würde Gott zum Schicksal, und das hat der christliche Glaube mit »vorsehender Fügung« nie gemeint.

3. Bestätigung: Gottes vorsehendes Handeln bedeutet reine Weisheit, die sich in Natur und Geschichte wunderbar bestätigen läßt. Ein Ameisenhaufen zeugt von Gottes Vernunft, und wer einen Regenguß auf die durstige Erde niedergehen sieht, preist die Vorsehung, »vor allem, wenn er selbst« - wie ein altkluger Theologe aus dem 18. Jahrhundert hinzufügte - »im Trockenen steht«. Karl Barth erzählt diesen Witz und fügt hinzu, schon der erste beste Zahnschmerz könne einen auf andere Gedanken bringen. Wenn das mit Vorsehung gemeint sein soll, dann bleibt uns in der Tat kaum mehr als die Bestätigung bürgerlicher Vorurteile übrig.

Rechtfertigung, Resignation und Bestätigung sind jedenfalls drei Folgerungen, für die sich der Glaube an Gottes vorsehende Fügung nicht eignet. Es sind Mißverständnisse; denn der Gott, der regiert und leitet, ist anders. Er ist kein blindes Geschick und kein Gott, der einfach dafür sorgt, daß alles gut wird, also nicht der Rückhalt, dessen wir uns nach Belieben bedienen können. Er ist Macht und Wille und als solcher eine viel riskantere Wirklichkeit als wir uns denken. Gottes Vorsehung, vorsehende Fügung - oder wie wir Seine »Macht« und Seinen »Willen« auch näher umschreiben mögen - ist nicht das Stückchen Gottesglaube, das jeder gerade noch aufbringen kann; es ist im Gegenteil das letzte, das uns gelingen kann, der Schlußstein des christlichen Glaubens.

3. Wie kann Gott das zulassen?

Zum wirklichen Hindernis wird Gottes vorsehende Fügung aber nicht wegen dieser Mißverständnisse, sondern wegen deren wahrer Bedeutung. Wenn es stimmt, daß Gott alle Dinge »wie mit Seiner Hand« erhält und regiert, dann müssen wir Gott auch hinter allem erkennen, was geschieht, also nicht nur hinter dem Guten, sondern auch hinter dem Bösen, das Menschen trifft. Wenn doch die bösen Dinge ihr Maß nicht überschritten und wir in ihnen wenigstens einen bestimmten Sinn finden könnten. Aber es geschehen eben auch Dinge, die jeder Beschreibung spotten; es sind Dinge, von Menschen nicht nur gesehen, sondern oft auch getan, die nie hätten geschehen dürfen.

Das bringt nun gläubige Menschen in, wie soll ich es anders sagen, fürchterliche Probleme, allerdings meistens erst dann, wenn sie selbst mit einem Unglück konfrontiert sind: Ein geliebter Mensch geht wegen eines dummen, sinnlosen Unglücks oder ein Kind wegen einer unheilbaren Krankheit zugrunde. »Wie kann Gott das zulassen!«, wird dann in Verzweiflung gerufen. Das ist eine gute Frage, denke ich mir dann, aber sie hätte dir schon früher, z.B. schon damals kommen können, als das Unglück deine Nachbarn traf, oder als in der Zeitung stand, daß die Soldaten in

Brasilien ein Indianerdorf mit Menschen und all ihrer Habe verbrannten, weil der Boden für ein Großprojekt benötigt wurde. Die Indianer waren ja auch Menschen mit denselben Gefühlen, denselben Bedürfnissen und derselben Trauer. »Wie kann Gott das zulassen!« – wenn ein Mensch das einmal gerufen hat, hört er es danach in tausendfacher Vielfalt wieder.

Diese Frage illustriert das schwierige Glaubensproblem, mit dem Gottes Regierung über alle Dinge die Christen durch alle Jahrhunderte hin konfrontierte. Sie schließt die Anerkennung von Gottes Macht über alles ein, sonst würden wir so nicht fragen. Aber das Unverständnis, das völlige Unverständnis darüber, wie sich diese Ereignisse mit der uns beigebrachten Vorstellung von Gott reimen lassen, kommt hinzu. Warum ändert Er daran nichts, obwohl Er doch alle Macht dazu hat?

Die Bestürzung, die sich hinter dieser Frage verbirgt, zeigt Enttäuschung und Fehlkalkulation. Man hat uns von einem anderen Gott erzählt und nicht von Ihm, dem wir in Wirklichkeit begegnen. Was ist das für ein Gott, der einen Völkermord geschehen läßt, der es zuläßt, daß ein Kind im Heuschober verbrennt oder ein Junge im Wassergraben ertrinkt? Wenn Er überhaupt etwas bewirken kann, dann ist das doch nicht akzeptabel. Aber was kann Er bewirken? Was wir auf diese Fragen auch antworten mögen, es bleibt im Grunde nur eine Möglichkeit übrig: Wenn Gott daran nichts ändern kann, dann brauche ich Ihn auch nicht herbeizuholen; mein Rufen hat dann keinen Sinn. Wenn Er jedoch etwas bewirken könnte, es aber aus mir unbekannten Gründen nicht tut, dann *will* ich Ihn nicht mehr herbeiholen. So ein Gott wäre selbst ein Schurke, ein Granitblock von einem Gott.

So führt der vorgegebene Glaube an einen Gott, der alles regiert, zu einem großen Fragezeichen. Wer an Seiner Regierung über allen Dingen festhält, der belastet Gott mit einer schrecklichen Welt, mit dem scheinbar kleinen Leid gleich um die Ecke ebenso wie mit dem vielfachen Hungertod in Schwarz-Afrika, dem Völkermord in Kambodscha oder in Auschwitz. Zur Rettung Gottes ließe sich dann zwar immer noch behaupten, es könne einfach nicht wahr sein, daß Er die Welt regiert. Aber was wäre damit gewonnen? Wie soll uns diese Alternative, auch Gott könne nichts ändern, denn fröhlicher stimmen?

4. Die Theodizee: Rettungsversuche

Wer Gott nicht mit einer so schrecklichen Welt belasten will, der muß noch einmal auf das Problem der Schöpfung zurückkommen, wie schon der alte Kirchenlehrer Markion klar gesehen hat. Kann sie wirklich von Gott stammen? Wer sich zur »Schöpfung« bekennt, bekennt sich auch »zur Erhaltung und Regierung aller Dinge«; denn diese beiden Begriffe gehören untrennbar zusammen. Markion schlug deshalb den Knoten durch und kam zum Schluß, der christliche Gott sei jedenfalls ein anderer als der Gott, der die Welt geschaffen hat. So wurde der christliche Gott »gerettet«; die schreckliche Welt steht dann nicht auf seinem Konto, sondern auf dem eines niedriger qualifizierten Gottes, einer Art Dilettanten, der durch den echten Gott, den Erlösergott des Christentums, überwunden wird. Wie die Kirchengeschichte zeigte, ist das ein verführerischer Gedanke, der uns von einer Menge Glaubensproblemen befreien könnte. Aber ein Preis wäre dafür zu bezahlen: Das alltägliche Leben mit seinem Geborenwerden, Leben und Sterben wäre nicht mehr der Ort unserer Begegnung mit Gott. Für sie müßten wir in die Kirche, so daß auch der Glaube, wie ich zeigte, seine Bedeutung verlieren würde. Was also mit diesem »Rettungsversuch« Gottes auf der einen Seite gewonnen wird, geht auf der anderen Seite wieder verloren, denn Gott hätte mit unserem Elend nichts mehr zu tun, außer daß er uns von ihm erlöst.

Es gibt auch eine weniger krasse Lösung, indem z.B. zwischen dem Bösen und Gott eine gewisse Distanz geschaffen wird. Dazu dient etwa der Begriff der Zulassung. Wer nämlich fragt, wie Gott das alles »zulassen« könne, will offensichtlich vermeiden, daß Gott zum »Autor« des Bösen gemacht wird. Die Frage hinkt aber an einem Widerspruch. Bei dieser Zulassung hätte Gott mit dem Bösen zwar etwas zu tun, sofern Er es verhindern, aber nicht, sofern Er es bewirken könnte. Wenn Gott das Böse also höchstens verhindert, dann bleibt offen, woher es wirklich kommt.

Natürlich ist diese Vorstellung unbefriedigend, weil so für Gottes Regierung über alle Dinge kein Raum mehr bleibt. Augustinus wußte sehr gut, daß dies unaufgebbar ist. So brachte er keine Lösung, bot aber eine Formulierung an. Das Böse, sagte er, geschehe zwar gegen Gottes Willen, aber nicht außerhalb seiner. Hilft uns diese Formel, um mit dem Problem wirklich ins Reine zu kommen? Nun, sie trägt zur Bewältigung des Problems nicht mehr bei, als eben eine gute Formulierung beitragen kann. Zwar können wir mit ihr etwas besser leben; das ist aber auch alles.

Augustins Formulierung hat spätere Theologen zur Unterscheidung vom »Willen des Befehls« und dem »Willen des Beschlusses« gebracht. Was meinen wir, wenn wir von Gottes »Willen« sprechen? Meinen wir Sein Gebot (»Wille des Befehls«) oder Seine vorsehende Fügung (»Wille des Beschlusses«)? Bekannt ist uns Gottes Wille in der ersten, nicht aber in der zweiten Bedeutung, denn in Seiner Regierung über alle Dinge begegnen wir einem Willen, der uns »verborgen« ist. Also bleibt das Problem auch so bestehen, denn das Böse in der Welt belastet Gott weiterhin, sofern wir hier daran festhalten, daß Er über »alle Dinge« regiert.

Die einzige hinreichende »Rettung« Gottes bestünde also wirklich in der Behauptung, daß Er außerhalb unserer Wirklichkeit steht. Beim Tun und Lassen unserer Welt hätte Gott Seine Hand nicht im Spiel, so hätte Er dieses Tun und Lassen sozusagen auch nicht in der Hand. Die Frage, wie Gott das alles zulassen könne, sei nicht sachgemäß, weil an die falsche, also an eine Adresse gerichtet, die es überhaupt nicht gibt. Daran könne auch Gott nichts ändern.

Das mag wie ein Ausweg aussehen, aber das ist dann auch alles. Ein Gott, der am Bösen nichts ändern kann, wäre eben kein Gott mehr. Es hätte keinen Sinn, Ihn anzurufen, damit würde sich nichts verändern. Glaube und Hoffnung gingen in Rauch auf.

Das ist die Lösung von Harold Kushner in dem kleinen Buch, das einige Jahre lang (Zeichen dafür, wie sehr uns das Problem beschäftigt) auf der Bestsellerliste stand: »Wenn guten Menschen Böses widerfährt«. Es ist zwar ein wunderschönes Buch, sofern es das Leid beschreibt, das Menschen trifft; aber von Gott bleibt nicht mehr übrig als ein zahnloser Tiger, als ein machtloser Gott, als ein Gott, der gerade soviel vermag wie wir selber. Was sollen wir mit einem solchen Gott noch anfangen?

Es gibt auch eine christologische Lösung. Hat Sich Gott in Jesus Christus nicht aus der Welt drängen lassen und damit gezeigt, daß er machtlos ist statt Macht zu haben über alles? Was jammern wir denn über einen Gott, der unsere Not nicht versteht? Wir sind es auch, die Gott in seiner Not nicht verstehen - das ist der springende Punkt! Auf diese Position (die einem Mißverständnis über Bonhoeffer entspringt) komme ich später zurück. Aber hier schon weigere ich mich, dieser christologischen »Rettung« zuzustimmen. Gott ist weder ohnmächtig oder unterwegs zu Seiner Macht noch eine wehrlose Übermacht. Das alles sind Worte, die nur unsere Verlegenheit mit Seiner Fügung widerspiegeln und die wir nicht für bare Münze nehmen können. Wenn der Gott des christlichen Glaubens wirklich ohnmächtig wäre und die Regierung über alle Dinge Menschen und Mächten überlassen müßte, dann hätte sich der christliche Glaube überlebt. Die christologische Lösung bringt uns also nicht weiter als die von Kushner; denn auch wenn sie stimmte, müßten wir unseren Weg ohne Gott weitergehen. Wollen wir das wirklich?

5. Gott steckt dahinter: ein Marionettentheater?

Für welche Antwort ich mich schließlich entscheide, verrate ich jetzt noch nicht. Zuerst muß der Weg zu einer unmißverständlichen Entscheidung geebnet werden.

In den vorhergehenden Paragraphen verwendete ich mehr als einmal den Ausdruck, Gott stecke dahinter. Das ist die Sprache von Puppenbühne und Marionettentheater. Wir sehen, wie sich die Puppen bewegen, doch sie bewegen sich nicht selbst, vielmehr zieht hinter den Vorhängen jemand an den Schnüren. Es *scheint* also nur so, als bewegten sich die Puppen selbst, in Wirklichkeit werden sie von einem anderen bewegt. Soll das ein gutes Bild sein für einen Gott, der »über alle Dinge regiert«?

Die Antwort kann nur »Nein« lauten. Die Behauptung, daß Gott regiere, besagt ja nicht einfach, daß all unser Handeln nur zum Schein freies menschliches Handeln sei, daß wir in Wirklichkeit nur etwas ausführten, was Gott zuvor bestimmt hat. Diese Vorstellung war im Christentum ebenso populär wie umstritten, notwendig und akzeptabel ist sie nicht, und nur selten oder nie wurde sie konsequent durchgehalten. Das Christentum denkt nicht deterministisch. Wo dies dennoch geschieht, verwickelt es sich in einen inneren Widerspruch; denn die Popularität der Vorherbestimmung beruht auf einer Zwangsvorstellung: Regieren heißt voraussehen, aber das kann für Gott nicht genug sein, denn so könnte noch alles Mögliche geschehen, das Er nicht will. Also *sieht* Er nicht nur alles voraus, sondern *bestimmt* Er auch alles schon im voraus, anders hätte Er nicht alles in der Hand. So regiert Gott über Seine Schöpfung. Wirklich? Würden wir dieser Vorstellung folgen, wäre Gottes Macht gerettet und die Freiheit des Menschen verloren.

Aber diese Folgerung ist falsch, denn die Geschichte von Mensch und Welt ist nicht der Ausdruck eines in der Ewigkeit (von Gott) ausgedachten Programms. Die Behauptung, alles liege fest, paßt nicht zum Bild Gottes, dem die christliche Tradition folgt. Das Christentum glaubt ja an einen Schöpfer, für Den Menschen eben keine Steine, keine Stöcke oder Bauklötze sein müssen, sondern freie Wesen, dazu befähigt, ohne Zwang (buchstäblich) mit ihrem Schöpfer umzugehen. Damit aber ist die Vorherbestimmung nicht zu vereinbaren.

Ich gehe also nicht von der These aus, die Menschen seien frei geschaffen und deshalb gebe es keine Vorherbestimmung; vielmehr gehe ich davon aus, daß Gott gemäß der christlichen Tradition Menschen will, die mit Ihm sozusagen auf eine Ihm würdige Weise verkehren. Nur aus diesem Grund sind Menschen freie Menschen, also Menschen, die auch anders handeln können, wenn sie sich anders entscheiden.

Deshalb hebt Gottes regierende Macht unsere Freiheit auch nicht auf. Das Gegenteil ist der Fall: Wenn es diesen Gott, wie Christen Ihn sehen, *nicht* gäbe, dann läge alles fest, wäre die Wirklichkeit ein geschlossenes System und säßen wir in den Gesetzen von »Ursache und Wirkung« gefangen. Gottes vorsehende Fügung besagt für Christen, daß die Welt gerade nicht geschlossen und abgedichtet, sondern offen ist. Unser Dasein vollzieht sich in der Interaktion mit dem Schöpfer, der herausfordert, uns aus der Reserve lockt, uns raten und rennen, aufbauen und abreißen läßt, der uns also nicht nur unsere Freiheit gewährt, sondern sie auch gebraucht. Wo es Freiheit in dem von mir umschriebenen Sinn gibt, da ist Gott, und wo Gott ist, da ist Freiheit. Diese zwei, nämlich menschliche Freiheit und Gottes Regierung oder vorsehende Fügung, können nicht nur nebeneinander bestehen, vielmehr wird unsere Freiheit durch Gottes Regierung garantiert.

Um es etwas verständlicher zu machen, übernehme ich ein Bild von Milan Kundera aus seinem Buch »Unsterblichkeit« und ändere es für meine Ziele ab. Ich meine das Bild vom Computer-Spieler. Gott hat ein Programm geschrieben, in das wir als Gegenspieler aufgenommen sind. Nach einem Zug von Seiner Seite sind wir an der Reihe und nach unseren Zügen reagiert Er wieder. Diese Metapher besagt, daß Gott uns verborgen in allem begegnet, was geschieht, und zwar als Macht und als Wille. Wir aber reagieren auf alles, was geschieht, als freie Menschen.

Noch einmal unterstreiche ich: als freie Menschen. Es wird uns bei der Frage nach dem Ursprung des Bösen noch einmal beschäftigen. Hier unterstreiche ich es nur, um zu verhindern, daß wir uns nur als Opfer von allem, was geschieht, gebärden. Haben wir da nicht selber unsere Hand im Spiel? Zwar ist damit nicht alles gesagt, weil wir natürlich nicht *nur* handelnde Subjekte, sondern auch Produkt dessen sind, was andere taten (darauf kommen wir später noch einmal zurück). Aber Gott ist ebensowenig das Opfer unserer Reaktion, als ob Er nur reagieren könnte. Allerdings bedeuten Aktion und Reaktion hier nicht dasselbe, oder im Bild vom Programmierer und seinem Programm ausgedrückt: Die Partner sind sich nicht ebenbürtig, denn Gott ist unendlich umfassender, erfinderischer, in Aktion und Reaktion kreativer als wir. Das schließt nicht aus, daß auch wir ernste Mitspieler sind, wohl aber kann Er es mit uns aufnehmen und Sein Ziel erreichen.

Natürlich benutze ich hier eine Metapher. Ich will mit ihr zeigen, daß menschliche Freiheit und göttliche Übermacht einander nicht ausschließen müssen, weil Gott und Mensch auf verschiedenen Ebenen operieren (Berkouwer), Er kein Faktor unter Faktoren ist. Die Vorstellung von Gottes vorsehender Fügung wurde nicht erdacht, um Ihn zu unserem Konkurrenten zu machen. Daß solche Ideen aufkommen konnten, hängt mit den benutzten Begriffen zusammen, steht aber in striktem Gegensatz zu dem, was damit gesagt werden wollte.

Damit haben wir einen der Knoten entwirrt: Gottes vorsehende Fügung treibt unsere Freiheit nicht in die Enge. Wie aber steht es dann mit Gott und dem Bösen?

6. Gäbe es keine Sünden, dann gäbe es keine Wunden

Das größte Hindernis bildet das Böse in der Welt. Mit dem »Bösen« meine ich alles, was wir als Unglück erfahren, sowohl die Schlechtigkeit der Menschen als auch die Widerborstigkeit der Natur. Woher kommt das Böse? Über diese Frage hat sich die Menschheit jahrhundertelang den Kopf zerbrochen. Die christliche Tradition hat sich, wie schon angedeutet, damit geholfen, das Böse auf das Konto des Menschen und seines Scheiterns zu schreiben.

Das war der Tradition möglich, weil sie - unter dem Schein des Gegenteils - über Menschen und deren Freiheit letztlich nicht deterministisch dachte. Menschen sind Sünder, unverbesserliche Rückfalltäter, so wie ein christliches Sprichwort sagt: Gäbe es keine Sünden, dann gäbe es keine Wunden.

Wie wohl jeder merken kann, versucht dieser Gedanke in Wirklichkeit, Gott von der Verantwortung für das Böse in der Welt freizusprechen. Hier werden keine Fragezeichen hinter die Regierung Gottes über »alle Dinge« gesetzt, sondern das Böse samt und sonders dem Menschen zugerechnet; Gott habe Mensch und Welt gut, ohne Flecken und Runzeln geschaffen, aber der Mensch habe sich mutwillig gegen Gott erhoben und so aus dem Besten das Schlimmste gemacht. Wir ernten die bitteren Früchte unserer eigenen Fehltritte. Die Frage, wie Gott das Böse zulassen könne, ist bei diesem Gedankengang denn auch völlig abwegig. Im Gegenteil, wir dürfen von Glück sprechen, daß es uns noch gibt. Gottes Erhaltung und Regierung »aller Dinge« umschreibt also keine neutrale Haltung, sondern einen Erweis Seiner Geduld mit der gefallenen Schöpfung. Nur weil Gott ein gnädiger Gott ist, kann die Welt weiterbestehen.

Ich habe hier einen klassischen Gedankengang in seiner Begrifflichkeit wiedergegeben. Beginnen wir mit der Zustimmung, die er verdient. Gewiß nehmen wir - wir Menschen - im Christentum die Schuld für die Zerrüttung der Welt auf uns, schieben sie also nicht auf Gott ab. Wir behaupten damit nicht, jeder Mensch sei für jedes Böse verantwortlich, das unter der Sonne geschieht. Zwar sitzen wir alle in einem Zug, der in der verkehrten Richtung fährt, aber es ist natürlich ein Unterschied, ob die Insassen einander ermorden oder behilflich sind. Doch wollte die christliche Tradition auch den Gedanken einer kollektiven Verantwortung nicht aufgeben: Wir tun das Böse einander und der ganzen Schöpfung (also der gesamten »geschaffenen Wirklichkeit«) an.

Aus dieser Perspektive ist die Thematik um Auschwitz und die Frage, ob Gott in Auschwitz sein Gesicht verloren hat, völlig fehl am Platze. Wir sind so über uns selbst erschrocken, erschrocken über unsere eigene Abwesenheit, als wir anwesend hätten sein müssen, daß wir Auschwitz eilig

Gott in die Schuhe schieben und es so gleich zum Problem der Vorsehung statt unserer Verantwortung machen.

Aber zum »Rettungsversuch« Gottes eignet sich unser freiwilliges Schuldbekenntnis nicht. Erstens können wir die Voraussetzung des Arguments nicht mehr übernehmen. Es gab, wie oben deutlich wurde, keine Goldene Urzeit, in der Mensch und Welt in einem »Zustand der Unschuld« lebten, keinen Urzustand, der von einem historischen Unglück abgelöst wurde, also auch keinen Sündenfall mit Tod und Verderbnis als Folge; Tod und Sterben gehören zur menschlichen Existenz.

Aber das ist nicht das einzige Argument. Millionen von Menschen sind nicht in erster Linie Täter, sondern Opfer von Habsucht, Aggression und dem Betrug ihrer Mitmenschen. Zwar mögen ihre Wunden mit Sünden zusammenhängen, aber dann geht es doch wohl um die Sünden anderer, an denen sie leiden. In gewissem Sinn gilt das für alle Menschen. Wir leben unser Leben in einem Netzwerk von Interaktionen, in dem Menschen abwechselnd der anderen Henker und Opfer sind. Wer das Leben eines anderen ruiniert, handelt aus einem Leben heraus, das selber schon durch andere ruiniert war usw. Dieses Netzwerk ist eine Macht, eine Verstrickung, aus der sich Menschen nicht mehr lösen können.

Aber da ist noch ein drittes, das wichtigste Argument. Es gibt auf unserer Welt auch viel Unglück und Elend, das nichts mit menschlichem Handeln zu tun hat oder sich darauf zurückführen läßt, auch nicht auf das Netzwerk von Untaten, das uns gefesselt und in Ohnmacht hält. Flutwellen und Erdbeben, Orkane und Ascheregen, Viren und Mikroben - eine ganze Liste von Katastrophen könnte ich nennen, die nicht von Menschenhänden verursacht sind.

Das Sprichwort von den »Sünden und Wunden« taugt also nicht als Erklärungsmodell für das, was Mensch und Welt treffen kann. Deshalb scheitert es - noch abgesehen von der Frage, ob solche Versuche nötig sind - auch als »Rettungsversuch« Gottes. Das Böse in der Welt ist rätselhafter und befremdlicher, als daß wir es mit dem Begriff der Sünde abdecken könnten.

7. Der düstere Weg der Vorsehung

So bleibt also nur eine Möglichkeit übrig: Die Dinge, die wir böse nennen, gehören zur Schöpfung. Damit hat die Idee, daß wir Gott »retten« müßten, ausgespielt. Er hat keine Rettung nötig und wir müssen uns vom Gedanken trennen, daß es nichts Böses geben dürfe, das von Ihm kommt. Er ist, wie mir scheint, ein Symptom für die übertriebene Aufmerksamkeit, die Menschen bei ihrem Schöpfer für sich selbst verlangen, dabei geht es in der

Schöpfung doch um mehr als nur um den Menschen. Ferner sind Forderungen sehr luxuriösen Inhalts im Spiel, Produkte westlicher Menschen, die gewohnt sind, daß ihre Welt machbar ist und die - im Unterschied zu früheren Kulturen - den unvermeidlichen Verfall nicht mehr einordnen, geschweige denn ihn ertragen können. Der Grund liegt in der Tatsache, daß sie das »Jenseits« gestrichen haben. Alles muß hier in Ordnung kommen, sonst haben wir nichts davon. Ja, wer so darüber denkt, kann einfach nicht mehr akzeptieren, was ihm nicht paßt. So hängt alles mit allem zusammen; der Glaube an Gottes vorsehende Fügung geht unter (denn Gott darf nichts Böses tun), wenn wir den Himmel aufgegeben haben (denn Gott darf es nicht in der Ewigkeit wieder gutmachen) und umgekehrt.

Ich finde, daß wir Gott damit auf unser eigenes Maß zurechtgeschnitten haben; Gott wird zum Hausknecht moderner Menschen. Das kann aber nie Gott sein, jedenfalls nicht der Gott der christlichen Glaubenstradition. Diesem gebührt Respekt für seine Liebe, gewiß. Aber es gelingt der christlichen Kirche nicht, diese Liebe mit Seiner Regierung »aller Dinge« problemlos zu vereinbaren, wie das überhaupt niemandem gelingt. Dafür ist das Leben zu zwiespältig, die Schöpfung zu ambivalent und die Geschichte zu undurchsichtig. Als »düstere Vorsehung« (so ein Kirchenlied) geht Gott Seinen unbekannten Gang und entziehen sich Seine Absichten unserer Einsicht. Es gibt Blüte im Dasein, Jugend, Weisheit, Freude, aber auch Trauer, Verfall, Widersprüche, schwachsinnige Alte, die nicht sterben können, und Kinder, die es müssen.

Unbegreiflich? Sicher, das Leben ist wie eine Serienschaltung von Zeichen, die wir zu deuten versuchen. Aber damit kommen wir nicht weit. In einer der Strophen des Wilhelmusliedes beklagt der Autor seine Not über Gottes düsteren Gang. »Graf Adolf ist geblieben, in Friesland, in der Schlacht«, aber, so fährt er fort, »wenn es damals der Wille des HERRN gewesen wäre«, wäre die Tyrannei aus den Niederlanden vertrieben worden.

Das ist ein rührender Versuch, aus der Katastrophe noch etwas zu machen, in ihr einen Sinn zu finden. Aber das gelingt selten, und auch dann müssen wir damit vorsichtig sein. Als die Niederlande 1945 befreit wurden, hielt Miskotte in der Nieuwe Kerk von Amsterdam einen Dankgottesdienst. Der Titel seiner Predigt lautete: »Gottes Feinde vergehen«. Wenige Menschen dürften das Gefühl gehabt haben, mit seiner Deutung sei Miskotte zu weit gegangen. Und dennoch, Miskotte selbst war noch am meisten davon durchdrungen, daß wir Fehler machen können, wenn wir die Geschichte interpretieren wollen. Zwar müssen wir das tun; die ganze Welt würde grau, Gut und Böse würden verschwinden, wenn wir es nicht mehr wagten; aber es bleibt riskant.

Woher kommt das Böse? Die klassische Antwort der christlichen Tradition besagt zu wenig. Das Böse kommt nicht nur von der Sünde, es geht um mehr. Im Umgang zwischen Gott und Seiner Schöpfung bleibt ein Rätsel. Das Wort Van Ruler's, Gott gehe mit Seinem Geschöpf rauher um, als uns lieb ist, fällt mir hier wieder ein. Es gibt auch Böses, das nicht auf unserem Konto, sondern auf dem des Schöpfers steht.

Das Böse brauchen wir nicht gut zu finden, weil es von Gott kommt. Von Gott her ist das jedenfalls nicht nötig, zudem wäre es unaufrichtig gegenüber uns selbst und bedeutete eine Verachtung der Menschen, die es trifft. Das Böse gehört zum Leben und wir müssen hindurch; das ist das einzige, was darüber zu sagen ist. Jede Erklärung, jede Schönrednerei, jede Sinngebung bei Unglücken und Katastrophen hinkt, verrät die Menschen, die leiden, unterwirft sie höheren Zielen oder umfassenderen Perspektiven. Vielleicht gibt es sie, aber sie zu kennen, ist uns nicht gegeben. Deshalb müssen wir alle Sinngebungen ablehnen, in wessen Namen man sie uns auch anbietet. Ein Unglück ist zu nichts gut.

Zwei Fragen bleiben übrig. Kann Gott auch mit uns und mit dem Bösen umgehen, das wir stiften, oder vereiteln wir mit ihm Seine Regierung über »alle Dinge«? Und - genauso bedrängend - können wir mit Gottes vorsehender Fügung leben, mit einem Gott, der alle(!) Dinge wie mit Seiner Hand lenkt?

8. Der krumme Stock und der rechte Schlag

Über dem Bundeshaus der Schweizer Eidgenossenschaft steht ein lateinischer Spruch. Hominum confusione et Dei providentia Helvetia gubernatur: Durch Verwirrung von Menschen und durch Gottes vorsehende Fügung wird die Schweiz regiert. Der Sinn ist deutlich: Durch das eine (die Verwirrung) hindurch vollzieht sich das andere (Gottes Fügung).

Es hätte da auch ein Hinweis stehen können auf die Geschichte von Josef, der als junger Mann von seinen Brüdern als Sklave nach Ägypten verkauft wurde, dort zu hohem Ansehen kam und in der Zeit der Hungersnot seinen Vater und seine Brüder mit Nahrung versorgen konnte. »Das Böse, das ihr wolltet, hat Gott zum Guten gewendet«, sagt Josef zu seinen entsetzten Brüdern.

Oder vielleicht ist die Geschichte Jesu ein noch schöneres Beispiel. Jesus wurde gekreuzigt, obwohl es nie hätte geschehen dürfen, daß der Martertod an einem unschuldigen Menschen vollzogen wird. Aber sieh, was daraus folgt: Was ihr an Bösem erdacht habt, hat Gott zum Guten gedacht, sagt einer der Apostel (in Erinnerung an die Josefsgeschichte) später.

Bekommt das Böse dadurch einen Sinn? Nein, der Programmierer kann darauf so reagieren, daß er von etwas Bösem (noch) etwas Gutes machen kann. Zwar ist es »gegen« seinen Willen, was Juden und Römer Jesus antun, aber es geschieht nicht außerhalb Seines Willens. Gott kann mit einem krummen Stock einen rechten Schlag ausführen, wie das Sprichwort sagt.

Ist das so? Glücklicherweise ja. Aber um dies festzustellen, wäre eine Einsicht in die Geschichte nötig, die uns nur selten gegeben ist. Mit anderen Worten: »Der krumme Stock und der rechte Schlag« bieten keine Antwort auf die Fragen, vor die uns Gottes vorsehende Fügung stellt. Wohl aber gibt es eine Hoffnung, eine Erwartung, die wir hochhalten dürfen. Gott mag Seinen beispiellosen Gang gehen und die Geschichte mag ihn für uns verhüllen. Sein Angesicht mag düster sein, doch steht uns ein hoffnungsvolles Modell vor Augen: Gott kann zum Guten wenden, was wir zum Schlechten bedacht haben. Das macht Gottes Regierung über alle Dinge in all seiner Undurchdringlichkeit doch zu einem hoffnungsvollen Glaubensmoment der christlichen Tradition.

Nur sehen wir das nicht immer, sicher nicht auf der Mikro-Ebene unseres kleinen Lebens. »Gott mildert den Wind für das geschorene Schaf«, das ist ein besänftigendes Bild von Gottes vorsehender Fügung, aber meistens trifft es nicht zu. Es gibt Menschen, deren Leben ungestört verläuft, so ohne Unglück und Kratzer, daß sie davor beinahe selber Angst bekommen. Eine solche Angst ist natürlich Unsinn, eine Form von Aberglaube, der auf den sogenannten »Neid der Götter« der griechischen Mythologie zurückgeht. Der Gott des Christentums kennt diesen Neid nicht. Es gibt aber auch Menschen, die beinahe alle Schläge, die das Leben austeilen kann, einstecken müssen. Wie können Menschen da noch glauben? Gott mag dann noch guten Rat wissen mit uns; wissen wir noch guten Rat mit Gott?

9. Die rechte und die linke Hand

Natürlich ist Gottes vorsehende Fügung nicht auszuhalten, wenn auch das Böse und nicht nur das Gute aus Gottes Hand kommt; es sei denn, wir könnten auf Gott in einer Weise vertrauen, die gegen das Böse in der Welt gefeit ist. Es gibt wirklich nur einen einzige Ausweg: Der Gott der vorsehenden Fügung ist der Gott, der für uns sorgen wird. Das bietet die christliche Tradition per saldo an, und davon handelt dieser Paragraph.

Luther hat mit der Frage, die uns hier beschäftigt, endlos gerungen. Er fand einen Ausweg, indem er unterschied zwischen Gottes linker Hand, die uns schlägt, und Gottes rechter Hand, die uns auffängt. Ich kann es auch nicht besser sagen, deshalb schließe ich mich im folgenden Luther an.

Bekommt Gott nicht ein schreckliches Gesicht, wenn er hinter allem, auch hinter Hunger und Tod steckt? Wenn wir es Stück um Stück von der Wirklichkeit ablesen müßten, kämen wir tatsächlich zu einem erschreckenden Antlitz. Die Psalmen singen zwar von Gottes freundlichem Antlitz, aber wenn wir uns umschauen, dann geht dieses freundliche Antlitz Gottes schnell verloren. Es ist nicht wiederzuerkennen, jedenfalls nicht aus der Wirklichkeit, die uns umgibt; darin hat Luther recht.

Aber Luther sagt auch: »Er meinets nicht« - Gott meint es nicht wirklich so. Was Er auch tut, Er will uns nichts Böses. Bisweilen spielt Er mit uns das Spiel von Katz' und Maus, aber nicht um uns wirklich zu packen. Zwar ist sein Antlitz erschreckend, aber es ist Vermummung. Gott setzt eine Maske auf, wie Luther wörtlich sagt, also ein »Angesicht«, so wie wir als Kinder in Friesland früher eine Maske nannten. Er setzt ein »Angesicht« auf, das aber nicht Sein wahres Gesicht widerspiegelt; die ganze Schöpfung mit ihrem Leid und ihrer Glorie ist Gott in Maskerade. Willst du Gott so sehen, wie er wirklich ist, so Luther, dann mußt du weiter schauen, denn Sein wahres Antlitz siehst Du in Jesus Christus aufleuchten. Deshalb brauche ein Mensch zwei Dinge, um zu leben: *die Psalmen*, denn in ihnen finden wir das Bittere und das Süße des Lebens, den Lobgesang und das Klagelied über Gottes Fügung, *und das Evangelium*, denn dort zeigt Gott, was er wirklich mit uns vorhat.

Deshalb heißt glauben ein Kunststück vollbringen, nämlich nicht bei der linken Hand verharren, sondern zur rechten flüchten. Das mag uns in der Kirche noch leichter gelingen: Wir hören »barmherzig und gnädig ist der HERR und groß an Güte«, und wir glauben es gern. Aber das auch außerhalb der Kirche zu glauben, im alltäglichen Leben mit seinen harten Schlägen, seinen kaputten Beziehungen, mit der bitter werdenden Freude, und dann noch sagen: »das ist eine Vermummung, Gottes wahres Gesicht ist doch ein freundliches Gesicht« - das ist das Kunststück des Glaubens.

Soweit Luther, den ich hier zitierte, obwohl ich mit anderen Worten auch Calvin oder den Heidelberger Katechismus hätte nennen können. Übereinstimmend sagen sie alle dasselbe, der Gott der vorsehenden Fügung sei ein verwirrendes Rätsel, über dessen Absichten wir bisweilen in einem undurchdringlichen Dunkel tasten: Er spiele mit uns das Spiel von Katz' und Maus. Aber Ihm sei zu trauen, denn in den Worten und Werken Jesu haben wir sein wahres Gesicht gesehen.

10. Wozu dieser Glaube? Widerstand und Ergebung

Gottes vorsehende Fügung, seine Regierung über »alle Dinge«, besagt auch, daß auch mir persönlich - in meinem kleinen Leben - alle Dinge »wie aus Seiner Hand« zukommen. Wer mit dieser Hand etwas anfangen kann, der kann etwas anfangen mit dem Glauben an Gottes vorsehende Fügung.

Diese Fügung beinhaltet keine Sonderbehandlung für Gläubige. Wer darauf setzt, wird scheitern. Sie läßt uns auch nicht zu einem schnellen Urteil darüber kommen, was uns oder andere trifft. Ein Unglück ist keine Strafe Gottes und ein blühender Betrieb nicht Gottes Segen. Schon Strafe bedeutet eine sehr anfechtbare Deutung, aber auch das leichtfertige Geschwätz vom Segen ist mit Fragezeichen zu versehen. Auch dafür brauchen wir uns nicht auf den Glauben an Gottes vorsehende Fügung zu berufen.

So unverzichtbar die Deutung dessen sein mag, was um uns herum und mit uns geschieht, so wenig kann sie den Glauben an Gottes Fügung eigentlich begründen. Aber wir brauchen uns auch das, was Gott will, nicht aus dem Laufe der Ereignisse zusammenzutragen; denn gemäß der christlichen Tradition wurde es uns schon in Jesu Worten und Werken enthüllt. Dabei bleibt aber offen, wie alles zusammenpaßt, wie sich das eine zum anderen reimt, was der konkrete Sinn der Dinge ist.

Wozu ist der Glaube an Gottes Vorsehung dann noch gut? Er macht es uns möglich, das alltägliche Leben als Umgang mit Gott zu erleben, für die Dinge zu danken, zu bitten und ein grundlegendes Vertrauen auf Seine Absichten zu hegen.

Dieses Vertrauen haben wir verloren. Dazu mag die Frage nach Gott und dem Bösen beigetragen haben, denn wir haben mehr Böses gesehen als frühere Generationen. Damit ist aber nicht alles, nicht einmal das Wichtigste gesagt. Wir halten das Vertrauen nicht mehr wie frühere Generationen für notwendig. Ja, es waren in ihrem Überleben von Wind und Sonne abhängige Agrarier, deren Dasein unsicher war. Um Hunger, Leiden und Krankheit zu überstehen, hatten sie Gottes Väterliche Hand bitter nötig. Das ist nicht mehr so sehr unser Problem.

Allerdings ist dieser Gedanke, wie mir scheint, ein tragischer Irrtum, der durch die blühende Außenseite unseres Daseins verschleiert wird. Zwar verwerfe ich ihn nicht, und ganz in Übereinstimmung mit dem klassischen Bekenntnis zu Gottes vorsehender Fügung finde ich, daß auch dafür zu danken ist. Aber jeder Pastor, jeder Priester kann uns erzählen, daß hinter dieser Fassade ein Meer von nicht zu bewältigendem Leid verborgen ist, viel mehr und viel schlimmer, als wir es uns je hätten ausdenken können. Ist kein Trost mehr nötig? Hör' mal, das behaupten Menschen, die nicht weiter schauen als bis zu ihrer eigenen Haustür; die anderen wissen es besser.

Ich blase hier sicher nicht zu viel Trübsinn, obwohl ich am Schluß des Kapitels über die Vorsehung einen Vorwurf in dieser Richtung gut verstehen könnte. Ich will ihm sogar entgegenkommen und an anderer Stelle etwas lockerer und freundlicher reden. Aber zuvor sollten wir doch das Böse zur Kenntnis nehmen, mit dem zu leben wir lernen müssen. Sich ihm zu stellen ist angemessener als sich vor ihm die Augen zu verschließen.

Ich bleibe dabei, daß der Glaube an Gottes vorsehende Fügung letztlich das Floß ist, auf dem wir in Glück und Unglück treiben. Die Bauern von Seeland pflegten bei Katastrophen zu sagen: »Herr Pastor, es wird uns durch keinen Fremden angetan«. Das ist eine bescheidene Art, Gott zur Sprache zu bringen und als Trost zu verstehen: Dieses »Angesicht« ist nicht Gottes wirkliches Gesicht, hinter ihm verbirgt sich sein freundliches Antlitz. So bescheiden muß es nicht immer zugehen, aber zwischen Widerstand und Ergebung wird der Glaube immer wieder hin- und herpendeln.

Es bleibt also dabei: Gott, der allmächtige Schöpfer des Himmels und der Erde erhält und regiert alle Dinge wie mit Seiner Hand. Das ist der einzige Grund, warum »alle Dinge« auszuhalten sind. Im Herzen unseres Daseins, in den großen und kleinen alltäglichen Dingen begegnet Er uns – nicht als ein Fremder, trotz seines »Angesichts«, aber auch nicht als ein Ohnmächtiger, der nicht mehr tun kann als wir. Wenn Gott selber nur Träne wäre, wie könnte Er Tränen trocknen?

Er tut dies, aber nicht immer hier und nicht überall, und es reimt sich erst am Ende. Gott geht mit Mensch und Welt nicht so sanft um wie wir es möchten, aber am Ende entpuppt Er Sich als Derjenige, der Er ist. Er fängt uns auf und birgt uns für die Ewigkeit.

Zwischenstück

VIII. Der Zusammenhang

> *Ohne Zweifel dreht sich alles um Jesus Christus, weil Er in Seinem Opfer das Geheimnis der Schuld aufgelöst hat. Aber daraus sollten wir nicht den Fehlschluß ziehen, daß auch alles um Jesus Christus geht.*
>
> *A.A. van Ruler*

1. Schöpfung als Vorbedingung für Erlösung

In der Glaubenstradition folgt auf die Schöpfung die Erlösung. Das ist jedenfalls von zwingender Logik, wenn wir von außen beginnen. Insider plädieren bisweilen für die umgekehrte Folge und beginnen mit der Erlösung; auch dahinter steckt eine gewisse Logik. In der Kirche kommt der Mensch erst mit der Erlösung in Berührung, denn die Kirche ist dazu da, das Evangelium vom rettenden Gott zu verkünden (der Name Jesus bedeutet: »Gott, der rettet« oder »Gott, der befreit«). Ferner wird da gelehrt, daß der Retter-Gott auch der Schöpfer ist; so klappt es dann mit dem Vertrauen auf Seine Regierung über »alle Dinge«. Es ist nicht so wichtig, wofür wir uns entscheiden, wenn wir mit der Tradition annehmen, daß der Schöpfer derselbe ist wie der Erlöser und umgekehrt. Eines aber ist unmöglich: Wir sollten nicht aus dem Bedürfnis heraus, Gott als Erlöser zu ehren, auch die Schöpfung eine Form von Erlösung oder Befreiung nennen. Auf den ersten Blick mag das sehr schön sein und trägt doch die Attraktivität des Radikalen in sich: Wir wissen nur von einer Sache, von Gott dem Befreier! Wir brauchen unsere Aufmerksamkeit nicht auf zwei Worte von Gott zu verteilen - ein Schöpfungswort und ein Wort der Erlösung -, sondern hören allein auf das Wort, das Jesus Christus heißt.

Die Konsequenzen dieser Sicht sind höchst verwirrend. Wenn die Schöpfung selber schon eine Tat der Erlösung oder Befreiung, oder sogar eine Tat der Versöhnung genannt werden muß, *wovon* soll dann die Schöpfung erlösen? Vom Nichts? Dies hat wirklich komplizierte Spekulationen zur Folge, die uns schließlich und unvermeidlich zur Frage bringen, woher dieses Etwas oder Nichts kommt, von dem uns die Schöpfung erlöst. M.E.

stellt uns diese Frage vor unlösbare Probleme, die jedenfalls die christliche Tradition sprengen.

Von Erlösung oder Befreiung zu sprechen hat nur Sinn, wenn es etwas oder jemanden gibt, der erlöst oder befreit werden muß. Die Schöpfung, die uns das Dasein gibt, muß also der Erlösung vorangehen. Ferner muß sie vom selben Gott stammen, dem wir in der Kirche im Evangelium von Jesus begegnen. Andernfalls kommt die Schöpfung von einem fremden Gott oder ist selber ein fremder, ewiger Gegenspieler des christlichen Gottes. Die christliche Kirche kann also nie vom Glauben an Gott den Schöpfer absehen, da er die grundsätzliche Voraussetzung des Erlösungsglaubens bildet. Der Glaube an Gott den Erlöser kann ihn nie ersetzen.

Das war auch nicht die Absicht etwa von Karl Barth, der in der von mir beschriebenen Richtung sehr weit geht. Doch findet er den Erlöser-Gott für die christliche Tradition so fundamental, daß er den Schöpfer zum Schatten des Erlösers macht. Eigentlich ist der Schöpfer schon der Erlöser, auch wenn es noch nichts zu erlösen gibt!

Natürlich läßt sich so etwas behaupten; allerdings sind wir dann auch zur Vorstellung gezwungen, daß Gott von Ewigkeit an alles wußte. Er war schon (in Seinen ewigen Gedanken) der Erlöser oder Versöhner, als es noch keine Welt zu erlösen gab. Mehr noch, um Erlöser und Versöhner werden zu können (Kern Seines Wesens), hat Er die Welt erschaffen und die Sünde zugelassen. Nun, m.E. ist das aus verschiedenen Gründen eine unglückliche Konstruktion; bei ihr wissen wir zuviel, oder eher, weiß mir Karl Barth zuviel davon, was Gott von Ewigkeit beschlossen hat. Übrigens gleicht die Geschichte von Gott und Seinen Menschen doch sehr einem abgekarteten Spiel. Könnten wir uns selber noch ernstnehmen, wenn wir von Ewigkeit her schon so deutlich bis hin zur Sünde programmiert wären?

Aber dann muß vor allem die Schöpfung zu einer Art verkappter Christusoffenbarung werden. Das bedeutet aber, daß sie ihre Selbständigkeit verliert, halt ein wenig mitläuft, von der Kirche ausgelegt werden muß und eigentlich auch um der Kirche willen besteht.

Das scheint mir eine Umkehrung der christlichen Tradition zu sein, für die Kirche vielleicht angenehm, da sie dadurch wichtiger wird, aber die Schöpfung (das alltägliche Leben) würde ihren zentralen Ort verlieren und Gott seine wesentliche Eigenschaft als Schöpfer. Daß Er auch Versöhner oder Erlöser ist, dürfen wir in der Kirche sogar als die erste Gegebenheit lernen, aber es ist und bleibt eine Hinzu-fügung zu Gott dem Schöpfer. Es ist ein Zusatz, dem Mensch und Welt ihr Fortbestehen, ihr zeitliches und ihr ewiges Heil zu verdanken hat, aber es ist eben nur ein Zusatz.

2. Erlösung - wovon? Über das Heil

Gott befreit, der HERR rettet und welche anderen klassischen Charakterisierungen von Gott wir auch verwenden, es drängt sich folgende Frage auf: Wovon werden wir denn erlöst? Es zeugt von Naivität, diese Frage nicht zu stellen oder von der christlichen Tradition her keine Antwort zu suchen. Das ist mein Vorwurf an manche Befreiungstheologen im In- und im Ausland.

Die Frage, wovon Mensch und Welt gemäß der christlichen Glaubenstradition erlöst sind, bringt uns zur Pointe des Christentums. Denn wie in allen Religionen, so geht es auch im Christentum: Gottes Heil (und so auch das Heil der christlichen Religion) wird durch das bestimmt, was als das große Unheil angesehen wird. Für den christlichen Glauben ist das die Sünde, wodurch der Mensch zu Gottes Schuldner geworden ist. Auf diese beiden Begriffe komme ich nicht mehr zurück, nenne sie aber hier noch einmal als Schlüsselworte für das Unheil im christlichen Sinn. Das Heil Gottes, das echte, endgültige, ewige Heil Gottes, das die christliche Tradition durch die Jahrhunderte hin auf ihrem Weg mit sich bringt, heißt Erlösung von Sünde und Schuld und damit Aufhebung der Entfremdung zwischen Gott und Mensch.

Andere Formen des Unheils werden vom Christentum keineswegs geleugnet: Krankheit, Leiden und Tod stehen dabei an erster Stelle. Aber auch Ausbeutung, Unrecht und Unterdrückung stehen auf der Rangliste weit oben, gemäß der christlichen Tradition sind sie sogar vom Bösen. Seit den siebziger Jahren unseres Jahrhunderts sind aber manche Christen so auf sie fixiert, daß sie das eigentliche Heil Gottes in der Abschaffung der Armut, in politischer Befreiung und gesellschaftlicher Gleichheit suchen. Bisweilen wird Gott geradezu zum anderen Wort für eine gerechte Gesellschaft.

Das geht m.E. zu weit. Zudem kann ich mich nicht des Eindrucks erwehren, daß wir dadurch aus der Not eine Tugend machen. Es ist nun einmal nicht einfach, an der Überzeugung festzuhalten, das Ur-Übel der Menschen bestehe in etwas, das wir nicht unmittelbar sehen können und dessen Aufhebung nicht unmittelbar zu (möglichst spürbaren) Erfolgen führt. Die Versuchung ist groß, das christliche Heil zu gesellschaftlichem Heil zu verdünnen, denn damit bekäme die christliche Kirche wieder einen festen Stand. Es wäre aber nicht mehr der Stand, der ihr Bestehen rechtfertigt. Auch gesellschaftliches Heil bedeutet Heil, sogar göttliches Heil, aber eben doch ein Heil, das wir einander verschaffen könnten, wenn wir nur wollten. Christen werden deshalb von der christlichen Glaubensverkündigung dazu aufgerufen. Das Heil jedoch, für das die christliche Tradition ins Leben gerufen wurde - erste Bemerkung - ist gerade ein Heil, das wir einander nicht verschaffen können, weil es außerhalb unseres Vermögens liegt: die Aufhebung unserer Entfremdung vom Schöpfer, welche die Quelle unserer gegenseitigen Entfremdung als Menschen ist. Was (in der logischen Ordnung) das Erste ist, kommt also zuerst: Erst weg mit der Ur-Entfremdung, sonst bleiben wir, wer wir sind, und kann auch kein gesellschaftliches Heil mehr gelingen.

Hinzu kommt ein zweites Kennzeichen des christlich verstandenen Heils: Es übersteigt das, was ich das kontextuelle Heil nenne. Auch das gibt es, etwa Heil für die Schwarzen, für unterdrückte Frauen oder für ausgebeutete Bergleute. Aber auch dieses ist ein Heil mit einem Defizit; denn wir können es nicht einander geben oder eben vorenthalten, sondern es bleibt auch das Heil für eine bestimmte Gruppe oder eine bestimmte gesellschaftliche Bevölkerungsschicht. Das endgültige, ewige Heil ist ein und dasselbe für Schwarze, Frauen, Männer, Weiße, Arme und Reiche. An ihm haben wir teil oder auch nicht. Aber es übersteigt einzelne Gruppen; es ist universales Heil.

Diese Kritik ist nicht allzu schulmeisterlich gemeint. Tod und Leiden sind - ebenso wie schmutzige Hände - auch universal. Darum stehen sie in der christlichen Tradition dem eigentlichen Unheil von Schuld und Sünde sehr nahe, und aus demselben Grund können wir die Erlösung auch darstellen als die Rettung aus dem Tod oder als Trost über alles Leiden. Aber Leiden, auch das Leiden am Tod, beginnt gemäß der Tradition mit dem Beginn allen Unheils; das ist und bleibt die zerbrochene Beziehung zu Gott.

3. Das Christentum als Gnadenreligion

In den Religionswissenschaften hat man das Christentum bisweilen zu den Erlösungs- oder Gnadenreligionen gerechnet. Sehen wir einmal ab von der Problematik derartiger Einteilungen im allgemeinen sowie von der Einordnung des Christentums bei den Gnadenreligionen im besonderen, so gibt das Christentum als Religion unter Religionen zu dieser Charakterisierung offensichtlich Anlaß. Man braucht übrigens nur in eine Kirche hineinzugehen und die Gnade kommt dem Besucher als Weihrauch (bei einer römisch-katholischen Kirche) oder als stickige Luft (bei Protestanten) entgegen.

Es stellen sich zwei Fragen: Warum nimmt »Gnade« einen so großen Platz ein (was ist das übrigens für ein Wort), und verträgt sich die Charakterisierung »Gnadenreligion« überhaupt mit der zentralen Stellung der Schöpfung, die ich im vorhergehenden Paragraphen so sehr betonte?

Um mit der Antwort auf die zweite Frage zu beginnen: Diese Charakterisierung verträgt sich sehr gut, sogar so gut, daß in der christlichen Glaubenstradition beide, Schöpfung und Erlösung, ihr volles Gewicht erhalten können, ohne daß zwischen beiden eine Konkurrenz oder eine Art Gütertrennung zu bestehen braucht.

Wie ich zeigte, setzt das Christentum als Gnaden- oder Erlösungsreligion den Schöpfer und seine Welt in jedem Fall voraus. Gäbe es keine Schöpfung, dann hätte die Erlösung keinen Gegenstand, auf den sie sich beziehen könnte. Aber das ist eine, wie wir sagen, logische Feststellung. Ich füge eine mehr inhaltliche hinzu.

Es bleibt nicht bei der »Schöpfung«; denn die christliche Tradition fügt die Erlösung hinzu, nicht weil sie das Leben so pessimistisch sieht, sondern weil sie mit der Wirklichkeit realistisch umgeht. Das gute Leben ist ja nicht so gut, wie wir es gerne hätten, sondern ist unter unseren Händen zu einem zerstörten Leben geworden. Das ist mit Händen zu greifen. Die christliche Tradition kann sich also ganz einfach auf einen Tatbestand der Erfahrung berufen, die sie nur noch vertieft.

Erstens, zur Erklärung greift sie auf »Sünder« und »Schuld« zurück und meint damit eine Konfrontation mit dem Schöpfer, der Sein Werk beschützt und nicht verpfuscht sehen will. Für eine nähere inhaltliche Bestimmung der Zerstörung ist das schon schlimm genug, aber noch nicht alles. Die Zerstörung ist so groß, daß jeder Versuch einer Wiedergutmachung in guten Vorsätzen (wenn überhaupt) steckenbleibt. Soll an dieser Zerstörung etwas aufgehoben werden, dann muß es von anderswoher kommen, denn von uns Menschen kommt es nicht. Auch das ist eine Erfahrungswahrheit. Kriege gewöhnen wir uns nicht ab, Täuschung und Betrug bleiben bestehen, Gewalt und aggressives Verhalten, sowohl kollektiv wie persönlich, gehören zur Tagesordnung. Das ist nicht schlimmer als früher - obwohl es mit effektiveren Mitteln geschieht -, aber auch nicht weniger schlimm.

Vor diesem Hintergrund wird das Christentum Gnadenreligion genannt. Als Gnaden-Religion schließt es die Leistung als Basis des Daseins einfach schon deshalb aus, weil wir uns mit unseren Leistungen noch nie aus dem Sumpf gezogen haben. Wir ändern das auch nicht, indem wir handeln, noch mehr tun als wir schon getan haben; wir können aber auch nicht nichts tun. Was bleibt da noch übrig? Auf Gnade und Ungnade sind wir einer höheren Macht ausgeliefert, die uns aus unserer Ohnmacht erlöst.

Nach meiner Meinung besteht der Beitrag des Christentums zur Kultur in erster Linie im hier Besprochenen, also gerade in dem, was ihm seinen schlechten Namen besorgt; mit Sünde und Gnade habe es die vitale Daseinsfreude vergiftet. Etwas davon ist wahr, jedenfalls sofern die vitale Freude von makellosen Nummern träumt und von einem Leben, das von Verantwortlichkeiten, Gesetzen und Belastungen nicht behindert wird. Die christliche Sicht von Mensch und Kultur verdirbt zwar nicht die Lebenslust, verschafft uns aber einen gesunden Argwohn gegenüber allen gratis gelieferten Konzepten von einer heilen Welt. Christen arbeiten an allem mit, was die Welt besser machen kann, sie tun das jedoch ohne große Illusion. Man braucht, wie Willem von Oranje sagte, weder Hoffnung auf Erfolg zu hegen, um mit dem Unternehmen dennoch zu beginnen, noch Erfolg zu haben, um durchzuhalten.

Gnade besagt m.a.W., daß Erlösung gemäß der christlichen Tradition keine Selbsterlösung ist, sondern eine Tat Gottes des Schöpfers, der Seine Welt nicht losläßt, weil er sie liebt.

Übrigens benutzt die christliche Tradition den Begriff »Gnade« in einer Vielfalt von Bedeutungen. Mit der einen kommen wir besser zurecht als mit der anderen; einige sind zudem völlig verschlissen. Die Kirchenväter konnten von ihr sprechen, als gehe es um eine Medizin, um ein »pharmakon«, wie sie das nannten. Aber so bezogen sie den Begriff doch vor allem auf die Spendung der Sakramente, durch welche die Gnade den Gläubigen sozusagen eingegossen wird. Die Reformation brach mit diesem Wortgebrauch (die Kirche wurde so allzusehr zur Verwalterin der Gnade) und verstand Gnade als Begnadigung des Sünders. Erlösung geht den Weg der Begnadigung.

Zufrieden sind damit die Menschen, die es begriffen haben. Den anderen macht es - verständlicherweise - ein Leben lang zu schaffen. Das besagt nichts über die Wahrheit oder Unwahrheit von diesem Stück Tradition; es besagt nur, daß die Tradition auch widerspenstige Elemente in sich trägt, die bisweilen nur dazu gut sind, daß man sie überdenkt.

4. Schöpfung und Erlösung: der Zusammenhang

Die klassische christliche Tradition konnte Schöpfung und Erlösung dadurch miteinander verbinden, daß sie den Sündenfall dazwischenschob. Einst gab es eine Zeit, in der alles noch gut war; das menschliche Dasein begann in Harmonie und Unschuld. Dann kam die Sünde, welche die ganze Schöpfung verdorben hat; so daß nichts mehr gut ist. Dann aber kommt Gott mit Seiner Erlösung und wird eine Zeit heraufführen, in welcher der Schmutz und die Schmach von der Schöpfung wieder weggewischt sind; es ist Seine Zukunft. So verbindet die Tradition zwei Visionen miteinander, indem sie den Sündenfall dazwischenschaltet: zwischen die Goldene Zeit der Vergangenheit und die Goldene Zeit der Zukunft.

Wir haben inzwischen gelernt, daß sich ein historischer Sündenfall nicht belegen läßt. Es gab keine Zeit, in der alles noch gut war. In diesem Kapitel möchte ich (wie schon im Kapitel über die Schöpfung) noch einmal den

Konsequenzen nachgehen, die entstehen, wenn wir das historische Modell aufgeben. Vielleicht übersehe ich sie selbst nicht recht, doch versuche ich mir so gut wie möglich Rechenschaft darüber zu geben, daß die christliche Tradition auch beim besten Willen der Welt mit dem historischen Modell nicht mehr arbeiten kann. Ich fasse das Ergebnis wie folgt zusammen.

1. Schöpfung und Schöpfer sind grundlegende Begriffe des christlichen Glaubens. Ich setze das gleich mit einem Ansatz beim alltäglichen Leben, also einem Ansatz »von unten«. Dort spielen sich unsere Sorgen, unsere Freuden, das Leiden und die Herrlichkeiten ab, kurzum: da geschehen die Dinge, die uns bis in die Tiefen unserer Emotionen hinein berühren. In all diesen Dingen stoßen wir auf Gott den Schöpfer als unseren Gegenspieler. Er geht mit uns, lenkt unser Dasein, ohne unsere Verantwortlichkeit aufzuheben. Im Gegenteil, gerade mit ihr bekleidet Er uns, ruft uns zur Rechenschaft für unser Tun und Lassen.

Ich fasse das für den Augenblick mit dem Wort »da-sein« zusammen. »Dasein« ist nicht nur die Grundlage der Begegnung mit und der Entdeckung von Gott, es geht nicht nur allem voran, was darauf noch folgen kann, sondern ist für uns wie für den Schöpfer die Hauptsache. Wie anders hätte die Erlösung Sinn? Weil die Schöpfung die Wirklichkeit ist, um derentwillen für den Schöpfer alles begann. Gerade die Erlösung unterstreicht, daß die Schöpfung die Hauptsache ist, Anfang und Ende aller Wege Gottes.

2. Die christliche Tradition stellt Gottes erlösendes Werk als eine Rettungsaktion der Schöpfung dar, als Gnade oder Begnadigung, sogar als eine Notlösung, die der Schöpfer bedacht hat. In ihrer Tradition von Jesus Christus, Seinem Kreuz und Seiner Auferstehung hat die christliche Kirche darüber ausführlich Rechenschaft abgelegt. Auch ich werde das gleich, im Kapitel über die Versöhnung, tun.

Rettung ist eine einmalige Aktion, das sei vorweg gesagt. Jesus Christus ist m.a.W. eine einzigartige Erscheinung, sein Tun und Lassen eine einzigartige Tat von Gottes Seite, nicht nur, weil Jesus eine historische Person ist, als solche deshalb unwiederholbar, sondern auch – das stimmt damit völlig überein – weil Rettung, als Versöhnung verstanden, eine einzigartige Aktion ist. Das zeigt sich in der zentralen Stellung, die Jesus Christus in der christlichen Tradition einnimmt. Ohne Erlösung wäre die Schöpfung verloren. Wir kommen also zum selben Ergebnis wie oben: In der christlichen Tradition hängen Schöpfung und Erlösung unlösbar miteinander zusammen, weil sie einander bedingen. Aber es geht um die Schöpfung, auch wenn es sich um Jesus Christus und die Erlösung dreht. Oder noch besser gesagt, *weil* es um die Schöpfung geht, dreht es sich um Jesus Christus.

3. Jesus Christus lernen wir in der Kirche kennen. Dort wird die einmalige Rettungsaktion, die wir Versöhnung nennen, weitererzählt. Sie pflanzt sich, wie bei einmaligen Aktionen nicht anders möglich, durch ihre Verkündigung fort.

Wie geht das? Wer Predigt sagt - ich komme später darauf zurück - sagt Gott, Heiliger Geist, d.h. Gott, der auf unseren Geist einwirkt. Die Predigt heißt deshalb auch das WORT. Das Wort ist der Geist, der unseren Geist berührt und verändert. Rettung bedeutet deshalb mehr als nur »gerettet« zu werden. Durch das Wort, das der Geist ist, vollzieht sich eine Rekonstruktion des Da-seins, des persönlichen Lebens. Natürlich hat dies auf die außerpersönlichen Institutionen und Strukturen einer Gesellschaft seine Wirkung. Aber Strukturen können sich nicht bekehren, das können nur Menschen. In diesem Sinn ist der Glaube eine höchst persönliche Angelegenheit und wird dies auch immer bleiben.

Fassen wir zusammen: Wo begegnen wir gemäß der christlichen Tradition also Gott? Ihm als Schöpfer im Tun und Lassen unserer Existenz, in unserem Da-sein. Ihm als Geist, als »Spirit«, in der Verkündigung des Evangeliums der Erlösung, im Wort (der Grundlage der christlichen Kirche) sowie in dessen Wirkung, der Erneuerung oder Rekonstruktion unseres persönlichen Lebens. Ist Gott in uns? Gewiß wohnt der Schöpfer in seiner Schöpfung, gemäß der christlichen Tradition war nie weniger gemeint. Erlösung besagt, daß Er so in ihr wohnt, daß Sein Geist wieder mit unserem Geist übereinstimmt. Die Kommunikation ist hergestellt, wir leben wieder bewußt mit Gott.

Über Jesus Christus

IX. Christologie

O, Klaus, warum saß dieser dein Gott
so tief in deinen Gedanken
und warum lief er nicht einfach auf die Straße?
Lucebert

1. Christlich glauben

Das Christentum verdankt seinen Namen Christus, denn Jesus Christus bestimmt gemäß der christlichen Tradition Gottes Gesicht. Gott ist die Liebe; aber um bei diesem Gott, der die Liebe ist, anzukommen, muß ein Mensch den Weg des Glauben an Christus gehen. Er muß sein Versagen einsehen, seine Schuld anerkennen und sich durch Christus mit Gott versöhnen lassen. Die christliche Glaubenstradition versteht sich selbst also als eine Heilsbotschaft, die um Glauben und Bekehrung bittet und einen Menschen in Frieden mit Gott leben und sterben läßt. Deshalb *dreht* es sich im christlichen Glauben um Christus (ein passender Titel für Ihn ist denn auch »Mittler«), aber es *geht* schließlich um Gott. Mit Hilfe dieses (von Van Ruler übernommenen) Wortspiels kann ich einige für die christliche Glaubenstradition markante Gesichtspunkte unterstreichen.

Wir sprechen zwar vom *christlichen* Glauben, doch ist es nicht so, daß Christus Gott von seinem Platz verdrängt. Das ist für das Gespräch mit den Weltreligionen, namentlich mit dem Islam, ein wichtiger Tatbestand. So groß der Nachdruck auch ist, mit dem der Islam vom Propheten Mohammed spricht, Mohammed ist dennoch nicht Allah, auch nicht eine Verlängerung von Ihm, vielmehr steht er ganz und gar auf der Seite der geschaffenen Welt. Die Ehre, für die er in seiner Verkündigung eifert, ist die Ehre Gottes; für sich selbst sucht er dagegen keine Ehre. Der große Vorwurf des Islam gegen das Christentum lautet ja gerade, Christus bekomme gegenüber Gott eine konkurrierende Stellung zugewiesen; Christus sei für die Christen ein halber, wenn nicht gar ein ganzer Gott, was aber bleibe so von der Einheit und Einzigkeit Gottes übrig?

Nun ist die Art, mit der Christen in der Regel von Christus sprechen, nicht ohne Probleme. Aber auch wenn wir einmal alle Karikaturen und

Entgleisungen der Kritiker auf sich beruhen lassen und deren wirkliche Absichten ernstnehmen, dann können wir immer noch behaupten, daß es im Christentum ebenso wie in anderen Religionen letztlich um Gott geht und daß Christus, von daher gesehen, den Platz Gottes überhaupt nicht einnehmen *könnte*. Für das interreligiöse Gespräch haben wir so eine Grundlage. Im folgenden Schritt könnten wir dann versuchen, möglichst umsichtig und sorgfältig herauszufinden, *was* die jeweils andere Religion über Gott zu sagen hat. Erst danach können wir uns darüber unterhalten, ob und warum wir es gerade so oder vielleicht anders sagen wollen.

Mit diesem Ausgangspunkt setze ich also etwas Gemeinsames voraus, das allen Religionen zugrunde liegt. Gott beschäftigt alle Menschen, Er ist in diesem Sinn Gegenstand und zugleich Subjekt, wenn auch nicht auf dieselbe Weise. Das Christentum verkörpert einen Glauben wie andere Glaubenstraditionen, glaubt aber auf christliche Weise. Im Spiegel von Christus sehen wir, christlich gesprochen, Gottes wahres Gesicht.

2. Die Kontroverse über den WEG

Mit dem Satz »Es geht um Gott, aber es dreht sich um Christus« ist ein weiterer Aspekt verbunden, den ich unterstreichen möchte. Der christliche Glaube ist eine Tradition, deren Besonderheit inmitten der anderen Religionen aus einer *Kontroverse* über den Weg zu Gott und Seinem Heil entstanden ist, der Kontroverse mit dem Judentum. Heutzutage pflegt man von einer jüdisch-christlichen Tradition zu sprechen, wofür es natürlich viele Gründe gibt. Zu verweisen ist in jedem Fall auf die Verwandtschaft von Judentum und Christentum, deutlicher noch, auf die Verwurzelung des Judentums im Christentum. Ohne Judentum gäbe es überhaupt keine christliche Tradition. Das ist zwar richtig, dennoch liebe ich diesen Sprachgebrauch nicht. Zunächst fühle ich in ihm ein Element der Annexion; Christen tun so, als wären sie Juden und tasten damit die Identität des Judentums an. Das ist nicht gut für die Juden, aber auch nicht für die Christenheit. Zwischen beiden gibt es einen Konflikt - über Christus und damit über den WEG -, genau diesen Konflikt aber definieren beide Religionen im Blick aufeinander. Ferner bagatellisiert der Ausdruck »jüdisch-christlich« diese Kontroverse, und auch damit erweisen wir weder Juden, weder Christen noch dem Gespräch zwischen beiden einen Dienst. Eigentlich sagen wir damit, dieses Gespräch sei unnötig, da wir doch in großen Linien eine Tradition sind.

Nun scheint mir dieses Gespräch wirklich nicht so nötig zu sein, das aber aus einem ganz anderen Grund. Nach meiner Überzeugung sollte die Gemeinschaft der Christen die Juden, nachdem wir sie jahrhundertelang traktiert haben, vorläufig einmal in Ruhe lassen: keine Annexion und auch kein Religionsgespräch. Aufgrund ihres Schuldgefühls drängen die Christen zwar stark darauf, doch wenn ich Jude wäre, würde ich das als hinderlich erfahren. Umgang miteinander, das scheint mir vorläufig die beste (und einzige) Art, die Juden ernstzunehmen.

Müssen Kontroversen wirklich hervorgehoben werden? Dann nicht, wenn sie die Identität nur wenig berühren; aber beim Konflikt zwischen Juden und Christen ist das ganz anders. Die ganze Rolle, die Christus in der christlichen Glaubenstradition spielt - mag sie im Lauf der Jahrhunderte nun übertrieben worden, gar zu weit gegangen sein - läßt sich zurückführen auf den Konflikt um einen anderen Weg zu Gott als das Judentum ihn geht. Die Streitfrage lautet, ob die Tora (Moses und die Propheten) oder Christus der Weg ist. An letzterem hat die christliche Glaubenstradition von Anfang an mit allen Fragen festgehalten, die sich daraus ergaben: Schafft der neue Weg den alten ab, nimmt er ihn in eine höhere Ordnung auf? Doch diese Probleme lasse ich im Augenblick auf sich beruhen und ziehe nur eine Folgerung. Das Christentum hat seinen Namen Christus zu verdanken; es dreht sich um Christus, der den Zugang zu Gott eröffnet. Die Kontroverse mit dem Judentum ist eine Kontroverse über den WEG.

Übrigens wurde diese Kontroverse nicht nur von den Christen, sondern auch von den Juden immer sehr ernstgenommen. Aus ihrer Perspektive gipfelt sie in der Frage, ob man Jude sein muß, um zum Volk Gottes zu gehören, oder ob auch Nicht-Juden (»Heiden«) dieses Vorrecht genießen können. Genau diese Frage wurde und wird vom Christentum positiv beantwortet: »Heiden« wie wir dürfen auch dazu gehören. Der Zugang zu Israels(!) Gott ist universal, steht allen Menschen offen, dies dank dem Weg, der Christus heißt.

Diese Formulierung zeigt, wie eng Juden und Christen zusammengehören; sie zeigt aber auch, wie bitter sie einander in religiöser Hinsicht verletzen können. Aber das wäre das Schlimmste nicht, weil das immer gilt: je näher sich zwei Gruppen sind, desto schwieriger wird ihr Zusammenleben. Das Schlimmste ist die Geschichte von Unverstand, Haß und sogar Gewalt gegen die Juden, die hinter uns liegt. An diesem Punkt bleibt Christen wenig anderes übrig, als ihre Schuld auf sich zu nehmen und mit ihr weiterzugehen.

3. Jesus Christus: die Interpretation eines Lebens

Wie kann jemand so wichtig sein, daß eine Weltgemeinschaft entstanden ist, die sich nach Ihm benennt? Ich füge gleich eine zweite Frage an: Diese Weltgemeinschaft benennt sich nach Christus, aber woher kommt dieser

Name und wofür steht er? Um beide Fragen zu beantworten, müssen wir einen Schritt zurückgehen.

Jesus ist ein Eigenname und zwar der Name, den Ihm (im Unterschied zum Titel Christus) Seine Mutter gegeben hat. »Jesus« verweist auf eine historische Person, die um den Beginn unserer Zeitrechnung durch das jüdische Land zog und ihr Leben frühzeitig am Kreuz beenden mußte. Im Prinzip ist Jesus also historisch nachweisbar wie Alexander der Große oder Willem von Oranje. So wie man vor Jahren in einem Studentenblatt nach Art einer historischen Reportage lesen konnte (ich zitiere aus dem Gedächtnis): »Jerusalem am soundsovielten. Heute wird ein gewisser J. von N., ohne festen Wohn- oder Aufenthaltsort, wegen Aufruhrs gegen den Staat hingerichtet.« Das Stück sollte schockieren, tat dies auch, aber völlig zu Unrecht; denn historisch gesehen läßt sich die Angelegenheit nicht besser präsentieren. Aber wir hätten von J. von N. auch nie mehr etwas gehört, ja, wie bei so vielen Gekreuzigten hätten wir sogar von seiner Existenz nichts erfahren, wäre mit einer historischen Reportage die *ganze* Wahrheit erzählt. Daß es anders kam, gibt wenigstens zu denken.

Jesus von Nazaret ist nicht nur der Name einer historischen Person, sondern auch der Person aus einem jüdischen Milieu. So merkwürdig es auch klingt, der Gründer des Christentums war, was Herkunft und Religion betrifft, kein Christ, sondern ein Jude. Ist das wichtig? Ich meine ja, dies übrigens aus verschiedenen Gründen. Eine historische Person ist immer in eine konkrete, beschränkte Welt eingebettet. Jesus war kein Schwarzer, kein Weißer, keine Frau. Wenn Jesu Judesein zu seiner historischen Existenz gehört, dann auch diese anderen Bestimmungen. Die Frage, ob er nicht ebensogut Frau, schwarz, weiß oder was auch immer hätte sein können, ist sinnlos, denn sie versucht, gerade die spezifischen Merkmale alles Historischen zu übersteigen. Aus einer historischen Person läßt sich nicht alles machen. Das wird uns später im Zusammenhang mit den Verständnis von Jesus noch einmal begegnen.

Aber da ist noch etwas. Daß Jesus ein Jude war, bringt auch mit sich, daß Er sich der jüdisch-religiösen Sprache bediente. Um Seine Worte und Taten zu begreifen, sind Christen deshalb immer auf die Kenntnis des Judentums angewiesen. Je mehr man sich darum bemühte, desto auffallender erschien auch die Übereinkunft zwischen der Predigt Jesu (aufgezeichnet in den Evangelien) und der Predigt der jüdischen religiösen Führer (namentlich der Pharisäer). Daß diese Übereinstimmung eigentlich schon von Anfang an in eine Kontroverse mündete, ist ganz und gar den ersten Anhängern Jesu zuzuschreiben, die Ihn anders beurteilten als ihre jüdische Umgebung.

Damit komme ich zum zweiten Namen, Christus. Er stammt nicht von Seiner Mutter, sondern von Seinen Jüngern und bringt eine Interpretation seines Lebens zum Ausdruck - mit allen Fragen, die damit verbunden sind. Haben die Jünger dessen Bedeutung richtig erkannt; müssen wir ihm dieselbe Interpretation geben oder sind andere Ansichten über Jesus möglich? Und warum kam es gerade zum Namen Christus, einem für die ersten Anhänger jedenfalls entscheidenden Namen?

Beginnen wir mit der Frage, was dieser Namen bedeutet. Ursprünglich ist das Wort die griechische Übersetzung des hebräischen (aramäischen) »Messias«. Heutzutage nehmen Prediger und Priester dieses Wort gerne wieder auf, sprechen dann von »Jesus Messias« (oder »Messias Jesus«). Das klingt erfrischend, jedenfalls für Kenner der jüdischen Tradition. In der Tradition, in der Jesus erzogen wurde, ist der Messias - in welcher Montur man ihn dann auch dargestellte - der von Gott bestimmte Bringer der Endzeit, die Person also, von der man bei seinem Erscheinen sagen wird: »Dieser ist es, der kommen soll!« Merkwürdig ist aber, daß die älteste christliche Tradition diesen Namen eben nicht rückübersetzte. Das Neue Testament zeigt, daß Aramäisch und Hebräisch in den christlichen Kirchen bekannt war (Abba, Maranatha, Amen), aber man wechselte das griechische »Christus« nicht etwa gelegentlich mit dem hebräischen »Messias« ab. Das scheint mir kein Zufall zu sein. Die nicht-jüdischen Völker, an die diese Botschaft zu richten war, waren ja nicht in einer Messias-Tradition erzogen und hätten erst vollständig in die jüdische religiöse Zukunftserwartung eintauchen müssen, wenn der Titel »Messias« bei ihnen hätte wachrufen sollen, was er bei den Juden bis heute wachgerufen hat. Das war für die ersten Anhänger Grund genug, mit diesem religiösen Begriff vorsichtig umzugehen.

Aber dahinter steckt m.E. mehr. »Messias« ruft Assoziationen wach, die zur Zukunft, zum Messianischen Reich als dem Endziel von Gottes wegen gehören. Diese Zukunft ist aus dem Neuen Testament keineswegs verschwunden. Zwar wird sie auch auf Jesus und Sein Werk bezogen, aber das Hauptinteresse richtet sich dabei nicht so sehr auf Jesus als Endpunkt, sondern auf Jesus, den WEG, weil gerade dieser Weg, der Er (in Seiner Person) ist, den gängigen Ideen darüber diametral widerspricht. Im Neuen Testament steht deshalb »Christus« und nicht »Messias«. Der Sprachgebrauch spiegelt also das Spezifische des Christentums wider.

4. Christus als Apposition zu Jesus

Nun hat bei den nicht-jüdischen Zuhörern gewiß auch das Wort »Christus« zu den nötigen Problemen geführt. Wörtlich übersetzt heißt Christus (ebenso wie Messias) »Gesalbter«. Die jüdische Welt dachte dabei an den messianischen Heilbringer, von Gott »gesalbt«, so wie Könige von altersher mit heiligem Öl gesalbt wurden, um Dessen Reich zu bringen. Aber woran dachten die Nicht-Juden? Gemäß dem Neutestamentler De Zwaan wußte sich mancher Grieche bei diesem Wort kaum etwas anderes vorzustellen als einen »pomadierten Herrn«, so wie wir bei »Salbung« an Fettigkeit und Öl denken. Das konnte aber, seltsam genug, nicht verhindern, daß »Christus« zu einem Namen wurde, der sich bis heute hielt.

Anfänglich ging es mühsam, der Name mußte sich sozusagen einen Platz erobern. Von der Bedeutung des Wortes her hätte das kein Problem sein müssen. »Christus« verwies ja, wie wir sahen, nach dem Heilbringer der Endzeit. Aber für die ersten (meist jüdischen) Anhänger *war* er das, und was lag mehr auf der Hand, als ihn »Christus« zu nennen.

Aber in der griechisch sprechenden Welt bestand diese Selbstverständlichkeit nicht, lange Zeit nannte man dort Jesus lieber »der Herr«. So hat es eine Weile gedauert, bis der Titel »Christus« eingebürgert war. Das war erst soweit; als er zu einer Art Eigenname, zu einem zweiten Namen geworden war: Jesus Christus oder auch Christus Jesus. Die ursprüngliche Bedeutung wurde dann vergessen.

Für viele Menschen innerhalb wie außerhalb der Kirche ist das noch immer so: Christus ist einfach ein Zuname. Aber ursprünglich war das keineswegs so gemeint und immer noch bekommt jeder, der beim Heidelberger Katechismus in die Lehre geht, zu hören, daß es ein Name mit einem Bekenntnis-Charakter sei. Jesus ist mehr als J. von N., Er ist (der) Christus! Bringt der Name »Christus« also eine bestimmte Ansicht bestimmter Menschen über Jesus zum Ausdruck? Das ist der Fall, genau wie auch die Weigerung, Ihm diesen Namen zu geben, einer bestimmten Ansicht entspricht. Jesus kommt immer, wie ich jetzt sagen kann, im Rahmen eines bestimmten Verständnisses zur Sprache, wie das schon im Neuen Testament so ist. Dort ist die Rede vom »Menschensohn«, vom »Propheten« oder vom »Sohn Davids«. Heute ist das nicht anders. Der Pfarrer nennt Ihn Heiland, Herr, Seligmacher, Bruder, Befreier oder »Herr Jesus«, »Messias« usw. Jeder Begriff hat da seinen eigenen Inhalt und zeigt, welchem Verständnis der Prediger zugetan ist; sie geben Jesus als einer historischen Person eine nähere Bestimmung. Dabei denke ich hier nur an die verschiedenen Einfärbungen von Jesu Person und Werk *innerhalb* des Spektrums einer breiten und anerkannten Auslegungstradition der, sagen wir, westeuropäischen Kirchen. Es gibt noch andere, die uns hier weniger zugänglich sind.

Was ich hier Einfärbung, Interpretation oder Auslegung des Lebens Jesu nenne, heißt mit dem Fachbegriff Christologie oder Lehre von Christus, die jemand - aus der Sicht des Glaubens - vertritt. Wir können sprechen von der Christologie des Apostels Paulus, der Alten Kirche, Augustins oder Karl Barths, die Reihe läßt sich endlos verlängern. Auch die Pfarrer, die ich soeben nannte, verraten mit dem unterschiedlichen Sprechen über Jesus ihre unterschiedlichen christologischen Vorlieben.

Diese Unterschiede sollten wir jedoch nicht übertreiben. Manchmal geht es um Nuancen, manchmal um nicht exklusiv gemeinte Vorlieben, bisweilen um echte Unterschiede, die zum Anlaß von Kontroversen werden können und oft geworden sind, gar zu Ketzerjagd und Kirchenspaltung führten. Hinzu kommen Bibliotheken voll theologischer Literatur, in der alle diese christologischen Entwürfe studiert, diskutiert oder kritisiert worden sind. Kein Wunder, daß man sich oft fragte und immer noch fragt: Sollen wir es nicht lieber mit dem einfachen Mann aus Nazaret, mit Jesus, halten? Und sollten wir die Auslegung, welche die Jünger seinem Leben gaben, nicht das sein lassen, was sie ist, nämlich eine »Einkleidung«, auf die wir bestens verzichten können, oder die, stärker noch, den Blick auf den wirklichen Jesus verstellt? Was Jesus sagte und tat, sein Geschick und seine Taten, ist das alles nicht wichtiger als das, was seine Jünger daraus gemacht haben? Und vor allem: Wäre dies dann einfachen säkularisierten Menschen wie uns nicht viel zugänglicher?

5. Jesulogie statt Christologie?

Das klingt nach einem anziehenden Vorschlag: »Streichen« wir die Einkleidung und kehren wir zurück zum einfachen Jesus der Evangelien; Er selbst ist wunderbar genug. Gleich zu Beginn mache ich dazu zwei Bemerkungen.

Erstens verweise ich auf eine Voraussetzung, die diesem Gedanken zugrundeliegt. Er geht aus von einem Gegensatz zwischen einem »rein historischen« Jesus und der »Einkleidung durch den Erzähler«. Aber dieser Gegensatz ist unhaltbar. Eine Erzählung über jemanden ist wesensgemäß etwas, das erzählt wird; Erzählen schließt aber immer eine Bedeutung ein, die der Erzähler dem Erzählten verleiht. Die sogenannte historische Betrachtungsweise der Evangelien ist also keineswegs so rein historisch wie man gerne behauptet. Das wird schon durch einfache Forschung bestätigt. Auch (und gerade!) die Evangelisten legen das Leben Jesu aus.

Zweitens: Auch die Vorliebe für den Mann von Nazaret (verstanden als Rückkehr zu ihm) ist eine Einfärbung. Zwar versucht sie, sich von den anderen Einfärbungen zu befreien, aber das ist nun einmal nur dadurch möglich, daß man eine neue schafft - so wie der Mann, der die kirchliche Trennung überwinden wollte, eine nicht-konfessionelle Kirche (eine »non denominational church«) stiftete und genau dadurch die Anzahl der Denominationen um eine erhöhte.

Ich kann es auch anders sagen: Nennen wir einmal den Versuch, die historische Person der Evangelien ins Zentrum zu rücken, eine Form von Jesu-logie, dann ist nur eine Folgerung möglich: Auch eine Jesulogie ist eine Christologie, wie ich gleich erläutern werde, eine gestutzte Christologie, die nicht leistet, was von ihr erwartet wird.

Es ist, wie mir scheint, nicht zu verkennen, daß das Bedürfnis nach einer Jesulogie auf ein legitimes Motiv zurückgeht. Der Jesus Christus der kirchlichen Tradition liegt so sehr unter Tradition und Kirche begraben, daß wir zu Ihm keine Beziehung mehr herstellen können; er ist uns fremd geworden. Wer kann sich unter »Sohn Gottes«, »Gottes eingeborener Sohn«, »Christus König« etwas vorstellen? Aber Jesus, der die Armen rettet, den Kranken hilft, den Autoritäten die Leviten liest - diesen Jesus können wir lieben. Warum rücken wir also nicht diesen Jesus in den Mittelpunkt?

Das Motiv, oder vielleicht eher das Bedürfnis, das sich hinter der Hochschätzung der (vermeintlich) mehr historischen Evangelien verbirgt, liegt im ansprechenden Charakter, in der Bedeutung Jesu für heutige Menschen. Mit Christus kommt die Kirche bei ihren Zeitgenossen nicht an, manchmal weiß sie auch selbst nicht mehr, was sie mit ihm anfangen soll. Aber mit der historischen Person Jesu kann sie umgehen, für Ihn kann sie sich auch einsetzen und Ihn können Menschen wiedererkennen! Ich weiß wohl, daß ich jetzt Jesus und Christus gegeneinander ausspiele. Das ist natürlich nicht richtig, wie ich weiter oben schon deutlich machte. Aber ich folge damit bewußt einer Tendenz, auf die ich gleich näher eingehen werde.

Was also ist von diesem Bedürfnis zu halten? Zunächst, es ist nicht neu. Die Geschichte der Christenheit ist eine wahrhaftige Mustersammlung von »Einfärbungen« nach Bedürfnis und Nützlichkeit, die sich alle der (vermeintlich) mehr historischen Person des Jesus der Evangelien anschließen. Das achtzehnte Jahrhundert sah Jesus als den rationalen Theologen; das neunzehnte vermutete in ihm einen Weisheitslehrer der Menschheit, Beginn einer Weltmoral der Bruderliebe; das zwanzigste Jahrhundert hat schon eine ganze Reihe von Varianten gesehen, angefangen mit Jesus, dem ersten wahrhaft freien Menschen, und endend mit Jesus, dem politischen und gesellschaftlichen Befreier.

Interessant wäre es - aber Zeit und Kompetenz fehlen mir -, der Frage nachzugehen, wie die Figur Jesu außerhalb des europäischen Christentums »eingefärbt« wird. Deutlich ist jedenfalls eines: Für die Schwarzen trägt er negroide Züge, und auf chinesischen Bildern erscheint er mit »Schlitzaugen«. Genauso tun wir es, denn bei uns ist Er ein weißer Mann. Aber warum sollte sich die Einfärbung nur auf die Hautfarbe beschränken und nicht tiefer gehen? Offensichtlich sieht jede Kultur so wie jede Zeit in Ihm wieder etwas anderes, etwas von sich selber und ihren eigenen Bestrebungen. Das macht Christen bisweilen nervös. Ist das alles möglich? Wo liegt die Grenze?

Natürlich ist das alles möglich. Wir sehen, wie es vor unseren Augen geschieht, und was könnten wir, von der christlichen Glaubenstradition her gesehen, dagegen haben? Nichts. Im Gegenteil, offensichtlich enthalten die Erzählungen von Jesus so viele Aspekte, daß jede Zeit etwas an Ihm finden kann, das sie fasziniert und zu einer neuen Sicht Seiner Person und Seines Werkes führt. Sollte das dann nur auf der Phantasie seiner Zuhörer beruhen? Das ist, wie mir scheint, beinahe unmöglich. Um nur ein Beispiel zu nennen: Wir können in Jesus den gesellschaftlichen und politischen Befreier wiedererkennen, weil Seine Geschichte auch diese Farbe annehmen kann. Ist er nicht (auch) der *wahre* König David, der sein Volk aus der Unterdrückung herausführt? Und Sein Volk - sind das nicht (auch) die armen ausgebeuteten Menschen? Die Christenheit versteht, wie mir scheint, sich selber falsch, wenn sie sich nicht darüber im klaren ist, daß auch »Wiederentdeckungen« dieser Art die Größe Jesu ausmachen. Allerdings bleibt die Frage, ob diese von Person und Werk Jesu genügend wiedergeben, um die christliche Glaubenstradition zu repräsentieren. Ich meine, das sei nicht der Fall und nenne dafür Argumente.

6. Nützlich oder notwendig?

1. Die schnelle Aufeinanderfolge der Ansichten von Jesus - gleich, ob wir sie nun Christologien oder Jesulogien nennen - hängt mit den schnellen historischen Veränderungen zusammen. Oder stimmt das so nicht und haben die Geschichtskenner recht, die in diesen schnellen Veränderungen nur Kräuselungen, Oberflächenwellen sehen (diese kommen schnell und werden auch schnell wieder überholt) und in der Geschichte selber einen breiten Strom, in dem die Veränderungen, die wirklich ihren Namen verdienen, sehr träge verlaufen? Ich bin dieser Ansicht zugeneigt. Menschen sind nicht viel anders als früher, wie ich einmal sagte, nicht besser und nicht schlechter, auch nicht mordsüchtiger, sie haben nur perfektere Waffen; ihr Konsumbedürfnis ist nicht größer, nur haben mehr Menschen die Chance, es zu befriedigen usw. Gekräusel. Die ständig sich abwechselnden Neuinterpretationen von Jesu Leben und Werk lassen sich nahtlos in dieses Bild einfügen: auch dies sind Kräuselwellen, Predigten zur aktuellen Anwendung der Glaubenstradition auf bestimmte Situationen. Die folgende Welle aber bringt eine neue Predigt.

2. Wiedererkennen ist schön, aber wir wissen auch dies: Was wiedererkannt wird, das wußten wir schon und mußten wir nicht erst von Jesus lernen. Wir waren sozusagen auch unabhängig davon schon mit einer Politik zu-

gunsten der Unterdrückten, mit dem Widerstand gegen Thron und Altar beschäftigt - aber siehe da, wir entdecken es auch bei Jesus!

Das führt zu einer wichtigen Frage: Warum ist Jesus dann so nötig? Lesen wir ständig in Ihn *hinein*, was wir selber für wichtig halten; suchen wir also nur von Höherer Hand Beifall für unsere eigenen Ideen und Aktionen? Reine Einbildung ist das nicht. Aber auch wenn wir diese Möglichkeit ausschließen, bleibt doch die Frage, warum denn Jesus noch für etwas wichtig ist, das wir auch selber schon entdeckt hatten. Warum greifen wir ausgerechnet auf Jesus zurück? Und was die Relevanz betrifft: Waren und sind nicht auch Che Guevara, Gandhi, Martin Luther King und Mutter Teresa von Bedeutung? Womit läßt sich also begründen, daß wir uns ausgerechnet an Jesus orientieren?

Diese Frage können wir jedenfalls nicht mehr beantworten, solange wir die Christologie der Tradition außer acht lassen wollen. Zwar bleibt Jesus auch dann noch nützlich, aber die Worte »nützlich« und »notwendig« besagen nicht dasselbe; nützlich können auch andere sein, und sie sind es. An der Frage, ob »nützlich« oder »notwendig«, scheiden sich dann auch die Geister.

Das Wiedererkennen Jesu, von dem ich sprach, bringt uns also nur bis zum Nutzen Jesu für die Ziele und Werte, die wir selber schon kennen. Damit sage ich über diese Ziele und Ideale nichts Schlechtes. Ob sie gut oder nicht gut sind, ist von untergeordneter Bedeutung. Entscheidend ist aber, daß wir uns mit diesem Wege unversehens außerhalb der christlichen Glaubenstradition befinden; denn diese findet Jesus nicht etwa besonders nützlich (für welche Zielbestimmung denn auch), sondern notwendig. Das gilt sicher in einer bestimmten Hinsicht. Welche ist gemeint?

Die Antwort der christlichen Glaubenstradition geht von einer wesentlichen Voraussetzung aus: von der Entfremdung zwischen dem Schöpfer und Seinen Menschen. Ohne diese Voraussetzung wäre die christliche Tradition ihres Kerns beraubt. Jesus überwindet die Entfremdung zwischen Gott und Seinen Geschöpfen; dafür ist Er nicht nützlich, sondern notwendig.

3. Warum verlassen wir mit unseren guten Absichten (zurück zu Jesus von Nazaret) so schnell die Spur der christlichen Glaubenstradition? Weil mit einer historischen Person nur eine historische Beziehung möglich ist, die uns nie mehr bieten kann als ein inspirierendes Vorbild, eine »fesselnde Figur«, kurzum, ein moralisches Modell.

Sehen wir genauer zu: Ist Jesus gemäß der christlichen Tradition nicht ein Vorbild, das zur Nachfolge ruft? Sicher, aber Nachfolge, verstanden als Imitation Jesu, einer Person vom Anfang unserer Zeitrechnung, beruht auf einem Mißverständnis und führt zu nichts. Bemerkenswert ist denn auch, daß die Autoren des Neuen Testaments (die doch noch ganz dicht bei der historischen Erscheinung Jesu standen), die Nachfolge viel eingeschränkter verstehen als oft dargestellt wird. Sie beschränken sie auf die Nachfolge Seiner Sanftmut und Opferbereitschaft in Seinem Leiden. »Der, als er beschimpft wurde, nicht wieder schimpfte, und als er litt, nicht drohte«, wie wir in der apostolischen Ermahnung lesen.

Zurück zum Gedankengang: Ich nannte Jesulogie eine gestutzte Christologie. Natürlich ist auch sie eine Form von Christologie, da sie Jesus von Nazaret eine Bedeutung zuerkennt. Bedeutung erhält Jesus aber dadurch, daß wir Ihn in ein Bezugssystem einordnen (das wir nicht vorfinden oder selber errichten). Dieser Rahmen *kann* aber für eine historische Person nie mehr bedeuten als Anlaß zu Inspiration und Bewunderung, als Stimulans für ein Handeln, das auf Menschlichkeit und ähnliches gerichtet ist.

Für das Christentum bleibt so die Verkündigung von Nächstenliebe und Gerechtigkeit als ihren Grundwerten übrig. Als Restprodukt des Glaubens ist das nicht wenig. Jesus predigte diese Werte und die christliche Kirche folgte Ihm darin nach. Aber die christliche Glaubenstradition hat in Jesus unendlich mehr gesehen als einen Verkündiger und ein Vorbild von Werten. Deshalb nenne ich Jesulogie eine gestutzte Christologie, eine Christologie, in der nur noch zu finden ist, was wir schon alles wußten: die Moral. Sie kann uns zwar noch erzählen, wozu Jesus gut, aber nicht mehr, warum Er notwendig ist.

Moral ist m.a.W. ein notwendiger, charakteristischer und in diesem Sinn auch unverzichtbarer Teil des Christentums, an dem sogar der Glaube zu messen ist. Aber Moral ist nicht der Clou. Gegen diese Unterstellung wehrt sich die Christologie des christlichen Glaubens. Sie handelt vom WEG zu Gott, der die Liebe ist, und sagt, es sei nicht so einfach, mit ihr zurechtzukommen, wie wir oft in unserer Arglosigkeit meinen.

Dabei verkennt die klassische Christologie nicht, daß Jesus eine historische Person gewesen ist, im Gegenteil! Aber wir haben zu ihm eine andere Beziehung als zu historischen Personen. Dies ist gründlicher zu erklären.

7. Der verkleidete Prinz

Das Märchen ist bekannt und kommt in vielen Versionen vor: Ein ärmlich gekleideter, unansehnlicher junger Mann, der bei seinem Einzug ins Dorf höchstens ein mitleidiges Lächeln erntete, entpuppt sich in einer Krisensituation - möglicherweise durch eine Heldentat, die niemand von ihm erwartete - als ein verkleideter Prinz. War Jesus gemäß der christlichen Glaubenstradition eigentlich nicht so ein verkleideter Prinz, dem man zwar nichts ansah - deshalb konnten Menschen sich täuschen -, der in Wirklichkeit aber Gottes Sohn gewesen ist?

Eine ansehnliche Strömung in der frühen Christenheit hat diese Ansicht vertreten. Gottes eingeborener Sohn, ja Gott Selber kommt auf die Erde in der Gestalt eines niedrigen Menschen, den man ruck zuck wieder aus der Welt schafft - aber nur scheinbar. Denn paß' auf! Diese bösen Mächte täuschen sich in ihm, wie eine alte gnostische Schrift sagt. Wie sich ein Fisch am Haken verschluckt, der im Köder steckt, so verschlucken sich die bösen Mächte - Sünde und Tod - an Jesus. Erst als es zu spät ist, entdecken sie, daß sie sich über sein sterbliches Äußeres getäuscht haben und nun gezwungen sind, sich dem Sohn zu unterwerfen.

Aus dieser dramatischen Darstellung der Dinge - von der christlichen Kirche so übrigens nicht akzeptiert - sollen uns im folgenden zwei wichtige Themen beschäftigen. Erst die Dramatik: Sie siedelt die Entfremdung zwischen Gott und Mensch außerhalb der menschlichen Macht und Verantwortlichkeit an; so überkommt sie den Menschen von außen. Höchstens seine Verblendung kann ihm vorgeworfen werden, aber im Grund der Dinge ist er ein Opfer, das durch äußeren Machterweis denn auch gerettet wird. Die Frage, die diese Sicht der Dinge hervorruft, lautet jedoch: Stimmt diese Darstellung der Dinge, sind Menschen im Grunde Opfer des Bösen, oder ist diese Darstellung der Dinge zu einfältig? In einem späteren Paragraphen komme ich auf dieses Thema zurück und füge nur noch hinzu, daß die Ideenwelt der Gnosis (schon damals) zu viele mythologische Züge hatte, um in der christlichen Tradition Wurzeln fassen zu können. Zwar vollzieht sich zwischen Gott und Menschen ein Drama, sofern Menschen in die Macht des Bösen geraten sind, wie die christliche Tradition nie verkannte. Aber Gott siegt nie mit Hilfe einer List. Das war für die christliche Tradition unter der Würde Gottes. Das hieße also Kritik an der »Kriegslisttheorie«.

Wie steht es mit dem zweiten Thema, dem verkleideten Prinzen? Offiziell hat die christliche Glaubensgemeinschaft auch diese Darstellung nicht akzeptiert. Daß Gott Selbst in Jesus auf eine andere Weise gegenwärtig war, stand (und steht) für die Tradition außer Frage, aber dann nicht als Mensch verkleidet, denn dann wäre Jesus nichts anderes als eine Jacke, die Gott um Sich legt, wenn er auf Erden erscheint. Das aber wird Gott und Jesus nicht gerecht. Die ganze komplizierte Christologie der Alten Kirche, bekannt als die Zwei-Naturen-Lehre - eine Person (Jesus), in der zwei Naturen (eine göttliche und eine menschliche) vereinigt sind -, will gerade die Vorstellung vom verkleideten Prinzen ausschließen. Es fragt sich nur, ob ihr dies auch gelungen ist.

Ich meine, daß wir ehrlicherweise zugeben müssen, daß es ihr nicht oder nur schwerlich gelang. Der Grund liegt nicht nur in der Tatsache, daß die Volksfrömmigkeit der christlichen Kirche bis heute am Rand eines Abgrunds entlanggeht und überhaupt nicht auf die Zwei-Naturen-Lehre ausgerichtet ist, sondern auch darin, daß uns diese Lehre selbst, trotz aller guten Absichten, zu sehr auf das Terrain des Theologisierens zwingt. Kein böses Wort über Theologie, aber Theologie setzt die Gegenwart der Glaubenstradition voraus und fällt mit dieser nicht zusammen. Gläubige Menschen sind nicht ohne weiteres Theologen, brauchen das nicht zu sein, um gläubig zu sein, so wie umgekehrt Theologen nicht ohne weiteres gläubig sind. Theologie dient dazu, die Glaubenstradition - im Rahmen der jeweiligen Zeit und Kultur - zu verantworten. Machen wir mehr daraus, dann wird die Lehre schnell um ihrer selbst willen betrieben, statt dem Suchprojekt zu dienen, mit Hilfe dessen Menschen Gott finden müssen. Die klassische Christologie der Zwei-Naturen-Lehre wurde zum hervorragenden Beispiel für eine dermaßen »ins Kraut geschossene« Theologie, daß sie zu einer Lehre um der Lehre willen wurde. Wer sich in sie vertieft, hat schnell vergessen, daß er auf der Suche war nach Gott und, schlimmer noch, daß Rechtgläubigkeit in der Lehre von Christus dann entscheidend wird für die Zugehörigkeit zum Christsein. Die Zwei-Naturen-Lehre bietet also zu viel Theologie, aber nicht nur das. Diese Theologie ist schließlich auch festgefahren, wie ich im folgenden Paragraphen zeigen will.

8. Zwei-Naturen-Lehre

Was ist die Zwei-Naturen-Lehre nun genau und was wollte man mit ihr erreichen? Von ihrem Ziel her betrachtet ist sie weniger kompliziert als es scheint. Sie wurde zwar nicht als Abwehr konzipiert, aber als solche als eine Art Gegenmodell zu dem vom verkleideten Prinzen eingesetzt. Der große Einwand gegen diese Vorstellung war, wie man sehr gut spürte, daß sie das Menschsein Jesu zum Scheinproblem machte; es ist ja nur eine Hülle, eigentlich geht in ihr Gott umher. Aber wie konnte man dieser etwas allzu phantastischen Vorstellung entkommen und zugleich an dem festhalten, was man nicht verlieren wollte, daß nämlich Gott in der Person Jesu Mensch geworden ist?

Wer im Schema vom verkleideten Prinzen denkt, hat an diesem Punkt keine Probleme, Jesus sei eigentlich Gott, und darum gehe es schließlich. Maria ist dann die Mutter Gottes, und so blüht in der Alten Kirche allmählich die Marienverehrung auf. Aber wo bleibt dann das Menschsein, das Jesus zukommt? Wenn man dieses ernstnimmt, ist Maria nicht die Mutter Gottes, sondern die Mutter des Menschen Jesus. So bleibt die Frage zu beantworten, wie ein Mensch zugleich Gott sein kann. Denn alle Parteien wollten um jeden Preis daran festhalten, nicht nur weil dies die Volksfrömmigkeit verlangte (wenn Jesus nicht Gott ist, darf er nicht angebetet werden), sondern auch, weil damit das Wesen der christlichen Glaubenstradition steht und fällt: In Jesus Christus begegnen wir Gott selber. Was folgt daraus?

Ich verschone den Leser mit den komplizierten Denkübungen der Zwei-Naturen-Lehre. Sie sollten zeigen, daß sich in einer Person zwei Naturen sehr wohl vereinigen lassen, ohne daß sie ineinander aufgehen (die göttliche braucht die menschliche nicht aufzuschlucken), aber auch ohne daß zwei verschiedene Personen entstehen. Zunächst werde ich erläutern, daß sich diese Lehre in ihren eigenen Voraussetzungen verfängt. Danach zeige ich, daß uns diese Lehre weniger Gewinn bringt als meistens behauptet wird.

Ein unlösbares Problem für die Zwei-Naturen-Lehre entsteht durch die zwei Ichs, die wir annehmen müssen: ein göttliches und ein menschliches Ich, die zu zwei Personen in Jesus führen. Wenn das nicht gemeint sein soll - und natürlich soll das nicht gemeint sein -, dann können wir auch folgern, das Ich Jesu werde vom Ich Gottes eingenommen. Dann aber wäre Jesus als Mensch keine eigene Person mehr, sondern eine »enthauptete« Person. Dann wären wir zwar zu einer einzigen Person gekommen, aber von zwei selbständigen Naturen könnte keine Rede mehr sein. Die göttliche Natur hätte die menschliche dann doch wieder (so wie beim verkleideten Prinzen) wie ein Kleid um sich gelegt. Das Problem ist unlösbar. Wir opfern entweder die Einheit der Person (zwei Naturen führen zu zwei Personen) oder die Zweiheit der Naturen (eine der Naturen muß weichen, um zu einer Person zu kommen). Dieser Ansatz führt zu einer Puzzle-Theologie mit einem Puzzle, das letztlich nicht aufgeht. Das war der Preis, der zu bezahlen war, um dem verkleideten Prinz zu entkommen.

Für uns ist die Zwei-Naturen-Lehre schon aus diesen Gründen nicht mehr zu halten. Dabei sprach ich noch nicht von der Terminologie, derer sie sich bedient. Wir verwenden ihre Begriffe (Natur, Person) in einer ganz anderen Bedeutung als die Kirchenväter, und schon damals führten die (verschiedenen) inhaltlichen Bestimmungen dazu, daß die theologischen Richtungen völlig aneinander vorbeiargumentierten. Schließlich können wir beim besten Willen der Welt nicht von jemandem verlangen, daß er sich so sehr in die Geschichte der Theologie vertieft, daß er in normalem Deutsch nacherzählen kann, was diese Begriffe in ihrer Zeit meinten. Die Probleme sind unlösbar.

Ist das schlimm? Keineswegs, denn es ist ein von uns selbst geschaffenes Problem, das uns überfordert. Die Zwei-Naturen-Lehre ist der Versuch einer Rechenschaft, zwar von ehrwürdigen Kirchenvätern unternommen, aber eingebettet in die Denkvoraussetzungen ihrer Zeit. Wenn ein solcher Versuch aber mißlingt, dann sollten wir ihn getrost beiseite legen. Wir sind nicht dazu verurteilt, uns zwischen einer Person (aber ohne zwei Naturen) oder zwei Naturen (aber ohne die eine Person) zu entscheiden.

9. Inkarnation als Überbrückung

Woher kommt die Fixierung auf die in einer Person vereinigten zwei Naturen und was wollte man damit erreichen? Ich sagte es schon, was man an der Vorstellung vom verkleideten Prinzen nicht aufgeben wollte: Gott sei in der Person Jesu Mensch geworden. Die klassische christliche Tradition hat dafür den Begriff der Inkarnation, der Menschwerdung Gottes geprägt. Sowohl die Vorstellung vom verkleideten Prinzen als auch die von den Zwei Naturen geht auf Basisaussagen der Tradition zurück. Beides sind Erklärungen der Inkarnation, arbeiten diese nur in verschiedener Richtung aus. Der Gnostizismus dachte sich die Menschwerdung als eine Art Vermummung: Als Mensch vermummt führe Gott den Streit gegen das Böse und gewinne. Die Erlösung nimmt so die Form eines Dramas an. Der klassischen kirchlichen Tradition dagegen stand ein anderes Bild von Erlösung vor Augen, und sie gebrauchte eine andere Terminologie. Mußte die Entfremdung nicht doch von Jesus überwunden werden? Nun, die Lehre von den Zwei Naturen suchte die Lösung in der Person Jesu selbst. Wenn in Ihr Gott und Mensch wieder zueinander kämen, dann wären eigentlich alle Bedingungen erfüllt. Mehr ist also nicht nötig, denn mit der Vereinigung der zwei Naturen ist die Arbeit der Überbrückung, wenn ich so sagen darf, geregelt. Gott und Mensch sind dann wieder zusammen in der einen Person Jesu Christi; was will ein Mensch noch mehr von diesem Wunder der Gnade?

Im folgenden Paragraphen werde ich zeigen, daß die christliche Glaubenstradition - neben der Überbrückung der Entfremdung durch die Vereinigung von Zwei Naturen - noch eine zweite Form der Überbrückung kennt. Ich meine die Versöhnung als Werk Jesu Christi. Ob und wie beide Überbrückungen einander ergänzen, wird zu untersuchen sein. Stellen wir zunächst noch die Frage, was von der Inkarnation - verstanden als Überbrückung der Kluft zwischen Gott und Mensch - zu halten ist. Müssen wir sie akzeptieren, wenn wir den Glauben nicht verlieren wollen? Ich meine nein. Was heißt es, die göttliche Natur vereinige sich mit der menschlichen? So abstrakt wird die Kluft zwischen Gott und Mensch nicht überbrückt. Überdies hängt die Inkarnation allzu sehr von der Zwei-Naturen-Lehre ab; wenn also die Inkarnation - verstanden als Vereinigung von göttlicher und menschlicher Natur - zu einem selbst gemachten, unlösbaren Problem führt, ist sie auch für Christen kein Muß.

Damit ist nicht gesagt, in Wirklichkeit (also bei Jesu Person und Werk) gebe es zu diesem Problem keinen Anlaß. Solche Phantasten waren die ersten Jünger Jesu nun auch wieder nicht, daß sie Gott entdeckten, wo nur Gespenster zu sehen waren; aber sie sahen keine Inkarnation.

Die Inkarnation können wir am besten noch als ein Denkmodell verstehen, das von der Christenheit entwickelt wurde; es ist das mißglückte Denkmodell für ein Geheimnis. Modelle in diesem Sinn sind nicht zu verstehen als die Spiegelung der Wirklichkeit, sondern als der Versuch, die Wirklichkeit in befriedigender Weise besprechbar zu machen. Darin allerdings hat das Modell große Erfolge erzielt. Beinahe alle Vorstellungen von der Person Christi gehen mehr oder weniger offen vom Gedanken aus, daß Jesus auf die Erde kam (zuvor also schon irgendwo, im Himmel war), daß er für eine Sache kam (um einen Dienst zu verrichten), daß Gott Ihn gesandt hat, usw. Einzeln genommen sind das sehr erhellende Vorstellungen; aber werden sie in das Modell der Inkarnation gepreßt, dann läuft alles verkehrt. Gab es denn wirklich schon einen Menschen mit Namen Jesus, bevor Jesus geboren war? Und geht Jesus irgendwohin, wenn Sein Werk auf Erden abgelaufen ist? Wo ist Er denn jetzt?

Es tauchen noch andere Fragen auf. Wenn Gott wirklich Mensch wird - wo ist Er dann geblieben? Hörte Er (wenigstens eine Zeit lang) auf, Gott zu sein? Die Alte Kirche löste, wie wir noch sehen werden, das Problem mit der Aussage, die Zweite Person der göttlichen Dreieinigkeit sei Mensch geworden; so brauchte Gott in der Menschwerdung nicht aufzuhören, Gott zu sein.

Was wir nicht zu begreifen vermögen, kann natürlich auch ein Mysterium sein. Können wir der Inkarnation nicht einen solchen Platz einräumen? Natürlich, in gewissem Sinn hat sie diesen Platz in der kirchlichen Liturgie schon erhalten. Dort hat das Mysterium seinen Ort, dort sprechen wir auch eine andere Sprache, nicht die des Verstandes, sondern die der Anbetung, des Lobpreises und der Verzückung. Nichts spricht dagegen, der Inkarnation dort ihren Platz zu geben. Unser Weihnachtsfest (ein Nachzügler unter den christlichen Festen) ist genau darauf ausgerichtet.

Aber dann muß die Inkarnation dort auch bleiben; denn als Denkmodell ist die Zwei-Naturen-Lehre zwar gut gemeint (es gibt in der Tat ein Mysterium, das in Worte zu fassen war), aber nicht gelungen.

10. Was also dann? Von Jesus wie von Gott sprechen

Die ersten Anhänger entdeckten in Jesus etwas von Gott. Als dann die Alte Kirche darüber nachzudenken begann, übersetzte sie dieses »Etwas von Gott« in den Begriff der »göttlichen Natur«. Warum sollten wir ihr darin folgen? Gewiß ist dieses »Etwas von Gott« an sich auch nicht befriedigend, etwas von Gott finden wir in allen Menschen. Besser ist es, das Gemeinte vorläufig so zu formulieren: Verglichen mit anderen Menschen war Gott in Jesus gemäß dem christlichen Glauben auf eine einzigartige Weise gegenwärtig. Aber auch das bleibt ziemlich unklar und verlangt eine nähere Präzisierung, genauso wie das übrigens beim Titel »Sohn Gottes« der Fall ist. In der christlichen Tradition tragen offensichtlich auch Menschen diesen Namen, und doch reservieren wir ihn im christlichen Glauben vor allem für Jesus. Er ist nicht Gott Selber, aber doch so sehr Gott, daß wir von Gottes Sohn und - um den Unterschied mit anderen noch zu unterstreichen - von Gottes *einziggeborenem* Sohn sprechen. Natürlich ist das eine Metapher, übertragener Sprachgebrauch. Gott hat keinen Sohn oder Söhne, so wie Menschen sie haben. Das Wort »einziggeboren« bringt eine einzigartige Beziehung, einen Platz zur Sprache, den nur ein einziggeborener Sohn einnehmen kann.

Wo führt das also hin? In einem der ältesten literarischen Erzeugnisse der Christenheit, dem sog. Zweiten Klemensbrief, sagt der unbekannte Autor, daß Christen von Jesus »wie von Gott« sprechen. Das ist eine schöne Formulierung. Sie besagt nicht, daß Jesus Gott, also Gott Selbst sei. Das wäre auch nicht richtig. Jesus mag sich, wie im Johannesevangelium, mit Gott identifizieren; das kostet aber nichts, weil das jeder tun kann. Es hat erst »Beweiskraft«, wenn Gott Sich auch mit Jesus identifiziert. Gemäß christlicher Überzeugung hat Gott das bei der Auferweckung Jesu von den Toten getan. Deshalb spielt sie eine so große Rolle, als sich die Augen für das Geheimnis seiner Person öffneten. Natürlich spürten Seine Jünger auch Seine Liebe, Seine Autorität, Seine Gerechtigkeit; aber hätten sie aufgrund dieser Erfahrung von Ihm »wie von Gott« gesprochen? Das glaube ich nicht. Es gab an Ihm doch »keine Gestalt noch Herrlichkeit« zu sehen, wie der Prophet sagte. Und endete Er nicht am Kreuz? Nein, von Jesus sprechen Christen »wie von Gott«, weil sich Gott mit Jesus identifiziert hat. Mit Identifikation meine ich hier, daß Er von Gott besetzt, »besessen«, bis zum Rand voll ist von Gott; das war zunächst zwar verborgen (man konnte es also übersehen), wurde aber in der Auferstehung offenbar.

Wer findet, bei dieser Interpretation bleibe zu wenig übrig, möge dies bedenken: Offensichtlich war die Alte Kirche vom Gedanken der Vereinigung Gottes mit dem Menschen (als Vereinigung von zwei Naturen verstanden) so fasziniert, daß die Heilsbotschaft für sie mit diesem Gedanken begann und endete. Aber offensichtlich ist das heute wiederum *für mich* zu wenig. So abstrakt wie es sich die Inkarnations-Theologie vorstellt (Natur nimmt Natur an), kann die Kluft zwischen Gott und Mensch nicht zugeschüttet werden. Die Christenheit feiert an Weihnachten nicht die Zwei-Naturen-Lehre, auch nicht das Dogma von der Inkarnation. Das alles ist Terminologie, Ausdrucksmaterial, von dem die christliche Kirche Gebrauch gemacht hat, um über ihren Glauben zu sprechen, an sich aber ohne entscheidende Bedeutung. Mit so wenig tritt die christliche Heilsbotschaft denn wirklich nicht nach außen. Die einzigartige Weise, mit der Gott in

Jesus gegenwärtig war - suchten wir nicht dafür eine gute Umschreibung? - hat sie dagegen sehr gut, konkret und praktisch umschrieben, als sie sagte: »Gott war in Christus, die Welt mit Sich selber versöhnend, indem er ihnen ihre Übertretungen nicht anrechnete.« Das (und alles, was damit weiterhin verbunden ist) ist der Grund, warum Jesus Licht in der Dunkelheit ist. Die Verse »Das Licht dieser Welt ist rettend erschienen«, und »Es taget im Osten« drücken m.E. besser aus, worum es an Weihnachten geht; sie tun es in jedem Fall besser als die Inkarnation, besser als die Formel von den »Zwei Naturen zusammen vereinigt«, und auch besser als die Kindergärtnerin, die meinen Kindern beizubringen suchte, daß wir »den Geburtstag des Herrn Jesus feiern«. Das machte auf sie keinen Eindruck. Er, der »Himmel und Erde vereinigt zusammen«, hat Seine eigene Art, die Kluft zwischen Sich und Seinen Menschen zu überbrücken. Sie ist von anderer Art als die Vereinigung von Zwei Naturen.

Sicher, alles wird letztlich gut. Für die vage Vermutung, daß es einen Frieden gebe, »der alles Begreifen übersteigt«, brauchen wir uns an Weihnachten nicht zu genieren; Weihnachten ist - im Gegenteil - dafür eine Bestätigung. »Von hier zu Gott seufzt niemand um unser Los, niemand« - so prächtig dieser Satz von Leo Vroman auch sei, es ist nicht wahr, was er sagt. In unseren besten Augenblicken stimmen wir der christlichen Tradition zu, die sagt: Jemand. Gott ließ sich unser Los angelegen sein und ließ es Sich etwas kosten, um ihm eine Wendung zu geben. Mit Trommeln in der Nacht beginnt Bach das Weihnachtsoratorium. Das kommt der Sache näher als das Wort von Vroman.

X. Die Versöhnung

> *... als Ihm die Last unserer Sünden und des Zornes Gottes den blutigen Schweiß im Hof herausgedrückt hat; wo Er gebunden wurde, um uns zu entbinden; danach unzählige Schmach erlitten hat, damit wir nimmermehr zuschanden würden; unschuldig zum Tode verurteilt worden ist, damit wir vor Gottes Gericht freigesprochen würden; ja, Seinen gesegneten Leib ans Kreuz hat nageln lassen, um den Schuldschein unserer Sünde dort anzuheften ...*
>
> *Formular zur Spendung des Hl. Abendmahls 1618/1619*

1. Versöhnung, der saure Apfel des Christentums

»Wieso Versöhnung? Ich wußte nicht, daß Krieg war!« So ein Ausruf liegt nahe. In seiner Aufrichtigkeit ist er zudem enthüllend für den Stand der Dinge. Die Achse, um die sich die christliche Glaubensverkündigung dreht, knüpft nicht ganz oder überhaupt nicht an unsere Emotionen an. Versöhnung setzt zwei Parteien voraus; sie setzt voraus, daß es zwischen den beiden etwas gibt, jedenfalls eine Form von Streit. Aber haben wir Streit mit Gott? Wir sind uns keines Bösen bewußt; die Vergebung der Sünden läßt uns denn auch keinen, jedenfalls nur selten einen Luftsprung machen, und der Friede mit Gott ist keine große Neuigkeit. Ich übertreibe etwas, sage aber keine Dinge, die nicht wiederzuerkennen sind. So bleibt uns nur eine Reaktion übrig: Wir haben nichts gegen Gott, kann Er etwas gegen uns haben?

Gemäß der christlichen Tradition ist jedoch genau das der Fall. Deshalb mußte uns erst erzählt werden, was sich zwischen Gott und den Menschen abspielt, bevor wir es glauben können. Aber auch dann kostet es uns noch Mühe, emotional davon betroffen zu bleiben.

In diesem Paragraphen möchte ich darlegen, woher die relative Nichtbetroffenheit kommt. M.E. spielen dabei zwei Faktoren eine Rolle, die beide mit den zentralen Elementen dessen zu tun haben, was in der christlichen Tradition Versöhnung heißt.

Zunächst knüpfe ich an die Aussage an, Er, Gott, habe etwas gegen uns. Wenn das so ist (und die christliche Tradition geht davon aus), dann liegt es doch auf der Hand, daß wir die Beziehung von *uns* aus wieder herstellen müssen. Dieser Gedanke ist sehr tief in uns verwurzelt, und dafür zeugt der große Platz, den das Opfer in zahlreichen religiösen Traditionen einnimmt. Opfer dienen der Wiedergutmachung. Das Eigenartige des christlichen Gottesentwurfs, worauf das Christentum zurecht stolz ist, besteht nun genau in der gegenteiligen Überzeugung, daß es Gott Selber sei, der die Wiedergutmachung leistet. Der Grund, den Christen für diese Umkehrung anführen, ist so unsinnig nicht: Wir haben nicht die Kraft, es selbst zu tun.

Diese überraschende Umkehrung schafft jedoch eine komplizierte Situation und ist gewiß nicht die leichteste Lösung. Um einige Fragen zu nennen: Wie bringt es Gott dann in Ordnung? Aber eine nicht weniger brennende Frage: Kommen wir denn auch noch zum Zuge, oder vollzieht sich die Versöhnung über unsere Köpfe hinweg? Solche Fragen verlangen eine Antwort, die in die Glaubensvorstellung von der Versöhnung einzufügen ist. Dadurch wird diese Antwort - der WEG also - kompliziert, komplizierter als uns lieb ist.

Ein zweiter Faktor kommt hinzu: Versöhnung setzt nicht nur voraus, daß die Beziehung zwischen Gott und Mensch nicht in Ordnung ist, sondern besagt auch, daß daran *etwas* nicht stimmt. Ich werde es in diesem Kapitel Entfremdung nennen. Gott und Seine Menschen sind einander entfremdet, und diese Entfremdung ist den Menschen zuzuschreiben, weil sie sich Gott entziehen. Warum? Weil wir uns an eine echte Konfrontation nicht heranwagen. Und was steckt dahinter? Wir haben ein schlechtes Gewissen, und das macht uns vor Gott dem Richter Angst. Eigentlich sind es drei Voraussetzungen, auf denen die Glaubensvorstellung von der Versöhnung beruht: (1) Es besteht eine Kluft zwischen Gott dem Schöpfer und Seinen Menschen, (2) dafür verantwortlich sind die Menschen, die sich - kurz gesagt - an Gott und Seiner Schöpfung versündigen, und (3) Gott hält den Sünder nicht für unschuldig. Das ist nicht angenehm und keine schöne Situation für die Menschen, aber eine wesentliche Voraussetzung für das, was die christliche Tradition mit Versöhnung meint. Versöhnung ist der saure Apfel des Christentums; wir müssen uns durchbeißen, bevor wir zum Süßen kommen.

2. Tragik oder Schuld?

Die Behauptung, Menschen entzögen sich Gott, ist ziemlich riskant. Gut, Gott mag dem durchschnittlichen Deutschen fern stehen, aber wer das in Sätze übersetzt wie: »Menschen laufen von Gott weg, sie gehen Ihm aus dem Weg«, der macht die eigene Theorie zum Maßstab des menschlichen Verhaltens und hat dann immer recht, so wie ein Marxist immer recht hat. Wenn wir mit seiner Gesellschaftskritik nicht einverstanden sind, dann nach seiner Theorie ja deshalb, weil wir in einer verkehrten Gesellschaft leben; wir *können* also überhaupt nicht sehen, was er sieht. Dementsprechend behauptet die christliche Tradition, daß sich die Menschen nicht nach Gott richten, weil sie sich Ihm entfremdet haben und daran nicht erinnert werden *wollen*.

Vor derartigen Argumentationen habe ich einen Abscheu, muß aber zugeben, daß sie einer grundlegenden Sicht entsprechen, welche die christliche Tradition von der menschlichen Existenz hat. »Adam, wo bist du?« Adam war aber nicht zu finden und hatte sich (übrigens mit Eva) hinter den Büschen versteckt; denn er fürchtete sich - mit gutem Grund - davor, dem Schöpfer zu begegnen.

Das muß eben geschluckt werden, ich gebe es zu. Um weiterzukommen, können wir nur noch die Erfahrung zu Hilfe rufen: Es *gibt* so etwas wie ein zwiespältiges Verhältnis von uns zu Gott; manchmal rufen wir Ihn an, manchmal vergessen wir Ihn, manchmal bedeutet Er uns etwas, manchmal nichts. So geht das in allen Kulturen; es gibt keine Kultur, die das Bewußtsein von Gott nicht darstellte als eine gebrochene Beziehung, die geheilt werden muß.

Die christliche Tradition legt diesen Tatbestand - also einen Tatbestand der Erfahrung - auf ihre Weise aus. Der Bruch ist für sie kein kleines Unglück und die Kluft nicht ein tragisches Geschick, dessen Opfer der Mensch ist. Solcherart Interpretationen bedeuten in der christlichen Glaubenstradition die »Verdrängung« dessen, was wirklich geschieht. Menschen sind m.E. nicht Opfer, nicht nur Opfer, sondern Schuldige, die es nicht wagen, ihrer eigenen Situation ins Gesicht zu schauen, dies auch nicht wollen und deshalb vor Gott weglaufen. Sie sind ganz zwiespältig, um dieses Wort noch einmal zu verwenden, denn zugleich tun sie ihr Bestes, um Gott auf allerlei komplizierten Wegen wieder zu begegnen. Aber darin haben sie keinen Erfolg, denn sie nehmen die Kluft nicht wirklich ernst; genauer gesagt, sie kommen nicht oder nur sehr schwer zur Einsicht, daß die Kluft auf ihrem Konto und nicht auf dem ihres Schöpfers steht.

Das Christentum beansprucht, die Tiefe dieser Kluft wenigstens zu sehen (ein wirkliches Bewußtsein davon zu haben, wäre noch etwas anderes). Dieses Wissen bezieht es aus der Überbrückung der Kluft in der Versöhnung. Wenn in dem, was wir Versöhnung nennen, Gott Selber über die Kluft hinwegschreiten muß, wie unüberbrückbar muß sie, von uns aus gesehen, dann sein! Die Aufhebung der Entfremdung geschieht wohlgemerkt außerhalb von uns, als eine Aktion also, die von der anderen Seite kommt. So müssen wir noch einmal schlucken, denn zunächst kommen wir überhaupt nicht zum Zuge. Die Versöhnung (das Schließen der Kluft) wird uns als *Geschichte*, also als etwas berichtet, das früher geschehen ist; wir aber standen beiseite, sind mehr Gegenstand als Subjekt. Das ist schwer zu verdauen, wie mir scheint.

Was wird uns also erzählt? Erzählt wird uns das Leben Jesu Christi, das zu seinem Tod am Kreuz führt. In der christlichen Tradition *ist* das die

Versöhnung, wie sie dort geschieht. Zwar ist damit eine Fortsetzung verbunden; die Geschichte wird ja nicht ohne Grund weitererzählt und durch das Weitererzählen umgeformt zur Heilsbotschaft, also zu dem, was beim Apostel Paulus »das Wort von der Versöhnung« heißt. Die Versöhnung ist m.a.W. wie eine Zweistufenrakete: Zunächst kommen wir nicht zum Zuge, denn die Versöhnung vollzieht sich im Leben und Sterben Jesu, wohl aber danach, wenn die Geschichte von Jesus und Seinem Kreuz als Heilsbotschaft weitererzählt wird. Am Schluß dieses Kapitels komme ich ausführlich darauf zurück.

Aber nach wie vor besagt die Botschaft, daß sich die Versöhnung vollzieht, ohne daß wir dabei zum Zuge gekommen sind. Es bleibt die Erzählung von Jesus und dem Kreuz. Das Christentum ist damit zur Religion vom WEG geworden; denn der WEG führt demgemäß über Jesus Christus und Sein Kreuz.

3. Das Kreuz: von der Erzählung zum Symbol

Die Erzählungen der Evangelien sind einseitig. Sie bieten kein ausgewogenes historisches Bild vom Leben Jesu, sondern eilen zum Kreuz. Um dieses geht es offensichtlich bei allen vier Evangelisten, sofern sie sich als Erzähler zeigen. Aber es sind natürlich nicht einfach Erzähler, vielmehr haben sie ihre Geschichte als Heilsbotschaft formuliert und tun das auf je ihre Art. Die Auslegung des Lebens und Sterbens Jesu, Seines Kreuzes und Seiner Auferstehung, wie sie beim Apostel Paulus vorliegt (er schrieb seine Briefe früher als die Evangelisten ihre Geschichte), wird sozusagen noch einmal überarbeitet, nun aber an Hand eines historisch geordneten Berichts. Es ist also nicht so, daß wir in den Evangelien die simplen Erzählungen finden und etwa bei Paulus die komplizierte Dogmatik. Die Evangelien sind genau so »dogmatisch« wie die Briefe des Neuen Testaments; in ihnen begegnen wir demselben Wortschatz (»Opfer«, »Lamm Gottes«, »Lösepreis für die Vielen« u.ä.). Doch gibt es sie nicht ohne Grund! Besser und anschaulicher als mit Hilfe dieser uns so teuren Erzählungen von Jesus und Seinem Kreuz könnte die christliche Tradition ja nicht zeigen, daß Versöhnung primär eine Sache außerhalb von uns und zu unserem Vorteil ist.

Wofür steht das Kreuz in diesen Erzählungen? Es steht für das Opfer, das Jesus in seiner Person bringt. Wie ein Lamm wurde er zur Schlachtbank geführt, wie ein Schaf, das stumm ist angesichts derer, die es scheren; so öffnete er seinen Mund nicht. Das ist ein Zitat aus dem Propheten Jesaja:

Wahrlich, er hat unsere Krankheit getragen und unsere Schmerzen auf sich geladen.
Wir meinten, er sei von Gott geschlagen, von ihm getroffen und gebeugt.
Doch er wurde durchbohrt wegen unserer Verbrechen, wegen unserer Sünden zermalmt; zu unserem Heil lag die Strafe auf ihm, durch seine Wunden sind wir geheilt.
Wir hatten uns alle verirrt wie Schafe, jeder ging für sich seinen Weg; doch der Herr lud auf ihn die Schuld von uns allen.

(Jesaja 53,4-6)

Warum führe ich dieses ausführliche Zitat an? Weil diese Verse so wunderbar zur Erzählung vom leidenden und sterbenden Jesus passen. Schon der frühesten christlichen Tradition ist das aufgefallen (s. Apostelgeschichte 9). Ich übergehe die exegetischen Fragen zur Berechtigung dieser Interpretation sowie zu den Folgerungen, die im Laufe der Jahrhunderte daraus gezogen wurden. Wenn wir wissen wollen, was die christliche Tradition vom Kreuz, dem Leiden und dem Sterben Jesu dachte, müssen wir die oben zitierten Verse Jesajas hinzuziehen. Die Strafe, die uns den Frieden bringt, lag auf ihm; durch seine Striemen geschah uns Heilung, Jesus errettet vom Gericht.

Diese Konzentration der christlichen Heilsbotschaft auf das Leiden und Sterben Jesu erklärt die zentrale Rolle, die das Kreuz in der christlichen Tradition erhalten hat. Es ist zum sichtbaren Zeichen der Erlösung geworden. Jesus rettet den Sünder vom Gericht, indem Er für ihn ans Kreuz geht; Jesus ist das Lamm, das die Sünden der Welt wegnimmt; Jesus hat die Ungerechtigkeit aller Menschen getragen und Er ist am Kreuz darunter zerbrochen. Da kommt fernerhin keine Dogmatik zum Zuge. Das Entscheidende steht in der Geschichte, wie die Evangelisten sie erzählen, wie sie Jahrhunderte lang in den Kirchen vorgelesen und im Abendmahl gefeiert wurde: Das ist mein Leib, der für Euch gebrochen wird; das ist mein Blut, das für viele vergossen wird zur Vergebung der Sünden.

Nachdem es einmal das sichtbare Zeichen der Rettung ist, wird das Kreuz zu einem Symbol, das für den christlichen Glauben selber steht, zum Erkennungszeichen, wie der Halbmond zum Erkennungszeichen für den Islam geworden ist. Vom Kreuz als dem Hinrichtungsinstrument für Verbrecher (emotional gesprochen eine Art Galgen, nur grausamer) bleibt dann nicht mehr viel übrig. Es wird zu einem anderen Wort für Leiden (»dein Kreuz tragen«) und zu einem Element für Rituale (das Kreuz schlagen). Kurzum, wie alle Symbole entwickelt es eine eigene Dynamik, steht es auf Kirchtürmen und Gräbern, auf Wappen und auf Fürstenkleidung. Als Amulett soll es vor dunklen Mächten beschützen, als Kruzifix ziert es die Wände von Kirchen, Wohnzimmern sowie Klostergängen, und als silberne Stecknadel trug ich es als Prediger am Revers meines Jacketts. Das ist zwar weit entfernt von Simon von Cyrene, der das Kreuz für Jesus trug, aber immer noch zu verstehen als ein Hinweis auf den christlichen Glauben. Bis auch dieser Hinweis abblättert. In einem Nippesladen fragte ein Mädchen nach einem Kettchen mit einem Kreuzchen. Als man ihr ein paar zeigte, sagte sie zu meiner Überraschung: »Nein, ich meine so eins mit einem Männchen dran«. Das ist das Ende des Kruzifixes. Die christliche Kirche sollte sich über den Symbolwert des Kreuzes nicht mehr zu viele Illusionen machen.

4. Gott war es, der in Christus die Welt versöhnte

Versöhnung ist keine Spezialität des Christentums, auch das Judentum geht von der Notwendigkeit der Versöhnung aus. Was das Christentum an diesem Punkt vom Judentum unterscheidet, das ist die Bindung der Versöhnung an die Person Jesu Christi und an sein Kreuz. »Gott war es, der in Christus die Welt mit sich versöhnte«, lautet die klassische Formulierung dessen, was im Leiden, in der Kreuzigung und im Sterben Jesu Christi geschah. Ich arbeite das wie folgt aus.

Gott *selbst* war in Christus. Da haben wir nun endlich die einzigartige Bedeutung Jesu im Vergleich mit anderen Menschen vor uns. Gott war nicht - jedenfalls nicht auf dieselbe Weise - in Martin Luther King, in Mutter Teresa oder in welchen anderen kirchlichen und weltlichen Heiligen auch immer. Es mag sie alle geben und sie haben im menschlichen Dasein ihre Funktion. Heilige sind zwar unverzichtbare Vorbilder, mit Hilfe derer wir unser Leben einrichten, aber sie sind nicht Christus gleich, denn in Christus war Gott dabei, die Welt mit Sich selber zu versöhnen. Gott *war* dabei, sage ich in der Vergangenheitsform. Wir werden später sehen, wie diese Vergangenheit Bedeutung erhält für uns, die wir in der Gegenwart leben. Aber zuvor folge ich der Spur, auf der wir uns befinden.

Die Vergangenheitsform »war« verweist zurück zum Kreuz Jesu von Nazaret, das für die ganze Christenheit als Opfer ausgelegt wurde. Bringt Jesus das Opfer seines Lebens? Sicher, aber wir dürfen uns das nicht so vorstellen, als hätte sich Jesus bei seinem Tod am Kreuz überlegt: »Jetzt bringe ich die Versöhnung zwischen Gott und Menschen zustande, dann werde ich wieder aus dem Tod auferstehen.« Das Drama am Kreuz wäre so ein Spiel, wenn nicht gar ein Spielchen mit dem Tod. Was sich Jesus am Kreuz überlegte, war etwas ganz anderes: »Mein Gott, mein Gott, warum hat Du mich verlassen?« Zwar begann Er seinen Weg als ein Prophet, der Sich von Gott dazu bestimmt wußte, das Reich Gottes zu bringen;

vielleicht identifizierte Sich Jesus mit dem Leidenden Gottesknecht, dem wir in Jesaja 53 begegneten. In jedem Fall beendete Er sein Leben als ein religiöser Führer, den sowohl Gott als auch seine Anhänger im Stich gelassen haben. Dennoch, so haben seine Anhänger schließlich gesagt, ist Er wirklich das, was wir dachten, daß Er sei, der Heilbringer von Gott her. Und doch ist Er anders. Das Reich Gottes kommt mit Ihm in die Welt, aber in einer Art und Weise, auf die wir nicht gefaßt waren. Er hat getan, was zuerst geschehen mußte, nämlich Gott und Mensch zu versöhnen und die Entfremdung rückgängig zu machen.

Damit wurde das Kreuz Jesu von der christlichen Tradition in einen ganz anderen Zusammenhang eingeordnet. Natürlich ist es auch das Resultat dessen, was Menschen gegen den Ärgernis erregenden Propheten aus Nazaret planten. Aus dieser Perspektive bedeutet die Kreuzigung Jesu eine Schändung der menschlichen Person, eine der vielen Schändungen, von denen unsere Geschichte so voll ist. Aber das ist nur die Vorderseite des Netzwerks; nach Überzeugung der Anhänger Jesu besteht dessen Rückseite darin, daß Gott durch die Pläne der Menschen hin Seinen eigenen Plan durchführte und Versöhnung brachte.

Natürlich konnten sie dem Untergang einer Person an einem Kreuz nicht einfach eine Bedeutung zumessen, welche die Kluft zwischen Tod und Menschen schließt. Diese Auslegung konnten sie erst entwickeln, nachdem sie erfahren hatten, was sie mit den Worten umschrieben: »Gott hat Ihn auferweckt« (darauf komme ich im Kapitel über die Auferstehung zurück). Sicher sahen sie seine Lebensgeschichte dann mit ganz anderen Augen. Man lese nur die Evangelien, die nach dieser Erfahrung aufgeschrieben sind. Das ist der einzige Grund, weshalb die Geschichte vom Kreuz nicht die Geschichte eines Mißgeschicks, sondern die Geschichte der Versöhnung werden konnte.

Die Formel »in Christus« habe ich bis jetzt als »durch Christus« gelesen, Gott also als die handelnde Person verstanden. Aber ist Christus denn nur passiv das Opfer, das gebracht wird? Das muß nicht so sein, und wir können »in Christus« auch so verstehen, daß Christus Selbst die handelnde Person ist. Dann aber besagt die Formel: »In Jesus Christus, der Sich Selbst als Opfer darbrachte, war Gott dabei, die Welt mit Sich zu versöhnen.« Beide Gedankengänge schließen einander nicht aus, sondern gehen eher ineinander über; beide nämlich bringen ein unverzichtbares Element dessen ins Spiel, was die Alte Kirche unter Versöhnung verstand. Gott Selbst ist der Geber der Versöhnung (1), aber ebenso unverzichtbar gilt, daß der Weg, auf dem sie sich vollzieht, der des Opfers ist, das Christus darbringt (2).

Wem nun wird das Opfer dargebracht und wer verlangt es? Muß Gott durch dieses Opfer auf andere Gedanken gebracht werden? Wie aber ist das möglich, wenn Er Selbst dafür sorgt, daß das Opfer dargebracht wird? Ich schlage vor, diese Fragen bis zu einem folgenden Paragraphen aufzuschieben und zunächst zurückzukommen auf unsere Vorstellung von der Versöhnung.

5. Versöhnung als Metapher

Bis jetzt bin ich davon ausgegangen, daß die Vorstellungen von Versöhnung und Opfer zu keinen Problemen führen; aber das tun sie natürlich. Dem, was sie zum Ausdruck bringen wollen, können wir auf die Spur kommen, indem wir uns - auch hier - daran erinnern, daß es um Metaphern geht, um eine Bildsprache, die etwas aus einer bekannten auf eine unbekannte Situation übertragen will. Versöhnung wird also zu einer gigantischen Metapher: Wo führt sie uns hin?

Beginnen wir noch einmal mit der Entfremdung als einer unleugbaren Wirklichkeit, die - in Faktoren zerlegt - aus Sünde, Schuld und Ohnmacht besteht. Gelegentlich fasse ich das in die Aussage zusammen, daß ein Mensch ein Sünder sei. Was aber muß mit dem Sünder geschehen? Er verfalle dem Gericht Gottes, war die Auskunft eines früheren Paragraphen. Aber muß das so sein? Warum vergibt Gott dem Sünder nicht, könnte damit die Sache nicht erledigt sein? Nein, das ist unmöglich, denn Sünde ist jemandes Vergangenheit, und was mit dieser Vergangenheit auch weiterhin geschehen mag, wir können sie nicht ungeschehen machen. Wenn sie aber nicht ungeschehen gemacht werden kann, dann muß sie - es bleibt nichts anderes übrig - versöhnt werden. Dadurch wird sie nicht aus dem Weg geräumt, sondern soviel wie »bedeckt« oder »zugedeckt«.

In der Vorstellungswelt der religiösen Riten, deren sich die ersten Jünger bedienten, geschah dieses Bedecken durch ein Opfer-Ritual. Anders als durch eine bedeckende Versöhnung, durch die Versöhnung mit Hilfe eines Opfers kann ein Sünder von seiner Vergangenheit nicht frei werden. Dieser Tatsache entlehnt die christliche Tradition die Bildsprache, mit Hilfe derer sie Jesu Kreuzestod interpretiert. Auch dieser Tod ist ein Opfer, das »zudeckt«, aber jetzt »ein für allemal« dargebracht ist. Die Schuld ist endgültig zugedeckt.

Damit sind wir noch nicht am Ziel, vielmehr stellt sich eine andere Frage. Opfer werden mit Blut vollzogen, und die christliche Tradition spricht denn auch vom Blut Jesu Christi. Daraus entstand eine geradezu vollständige Blutmystik. Wollte Gott also das Blut Jesu? So wurde es oft dargestellt. Dies entlockte Harnack, einen bekannten Historiker zu Beginn dieses Jahrhunderts, den Seufzer, Gott komme das zweifelhafte Vorrecht zu, der einzige zu sein, der nicht vergeben darf, ohne zuvor Blut zu sehen.

Was ist hier Karikatur und was ist sinnvolle christliche Tradition? Das hängt von der Frage ab, wie sehr wir die Metapher ausweiten. Zur Illustration knüpfe ich an einem Beispiel aus dem dritten Kapitel an. Im Matthäusevangelium lesen wir, daß Jesus (der Menschensohn, wie es da heißt) nicht kam, um sich bedienen zu lassen, sondern um zu dienen und sein Leben zu geben als »Lösepreis« für viele. Wem ist dieser Lösepreis zu entrichten, dem Teufel oder Gott? Das steht nicht dabei, und so haben sich die Leser denn auch durch die Jahrhunderte hindurch über eine gute Antwort den Kopf zerbrochen. Aber es gibt sie nicht, weil die Metapher nicht auf diese Frage ausgerichtet ist. Sie weist darauf hin, daß ein Lösepreis (es geht um das Wort »Preis«) in der Regel aus Geld besteht, daß Jesus aber nicht eine Summe Geld bezahlt, sondern sich selber *als Person* für andere zur Verfügung stellt. Weiter möchte ich nicht gehen, auch wenn ich zugeben muß, daß man eventuell mit gutem Recht weitergehen kann (und auch weitergegangen ist). Aber die Unlösbarkeit der Probleme, in die wir bei diesem Weitergehen geraten, halte ich für ein gutes Argument für die These, daß wir die Metapher in diesem Falle überziehen.

Bei der Metapher vom Opfer stünde uns dieselbe Bescheidenheit gut an. Sicher, durch ein Opfer wird die Schuld zugedeckt, aber »Opfer« ist hier eine übertragen gebrauchte Vorstellung, ebenso wie die Vorstellung vom Blut. Mit ihnen läßt sich leicht drauflos interpretieren, um dann zu ebenso unmöglichen wie geschmacklosen Vorstellungen zu gelangen; dahinter droht dann die Sache, um die es eigentlich geht, leicht zu verschwinden. Das Blut macht deutlich, wie ernsthaft dieses Opfer, daß es ein wirkliches Opfer ist. So meint auch die Metapher von der Versöhnung nicht, Gott wolle Blut sehen, sondern daß der Ernst der Sünde derart groß sei, daß sie bedeckt werden muß mit/durch ein echtes Opfer. Wer aber bedeckt sie? Gott Selbst deckt in/mit Christus die Sünden der Welt zu. Die Metapher von der Versöhnung verweist also auf die Vorstellung eines Opfers, das die Schuld bedeckt und so eine Art von Vergebung bedeutet. Versöhnung besagt, daß Gott vergibt, aber daß Er das tut, indem er die Schuld zudeckt. Das scheint mir in Sachen Versöhnung der Kern der christlichen Glaubenstradition zu sein.

Mit meiner Auslegung ist die Metapher nicht ausgeschöpft. Sie wird - wie alle religiösen Metaphern - von einem Assoziationsfeld umgeben, das an mehr denken läßt, als ich es hier tue. Warum müßte jemand bei dem stehen bleiben, was ich darin lese? Das Gespräch über die Frage, was die Metapher aussagen will und was nicht, bleibt also offen.

6. Versöhnung und Stellvertretung

Die Metapher von der Versöhnung hat einen weiteren Aspekt, der in der Tradition der Kirche herausgearbeitet wurde, es ist der Aspekt der Stellvertretung. Ich unterscheide nicht zwischen der Aufgabe eines Platzhalters und eines Stellvertreters, obwohl ich den ersten Begriff schöner finde. Wer mit dem Aspekt, auf den die Platzhalterschaft weist, Schwierigkeiten hat, hat mit dem anderen Begriff ebensoviel Schwierigkeiten. Und Schwierigkeiten gibt es! Wo also zeigt sich die Stellvertretung und was gedenkt der Begriff der Versöhnung im Sinne der christlichen Tradition hinzuzufügen?

Gehen wir dazu zurück zum Begriff des Opfers. Er wurde für uns zu einem geistigen Begriff, zur Umschreibung einer Haltung, aber ursprünglich bezeichnet er ein Ritual, bei dem ein Opfertier verwendet wurde. In vielen Opferriten (nicht in allen) ersetzt das Tier einen Menschen, der zum Schuldner wurde, ohne daß er das weiß und (wie wir annehmen) gegen seinen Willen. Der christlichen Tradition ist der Begriff der Stellvertretung so lieb geworden, weil er auf ein Opfer verweist, das willentlich und wissentlich dargebracht wird, das Opfer Jesu aus Liebe zum Sünder.

Damit sind wir bei einem weiteren Denkmodell angekommen, es ist wiederum von anderer Art. Aber auch dieses Modell rührt an einem bestimmten Punkt an Versöhnung und Opfer. Es geht um den Tausch zwischen Opferlamm und Übeltäter. In der Tradition der Versöhnung ist dies ein unverzichtbares, sogar ein wesentliches Element; denn ohne »Tausch« ist ein Opfer sinnlos. Das bedeutet zunächst nur, daß wir die Versöhnung auch in Begriffen des »Tausches« darstellen können. Jesus tauscht mit dem Sünder seinen Platz, Er ist dann die handelnde Person. Handelnde Person kann aber auch Gott sein; Er läßt Jesus und den Sünder die Plätze tauschen, übergibt Ihn für uns alle.

Das alles ist Metapher, übertragene Sprechweise, die mit der Bildsprache vom Opfer mitgegeben ist. Wenn wir nun auf diese Bildsprache nicht verzichten können, dann auch nicht auf die Vorstellung von der Platzhalterschaft. Wohl aber müssen wir auch hier zusehen, was diese Vorstellung sagen will und was nicht. Müßte es ein Opfer, ein Bedecken geben? Ganz gewiß, sagt die christliche Tradition. Und ist das eine Form des Tausches? Aufs neue sagt die christliche Tradition unumwunden ja. Platzhalterschaft und Versöhnung gehören zueinander.

Damit hängt nun wieder die Bedeutung zusammen, welche die christliche Tradition mit Jesu Tod verbindet. Mit Seinem Kreuzestod ist Jesus mehr als nur das Opfer Seines Berufs, also mehr als Opfer politischer oder religiöser Mächte. Das ist Er auch, aber damit ist nicht alles gesagt. Er starb nicht nur als »victim«, als profanes Opfer, sondern sein Tod war auch ein »sacrifice«, ein Opfer vor Gott. Deshalb bin ich der Meinung, daß Sein

Kreuzestod nicht erschöpfend beschrieben ist, wenn wir sagen, er habe den Übeltätern einen Schock bereiten wollen (»sind wir doch zu solchen Taten fähig!«). Diese »Schockwirkung« hat das Kreuz auch, wie ich zeigte, aber wenn mit ihm nicht mehr gegeben ist, fällt die Vergebung aus.

Die Vorstellung von der Versöhnung ist also nicht ohne Opfer und Platzhalterschaft möglich, anders verlöre sie ihre Pointe. Wohl aber ist derjenige, von Dem das Bedecken kommen muß, Derselbe wie Derjenige, der Sich dafür anbietet, Seinen Platz tauscht, Selber zum Opfer wird, nämlich Gott, der in Christus die Welt mit Sich selber versöhnte. Das ist in der Tat ein ziemlich komplizierter Weg, aber darauf komme ich am Schluß dieses Kapitels zurück.

Ich bemerke hier nur noch, daß wir aus der Metapher nicht schließen dürfen, Jesus habe schon die christliche Lehre gekannt und am Kreuz hängend an die Sünder gedacht, die er mit Seinem Opfer retten würde. Die Sprache der Tradition sagt nicht: Also liebte Jesus die Sünder, daß Er für sie ans Kreuz ging, sondern: So sehr hat Gott die Welt geliebt, daß Er Seinen einziggeborenen Sohn dahingegeben hat.

»An unserer Stelle« ist ein Ausdruck, der in den Mund des Sünders paßt und soviel bedeutet wie: »dafür haben sie den Falschen«, »für mich mußte Er da stehen«. So macht die Stellvertretung niemanden unmündig, sondern führt zum Bekenntnis der Schuld. Die Schuld zu bekennen setzt aber erwachsene und selbstbewußte Menschen voraus, und nur gegenüber jemandem, den man kennt, kann man sich schuldig fühlen.

7. Laßt Euch mit Gott versöhnen

Das Kreuz Jesu Christi ist Vergangenheit. Mit ihm können wir - so wie mit allen Ereignissen der Vergangenheit - nur eine historische Beziehung aufnehmen. Die Schlacht von Waterloo mag ich spannend oder sogar für das Schicksal von Europa entscheidend finden, dennoch kann sie nicht zu einem Teil meines Daseins, ich selbst nicht mehr in sie einbezogen werden. Mit der Versöhnung jedoch ist das möglich, wie die christliche Glaubenstradition sagt. Wie? Indem die Versöhnung sozusagen in das Wort von der Versöhnung, in deren Verkündigung, eingepackt wird. So löst sie sich von der Vergangenheit und vom Ort, an dem sie geschehen ist, um in Welt und Geschichte einzugehen. Gemäß der christlichen Tradition ist Gott heute im Wort von der Versöhnung damit beschäftigt, die Welt mit Sich zu versöhnen. Wenn wir dieses Element der Tradition vernachlässigen, strandet das Kreuz in Palästina. Aber auf dem Wort treibend löst es sich von dort und kommt in jede Zeit, auch in die unsrige.

Das Wort von der Versöhnung, das wir uns sagen lassen müssen, wird von der christlichen Tradition zwar in einer enormen Variationsbreite in Worte gefaßt, beinhaltet aber immer wieder ein und dieselbe Botschaft. »Sie predigten Jesus und die Vergebung der Sünden«, steht von der ältesten christlichen Gemeinschaft aufgezeichnet. Aber es kann auch heißen: Sie predigten, daß Gericht gehalten ist, der Tausch stattgefunden hat, das Opfer vollbracht und die Schuld versöhnt ist. Das müssen wir wissen; aber das zu wissen ist nicht genug. Geht es nicht um eine Versöhnung, von der ich selbst betroffen bin? Geht es nicht um die Aufhebung der Entfremdung zwischen Gott und (auch) mir? Aus diesem Grund wurde die Versöhnung (von damals) zur Heilsbotschaft (von heute) umgeformt. Die Vergangenheit erreicht uns in Form einer Bekanntmachung mit dem Aufruf: »Laßt euch mit Gott versöhnen«! Wie die Antwort aussehen könnte, folgt in einigen Bemerkungen.

1. Natürlich ist die Versöhnung nur für diejenigen eine Heilsbotschaft, die Versöhnung nötig haben. Gesunde bedürfen keines Arztes, sondern Kranke, so einfach ist das. Wer die Versöhnung nicht nötig hat oder nicht nötig zu haben glaubt, dem machen wir auch keine Angst. Zwar hat das die christliche Tradition getan, aber damit hat sie sich übernommen. Die Drohungen, welche die Bibelautoren Gott, Jesus und den Aposteln in den Mund legten, sind nach dem Kirchenvater Origenes pädagogische Maßnahmen. Gott spiele da nur, Er werde nicht wirklich böse, so sei Er nicht. Man hatte mit dieser drohenden Sprache also schon früh seine Probleme. So möchte ich Origenes zustimmen. Zwar spekuliert Origenes auch mit einer All-Versöhnung, aber über sie können wir nichts sagen, weil wir davon nichts wissen. Aber halten wir daran fest, daß die christliche Tradition Angstmacherei nicht nötig hat; denn was sollte ein in Angst erzwungener Glaube bedeuten?

2. Den Ausdruck »uns versöhnen lassen« übersetze ich mit: uns geschlagen geben gegenüber einem Urteil über unser Leben, das schon gefällt ist (es ist eine Verurteilung!) und uns zugleich auf freien Fuß setzt. Für Menschen, die sich keines Bösen bewußt sind, ist das nicht einfach. Müssen wir uns also anstrengen, um zu fühlen, wie schlecht wir sind? Nein, wir können aber einmal darüber nachdenken, ob wir wirklich so gut sind, wie wir dachten. Dabei hilft uns die christliche Verkündigung, die Diagnose und Therapie zugleich ist. Wer sich vom Wort der Versöhnung die Augen hat öffnen lassen, läßt sich gerne versöhnen und kehrt so zu Gott zurück.

3. Sich geschlagen geben ist ein anderes Wort für glauben. Damit ist der Kreis geschlossen; wir sind zurück beim WEG. Wie wird die Entfremdung aufgelöst und der Friede mit Gott unterzeichnet? »Durch den Glauben«, kann das Christentum in einer Art Kürzel sagen und damit den WEG zu Gott markieren, indem es ihn von anderen Wegen abgrenzt.

4. Den Glauben als den WEG anzugeben, das heißt im klassischen Sprachgebrauch »Rechtfertigung durch den Glauben«. Das ist ein kompliziertes Kapitel aus der christlichen Tradition, das jedoch nur unterstreichen will, daß der WEG nicht mit guten Vorsätzen - ausgeführt oder nicht - gepflastert ist, sondern die Versöhnung ernstnimmt. Befreit zu sein vom Gericht, das uns vom schlechten Gewissen erlöst, und zu leben in Frieden mit Gott - das heißt: »gerechtfertigt sein durch den Glauben«. Nicht als ob sich das Gericht, in dem Gott uns nicht akzeptiert, hinterher als ein Märchen oder als ein Mißverständnis enthüllte, sondern es ist schon vollzogen am Lamm Gottes, das die Sünden der Welt hinwegnimmt.

5. In der Vergangenheit wurde viel über den Gegensatz von »Glaube« und »Werken« nachgedacht. Er ist nicht überholt, aber in der uns bekannten Form doch erst von der Kontroverse mit den Juden, später von der Kontroverse zwischen Rom und der Reformation sehr geprägt. M.E. spielt letztere überhaupt keine Rolle mehr, jedenfalls nicht in ihrer klassischen Form. Als eine positive und unumstößliche Gegebenheit bleibt »die Freiheit eines Christenmenschen« übrig, wie Luther es nannte. Der Glaube macht frei, zu niemandes Sklaven (weder des Staates noch erst recht der kirchlichen Autoritäten), sondern zu aller Diener. Um dieser Freiheit willen, mit der Christus befreit, könnte ein Mensch also Christ werden.

6. Der Ausdruck »durch den Glauben« bedeutet nichts besonderes, sondern dasselbe wie »durch Jesus Christus«, und dies ist wiederum austauschbar mit »nicht durch unsere Werke«, »für nichts« oder »durch Gnade«. Die Terminologie mag abgegriffen sein, ihr Sinn ist völlig deutlich: Wir kehren zu Gott zurück, ohne unsere Schuld selbst gutgemacht zu haben.

Übrigens ist die Versöhnung durch Christus nicht einschränkend gemeint. Die Formel »für alle, die glauben« meint nicht: »nur für Menschen, die glauben«, sondern meint gerade, daß alle Einschränkungen weggefallen sind, weil es keine Bedingungen mehr gibt.

7. Ist diese Lösung zu billig? In seinem Buch »Der Fall« läßt Albert Camus keinen Zweifel darüber bestehen, daß er so darüber denkt. Ich glaube nicht an diese Weißwäscherei, sagt die Hauptperson, und er meint damit die Vergebung der Sünden. Ich gebe zu, daß alles billig gemacht werden kann, aber von ihrem Sinn und ihrer Tendenz her verstanden besagt die Glaubensvorstellung von der Versöhnung das Gegenteil: Es gibt keine »billige Gnade«; denn die Vergebung hat sowohl für Gott als auch für die Menschen ihren Preis.

8. Der neue Mensch

Mit Gott versöhnt zu sein bedeutet, ein anderes Leben zu beginnen. Das ist kein Muß, sondern ist einfach so und wäre anders nicht denkbar. Ein Mensch wird dadurch anders, weil er in einen anderen Stand des Lebens übergeht, so wie jemand in einen anderen Lebensstand übergeht, der heiratet. Zwar bleibt er derselbe Mensch, aber er steht doch anders in der Welt als zuvor. Christen glauben an ihren neuen Stand, und an diesem Glauben sind sie zu erkennen. Sie haben dafür einen Namen und nennen sich »Kind Gottes« oder »neue Schöpfung«, so jedenfalls *dürften* sie sich nennen.

»Seitdem er verheiratet ist, ist er ein anderer Mensch«; ein anderer Stand verändert also den Menschen. Ich weiß, daß der Vergleich hinkt, aber er kann das Entscheidende zeigen, daß nämlich die Veränderung des Standes eine innere Veränderung mit sich bringt. So kommen wir also zum »neuen Menschen« als dem Schlußstein der Versöhnung, in dem Gott Selbst einen neuen Menschen schafft. Ich mache dazu einige Bemerkungen und greife dabei auf zwei ebenso mystische wie zentrale Ausdrücke von Paulus zurück.

»Wer in Christus ist, ist eine neue Schöpfung«. Vorerst geht es um den neuen Menschen, was aber heißt es, »in Christus« zu sein?

Ich verstehe die Formel als den poetischen Ausdruck für ein Haus, in dem wir wohnen. So ein Zuhause, gemacht für ruhespendende, Gewißheit schenkende Gedanken, ein Haus, das Halt gibt, haben wir nötig. Karl Jaspers hat mit viel Mühe zu zeigen versucht, daß sich alle Menschen solcher »Behausungen« bedienen, um ihr Leben bestehen zu können. Nach ihm geht es nur um die Frage, ob »Behausungen« die Zeit überleben können. Auch Christen haben ein Haus nötig, so wohnen sie »in Christus«. Er ist ihr Haus, und weil wir mit Christus eigentlich Gott meinen, können wir auch sagen, daß Gott unsere Wohnung ist. Sie überdauert nicht nur die Zeit, sondern macht auch aus denen, die in ihr wohnen, neue Menschen.

Was aber heißt in diesem Zusammenhang »neu«? Auch das kann der Apostel sehr mystisch formulieren. Er arbeitet mit seinen Briefen an seine Leser und bearbeitet diese gerade so lange, »bis Christus in Euch Gestalt annimmt«. Das klingt sehr interessant, aber was bedeutet es? Scheiden wir aus, was es in jedem Fall nicht bedeuten kann: Paulus will nicht sagen, der historische Jesus müsse in uns Gestalt gewinnen; denn der historische Jesus steht unserem Weg fern, lebte in einer anderen Welt und anderen Zeit, und *falls* wir von seiner historischen Existenz etwas wissen, dann doch nicht viel mehr als die Handvoll Geschichten, die uns die Evangelien erzählen. Der neue Mensch ist also nicht Jesus von Nazaret.

Übrigens behauptet das der Apostel auch nicht, sondern sagt sehr ausdrücklich, daß Christus in uns Gestalt annehmen muß; Christus ist also der neue Mensch. Wir müssen das als die Rekonstruktion unseres Lebens durch Jesus Christus verstehen. Nun werde ich in einem späteren Kapitel darlegen, daß der christliche Sprachgebrauch für den auferstandenen Jesus den Ausdruck »der Geist« reservierte: Der auferstandene Jesus *ist* der Geist, so daß ich auch (und sogar noch besser) von der Rekonstruktion unserer Existenz durch den Geist sprechen kann. Aber da wir mit dem Geist auch wieder Gott meinen (Gott dann auf spiritueller Ebene; Geist arbeitet mit Geist), können wir auch einfach sagen, Gott rekonstruiere unser Leben, und als Modell, das einzubringen ist, verwende Er Christus.

Wir sind noch nicht viel weitergekommen. Wenn »neu« dasselbe wie Christus und Christus dasselbe wie »neu« bedeutet, drehen wir uns im Kreis. Falls wir also nicht in reiner Mystik hängen bleiben wollen (gegen die ich nichts habe), müssen wir zu konkreten Aussagen kommen, wie schon der Apostel Paulus das Wörtchen »neu« mit Hilfe von allerlei Lebensregeln ausfüllte. Nur Lebensregeln? Das mag enttäuschen, der neue Mensch steht so auf der Leiter unserer Ideale eine Sprosse tiefer. Jetzt geht es offensichtlich nur um so etwas wie das christliche Leben, und das ist eine zeitgebundene Größe, überhaupt nicht so neu. Mit den Lebensregeln, die der Apostel Paulus dafür aufstellt, sind wir überhaupt nicht mehr vertraut, und nach unseren Regeln hätte wiederum Paulus kein Verlangen. Lassen wir es vorläufig bei dieser Feststellung. In den Kapiteln über das Gebot Gottes komme ich auf diese historische Prägung der Lebensregeln zurück. Das christliche Leben wird ja immer wieder neu mit Inhalt gefüllt und *muß* immer wieder damit gefüllt werden. Das bedeutet kein ängstliches Unternehmen, noch weniger Verfall der christlichen Sitte, sondern eher und umgekehrt eine Berufung für Christen. Christen lassen sich, gerade weil es Christen sind, nicht wieder ein Sklavenjoch auferlegen, und deshalb suchen sie in jeder Zeit wieder neu nach dem, was christlich ist und was nicht. Wenn wir damit aufhören, ketten wir uns nicht nur selbst, sondern auch andere an dem fest, was Oma und Opa christlich fanden, was zur Knechtschaft statt zur christlichen Freiheit führt.

Daraus folgt, daß der neue Mensch zwar »Christus in uns« ist, wir dafür aber keine andere Form haben als die relative Größe eines christlichen Lebens. Im Kapitel über die christliche Zukunftserwartung werden wir sehen, warum das so sein muß.

Vom »neuen Menschen« ist also nur wenig zu sehen; der Heidelberger Katechismus spricht bescheiden von einem kleinen »Beginn« des neuen Lebens. Das alles klingt sehr vorsichtig, aber es entspricht - wie ich meine - eben den Tatsachen. Gewiß, Christ zu sein heißt auch, gut und voll Enthusiasmus für ein besseres Zusammenleben zu kämpfen, gegen Unrecht und Armut zu streiten. Wir sind aber schon sehr naiv, wenn wir nicht zugleich einen Streit beginnen gegen alles, was wir in uns selber an Unrecht,

Lüge, Betrug und Schummelei entdecken. »An uns selbst arbeiten«, was früher »Bekehrung« hieß, ist nicht nur wieder erlaubt, sondern auch notwendig. Dabei geht es nicht nur um den Streit; denn ein neuer Mensch zu werden heißt zugleich abzusterben und aufzuerstehen.

9. Der »WEG« ist ein Umweg

Es läßt sich nicht leugnen, daß die Vorstellung von der Versöhnung ziemlich kompliziert und bestimmt nicht das erste ist, das wir, wenn die Wahl bei uns läge, aus der christlichen Tradition mit nach Hause nehmen möchten. Müssen wir wirklich an sie glauben?

Natürlich können wir dazu nicht gezwungen werden, um damit zu beginnen. Wer mit dieser Vorstellung nichts anfangen kann, kann es eben nicht, und weitere Worte darüber sind unnötig. Aber was heißt es, daß wir damit nichts anfangen können? Es heißt doch nur, daß es bei uns keine Gefühle erweckt. Nun, das ist auch nicht nötig, dafür ist die Tradition nicht da. Emotionen entstehen erst, wenn die Tradition in der Predigt, im Gebet oder im Ritus aktualisiert wird. Darüber haben wir aber ebensowenig Macht wie über eine packende Aktualisierung.

Fest steht nur, daß die christliche Tradition mit der Versöhnung steht und fällt. Aus diesem Grund bin ich so ausführlich darauf eingegangen. Die Frage aber, ob wir mit ihr etwas anfangen können, überlasse ich jedem persönlich. Sie gibt jedenfalls zu denken über Gott, über den Nächsten und über uns selbst, und sei es nur über die Frage, warum derjenige, der die Schuld nicht selbst auf sich nimmt, sie immer einem anderen gibt. Würden wir ohne Versöhnung nicht alle zu Moralisten?

Wie kompliziert die Zusammenhänge sind, formuliert jemand von der Dritten Welt so: »Erst der Umweg, den Sohn zu senden und dann diesen Sohn am Kreuz noch im Stich zu lassen - wie kann so ein Gott meine Stütze und Zuflucht sein?«

Abgesehen davon, daß diese Aussage ein gutes Beispiel dafür ist, daß Metaphern auf einmal ihre eigene Dynamik entwickeln und unversehens etwas ganz anderes aussagen, als sie je aussagen sollten, sie umreißt das Komplizierte des christlichen Weges gut; der WEG ist jedenfalls ein Umweg. Was hat das für einen Sinn?

Die befriedigendste Antwort lautet: Der WEG sieht so kompliziert aus, weil Menschen kompliziert sind. Wir glauben nicht so leicht, daß wir Pfuscher sind, welche die Schöpfung (und dabei uns selber) verderben, und daß wir uns schließlich mit Vergebung auseinandersetzen müssen. Um uns davon zu überzeugen, setzt Gott gemäß der christlichen Tradition eine ganze Maschinerie in Bewegung, die Ihn Gott sein und den Menschen ihre Größe als Menschen läßt, die vor Gott schuldig werden können.

Sicher, Gott kann alles. Er kann Menschen erneuern, wie wir eine Wohnung erneuern; aber Menschen sind keine Häuser. Als Menschen haben sie die Ehre, die Gott ihnen läßt. Deshalb ist der WEG, christlich verstanden, kompliziert. Wir werden als *Menschen* gerettet, deshalb müssen wir versöhnt werden. Gott behält als Versöhner aber auch Seine Ehre als Gott. Warte eben, sagt die Versöhnung gegen alle Schnelläufer, »nur Toren stürmen hinein, wo Engel sich scheuen, aufzutreten« (»only fools rush in, where angels fear to tread«). Ein Übeltäter kann nicht einfach vor Gott erscheinen, um eben zu einem Bild der Etikette zu greifen, er muß sich erst waschen und schöne Kleider anziehen. Wer an die Versöhnung durch Christus glaubt, ist vor Gott ein bescheidener Mensch geworden.

Ein letztes: Die Versöhnung wird, wie ich sagte, verkündigt, und die Verkündigung geschieht in der Kirche. Allein schon aus diesem Grund ist die Kirche wichtig. Aber ein weiteres kommt hinzu. In der Kirche, also in der Predigt von der Versöhnung durch Jesus Christus, bestätigt Gott, was und wer Er ist: »Barmherzig, gnädig und groß an Güte« - das gilt vom Schöpfer, so wie Er m.E. nicht erst in Jesus Christus wurde, sondern immer schon war und noch immer ist. Durch die Person und das Werk Jesu Christi wird deutlich, daß Vergeben nicht billig ist, keine Selbstverständlichkeit, weder für Gott noch für uns Menschen. Wenn die christliche Verkündigung von der Vergebung der Sünden also nicht in Oberflächlichkeit untergehen soll, dann ist sie im Rahmen der Versöhnung zu predigen.

XI. Die Auferstehung

Death, thou shalt die!
Tod, du wirst sterben!
John Donne

1. Die entscheidende Rolle

Die zentrale Bedeutung von Jesu Auferstehung in der christlichen Tradition steht außer Zweifel. Wenn Christus nicht auferstanden ist, fehlt der christlichen Verkündigung ihr fester Grund, denn die Auferstehung ist, wie ich im folgenden darlegen will, kein frei schwebender Artikel im Sortiment christlicher Glaubensvorstellungen, auch wenn sie bisweilen so präsentiert wird, sondern eingewoben in ein größeres Ganzes, in umfassendere Bezugsrahmen, von denen sie ihre Bedeutung erhält und deren Eckstein sie zugleich bildet. Welche Bezugsrahmen sind das?

Beginnen wir mit dem Bezugsrahmen der Christologie. Wer war Jesus eigentlich nach Überzeugung seiner ersten Anhänger? Auf diese Frage konnten sie erst nach Jesu Tod antworten. So ist das immer: Man begreift jemandes Bedeutung erst, wenn dessen Leben abgeschlossen und in seiner Gesamtheit übersehbar ist. Erst nach Jesu Tod wurde den ersten Jüngern bewußt, daß sein schmählicher Untergang am Kreuz in Wirklichkeit kein Untergang war, sondern in die Pläne Gottes paßte, die Welt mit Sich selbst zu versöhnen. Dazu trug in entscheidender Weise etwas bei, das mit der Person Jesu geschah: Gott hat Ihn, wie die ersten Anhänger sagen, auferweckt; Sein Kreuz war nicht Sein Ende, und Seine Geschichte, mit Ihm Selbst als Subjekt und als Gegenstand zugleich verbunden, geht weiter; es ist die Geschichte von einem Lebenden (Schillebeeckx). Damit hat Gott bestätigt, was Menschen leugneten, nämlich daß Er der von Gott gesandte Heilbringer war und Seinen Sohn nicht im Stich ließ. Es läßt sich sogar sagen, daß Gott Ihn dadurch zum Sohn *gemacht* hat, daß Er Ihn nicht im Tode ließ.

Ich erinnere daran, daß das Wort Sohn in der christlichen Tradition nicht wirklich einen Sohn meint - Gott hat keinen Sohn! -, sondern eine Metapher für die enge Verbundenheit zwischen zwei Personen ist. In einer solchen Metapher macht es keinen Unterschied, ob diese enge Verbundenheit zuvor schon bestand oder erst durch die Rettung aus dem Tod zustande kam.

Als Vorgeschmack auf den kommenden Paragraphen weise ich schon jetzt darauf hin, daß man aus Verlegenheit die Zusammenhänge umkehren wollte: die ersten Jünger seien nicht durch die Auferstehung Jesu überzeugt worden, sondern ihre Überzeugung habe den Bericht von Jesu Auferstehung hervorgebracht. An sich wäre das natürlich möglich, aber es ist doch höchst unbegreiflich, daß ein Mythos (denn darauf würde die Erzählung hinauslaufen) sich so lange hält, und noch unbegreiflicher, daß dieser im Gegensatz zu vergleichbaren Mythen bis heute so viel Wirkung erzielt.

Ein weiterer Bezugsrahmen der Auferstehung ist das vom Heilbringer gebrachte Heil. Er ist der Herr über den Tod, so daß der Tod nicht das letzte Wort hat. Das eröffnet umso mehr Perspektiven, als wir uns bewußt machen, daß der Tod in der frühesten christlichen Tradition als eine Strafe Gottes angesehen wurde. Die Sünde ist in die Welt gekommen (um dem historischen Modell kurz zu folgen) und mit der Sünde der Tod, der als eine Art Sold mit ihr verbunden ist. Herr über den Tod zu bleiben bedeutet aus dieser Perspektive ein kolossales Ereignis, und die jüdische Tradition sieht darin den Anbruch der Neuen Welt. Wenn die Toten auferstehen, ist es soweit; so bilden die Auferstehungsgeschichten auch in den Evangelien den Schlußstein.

Ob nun das bis heute anhaltende Interesse der Mittelmeer-Kultur an Tod und Grab dazu beigetragen hat oder nicht, ist nicht so wichtig, da jede Kultur für Tod und Grab eine Antwort sucht. Jedenfalls hat die christliche Tradition die Heilsbedeutung der Auferstehung Jesu ausformuliert, indem sie von der »Überwindung des Todes« sprach, die sie an Ostern feiert. Vor allem in den Kirchen des Ostens, den Erben der Mittelmeer-Kultur, geht dieses Feiern sehr überschwenglich zu. Der endgültige Abschied von der alten Welt, so der Gedanke, besteht letztlich darin, daß wir endgültig vom Tod erlöst werden.

Dabei wird nicht ganz klar, wie wir uns die Auferstehung Jesu als Überwindung des Todes zu denken haben. Mitten im Festesjubel, der Ostern kennzeichnet, läßt sich nur schwer die beengende Frage unterdrücken, warum wir denn noch sterben müssen, wenn der Tod doch überwunden ist. Eine klassische reformierte Antwort lautet: Sterben ist für gläubige Menschen ein Durchgang zum Leben. Christen haben gelernt, »über den Tod hinaus zu hoffen« (Pannenberg). Für den Augenblick lasse ich es dabei und komme später ausführlich darauf zurück.

Beide Bezugsrahmen, die ich angegeben habe, verleihen dem Geschehen seine Bedeutung. Zugleich wirkt die Auferstehung in beiden als Eckstein. Wenn Jesus nicht auferweckt wurde, ist nichts vorzuweisen, wäre die christliche Tradition also auf einem Märchen erbaut. Ebenso gilt: Wenn das christliche Heil nicht eine Form von Todesüberwindung beinhaltet, dann ist und bleibt Frustration das letzte Wort. Mit dem Tod wäre dann alles aus und die Person ausgelöscht. Das aber ist in den Augen des Christentums zu wenig; es gibt eine Fortsetzung mit Ewigkeitswert.

2. Was wir für möglich und für unmöglich halten

Eine Studentin befreundete sich mit einem reformierten Jungen, und da sie nichts vom Christentum wußte, suchte sie den Studentenpfarrer auf, um einmal zu fragen, was dies bedeute. Der Pfarrer begann irgendwie, kam schließlich zur Geschichte Jesu, und als er Dessen Ende vermeldet hatte, fragte sie: Und hat man je wieder was von Ihm gehört? Für den Pfarrer war das eine offene Tür, und ganz begeistert erzählte er von der Auferstehung. Ihre Antwort habe ich (in der Tat, der Pfarrer war ich) nicht vergessen: »Wenn das wahr ist, werde ich Christ!«

Wenn! Aber ist es wahr? Wir haben, vorsichtig gesagt, große Mühe, es zu akzeptieren, dies übrigens aus mehreren Gründen, die sich in dem Gedanken zusammenfassen lassen, es gehe um Mirakelgeschichten. Mirakel werden von uns zu recht disqualifiziert, wir können ihnen nicht (mehr) folgen. Noch schlimmer, sie nehmen uns gegen die Erzähler ein. Nach unserem Verständnis kommen keine Engel vom Himmel, um Gräber zu öffnen, und kein Mensch kann nach drei Tagen aus dem Grab kommen, da er sich dann - sicher in warmen Ländern - im fortgeschrittenen Stadium der Verwesung befindet. Auch sucht nach seinem Tod niemand mehr Menschen auf, es sei denn, die Spiritisten wären im Recht. Das sind also Einwände gegen die tatsächlichen Züge eines Geschehens, das die christliche Tradition mit »Auferstehung der Toten« zu umschreiben pflegt. Die Zusammenhänge, in die sich diese Tatbestände nach christlicher Tradition einordnen, teilen dasselbe Los. Ist es reell, an eine Neue Welt zu denken und diese mit der Auferstehung der Toten eingeläutet zu sehen? Was soll denn die Behauptung, leibliche Menschen könnten leiblich wieder zum Leben kommen? Könnten sie denn aufs Neue aus der Materie früherer Menschen bestehen? In welch absurde Probleme geraten wir! Was den christologischen Kontext betrifft, so muß man doch erst an Jesus als den von Gott gesandten Heilsbringer glauben, wenn Seine Auferstehung glaubwürdig werden soll.

Wer diese Einwände und Probleme nur dem Mangel an gutem Willen zuschreiben möchte, würde die Situation verzeichnen. Es sind - und das spricht Bände - nicht nur die Fragen von Außenstehenden, vielmehr treffen wir sie genausogut innerhalb der christlichen Gemeinschaften an. Zur Debatte stehen die kulturellen Voraussetzungen, in denen wir leben und von denen her wir die Auferstehung, als tatsächliches Geschehen verstanden, mit Skepsis betrachten und eigentlich für unmöglich halten. Sie paßt nicht mehr in unser Wirklichkeitsverständnis. So müssen wir uns auch selber aufpäppeln, um »Erschienen ist der herrlich Tag« zu singen in der Hoffnung, daß wir damit unsere Zweifel überstimmen.

Ist unser Wirklichkeitsverständnis also das Maß für das, was möglich und was nicht möglich ist? So weit möchte ich nicht gehen, aber wir können die Frage auch nicht zugunsten einer uns liebgewordenen Vorstellung einfach auf die Seite schieben; das wäre unaufrichtig, und was würde es uns überdies helfen?

Ich möchte den Zwiespalt an einer bekannten Wundergeschichte aus dem Alten Testament demonstrieren, an der Geschichte vom schwimmenden Beil. Eine Gruppe junger Männer aus einer Prophetenschule war am Holzhacken und siehe da, einem von ihnen flog sein Beil ins Wasser. Entsetzt wandte er sich zum Prophet Elisa um Hilfe - das Beil war geliehen. Und wie das bei berühmten Propheten eben so geht: Nachdem er ihm die Stelle gezeigt hat, an der es ins Wasser gefallen war, bringt Elisa es fertig, das Beil zum Schwimmen zu bringen, so daß er junge Mann es einfach wieder greifen kann. Das ist eine Geschichte zur größeren Glorie des Propheten Elisa, denn Beile schwimmen nicht.

»Sie sind Opfer unserer modernen Kultur geworden, denn Sie leugnen das Wunder«, sagte ein Student, der sich meine Interpretation angehört hatte. Sollte es wirklich so sein? Es kostet keinerlei Mühe, zu glauben, daß Gott Beile schwimmen lassen kann; es fragt sich nur, ob Er es tut. Wäre das der Fall und Eisen verlöre morgen seine Schwerkraft, kein Zug könnte mehr fahren. Wir möchten also nicht einmal, daß es geschieht; nur weil Eisenstücke aus eigener Kraft nicht schwimmen, steigen wir ruhigen Herzens in den Zug oder in das Auto. Was nützt hier also eine Diskussion über das Wunder? Nichts, solange das Wunder vom Begriff des Mirakels her definiert wird.

3. Christliche Rettungsversuche

Für die beschriebenen Probleme hat man auch in christlichen Kreisen Lösungen vorgeschlagen, die oft Staub aufwirbeln, weil man in ihnen - zu Recht oder zu Unrecht - einen Anschlag auf die Tatsächlichkeit des Geschehens sah.

Damit bin ich schon zu einem ersten Vorschlag gekommen. Manche Christen fragen sich, ob denn die Tatsächlichkeit so wichtig ist. Wir könnten doch an der Bedeutung der Auferstehungsgeschichte festhalten und deren Faktizität auf sich beruhen lassen. All diese Betonung des Tatsächlichen könne sogar schädlich sein, weil sie die Sicht auf die Bedeutung verstellt.

Für diese Lösung gibt es gute Gründe. Was Menschen wichtig finden, erzählen sie weiter. Aber wie das eben so geht, geschieht dieses Weitererzählen der Ereignisse immer aus einer bestimmten Sicht, die sich die Erzähler zu eigen machen, und diese Sicht hängt immer mit ihrer Sicht von

Mensch und Welt insgesamt zusammen. Dazu gehört also auch, daß sie das Geschehene (falls es für sie wichtig ist) im Rahmen dessen weitererzählen, was sie für möglich und was sie für unmöglich halten. Auferstehung war für sie, für die Erzähler jener Zeit also, nicht nur wichtig, sondern auch möglich, deshalb gibt es die Auferstehungsberichte. Heute leben wir dagegen in einer Kultur, die - wegen ihrer ganz anderen Sicht von Mensch und Welt - mit Jesu Auferstehung die größten Probleme hat, dies vor allem wegen der Frage, ob sie möglich ist, und viel weniger wegen der Frage, ob sie etwas bedeutet. Im Gegenteil, was da erzählt wird, lohnt sich sehr wohl, weitererzählt zu werden. Warum sollten also Faktizität und Bedeutung nicht voneinander getrennt werden?

Das ist in der Tat bisweilen ein höchst sinnvoller Vorschlag. Im Blick auf den Umgang der christlichen Tradition mit der Himmelfahrt komme ich darauf zurück. Aber bei Jesu Auferstehung ist diese Lösung leider nicht möglich, denn deren Bedeutung hängt in diesem Fall gerade von der Frage ab, was für die Erzähler damals möglich war und was für uns heute unmöglich ist. Die Auskunft, die Auferstehung sei nicht wirklich geschehen, aber doch wahr, ist also keine Lösung. So blieben wir zwar unserer alltäglichen Überzeugung von Möglichem und Unmöglichem treu, hätten aber das, was die Tradition über Jesu Auferstehung sagt, aufgegeben. Zudem erhielte so auch der Begriff »wahr« eine seltsame Bedeutung; er würde gleichbedeutend mit »enthüllend«. An sich wäre ein solches Wahrheitsverständnis nicht schlecht, aber es ließe die Frage offen, warum denn Jesu Auferstehung auch dann etwas enthüllen sollte, wenn sie nicht wirklich geschehen ist. Müßte die Auferstehung dann überhaupt noch vermeldet werden? Wenn das dennoch der Fall ist, besagt sie mehr.

Es ist auch keine Lösung, sich auf die Auferstehung als ein »einzigartiges Ereignis« zurückzuziehen. Der Sinn dieser Formulierung ist deutlich; sie soll darauf hinweisen, daß die Auferstehung Jesu Christi einen Einbruch von Gottes Welt in unsere Welt bedeutet, daß sie nicht in unsere Vorstellungen von Raum und Zeit paßt und sich deshalb auch nicht mit Maßstäben prüfen läßt, die Raum und Zeit entnommen sind. Kurzum, die Auferstehung lasse sich nicht wie andere Ereignisse behandeln; sie sei historisch nicht zu greifen, im Licht unserer Denkvoraussetzungen sogar als ungeschichtlich oder als übergeschichtlich zu verstehen. Was ist davon zu halten? Das Gesagte ist nicht falsch, keineswegs. Es ist wahr, da wir ja kein damit vergleichbares Ereignis kennen. Aber es ordnet die Auferstehung doch etwas weit entfernt von den Zusammenhängen ein, zu denen wir Zugang haben. Das Einzigartige ist jetzt so außerordentlich, daß es sich weiterhin nicht mehr in die Begriffe unserer Weltanschauung einordnen läßt. Das Einzigartige wird so eigentlich »unbesprechbar« und das kann nicht der Sinn der Auferstehung sein.

Hinzu kommt, daß sich mit der Qualifikation »einzigartig« jedes unwahrscheinliche Ereignis verteidigen ließe. So wäre alles möglich und es gäbe keine Grenzen mehr; wenn wir aber einmal so weit gegangen sind, dann sind wir wieder beim Ausgangspunkt, bei einem Mirakel angekommen, das letztlich nichts mehr bedeutet. Ich bin also der Meinung, daß es besser ist, von Rettungsversuchen abzusehen, ob wir es glauben oder nicht. Die Frage ist nur, *was* glauben wir dann.

4. Folge der Spur zurück

Mit der Auferstehung Jesu von den Toten (eigentlich also »Auferweckung« von den Toten) berichten die ersten Anhänger - und von ihnen müssen wir es hören, wenn es um Jesus geht - zweifelsohne etwas, das mit Jesus geschah. Der Satz »die Sache Jesu geht weiter« ist gewiß richtig, aber doch nur deshalb, weil Jesus Selbst »weitergeht«. Auch die Meinung, Jesus lebe nach Seinem Tod im Glauben der christlichen Kirche fort - Er stehe auf, sofern Menschen beginnen, an Ihn zu glauben -, bleibt hinter dem zurück, was uns die ersten Anhänger einprägen wollten. Wenn Jesus nicht auferstanden ist, sagen sie, könne man zwar glauben, aber dieser Glaube habe überhaupt keinen Sinn. Selbst die Aussage, Er sei auferstanden in das Wort, das verkündigt wird, ist zu wenig. Auch sie ist erhellend und sachgemäß, bringt aber nicht erschöpfend zum Ausdruck, worum es geht. Wenn nämlich nur die Verkündigung zur Diskussion steht, warum sagen das die ersten Jünger dann nicht gleich, ohne diesen Umweg über die Auferstehung als ein tatsächliches Geschehen an und mit Jesus zu nehmen? Oder wäre Letzteres eben doch ein fataler Irrtum von ihnen gewesen?

Wenn wir uns aber auch nicht für diese Lösung entscheiden - täten wir es, wir machten es uns ja sehr leicht -, was kann uns dann noch helfen, die ersten Anhänger besser zu verstehen? Was ist ihnen zufolge geschehen und warum war das so wichtig? Sicher könnten wir sagen: Ich akzeptiere in gutem Vertrauen das Daß der Auferstehung, ohne über das Was inhaltlich etwas auszusagen. Aber auch diese Unterscheidung nähme dem Glauben seine Bedeutung, denn dieses Daß besagt ohne sein Was eben nichts. Wenn allerdings für ein Thema gilt, daß es von übertragenem Sprachgebrauch lebt, dann für die Auferstehung. »Auferstehung« ist eine Metapher, ein Wort, das aus einer bekannten Situation auf eine unbekannte übertragen wird. Das große Problem ist nur, daß das Unbekannte uns so sehr unbekannt ist, daß die Frage offen bleibt, wofür die Metapher steht. Wenn es aber um etwas geht, wofür wir überhaupt keine Anhaltspunkte haben und das wir dennoch verstehen wollen, dann sind wir mehr denn je einer Gefahr ausgeliefert; wir lassen es zu, daß die Bilder der Sache selbst ihre Struktur auferlegen. Das ist m.E. der Grund für die vielen Variationen in den Evangeliums-Berichten über Jesu Auferstehung. In manchen Erzählungen ißt Jesus sogar Brot und Fisch, um zu zeigen, daß er es wirklich ist. Hier bestimmt, bis hin zu den Inhalten der Erzählung, die Metapher die Wirklichkeit.

Aber es geschah etwas, und das steht für sie fest: Die Geschichte von Jesus endet nicht wie andere Geschichten mit dem Tod der Hauptperson; sie geht weiter. Ich sage nicht, sie setzte sich einfach fort; denn dann würde die Auferstehung Jesu zum Teil einer menschlichen Biographie. Das kann vom Kreuz gesagt werden, aber die Auferstehung übersteigt diesen Rahmen.

Am erhellendsten ist die Bildsprache von Weizenkorn und Ähre. Sie wird z.B. vom Apostel Paulus aufgegriffen und macht jedenfalls deutlich, warum die Auferstehungserzählung nicht für ein folgenloses Aufsehen sorgt, sondern wichtig ist für alle Menschen, die tief in ihrem Herzen glauben, daß es über Tod und Grab hinaus eine Hoffnung gibt. Das Bild von Weizenkorn und Ähre gilt übrigens nicht nur für Jesus, sondern für alle Menschen, die sterben. Ich werde denn auch ohne Unterschied von der Auferstehung Jesu und von der Auferstehung als Heilsgabe an uns sprechen.

Das Bild von Weizenkorn und Ähre schließt aus, daß es in der Auferstehung um die Wiederbelebung eines Leichnams geht. Was gesät wird, muß in gewissem Sinne erst sterben, bevor es aufgeht. Aber was dann aufgeht, sieht ganz anders aus als das Korn, das wir in die Erde legten. Und doch gibt es eine Kontinuität! Das Korn ist der Same und der Same ist das Korn. Ich möchte zuerst von dieser Kontinuität sprechen. Auferstehung besagt, daß der Auferstandene derselbe ist wie derjenige, der lebte, sonst ginge es nicht mehr um *Jesu* Auferstehung. Um es plastisch zu sagen: der Ich-Sager ist derselbe. Sosehr die Auferstehung auch eine schöpfende Tat Gottes ist, so wenig dürfen wir sie uns so vorstellen, als stehe ein Neuer im Sinne eines noch nicht bestehenden Menschen auf; etwas geht mit hinüber, sonst wären es ja nicht mehr wir. Die Lehre von der unsterblichen Seele hat also nicht ganz Unrecht. All die Proteste zeitgenössischer Christen gegen sie mögen begreiflich sein (die Auferstehung darf keine Selbstverständlichkeit werden), aber sie sind zugleich übertrieben. Gäbe es von uns nichts, das auf der anderen Seite ankommt, wären nicht *wir* es, die auferstanden sind.

Aber genauso wichtig wie die Kontinuität ist das Anderssein. Was aufersteht, ist eine Wirklichkeit, die nicht mehr dem gleicht, was gesät, dem Menschen, der begraben wurde. Der Auferstandene ist anders, in jeder Hinsicht anders, nicht mehr gleichförmig dem Bild, das wir uns von einem Menschen machten.

5. Leibliche Auferstehung?

Bei Auferstehung sollten wir also bestimmt nicht an einen menschlichen Leib denken, wie wir ihn kennen, als komme er aus dem Grab heraus, in das er zuvor hineingelegt worden war. Manch einen Christen, so wage ich wohl zu behaupten, führt die Evangeliums-Erzählung von Lazarus auf eine falsche Spur. Natürlich wird diese Erzählung von einer offenkundigen Absicht geleitet. Sie will den Zuhörern und Lesern klarmachen, daß wir in der Person Jesu Ihm begegnen, der Macht hat über den Tod. Deshalb braucht Jesus nur zu rufen: »Lazarus, komm heraus«, und er kommt heraus (zu lesen in Johannes 11). Was aber die christliche Tradition mit Auferstehung meint, das können wir daran nicht ablesen. Denn Lazarus wäre später noch einmal gestorben, sogar zweimal gestorben, wenn seine Geschichte historisch zu verstehen wäre. Das kann ich mir nicht vorstellen, denn zweimal zu sterben, das tut Gott einem Menschen nicht an.

Auferstehung meint nicht die Wiederbelebung eines Leibes. Das hat Folgen für unsere Art, darüber zu sprechen. Die bekannte (und oft heftige) Diskussion etwa über das leere Grab, von dem die Evangelien berichten, sind nicht angemessen. Ich bin der Überzeugung, daß diese Vorstellung nach dem Lazarusmodell in die Ostergeschichten kam, um eine Lücke in der Ereigniskette aufzufüllen: Auch Jesus ist nicht mehr dort, wo sie Ihn hingelegt hatten. Aber Jesus ist nicht Lazarus, Er wird nicht »wieder lebendig«, sondern steht von den Toten auf. Das ist etwas anderes, etwas unvergleichlich anderes. Deshalb entziehen sich der Jesus der Auferstehung und die Auferstehung selbst - ganz nach dem Modell von Weizenkorn und Ähre - unserer Wahrnehmung. Wir brauchen uns also über das Wie der sogenannten Erscheinungen Jesu nicht den Kopf zu zerbrechen. Ob es sich nun um echte Erscheinungen handelte oder um Visionen, können wir nicht mehr ergründen. Er ist anders, »aus der Zeit« herausgeholt; die Berichte der Evangelien darüber sind jedoch genauso metaphorisch-tastend wie der Rest der Osterberichte. Aber auf diese Weise können wir wenigstens darüber sprechen.

Dieses Sprechen ist notwendig; denn was die Auferstehung für Jesus selber bedeutet, das wird sie auch für uns bedeuten. Nicht ohne weiteres, füge ich hinzu. Für Jesus beinhaltet die Auferstehung, daß Gott Ihn bestätigt; Er ist Derjenige, nach Dem die Menschheit Ausschau hielt. Die Christenheit hat Seine Auferstehung sozusagen als einen Beweis von Gottes Seite gesehen. Dieser Aspekt von Jesu Auferstehung trifft auf uns nicht zu; bei Ihm geht es um Seine eigene persönlich-biographische Geschichte. Aber Rückkehr zu Gott, von Dem Er kam, eine Rückkehr in Schönheit, in Unversehrtheit und Reinheit, das ist auch etwas von und für uns. Auferstehung will so besagen, daß auch für uns der Tod nicht das letzte Wort hat, daß wir dem Tod entkommen und zu Gott zurückkehren, der uns geschaffen hat. So will es Gott, denn Er ist kein Gott der Toten, sondern der Lebenden, der mit uns sein will.

Dazu überschreitet Er alle Grenzen, befreit uns vom Nicht-mehr-Sein und nimmt uns »für neu« zurück. Das ist etwas ganz Besonderes für Übeltäter, die das Schlimmste fürchten müßten! Von den Toten auferstehen ist also gleichbedeutend mit dem, was die christliche Tradition an anderer Stelle mit dem Ausdruck »neu erschaffen werden« umschreibt. Er unterstreicht den Bruch zwischen jetzt und danach. Dieser neue Mensch war nicht all die Zeit schon in uns verborgen, sondern ist eine Neuschöpfung, eine Re-kreation von Gottes Seite. Beim Sterben werden wir »aus der Zeit« herausgeholt. Das Wohnzelt, wie es Paulus plastisch sagen kann, wird abgebrochen, und an dessen Stelle tritt ein ewiges Haus, nicht aus Händen gemacht, eine Wohnung bei Gott, eine Rückkehr zu Gott Selbst.

6. Auferstehung des Fleisches

Ich mache hier eine kritische Zwischenbemerkung. Das Wort von der »Auferstehung des Fleisches« im vorletzten Satz des Apostolischen Glaubensbekenntnisses beinhaltet also einen terminologischen Widerspruch. Es ehrt zwar die christliche Kirche, daß sie diese Vorstellung in ihre Tradition einflechten wollte. Die Leiblichkeit (»das Fleisch«) stand nicht so tief im Kurs wie wir meinen. Daß die Kirchenväter ihm an der Auferstehung Anteil geben wollten, ist ein Zeichen ihrer Hochachtung. Aber diese Vorstellung ist unhaltbar; denn Fleisch und Blut - wenigstens in dem Sinn, in dem wir die Worte verwenden, und einen anderen Sinn kennen wir nicht - erben das Reich Gottes nicht. Den Tod zu überleben und »wie neu« in Gottes Gemeinschaft zu sein, das bedeutet Abschied von Fleisch und Blut. Offensichtlich sind wir mit ihnen nicht identisch. Menschen, die hier, was Fleisch und Blut betrifft, schlecht davongekommen sind, werden darüber froh sein.

Übrigens bedeutet das keineswegs eine Relativierung des menschlichen und also des leiblichen Daseins, sondern betont dessen historischen Charakter. Dieses Dasein ist das einzige, was wir haben, und es geht vorbei. Das verleiht allem, was wir Menschen von Fleisch und Blut tun, sein eigenes Gewicht; es zählt sozusagen für die Ewigkeit.

Aber ist ein Mensch ohne Leib noch ein Mensch? In der Tat, ein Leib macht uns zu Menschen; das wußte und bejahte die christliche Tradition von alters her. Auch wenn es ein »geistiger« oder ein »himmlischer« Leib wäre, ein Leib müßte es sein! Wir bleiben ein wirklicher Mensch, versuchte zum Beispiel der Apostel Paulus mit solch seltsamen Aussagen zu erklären.

Aber »Fleisch und Blut« selbst, nein, sie werden das Reich Gottes nicht beerben.

Was ich hier bespreche, ist wichtig für den Glauben an die *leibliche* Auferstehung, Maßstab für rechtgläubigen, orthodoxen Glauben. Wenn »Fleisch und Blut« das Reich Gottes nicht beerben, dann widerstrebt es dem Kern der christlichen Tradition, die Auferstehung der Toten als ein Geschick zu verstehen, das unseren irdischen Leib zu seiner Zeit erreichen wird. Er wird uns vergehen, wie er Jesus verging - das kommt dem, was die Christenheit glaubt, viel näher.

Damit bin ich wieder bei der Aussage, mit der der vorherige Paragraph endete: Was die Auferstehung für Jesus bedeutete, bedeutet sie auch für uns. Jesus wird von der Tradition der »Erstling« oder auch »der Erstgeborene aus den Toten« genannt. Er hat den Vorrang. Er ist sozusagen schon hindurch, und wir werden folgen. Damit ist nicht gemeint, daß alle Menschen vor Jesu Auferstehung zu Nichts werden und nach ihr den Tod sozusagen dann doch überleben. Er war der erste im Sinne eines Modell, eines Beispiels, das zeigt, wie es geht, wenn Menschen versöhnt und in Freundschaft mit Gott sterben. Wir können also besser so formulieren: Die Vermutung, die Hoffnung, daß mit dem Tod nicht alles aus ist, wird durch die Auferstehung Jesu bestätigt.

In unseren besten Augenblicken wagen wir es, uns auf diese Erwartung einzulassen. So interpretiere ich auch John Donne's pathetische Sprache, die ich über dieses Kapitel schrieb: »Tod, du wirst sterben!« Der Tod hat uns nicht mehr im Griff, er kann nicht mehr der große Feind sein, oder besser noch, als der große Feind ist er vernichtet; denn der Tod bedeutet nicht mehr die große Trennung des Sünders von Gott.

7. Einige zweifelten

Doch bleibt es dabei, daß die Auferstehung Jesu - Text wie Kontext, ihr Daß wie ihre Bedeutung - unseren Glauben auf eine harte Probe stellt. Deshalb zweifelten einige, und schon die Evangelien-Erzählung des Matthäus stellt das in aller Offenheit fest. Dieser Hinweis ist mir wichtig; denn ein häufiges Mißverständnis besagt, der Glaube müsse Vorstellungen und Ansichten schlucken, ohne mit der Wimper zu zucken: Man glaubt oder man läßt es halt sein, je weniger Fragezeichen du machst, desto besser ist dein Glaube. Aber das ist eine Verzeichnung der Situation. »Die Last ist auf den Weg gebracht«, sagt irgendwo Emile Dickinson, und ich stimme ihm zu. Die Glaubenslast ist leichter oder schwerer, je nachdem der Weg ist, den wir mit ihr ablegen, länger oder kürzer.

Ich kann mir nicht vorstellen, daß Menschen - wenigstens in gewissen Augenblicken - nicht von Zweifeln zerrissen werden, ganz sicher dann, wenn es um Tod und Auferstehung geht. Daran ist nichts zu ändern; wir müssen versuchen, die Herausforderung auszuhalten und auf fröhlichere Zeiten, die es Gott sei Dank auch gibt, zu warten. Doch erlaube ich mir an diesem Punkt noch einige Bemerkungen.

Das Neue Testament erzählt von einem Streitgespräch zwischen Jesus und seinen Zeitgenossen über die Auferstehung der Toten. Die klassische jüdische Tradition, von den Sadduzäern repräsentiert, wollte - im Gegensatz zu den »progressiven« Pharisäern - davon nichts wissen. »Ihr irrt«, sagte Jesus zu ihnen, »denn ihr kennt weder die Schriften noch die Kraft Gottes«. Auferstehung hängt für Ihn mit Gott zusammen. Er ist kein Gott der Toten, sondern der Lebenden. Diese Passage könnte den sadduzäischen Christen von heute (der Ausdruck stammt von Schoonenberg) in jedem Fall zu denken geben.

Eine zweite Bemerkung. Ebenso wie bei anderen Fragen, die uns die christliche Tradition aufbürdet, gilt auch hier, daß der leichteste Weg zur Überwindung der Probleme, in die sie uns führt, darin besteht, daß wir die Vorstellungen nach unseren Erwartungen einrichten. Das kostet nicht viel, aber damit ist ebensowenig gewonnen. Jesu Auferstehung bedeutet nicht einfach, der Glaube sage Ja zu Jesus von Nazaret, und deshalb lebe er weiter. Zwar tut das der Glaube auch, aber nur deshalb, weil Gott nach demselben Glauben Jesus zuvor bejaht hat.

Und unsere eigene Auferstehung auf ein »er ist hier!« (»presente«) zu reduzieren, führt auch nicht weiter. Zwar ist es schön, in der Gemeinschaft weiterzuleben, oder besser noch, durch die Gemeinschaft am Leben gehalten zu werden. Aber wie herzerwärmend das auch sein mag, der christliche Glaube meinte das mit der Auferstehung nicht. Ich erinnere an die Frage, die ich an anderer Stelle dabei stellte: Wo bleiben die Millionen, die keinen Namen haben oder deren Namen vergessen sind und für die niemand »presente« ruft?

Eine letzte Bemerkung. Was geschieht, wenn wir nicht glauben können, daß Jesus von Gott auferweckt wurde und wir Ihm folgen sollen? Wird Gott dann böse, so daß wir verloren gehen? Beide Antworten sind gleichermaßen Unsinn. Gottes Liebe wird nicht dadurch verdient, daß wir uns brav an einige Pflichtvorstellungen halten, und nicht dadurch verspielt, daß wir nichts mit ihnen anzufangen wissen. Allerdings, dann entgeht uns etwas. Wir hätten glauben dürfen, daß ein Mensch den Tod überlebt und bei Gott ankommt. Wer das nicht fertigbringt, der hat damit nur an sich selber zu leiden.

Übrigens, eine Glaubensvorstellung nicht oder nur teilweise zu übernehmen, bedeutet nicht automatisch, daß ich nicht glaube. Glaube und die

Annahme von Glaubensvorstellungen gehören zusammen, er funktioniert nun einmal nicht anders. Das bedeutet aber nicht, das Aufgeben einer bestimmten Glaubensvorstellung schließe ohne weiteres ein, man glaube auch nicht mehr, was uns diese Vorstellung vermitteln will. Vorstellung und Sache fallen nie nahtlos zusammen. Zwischen beiden gibt es einen Spielraum, und der muß bleiben.

XII. Die Himmelfahrt und das Sitzen zur Rechten Gottes

Auf einem hellen Wolkenwagen,
ward Er von der Erd' getragen,
fährt auf Er zu des Himmels Thron (zweimal)
Kindervers der Grundschule

Der Himmelfahrtstag gehört seit Jahr und Tag zu den christlichen Festtagen. Was aber davon übrigblieb, ist ein freier Tag, mehr nicht. So weiß die christliche Welt mit der Himmelfahrt Jesu Christi nicht mehr viel anzufangen.

Das ist nicht erstaunlich, denn die Himmelfahrt ist ein untergeordnetes Thema. Die Frage, ob sie »wirklich geschehen« ist, hat keine weiteren Folgen; denn das Ereignis wird zwar in einem der Evangelien vermeldet, doch ist es ganz eindeutig einem jüdischen Midrasch vergleichbar. Das ist eine Geschichte, nicht erzählt, weil sie wirklich geschehen ist (das ist sie gerade nicht), sondern weil sie ganz zur Person paßt, von der sie handelt. Es *hätte* so geschehen können. So führt sie vor Augen, wer der Betroffene ist. Elisa ist ein großer Prophet, und was kann man von so großen Propheten erwarten? Richtig, daß sie in Notsituationen Rat wissen. Elisa bringt also das Beil wieder aus dem Wasser, das ein armer »Prophetensohn« hineinfallen ließ. Im Alten Testament und in der jüdischen religiösen Literatur wimmelt es von Geschichten mit Midrasch-Charakter.

Aber ein echter Midrasch ist die Geschichte von der Himmelfahrt nun auch wieder nicht. Wie die Jungfrauengeburt ist sie so etwas wie eine logische Legende. Sie soll etwas ausfüllen, das man in der logischen Ordnung der Geschichte als eine Lücke erfuhr. Wir könnten das eine Form von Theologie nennen.

Welche Lücke füllt die Himmelfahrtserzählung aus? Die Antwort können wir im Apostolischen Glaubensbekenntnis ablesen, das die Himmelfahrt Jesu Christi mit dem »sitzet zur Rechten Gottes« enden läßt. Versuchen wir zuerst, die Bedeutung dieser (für uns etwas seltsamen) Aussage zu erarbeiten.

Das Bild vom »Sitzen zur Rechten Gottes« dient einem übertragenen Sprachgebrauch, der vor dem Hintergrund der damaligen Kultur zu verstehen ist. Gott hat nicht wirklich eine rechte Hand und Jesus sitzt nirgendwo im Weltall. Wer »zur Rechten sitzt«, bekleidet eine Machtposition. Der Heilbringer, durch dessen Kreuzestod die Versöhnung verwirklicht wurde, der erniedrigte Jesus also, ist von Gott außerordentlich erhöht; Ihm ist gegeben alle Macht im Himmel und auf Erden.

Auch das ist ein dem Evangelium entnommener Ausdruck, dem wohl einige Bemerkungen folgen müssen. Erstens, wir dürfen das Bild nicht so auslegen, als gebe es eine Teilung der Macht oder als hätte Gott gar Seine Macht an Jesus übertragen und wäre Selber zurückgetreten. Daß Jesus zur Rechten sitzt, will sagen, daß Er die ausführende Macht innehat. Hinzu kommt noch, daß wir nicht an einen echten Thron zu denken haben, noch weniger an zwei Personen, die auf ihm sitzen (erneut sehen wir die Grenzen von Metaphern). Es sind überhaupt nicht zwei Jemande; daran hat die christliche Tradition nie gedacht und davon nie etwas wissen wollen. Aber was kann es dann noch bedeuten, daß Jesus »alle Macht« habe?

Die Antwort hat mit der Art dieser Macht zu tun und so auch mit der Weise, in der sie ausgeübt wird. Wir haben nicht an die Macht des »Pantokrator« (des Allesbeherrschers) zu denken, also nicht an die Macht, mit der ein Herrscher seine Feinde unter den Füßen zermalmt. Vorläufig jedenfalls liegt dieser Gedanke fern. Müssen wir es die Macht der Liebe oder anders nennen? Ich entscheide mich für eine andere Aussage, die übrigens nicht im Gegensatz dazu steht, und meine, wir sollten eher sagen: Es ist die Macht des Wortes. Das Wort läßt frei; eine Kirche mit dem Wort kann nie ein Tyrann werden und bleibt zu allen Zeiten Dienerin des Wortes. Wohl aber hat das Wort Macht über Menschen, so daß die christliche Tradition glaubt, daß Jesus als das verkündigte Wort alle Macht hat im Himmel und auf Erden. Es macht frei, läßt aber auch frei sein.

Kehren wir zur Vorstellung von der Himmelfahrt zurück. Um zur Rechten Gottes zu sitzen, muß Jesus erst dorthin kommen. »Auf einem hellen Wolkenwagen ward Er von der Erd' getragen, fährt auf Er zu des Himmels Thron.« Die Lücke wird mit Hilfe einer Geschichte geschlossen.

Um eine Frage komme ich nicht herum: Warum ist die Himmelfahrt, nicht aber die Auferstehung eine logische Legende zu nennen? Weil zwischen den beiden Erzählungen ein großer Unterschied besteht. Ich versuchte schon zu erläutern, daß wir uns von der Überlieferung selber her gesehen die Auferstehung unmöglich als ein Ereignis mit mirakulösem Charakter vorstellen können. Dagegen kann die Himmelfahrt, als ein Ereignis verstanden, nur ein Mirakel sein. Ein weiterer Grund kommt hinzu. In der Auferstehung geht es um etwas ganz Wesentliches, das mit Jesus geschah, um etwas, das Ihn »aus der Zeit« holte. Die Himmelfahrtserzählung dagegen setzt voraus, daß das meist Wesentliche schon geschehen ist, es braucht nichts mehr hinzugefügt zu werden, außer daß Er – als befreiendes Wort – alle Macht im Himmel und auf Erden hat.

XIII. Das Jüngste Gericht

Signs are taken for wonders. »We would see a sign!«
The word within a word, unable to speak a word,
Swaddled with darkness. In the juvescence of the year
Came Christ the tiger
Zeichen werden für Wunder gehalten. »Wir möchten ein Zeichen sehen!«
Das Wort in einem Wort, unfähig, ein Wort zu sprechen,
In Dunkelheit gewickelt. In der Jugend des Jahres
Kam Christus, der Tiger.

T.S. Eliot

1. Dies Irae

Vom Gericht Gottes hören wir die letzte Zeit wenig. Ist es abgeschafft, oder hat sich die Christenheit geirrt, weil es so etwas wie ein Gericht nicht gibt? Bisweilen muß darauf hingewiesen werden. Die gegenwärtige Kirche verkündet wenigstens zum größeren Teil - die Kirchen, die es nicht tun, finden wir nicht koscher - Gott als Erlöser, Befreier, Geber alles Guten, kurzum, als Gott des Heils. Wo aber ist denn das Gericht geblieben, die Vorstellung von Jesu Wiederkunft, zu richten über die Lebenden und die Toten?

Das Mittelalter wußte damit umzugehen. Das »Dies irae« (Tag der Rache), das wir aus der Welt der Musik kennen (man denke etwa an das Requiem von Mozart oder von Verdi), stammt aus dieser Zeit. Es ist das eindrucksvolle Gebet eines Flehenden am Tag des Zornes Gottes.

Quid sum miser tunc dicturus
Quem patronum rogaturus

Was kann ich, wenn gleich die Posaunen klingen und sich die Gräber öffnen, noch vorbringen, welchen Fürsprecher noch bitten, für mich einzutreten?

Nicht nur das Mittelalter, sondern auch das Neue Testament weiß in grellen Farben das Bild von Gott dem Richter wachzurufen, der Seinen Zorn über alle Völker der Erde ausgießt. Und wird Jesus da nicht der Fürsprecher genannt, nach dem der Dichter des Dies Irae rief, nach Jesus, »der uns vom kommenden Zorn errettet«? Wo ist dies alles geblieben? Ist das Jüngste Gericht, das Letzte Urteil, oder unter welchem Namen es auch besprochen wird, eine Fabel?

Nein, die Vorstellung ist in der Tat »fabelhaft«, der Grund dafür liegt aber in der Tatsache, daß es Bilder aus dem Genre der Apokalyptik sind. Zu dieser Bildsprache gehören die Himmelfahrt Jesu, Sein Sitzen zur Rechten und dann noch der Schluß dieser Passage im Apostolischen Glaubensbekenntnis: »von wo Er wiederkommen wird, zu richten die Lebenden und die Toten«. Natürlich kommt Er auf den Wolken des Himmels; ist Er nicht »auf einem hellen Wolkenwagen« aufgefahren?

Merkwürdig ist jedoch, daß hier auf einmal Jesus und nicht Gott das Letzte Gericht hält. Aber darauf komme ich noch zurück. Zuerst gehe ich der Frage nach, was Apokalyptik ist.

Wer sich von ihr ein gutes Bild machen will, muß im Neuen Testament das Buch der Geheimen Offenbarung lesen oder die Zeichnungen betrachten, die Charles Roelofsz von einer Anzahl Szenen dieses Buches gemacht hat. In der Apokalyptik geht es in der Tat um Zeichnungen, phantastische Zeichnungen von zukünftigen Ereignissen, die den Untergang der alten Welt und das Anbrechen der neuen Welt einläuten. Ist das Phantasie? Ohne Zweifel, es ist unerreichte Phantasie, aber nicht ohne tieferen Sinn. Auf dem Bildschirm der Geschichte wird ausgeführt, wovon das Herz des Autors voll ist: vom Streit zwischen Gott und Satan sowie vom göttlichen Sieg »am Tag der Rache unseres Gottes«. Das ist der Tag, an dem Er das Urteil vollzieht, die Schafe von den Böcken scheiden wird, die geknechteten Seelen - die unter dem Altar nicht aufhörten zu rufen: »wie lange noch« - endlich die Seligkeit erben läßt und den Unterdrücker, der sich mit Blut vollgesogen hat, in den Abgrund stürzt.

Ist das alles wahr, so daß wir solche Ereignisse wirklich erwarten können? Früher gab es große Gruppen von Christen, die all diese phantastischen Bilder als historische Voraussagen verstanden. Übrigens gibt es sie noch heute: Finger in den Text der Geheimen Offenbarung und das Weltgeschehen von heute wird daraufhin untersucht, wie weit wir schon sind. Ist das Ende in Sicht, sind wir beinahe am Ende? Ich werde diese Praxis nicht kritisieren, sondern nur darauf hinweisen, daß sie zwar nichts Schlimmes bewirkt, daß dabei aber auch nichts Gutes herauskommt. Wie die Geschichte verläuft, weiß niemand und wurde in den apokalyptischen Passagen des Alten und Neuen Testaments auch nicht vorhergesagt. Das wäre ein Mißverständnis von dieser Art Literatur. Apokalyptik ist Bildsprache für die Frage, worauf es in der Geschichte (nach dem entsprechenden Autor) ankommt, nicht mehr und nicht weniger. Dabei geht die Apokalyptik von einem sehr plausiblen Standpunkt aus: Wenn eine neue Welt kommen soll, dann muß die alte verschwinden.

Die christliche Tradition hat deshalb auch sehr viel von dieser Bildsprache aufgegeben, außer der Aussage, mit der wir uns jetzt beschäftigen. Ich meine die Wiederkunft Jesu, um zu richten über die Lebenden und die Toten. Sagte ich nicht: wessen das Herz voll ist? Das Gericht sitzt tief in uns drin. Menschen tun nichts anderes als andere zu verurteilen, aber auch - wenn niemand dabei ist - sich selbst. In Beschuldigung und Entschuldigung vollzieht sich das Leben. Projiziert auf den Hintergrund des ewigen Gottes wird dies zum letzten und definitiven Gericht. Quid sum miser tunc dicturus? Was werde dann ich Armer sagen?

2. Das Gericht als Abrechnung

Das Bild mag in seiner Art zwar apokalyptisch sein, was es aber sagen will, ist heute noch von Bedeutung: Das Gericht, verstanden als endgültige Abrechnung, ist kein Unsinn. Sogar die Vorstellung, daß es am Ende der Zeiten stattfindet, ist ein äußerst wichtiges Kennzeichen. Sie besagt jedenfalls, daß nach der christlichen Tradition die Weltgeschichte nicht selber das Weltgericht ist; auch das Schicksal, das jemanden trifft, ist glücklicherweise nicht sein Letztes Gericht, denn es brächte ein Meer von Unrecht mit sich. Das Gericht kann sich innerweltlich vollziehen, tut dies aber - wie jeder weiß - lange nicht immer. Manchmal kommt der verdiente Lohn, und das schlimme Ende eines blutdürstigen Unterdrückers befriedigt unser Gerechtigkeitsgefühl; manchmal ist das Umgekehrte der Fall, so daß sich der Übeltäter dem Reigen entzieht und das Opfer unvorstellbar zerschunden zurückbleibt.

Die eigentliche Abrechnung, so die christliche Tradition, findet nicht in und durch die Geschichte statt, sondern im Letzten Gericht. Dort wird alles endgültig zurechtgerückt. Dem armen Lazarus wird es gut gehen und dem reichen Nachbarn, der ihn nicht zur Kenntnis nahm, schlecht. Ist das nicht reine Kompensation? Ja, aber warum sollten wir davor Angst haben? Soll Lazarus bis in alle Ewigkeit benachteiligt sein, der Henker vor seinem Opfer einen ewigen Vorsprung behalten? Wie die Geschichte vom reichen Mann und vom armen Lazarus zeigt, dachte Jesus anders darüber.

Das Letzte Gericht ist - darauf weise ich zur Sicherheit hin - wohl als eine Form von Rückerstattung gemeint. Jeder erhält, was er verdient hat. Auch dieses Bewußtsein ist tief in unserem Herzen verwurzelt, warum sollten Menschen sonst auf ihrem Sterbebett sagen, sie hätten gut gelebt und ihr Bestes getan, um gute Menschen zu sein? Sie fürchten das Gericht und treffen gut Vorsorge.

Rückerstattung ist ein Begriff aus dem Strafrecht, den ich mit Absicht verwende und ohne den unser Gerechtigkeitsgefühl nicht auskommt; auch das sitzt tief in uns. Deshalb ist die Diskussion über Vergeltung im Strafrecht auch nie zu Ende. Vieles spricht dafür, daß wir vergeben anstatt zu vergelten, sicher dann, wenn der Gedanke der Vergeltung von Rachegefühlen eingegeben ist. Aber ohne Vergeltung können wir weder hier noch im Jenseits leben. Es ist doch eine einfache Forderung der Gerechtigkeit, daß der Unterdrücker nicht bis in Ewigkeit die Früchte seiner Unterdrückung erntet und der Unterdrückte bis in Ewigkeit nur Unterdrückung kennt. Aber darauf liefe es doch hinaus, gäbe es kein Letztes Gericht.

Dieses Gericht ist deshalb das »letzte«, weil es das Gericht des »Letzten«, nämlich Gottes ist; das bedeutet »letzten Ernst«. Gott hält den Schuldigen keineswegs für unschuldig, um es in der Terminologie des Alten Testaments zu sagen. Für alle Pfuscher und Verpfuscher der Schöpfung ist das zwar ein beängstigender, aber keineswegs ein irrationaler Tatbestand. Menschen schänden einander und ihre Welt, die sie nicht selbst machten; sie vergehen sich an anderer Leute Gut. Sollte die Schöpfung das alles akzeptieren? Komm, sagt der Begriff »Gericht«, du wirst dafür verurteilt werden. Das große und das kleine Unrecht ist nicht etwas, worüber *wir* böse werden. Das ist höchstens in unseren besten Augenblicken und vor allem dann der Fall, wenn wir es bei anderen antreffen. Dem Unrecht folgt der Unmut des Schöpfers. Die Tradition kann sogar sehr harte Worte finden: Die Sünder, d.h. die Verderber der Schöpfung, werden von der Erde vertilgt werden! Das scheint logisch.

Ich möchte dabei die positive Seite des Letzten Gerichts nicht übersehen; wir bleiben in ihm Mensch und werden für unser Tun und Lassen verantwortlich gemacht. Nimm das Gericht weg, und wir werden zu unzurechnungsfähigen Kindern. Das brächte uns Erleichterung, aber wir wären nicht, was wir sind oder sein wollen.

Aller Widerstand dagegen kann also nicht leugnen, daß das Gericht Gottes für die christliche Tradition wesentlich ist, sogar so zentral, daß ohne Gericht nichts mehr von ihr übrigbliebe. Der Schöpfer würde zu einem »non-valeur« werden, zu einem Wesen also, dem es nichts ausmacht, was Seine Geschöpfe tun. Aber auch die Bedeutung, die nach der Tradition für Jesus wesentlich ist, ist ganz und gar am Gericht Gottes orientiert. Versöhnung und die Vergebung der Sünden würden in der Luft hängen, wenn wir auf die Gerichtsaussagen der Tradition genausogut verzichten können.

3. Der Richter ist der Maßstab

Mit welchem Maß werden wir nach der christlichen Tradition im Letzten Gericht gemessen werden? Darüber ist nun ein deutliches Wort zu sagen, wenn wir die klassischen Ausführungen über Hölle und Verdammung vermeiden wollen. Falsch an ihnen war nicht der Gedanke eines Gerichts, sondern dessen inhaltliche Bestimmung und Maßstab. So konnte das Schwadronieren mit dem göttlichen Gericht zu einem bequemen Mittel in der Hand der Kirche werden, um Sünder in Schach zu halten, was zu einer abscheulichen Karikatur vom Letzten Gericht führte.

Ich denke an das starke Interesse der römisch-katholischen Geistlichkeit an der Sexualität. »Du kommst in die Hölle, wenn du mit den Händen dein Geschlechtsteil berührst« und mehr von solchem Gefummel am Leibe der lieben Gläubigen. Mit Gottes Gericht in der Hand konnte die christliche Kirche ihre Autorität bis in die Schlafzimmer hinein zur Geltung bringen. Alles, was vom Gericht übrigblieb, war deshalb eine Sanktion der kirchlichen Moral, einer historisch bestimmten Moral oder von dem, was man gesellschaftlich für anständig hielt. Zwar ist die römisch-katholische Kirche schon lange dabei, sich von dieser Todsünde zu bekehren, dennoch sind zahllose Menschen der Meinung, in der Kirche gehe es noch immer so zu, und halten damit - vielleicht aus Bequemlichkeit - diese Karikatur lebendig.

Aber beginnen wir mit einer ersten Auskunft: Gottes Gericht ist nicht eine Angelegenheit der Kirche, sondern eine Angelegenheit von Gott, oder - merkwürdigerweise - von Jesus Christus. Das Gericht steht im Kontext der Christologie: »Von wo Er (= Jesus) kommen wird, zu richten die Lebenden und die Toten.« Das Letzte Gericht ist also, wenn wir der Tradition folgen, Jesus Christus übertragen, oder besser: Ihm anvertraut. Das überrascht sehr, denn das Lamm Gottes wird zum Tiger und zeigt Seine Zähne: »Christus der Tiger«, wie ist das möglich?

Während Jesus durch das jüdische Land zog, hat Er Sich ausführlich mit dem Letzten Gericht beschäftigt und Seinen Anhängern geraten, die Armen zu ernähren, für die Kranken zu sorgen und die Gefangenen zu besuchen. Denn wenn Er als Weltenrichter wiederkomme (wieder die Sprache der Apokalyptik), werde Er sagen: »Was ihr einem dieser Geringsten getan habt, das habt ihr Mir getan«. So identifiziert Er sich mit dem Armen, dem Kranken und dem Unterdrückten. In den Armen und Kleinen steht also der Richter schon jetzt vor uns; wir sehen Ihm, der über uns urteilen wird, direkt ins Gesicht. Damit ist auch der Maßstab kein Problem; denn Richter und Maßstab fallen zusammen. Wir brauchen also gar nicht bis zum Jüngsten Tag zu warten, um zu wissen, wie es mit uns steht, und Jesus braucht dafür nicht einmal »wiederzukommen«, wir wissen es schon.

Es ist eindeutig: An den Armen und Kleinen vorbeizugehen ist keineswegs eine Kleinigkeit, im Gegenteil, es ist von so großem Gewicht, daß wir damit das Letzte Gericht auf uns herniederrufen.

Auch über den Maßstab soll nichts im Unklaren bleiben. Zur Diskussion stehen nicht die »Puppensünden«, wie Luther sie nannte, sondern Humanität. Nirgendwo kann die christliche Tradition klarer sagen als hier, daß die Humanität der einzig wahre, von Gott zu einer eschatologischen Macht erhobene Maßstab ist. An den Armen und den Kleinen vorbeizugehen, das macht das Lamm zum Tiger, damit provozieren wir unser Gericht. Der Erweis oder Nicht-Erweis von Humanität entscheidet über unser ewiges Wohl und Wehe; diese Überzeugung gehört zum christlichen Glauben.

4. Auf ewig verloren?

Mit den letzten Worten komme ich an einen schwierigen Punkt. Der Richter, der die Schafe von den Böcken scheidet, läßt gemäß der Erzählung die Schafe in die ewige Freude eingehen und die Böcke in die äußerste Finsternis ziehen. Kein geringerer als Jesus beschäftigt damit seine Phantasie, und das macht nachdenklich. Gibt es wirklich so etwas wie Gottes Zorn?

Wir sind nicht die ersten, die dazu Fragen stellen. Ursprünglich - im Alten und im Neuen Testament - sind Gericht und Gottes Zorn miteinander verbunden. Aber dieser Zorn war für die Kirchenväter unmöglich. Ein Gott, der sich aufregt, kann nicht der wahre sein; denn Gott ist wesenhaft gegen Leidenschaften immun. Für einen Gott, der zornig wird, müßte man sich schämen; denn Er bleibt unterhalb der Norm, die wir sogar an uns selber stellen. In der Tat berühren wir damit einen empfindlichen Punkt der Alten Kirche, nämlich den Kampf gegen die Leidenschaften, die Passionen, die einen Menschen nur in Unruhe stürzen und selbst ein ganzes Leben zerrütten können. Ein Gott als unbewegter Beweger lag ihr deshalb mehr als ein Gott, der emotional reagiert. Sind wir darin mit der Alten Kirche einig?

Es ist nichts Verkehrtes am Zorn Gottes. Zorn ist ein altmodisches, aber schönes Wort und paßt, vom Menschen her betrachtet, völlig in die durchgängige Metaphorik für Gott. Er ist wenigstens sein Geschöpf.

Zu größeren Problemen führte die Frage, ob Sein Zorn vereinbar sei mit Seiner Liebe. Vielleicht muß man in ihm die Kehrseite der Liebe sehen; denn nur wer liebt, kann hassen. Dieser Gedanke hat eine gewisse Selbstverständlichkeit und wird deshalb bis heute vertreten. Viel weniger plausibel, aber eigentlich viel spannender ist die Meinung des Kirchenvaters Origenes, die ich früher schon nannte: Gott meine es mit dem Zorn nicht ernst, sagt er, er sei eine pädagogische List, genauso wie Väter ein böses Gesicht machen, wenn ihre Kinder etwas Falsches tun, ihnen mit ihrer Strafe aber nicht wirklich übelwollen. Und was gilt für die ewige Verdammnis? Auch sie sei Angstmacherei und nicht ernst gemeint. Menschen haben eine solche Behandlung nötig.

Werden also alle gerettet? Ja, sagte Origenes, ausnahmslos alle, sogar der Teufel (das sei nicht anders möglich; denn auch er habe einen Funken

Geist und Geist sei etwas Göttliches, könne also nicht verlorengehen). Die Hölle passe also nicht zu Gott. Was aber zu Ihm passe, das sei ein Läuterungsort, an dem die Sünder nach dem Maße ihres Fehlverhaltens zeitliche Strafen erdulden. Übrigens ist Origenes der Erfinder des Fegefeuers, das ich für eine sympathische Idee halte; denn es ist eine Art Mittelweg. Das Fegefeuer macht ernst mit dem Gericht, das so nicht geleugnet wird, aber es nimmt ihm seinen Stachel, weil es keine Verbannung auf ewig mehr ist. Ein Läuterungsort tritt so an die Stelle der Hölle.

Natürlich hatte darüber auch Origenes keine Informationen, ebensowenig wie wir. Aber er hat darüber nachgedacht, es kostete ihm seine Ehre als Kirchenvater, und er entwickelte eine Auffassung, die jedenfalls kein Unsinn ist. Aus diesem Grund kam ich auf ihn zu sprechen. Wir sehen, wie er mit dem Zorn Gottes und dem Gericht ringt, brauchen uns im Licht der Tradition also nicht zu schämen, wenn auch wir damit keinen Rat wissen. Wir wären nicht die ersten.

Zum Schluß sei die Frage direkt gestellt: Gibt es nun ein Letztes Gericht oder ist es metaphorische Rede? Das ist ein unangemessener Gegensatz. Was ich oben schon sagen wollte ist dies: Es ist Bildsprache, aber das bedeutet nicht, daß das Gericht keine Wirklichkeit ist. Aber uns steht nicht mehr als diese Bildsprache zur Verfügung; wir wissen nichts vom Ende der Zeit, wissen nicht einmal, ob es ein solches Ende wirklich gibt. Nur unser eigenes Ende kennen wir und deshalb halte ich mit den Bauern aus Seeland daran fest, daß wir nach unserem Tod vor dem Tribunal des Richters erscheinen. Das ist für uns der Augenblick des Letzten Gerichts.

Wird es uns dabei gut ergehen? Das Bild vom Gericht wurde nicht zu einem Teil der christlichen Tradition, um den Menschen Angst zu machen, vielmehr steht es im Zusammenhang eines Gottes, der uns ernstnimmt, dies aber mit Vergebung und Versöhnung vereinbaren kann. Können wir also ruhig schlafen gehen, und gibt es keine »ewige Strafe« oder keinen »ewigen Tod«? Ich finde das Wort vom ewigen Tod angemessen. Gott liegt an der Gemeinschaft mit uns; an Ihm soll es nicht liegen, falls wir zu Ihm zurückkehren wollen. Aber es wäre durchaus möglich, daß der im Tode bleibt, dem an der Gemeinschaft mit Gott nichts liegt. Das wäre mit dem Wort »verlorengehen« gemeint.

XIV. Die Trinität: Vater, Sohn und Heiliger Geist

Wir sprechen von drei Personen nicht, um etwas zu sagen, sondern um nicht ganz und gar zu schweigen.

Augustinus

1. Mysterium oder Spekulation?

Nach Ansicht vieler zeichnet sich die christliche Glaubenstradition dadurch aus, daß sie von Gott als dem Dreieinigen spricht. Das ist eine ungewöhnliche Vorstellung, gewiß, mit einem Meer von möglichen Mißverständnissen und Unverständnis im Gefolge. Ich nehme mir deshalb die Freiheit zu fragen, ob die Heilige Dreieinigkeit, so die feierliche Formel, nun als Geheimnis zu verstehen ist oder nicht vielmehr als theologische Spekulation, die später erst zu einem Geheimnis umgebildet wurde.

Die Dreieinigkeit (ich möchte sie der Kürze halber so nennen) begann jedenfalls ihre Laufbahn als theologische Antwort auf ein intellektuelles Problem. Nachdem wir nun einmal gesagt haben, daß Gott in Christus Mensch geworden ist (die klassische Inkarnationslehre), stellt sich die Frage, ob Gott denn nicht mehr im Himmel ist, schärfer noch: Wenn Gott wirklich Mensch geworden ist, wo ist Gott dann geblieben? Niemand wollte von zwei Göttern (Gott und Jesus) sprechen, und dennoch wollte man auch Jesus mit Gott anreden. Sind es also doch zwei? Allerlei Lösungen schlug man vor, um nur einige zu nennen: Könnte man nicht sagen, Jesus sei eine Art Maske, die sich Gott aufsetzte, als Er sich zum Menschen begab? Ja, aber dann haben wir es in Jesus nicht wirklich mit Gott zu tun, sondern mit einer - wenn auch heiligen - Maskerade. Dasselbe Schicksal erfuhr der Gedanke, Jesus sei Gottes Kraft auf Erden gewesen - schön, aber auch so bliebe zu wenig Gott (als Person) in Jesus übrig. Die meisten Lösungen, bei denen ein Mensch sich noch etwas vorstellen konnte, litten an dem Übel, daß sie in Jesus zu wenig von Gott übrigließen; dabei hatten die Überlegungen doch mit dem Ziel begonnen, an *Gott* in Jesus festzuhalten. Sind also zwei = eins und ist eins = zwei? Die Lehrer der Alten Kirche haben darüber Jahrhunderte lang gestritten und im Laufe dieses Streits ferner noch die Tatsache im Auge behalten, daß die älteste christliche Tradition auch von Gottes Geist als einem Jemand, einer Person, spricht. So kam es also zur Frage: Wie können drei = eins und wie kann eins = drei sein? Die drei Personen wirbeln in den ersten Jahrhunderten noch ein wenig durcheinander, aber im Lauf der Zeit kristallisierte sich als Antwort auf die Frage die Lehre von der Heiligen Dreifaltigkeit heraus: Gott ist eins (und nicht zwei oder drei), aber das eine göttliche Wesen besteht aus (besser noch: in) den drei Personen von Vater, Sohn und Heiligem Geist. Seitdem ist diese Lehre fester Bestandteil der christlichen Tradition. Für manche ist das (bis heute) Anlaß, kolossale Spekulationen über Gott, Mensch und Welt aufzutürmen; für die Kirchen des Ostens ist es das eigentliche Mysterium des christlichen Glaubens, aber für die meisten Christen eine unverstandene, unverständliche und unvorstellbare Glaubensvorstellung. Als ich bei Studenten einmal zu erklären versuchte, was die Tradition mit der Dreifaltigkeit Gottes meine und auf die drei Personen zu sprechen kam, fragte ein Mädchen erstaunt: Drei? Aber es sind doch vier; gibt es nicht noch ein Wesen? Solcherart Mißverständnisse sind unvermeidlich. Unklar ist schon, was die Alte Kirche unter »Wesen« verstand, geschweige denn was »Person« für sie bedeutete. In jedem Fall meinte sie etwas ganz anderes als wir heute unter »Person« verstehen.

2. Zuviel verlangt

Unverstanden, unverständlich und unvorstellbar - das scheint mir nicht übertrieben. Die Lehre von der Dreifaltigkeit gibt Anlaß zu grundlegenden Mißverständnissen des christlichen Glaubens. Der Islam kann es nicht anders sehen, als daß die Christenheit drei Götter statt eines Gottes verehrt; die Juden vermuten dasselbe. Die Zeugen Jehovas fangen immer wieder mit der Logik an, daß drei nicht eins sein können und eins nicht drei, und die Unitarier haben sich vom Hauptstrom der Christenheit getrennt, weil sie diese Vorstellung unmöglich akzeptieren konnten.

Dabei spreche ich noch nicht einmal vom mutwilligen Mißverständnis etwa eines Vestdijk, der in einem seiner Gedichte die Dreifaltigkeit als einen Fluchtweg für Gott darstellt: Er habe das Leiden an seinen Sohn delegiert, »aber selber hingst Du nie am Kreuz«. Ich nenne dieses Mißverständnis mutwillig; denn die Dreifaltigkeitslehre wollte gerade zeigen, daß Gott sehr wohl (und sogar ohne Abstriche) das Leiden auf Sich nahm, indem er in Jesus Christus anwesend war und - was die menschliche Natur betrifft - das Kreuz auf Sich nahm.

Ich wiederhole es: Unverstanden, unverständlich und unvorstellbar. Hat es Sinn, eine solche Vorstellung zum Knotenpunkt der Tradition zu machen? Ich finde das zuviel verlangt. Man muß Jahre Theologie studiert haben, will man die Finessen begreifen. Diese Jahre stehen den meisten Christen nicht zur Verfügung. Akzeptier' es eben unverstanden? Die Kirchen des Ostens haben in dieser Richtung gesucht; sie machten Liturgie daraus: das hochheilige Mysterium der Heiligen Dreifaltigkeit als Mittelpunkt der Feier der Gegenwart Gottes. Damit können wir uns abfinden, denn Geheimnisse brauchen wir nicht zu begreifen, sie werden angebetet.

Aber die westliche Kirche wollte darin einen Traktat sehen, und Traktate sind da, um das Verstehen zu fördern. Dazu eignet sich die Lehre von der Dreieinigkeit jedoch nicht. Was sie zum Thema macht, ist für die christliche Glaubenstradition zwar grundlegend: Gott war in Jesus Christus gegenwärtig, das ist und bleibt das Unterscheidende des christlichen Glaubens. Aber die Begründung dafür im Rahmen einer vollständigen Trinitätslehre, die dann noch zum Fundament allen Nachdenkens über Gott und Sein Heil erhoben wird, ist Theologie, heilige Spekulation, wenn man so will, aber eben Spekulation. Die hat nicht nur ihr gutes Recht, sondern es muß sie auch geben; denn mit ihr ehren wir Gott, wenn wir wissen, was wir tun. Aber Augustinus war schon so aufrichtig, bei seinen Aussagen über ein Wesen und drei Personen zu bemerken: Ich spreche von drei Personen nicht, um etwas zu sagen, sondern um nicht ganz und gar zu schweigen. Das klingt sehr bescheiden, und mit dieser Aussage anerkennt Augustinus die Tatsache, daß er keine Ansprüche hat, aber doch etwas darüber sagen will. Nun, nennen wir dies das Kennzeichen der Trinitätslehre: Es ist eine Redeweise, an die Christen sich halten, wenn sie nicht ganz und gar verstummen wollen. Ist sie aber eine Lehre, die Einsicht verschafft oder Begründungen gibt? Dazu reicht die Vorstellung von einem Wesen und drei Personen nicht aus.

3. Jesus: ein anderes Wort für Gott?

Die christliche Tradition mag also ursprünglich von Jesus wie von Gott gesprochen haben, wie aber ist das möglich, wenn wir daran festhalten, daß Jesus ein Mensch ist wie wir? Das ist eine Frage zur Person Jesu, die lautet: Wie kann der Mensch, der Jesus hieß, zugleich Gott und Mensch sein? Im Paragraphen über den »verkleideten Prinzen« - so war es also nicht gemeint - und über die Lehre von den zwei Naturen (in einer Person) bin ich darauf eingegangen.

Aber es muß auch eine Frage an Gott gestellt werden: Wie kann Gott zugleich der Mensch Jesus sein und doch Gott bleiben; oder von der anderen Seite her formuliert: Wie kann der Mensch namens Jesus Gott sein, ohne daß Gott damit von der Bühne verschwindet? Auf diese Frage müssen wir sicher eine Antwort finden, anders sollten wir aufhören, von Jesus wie von Gott zu sprechen, und es stattdessen bei der Aussage belassen, Jesus sei ein höchst wichtiger Mensch gewesen. Aber zu einem Menschen kann man nicht beten, sagte Abraham Kuyper. Wenn wir es dennoch tun, dann tun wir dasselbe wie die Alte Kirche, und dann ist Jesus auch für uns ein anderes Wort für Gott geworden. Wie wollen wir das rechtfertigen? Davon handelte schließlich auch die Lehre von Gottes Dreieinigkeit. Ich habe sie damit auf ihr eigentliches Motiv zurückgeführt und gebe im folgenden zwei Begründungen wieder, die wir in der Tradition finden können.

1. Die erste Begründung besteht in einer Art Ausbauaktion. Die Aussage: »Gott ist für uns nicht zu denken ohne Jesus Christus«, die jeder Christ bejaht, wird zur Aussage ausgebaut, Gott sei nie ohne Jesus Christus gewesen. Von Ewigkeit her war er schon mit Jesus Christus »befrachtet«, deshalb kann bei der Geburt Jesu von der »Ankunft« Jesu auf Erden die Rede sein. Es gab Ihn schon, wenn auch als »Gott Sohn« und noch nicht im Fleisch erschienen.

2. Jesus ist nicht »von Ewigkeit« in Gott gewesen, sondern der ewige Gott identifiziert sich mit dem verworfenen, gekreuzigten Jesus. Er tut das in der Zeit, in unserer Geschichte, bei der Auferweckung Jesu von den Toten. Diese Identifikation mit Jesus müssen wir dann möglichst wörtlich verstehen: Gott nimmt Jesus in Sich auf. Etwas vereinfacht gesagt: Jesus war nicht der Sohn, sondern Er wird es. Das sind alles Metaphern, das ist deutlich, aber sie bringen die intimste Verbindung zum Ausdruck, welche die klassische Sprache benennen kann.

Beide Versionen laufen auf den einen Gedanken hinaus: Gott wäre ohne Jesus nicht nur undenkbar, sondern ohne Jesus auch nicht Gott. Beide Versionen sagen also, daß wir von Jesus sprechen dürfen wie von Gott. Wenn wir Ihm Gerechtigkeit widerfahren lassen wollen, dann *müssen* wir sogar so von Ihm sprechen. Der Unterschied liegt darin, daß die erste, weitergehende Version Jesus von Ewigkeit in Gott als den Sohn inkorporiert, und daß Ihn die zweite zwar auch inkorporiert, aber durch eine Tat Gottes in der Zeit.

Das ist Grund genug dafür, uns in der Christenheit weniger zu streiten als bislang geschehen; denn in beiden Versionen ist Jesus für das Profil Gottes entscheidend. Deshalb kann in der christlichen Tradition Jesus als »Offenbarer« gelten. »Niemand hat Gott je gesehen, der einzig geborene Sohn hat Ihn uns ausgelegt.« Diese Aussage liegt mehr auf der Linie der ersten Version (1). »Wer Mich gesehen hat, hat den Vater gesehen« (man lese: am Werk gesehen), dies paßt mehr zur zweiten Version (2).

Nebenbei habe ich auch eine Frage beantwortet, die ich noch nicht gestellt hatte. Wenn Jesus ein anderes Wort für Gott ist, dann hat Gott zwei Gesichter. Wir sehen dann Gott, wie Er als Schöpfer war, ist und sein wird, und Gott, der für uns ein Gesicht bekommt, wenn wir Jesus sagen. Wie verhalten sich beide Gesichter zueinander?

Wir können Gott in Jesus Christus nicht aufgehen lassen. Das ist zwar gut gemeint, eingegeben durch die gute Absicht der Liebe, sagen wir. Aber

Liebe übertreibt. Wenn jemand wie Bonhoeffer sagt, daß die ganze Wirklichkeit Christus sei, dann ist das übertrieben.

Genauso übertrieben wäre es zu sagen, daß Gott der Schöpfer in Weg und Werk Jesu Christi ganz neu beginne. Für diesen Fall können wir die Schöpfung ruhig vergessen, denn sie spielt dann keine Rolle mehr. Auch die Kirchenväter sagen das aus Liebe zur Person Jesu Christi. Aber es ist - noch einmal - zumindest übertrieben.

Ein Schritt zu weit in dieselbe Richtung lautet: In Jesus kommen Mensch und Welt zum erstenmal mit Gott in Kontakt. Nach christlicher Tradition sind »Mensch und Welt« ja schon bei Gott, Er war schon bei und in ihr. Er kommt in Jesus Christus zwar anders und mit einer anderen, neuen Absicht, aber - »Er kam in sein Eigentum.«

Völlig unhaltbar ist es - weiter auf derselben Linie - sich Jesus als Stellvertreter Gottes vorzustellen. Wir leben in einer Kultur, heißt es dann, in der Gott nicht mehr nötig ist, deshalb könnten wir nicht oder kaum mehr mit Ihm ankommen; das sei aber auch nicht nötig, da wir ja Jesus haben. So wird aus der Not noch eine Tugend, aber der Schein trügt; in Wirklichkeit macht sich so der christliche Glaube selber den Garaus. Jesus ist in der christlichen Tradition wichtig, weil Gott wichtig ist. Hole Gott daraus weg, und Jesus hat seine Bedeutung verloren. Gibt es ihn, um uns Menschen wieder Sicht auf Gott zu geben oder um Gott wieder ein Gesicht zu geben? Die instrumentale Bedeutung Jesu, Jesus der Mittler, ist und bleibt ein grundlegender Begriff. Nicht mit Jesus, sondern mit Gott, der alles in allem ist, endet die Geschichte von Gott und den Menschen.

4. Der Heilige Geist

Die christliche Kirche verkündigt Jesus. Das ist neu, vielleicht eine wirkliche Neuigkeit und eine gute Botschaft dazu. Man muß jedenfalls in die Kirche, will man diese Geschichte zu hören bekommen. Aber merkwürdigerweise wird Jesus zwar verkündigt, Er ist aber nicht mehr dabei, Er ist Vergangenheit; jedenfalls wenn wir der christlichen Tradition folgen, die Ihn nicht als verkleideten Prinzen, sondern als einen wahrhaftigen Menschen darstellt. Wie kann die christliche Kirche da noch der Meinung sein, die Verkündigung Jesu übe auf Menschen Einfluß aus, durch sie erneuere sich ihr Leben, sie wechselten auf eine andere Spur usw.?

Wir kommen mit dieser Frage zur Tradition vom Heiligen Geist. Ein ungreifbares Kapitel des christlichen Glaubens? Das muß nicht so sein. Mit »dem Heiligen Geist« oder kurz »dem Geist« meint die Christenheit zunächst nichts anderes als Jesus Christus, aber wohlgemerkt den Jesus Christus, der aus der Vergangenheit in die Gegenwart übergegangen, im gepredigten Wort »dabei ist« und wirksam wird im persönlichen Leben des Christen. Kurz gesagt, der Geist ist in Jesus Christus, wie wir Ihm begegnen (oder Er uns) in der Verkündigung des Evangeliums.

Zunächst ist der Geist nichts anderes als Jesus Christus, wie ich soeben formulierte. War aber nicht schon Gott in Jesus Christus? In der Tat, und auf diese Weise kamen für die Alte Kirche Gott, Jesus und der Heilige Geist zueinander. Man könnte auch so sagen: Mit »Geist« meint die christliche Tradition Gott, aber dann Gott, wie Er sich »geistlich«, d.h. von GEIST zu Geist um uns müht, auf geistlichem Weg, wie ich auch sagen könnte, auf dem Weg des wirkkräftigen Wortes.

Nicht jedes Wort ist wirkkräftig; dieses Wort aber ist es. Es ist das Wort, das Jesus Christus zum Inhalt hat. Denn es hat die Voraussetzung, die ich soeben nannte. Es ist WORT in Großbuchstaben, das Wort, das Geist geworden ist.

Der Anspruch, den die Christenheit damit der Verkündigung des Evangeliums von Jesus Christus zuerkannte, ist nicht gering. Es erreicht etwas, bringt etwas zustande, wirkt bisweilen spektakulär. Die Augen gehen auf, ein Mensch wird erleuchtet und verborgene Seiten seiner Existenz kommen zum Vorschein; er kommt aus dem Morast, in dem er sich festgesogen hatte, und erhebt sich zur Freude. Manchmal oder gar meistens ist diese Veränderung nicht so besonders erkennbar. Sie kommt dann allmählich, wie das eben mit Einflüssen meistens so geht. Beim Wort »Verkündigung« sollten wir auch nicht nur und nicht ausschließlich an die Kanzel denken, denn verkündigen heißt weitererzählen und darüber reden. Aber die Unsichtbarkeit hebt die Wirkkraft nicht auf.

Der Geist und die Kirche gehören also zueinander; das folgt jedenfalls aus dem Gesagten, und so hat es die christliche Glaubenstradition auch immer gesehen. Sie hat keinen Ausschließlichkeitsanspruch, als ob der Geist nur in der christlichen Kirche wäre, aber in der christlichen Kirche ist Er dabei als das WORT, das wirksam ist, das eingreift und verändert.

Mit ihrem Predigen sind dann wieder die Ansprüche der Kirche verbunden. Nicht als ob die Predigt wegen der Kirche wichtig wäre, das Gegenteil ist der Fall: Wegen ihres Predigens ist die Kirche wichtig. Sie ist ein Geschöpf ihrer eigenen Verkündigung, des Wortes, dem sie zu dienen hat. Sofern sie dem Wort dient, steht sie stark da, darf es sie geben, braucht sie keine Angst zu haben und wird sie vom Geist geleitet.

Das Wort wirkt nicht automatisch (im Kapitel über die Kirche komme ich darauf zurück), aber es ist doch eine Wirklichkeit, welche die christliche Kirche nötig hat. Wir sind nicht mehr Paulus oder Johannes. Die Quelle begann zu strömen und die Tradition kam heraus; die Christologie ist sogar ein Geschöpf der Kirche, wie ich sagte. Solcherart Beobachtungen, die doch mit Händen zu greifen sind, beunruhigen viele Christen – unnötig, wie ich meine. Er, der Geist, geht mit Seiner Kirche von Land zu Land, mit seiner ganzen Kirche, bemerke ich ganz nebenbei. Die Protestanten sind nicht die ganze Kirche, ebensowenig die Katholiken, trotz Papst und Lehramt. Die Leitung des Geistes, wie es heißt, hat also ihre Voraussetzungen. Eine Kirche, die auf Ihn vertraut, kann zwar große Fehler machen, sie überschreitet ihre Kompetenz aber nicht.

XV. Die Auserwählung

Man konnte ein Mann Gottes sein und doch getötet werden. Man konnte gerufen sein und doch auf dem falschen Weg gehen. Mir konnte es auch so ergehen, begriff ich. Man konnte auch getauft und gläubig sein und doch verworfen werden. Denn klein, sehr klein war die Zahl der Auserwählten, hörte ich ab und zu, als ich mit meinem Vater bei Pfarrer Venema zur Kirche ging. Und es war wahrscheinlicher, daß ich zu den Verdammten gehörte, weil ich reformiert war ...

Maarten 't Hart

1. Erwählt oder verworfen?

Der klassische Angsttraum manch eines Reformierten heißt Auserwählung oder Prädestination, ausgelegt - wie ich hinzufügen muß - als eine Vorherbestimmung, an der nichts zu ändern ist: Ich bin für ewig gerettet oder ich bin für ewig verdammt. Erwählt oder verworfen, das ist die Frage. Hat sich Gott für das erste entschieden, dann brauche ich mich darum nicht zu sorgen; ist aber das zweite der Fall, dann - ja, dann eigentlich auch nicht. Als ich Prediger in Seeland war, versicherte mir eine Hausfrau, daß sie für ewig verloren sei. »Möchten Sie eine Tasse Kaffee?«, fuhr sie fort. Ein anderes Gemeindeglied strickte fest, spürte selber, daß sie zu den Auserwählten gehörte, wußte von ihrer mittleren Schwester, daß sie einen zufluchtsuchenden Glauben hatte (das ging also noch), aber von der jüngsten, daß sie für ewig verdammt war. Die jüngste Schwester saß dabei.

Woher kommt diese Karikatur von Auserwählung? Sie stammt von einem - namentlich von Calvin ins Leben gerufenen - Mißverständnis bezüglich der christlichen Tradition. Gott liebe die Seinen von Ewigkeit, das aber könne nichts anderes bedeuten, als daß Er die anderen von Ewigkeit her haßt. Calvin ließ sich sogar die Behauptung entwinden, manche Menschen seien denn auch für das ewige Gericht geschaffen! Kein Wunder, daß wenig vom Glauben hält, wem von Kindesbeinen an solche Theorien mehr oder weniger ernsthaft um die Ohren geschlagen werden.

Dieser ganze Gedankengang ist jedoch blanker Unsinn, und es ist nicht einmal so schwierig, dies von der christlichen Tradition selbst her aufzuzeigen.

Ich behaupte nicht, daß die Idee als Unsinn begann. Was namentlich den Reformierten Vätern soviel Schwierigkeiten machte, ist die Formel »von Ewigkeit«. Es ist ein Begriff, der von alters her benutzt wurde, um zum Ausdruck zu bringen, daß Gott in eine andere Ordnung gehört, in die Ordnung des Herrn und Königs, der »ewig« über Seine Schöpfung regiert. Wenn von Gott etwas »von Ewigkeit« beschlossen ist, dann soll damit z.B. gesagt sein, daß es keine Laune ist, keine Anwandlung, wie das bei menschlichen Beschlüssen oft der Fall ist, sondern daß es aus Gott selber kommt. Deshalb steht auch fest, daß geschieht, was Gott will. Die Formel »von Ewigkeit« besagt dem Buchstaben nach zwar dasselbe wir »im voraus«, will aber etwas anderes zum Ausdruck bringen; sie will unterstreichen, daß wir es mit Gott zu tun haben.

Es ist nicht so unbegreiflich, daß der reformierte Zweig der Reformation, angeführt von Calvin, mit diesem Ausdruck ihren Gang ging. Aber das Mißverständnis, das daraus erwuchs, daß nämlich die Erwählung oder Verwerfung »von Ewigkeit« verstanden wurde als eine Erwählung oder Verwerfung »im voraus«, wird dadurch nicht weniger abscheulich. Es ist übrigens nicht das einzige Mißverständnis. Der Satz: »Jakob habe ich geliebt und Esau habe ich gehaßt«, eine bekannte Bibelstelle in diesem Zusammenhang, bestärkte den Eindruck, der von dieser Formel »von Ewigkeit« ausging. Was für eine Chance haben wir als Menschen noch, wenn Gott »von Ewigkeit« den einen haßt und den anderen liebt? So stapelt sich Mißverständnis auf Mißverständnis. In der folgenden Liste gehe ich gegen sie an.

2. Gott hat eine Vorliebe

1. Lieben und hassen meint in allen Zusammenhängen, in denen von Auserwählung, also vom Geliebtwerden des einen und vom Gehaßtwerden des anderen die Rede ist, nicht das, was wir Haß oder Liebe nennen, sondern drückt eine Vorliebe aus. Hat Gott eine Vorliebe? Die christliche Tradition antwortet mit einem Ja. Den einen zieht Gott dem anderen vor.

2. Die Formel »von Ewigkeit« meint nicht, vor meiner Geburt oder gar vor allen Zeiten (was das auch sein möge) sei alles von Gott beschlossen, so daß auch feststehe, ob ich gerettet oder eben verdammt bin. Sehen wir einmal ab von solchen Begriffen, obwohl sie zu diesen Überlegungen gehören, sowie von der skrupulösen Art, mit der man zwischen Erhaltung und Nicht-Erhaltung unterschieden hat, so macht diese Darstellung der Dinge aus Gottes Regierung über »alle Dinge« dennoch eine Form von Determinismus, der einem fatalistischen Lebensgefühl entspricht. Beide sind eine fixe Idee einiger christlicher Gemeinschaften, die mit dem christlichen Glauben jedoch unvereinbar sind. Im Kapitel von Gottes Regierung »über alle Dinge« habe ich das nach Vermögen verdeutlicht.

3. Worum also geht es? »Von Ewigkeit« bedeutet, daß die Vorliebe, von der wir zu reden haben, aus dem Herzen des Ewigen kommt, aus seinem Ewigen Herzen. Seine Vorliebe ist also keine Laune oder bloß oberflächliche Aufwallung der Liebe, sondern deren Gegenteil. Er meint es auch so.

4. Was ist also Auserwählung? Eine Vorliebe Gottes. Gott ist nach der christlichen Tradition in der Tat nicht neutral, auch nicht demokratisch, und nicht jede Option hat für Ihn dasselbe Gewicht, ebensoviel Existenzrecht oder dieselbe Chance. Der christliche Gott folgt seiner eigenen Vorliebe.

5. Angst vor einer Vorherbestimmung wäre nur gerechtfertigt, wenn wir von dieser Vorliebe nichts wüßten. Aber sie ist nicht neblig oder verschwommen, macht nicht unsicher und hat nicht zur Folge, daß man beim Gott der Christen nie weiß, woran man ist. Nein, sie ist deutlich, so durchsichtig wie Glas. Erwählung im Sinne von dieser »Vorliebe« Gottes bewirkt also das Gegenteil dessen, was man aus ihr gemacht hat. Sie macht uns nicht unsicher, sondern verleiht Gewißheit über Gott und seine Absichten.

6. Für wen hat Er dann, christlich gesehen, diese Vorliebe? Für den Sünder und den Bettler. Das Verachtete wird auserwählt, um den zu beschämen, der sich selbst erhöht oder sich vor Gott allzuviel einbildet. Der Satz: »Sie werden auf ihre Schnauze fallen« klingt nicht sehr sanftmütig, ist aber gut christlich. Die Vorliebe Gottes schlägt also zwei Fliegen auf einen Streich. Wer sich selber nicht helfen kann, dem wird vom Gott der Christen geholfen; wer aber alles selber kann, der bleibt mit leeren Händen stehen.

7. Sind Sünder und Bettler denn keine ungleichartigen Größen? Doch, aber beide sind, wenigstens gemäß dem christlichen Gottesentwurf, Brennpunkte von Gottes Bemühen. Der Sünder findet bei Ihm Vergebung und der Bettler - was erhält er? Macht Gott den Bettler reich? Muß denn die christliche Kirche den Armen sagen: Ihr werdet alle reich werden? Ich meine nicht. Die Parallele von Sünder und Bettler stammt aus der Parabel vom Reichen Mann und dem Armen Lazarus. Was bekommt Lazarus? Er bekommt für seine Armut im Jenseits einen Ausgleich, so anstößig sich das auch für Menschen anhört, die alles hier ausgeglichen sehen wollen und anders nicht mehr an Christus glauben.

8. Besteht die christliche Kirche also aus Sündern und Bettlern? Sicher, aber andere dürfen auch mitmachen, wenn sie bei Gott höflich darum ersuchen. Es muß ein Ersuchen sein, das verbunden ist mit Demut gegenüber dem Sünder und einer helfenden Hand gegenüber dem Bettler, aber nicht im Sinne von: »Schau, auch wir sind - genau wie Gott - für die

Armen!« Das wäre Werk- und bisweilen sogar Scheinheiligkeit. Dieses Ersuchen müßte sein wie ein demütiges Gebet, auch mitmachen zu dürfen.

9. Daß Arme oder Sünder als solche eine bessere Kenntnis hätten von Gott, von dem, was menschliches Leben heißt oder von dem, was erlaubt ist oder nicht, diese Behauptung wäre durch nichts begründet. Die Vorliebe Gottes beruht nicht auf bestimmten Qualitäten der Armen, wie sie auch nicht auf Qualitäten des Sünders beruht. Beide erfreuen sich eben der Vorliebe Gottes und dürfen sich von ihr auch umsorgt wissen. Das ist alles und, was Gottes Aufmerksamkeit angeht, genug. Hinterher erst könnten sowohl der Sünder wie der Bettler vielleicht am besten sagen, wer Gott ist; denn sie haben Ihn in Seiner Glorie erfahren.

10. Was also ist Auserwählung? Sie ist der Stil Gottes (Berkouwer), an dem Er gemäß christlicher Überzeugung zu erkennen ist. Wir wissen, wo wir Ihn vor allem finden können.

Die Kirche

XVI. Die Kirche als Zusammenfassung aller Frustrationen

Ich hätte Gott nicht zum Vater, hätte ich die Kirche nicht zur Mutter gehabt.

Augustinus

Non est bitterer Volck quam sancti

Martin Luther

1. Das Trauma von der Kirche

»Ich glaube eine heilige allgemeine christliche Kirche«, eine Zeile aus dem Apostolischen Glaubensbekenntnis, von der erwartet wird, daß Christen ihr zustimmen. Aber jedes der hier verwendeten Worte ist mit einer Enttäuschung verbunden; die Kirche ist ein großer Reinfall. Die prägnanteste Formulierung stammt von einem Theologen zu Beginn dieses Jahrhunderts: Jesus verkündigte das Reich Gottes, was aber kam? Die Kirche.

Woher kommt die Enttäuschung? Wie alle Enttäuschungen entsteht sie aus der Diskrepanz zwischen dem Ideal, das wir im Kopf haben, und der Wirklichkeit, die bitter enttäuscht. Wir sind unverbesserliche Utopisten und von diesem Standpunkt aus beurteilen wir auch (und vor allem) die christliche Kirche. Ist sie eine wirklich menschliche Gemeinschaft? Vergiß es. Lebt sie als Vorbild für andere? Davon ist wenig zu merken. Macht es Freude, dazuzugehören? Ich muß den ersten noch treffen, der das sagt. Dabei gehe ich noch gar nicht auf die historischen Probleme ein. Als es nötig gewesen wäre, zeigte die Kirche kein soziales Gesicht; deshalb sind die Arbeiter weggelaufen. Die kunstsinnigen Menschen kamen mit ihrer Biederkeit und Buchstabenklauberei nicht zurecht, so gingen auch sie weg. Und wer verschwindet heute? Es ist der mündig gewordene Bürger, der gesellschaftliche Freiheit verspürte und von der Kirche keine andere Erinnerung hat als Zwang und Manipulation, der eine Institution sieht, die Angst als Mittel einsetzte, um ihren Einfluß zu behalten. Beim Thema Kirche kommen alle Frustrationen von ganzen, halben, viertel und ehemaligen Christen zusammen, so wurde sie zum Brennpunkt des Widerwillens gegen den christlichen Glauben. »Ecrasez l'infame« (»Zerschlagt die Gemeine«) lautete der Aufruf Voltaire's. Ich kenne genug Menschen, die bereit sind, sich ihm anzuschießen.

Was kann die christliche Glaubenstradition dem gegenüberstellen? Im Prinzip sind zwei Wege möglich. Wir können die Ideale etwas tiefer ansetzen, vielleicht sogar ganz aufgeben, oder wir können uns mehr darum bemühen, daß die Kirche den Idealen entspricht. Von beidem etwas ist natürlich auch möglich.

Ich folge keinem von beiden Wegen, auch wenn es meine Darlegung zuließe, den einen oder anderen zu gehen. Dagegen möchte ich möglichst klar zeigen, wozu die christliche Kirche als vorgegebene Größe - sagen wir: als Institution inmitten von anderen Einrichtungen und Institutionen - gut ist und wozu nicht. Dazu muß erst ein verwirrter und verwirrender Sprachgebrauch entzerrt werden. Danach bleiben für die christliche Kirche zwar schmale Spielräume offen, viel mehr ist nicht möglich, aber wir können nicht auf sie verzichten. Das ist das seltsame Paradox von dem zähen Unbehagen, das Kirche heißt: wir können weder mit ihr noch ohne sie etwas anfangen.

2. Die »real existierende« Kirche

»Kirche« kann viel bedeuten. Manche Menschen denken unmittelbar an das Gebäude und an den sonntäglichen Kirchgang mit allem, was damit zusammenhängt. Für den einen bedeutet das einen Hauch von Festlichkeit, für den anderen die Plage eiserner Rituale oder eine Zwangsjacke für das, was er sonntags tun und lassen mußte.

Bei Ausdrücken wie »die Kirche lehrt«, »die Kirche sagt« und ähnlichem beschreiten wir einen anderen Weg. Wir haben dann, jedenfalls in erster Instanz, nicht das Gebäude vor Augen, sondern die Institution »Kirche«, die - geradezu als Person dargestellt - die Ansichten vertritt, an die man zu glauben hat. Das ist richtig, sofern wir in der Institution »Kirche« der eigenen, auf ihrer Selbstinterpretation beruhenden Organisationsform der christlichen Religion begegnen. Christen sind nicht auf diese Institution fixiert, sondern funktionieren als Christen auch außerhalb der Kirche; besser gesagt, sie funktionieren erst dort. Aber dann fühlen sie sich wiederum nicht als »Kirche«, sondern höchstens als »organische« Kirche (Abraham Kuyper) im Gegensatz zur Institution Kirche. Aber mit dieser organischen Kirche holen wir uns kein Trauma, das tun wir mit der »real existierenden« Kirche, der Institution.

Unter Institution verstehe ich hier eine Organisationsform, die zwischenmenschliche Beziehungen regelt, und zwar im Rahmen fester, historisch gewachsener Muster, die sich als sinnvoll erwiesen haben und sich deshalb durch die Jahrhunderte hin selbst bestätigen. Die Ehe ist dafür ein gutes Beispiel: Man braucht den Partner nicht jeden Tag neu zu wählen, denn das ist von der Institution schon geregelt. So regelt die Kirche die Glaubenstradition ihrer Glieder mit Gott und untereinander; das ist das Besondere der Institution, die Kirche heißt. Wie wir beten, glauben, Liebe zum Nächsten üben sollen usw., das alles ist in festen Formen der Lehre, der Liturgie und des Lebens vorgeformt.

Institutionen helfen uns und fallen uns schwer. Müßten wir aber täglich und in jeder Situation neue Entscheidungen treffen, würden wir verrückt werden. Aber glücklicherweise ist das nicht notwendig; denn das meiste von dem, was wir unternehmen, ist in den Institutionen vorgegeben, in die wir einbezogen sind. Ich nannte schon die Beziehung von Mann und Frau, dies gilt aber auch für Arbeit, Familie und sogar für unsere Freizeit. Immer wieder fügen wir uns in bestehende Verhaltensmuster ein und unterwerfen uns damit gegebenen Rechten und Pflichten; dabei geht es uns gut.

Die christliche Kirche als Institution hat, wie alle Institutionen, eine Kehrseite. Durch ihre festen Regulationsmuster haben sie etwas Drückendes, das umso mehr, je subtiler, empfindlicher und emotionaler die so geregelten Beziehungen sind. Deshalb kommen Menschen schneller mit der Institution der Ehe übers Kreuz als mit dem der Arbeit. Sofern im Glauben persönliche Emotionen eine große Rolle spielen, gilt diese Regel auch für die Institution Kirche. Sie reguliert schnell zuviel, und das sicher dann, wenn diese Regulierungen etwa von einem kirchliches Lehramt oder einer synodalen Aufsicht rigoros durchgesetzt werden.

Genau das, zu viele und unnötige, verkehrt eingesetzte Regulierungen prägten die Kirche in der Vergangenheit. Namentlich die Lehre und die (Sexual)moral bekamen einen hohen Stellenwert und blieben fest im Griff der leitenden Instanzen, die mit großer Energie immer gerade die Lehre durchsetzten, die ihre eigene Position legitimierte.

Die Organisation der Glaubensgemeinschaft aber mittels einer hierarchisch geordneten Institution aufrecht zu erhalten, hat sich als ein strategischer Meisterwurf erwiesen und wird von der römisch-katholischen Kirche noch immer praktiziert. Die Institution wird so über die Person gestellt, so daß sich die Person anpassen muß, nötigenfalls auf das Maß der Institution zurechtgestutzt und unfreiwillig, gezwungen oder anders vor die Tür gesetzt wird, wenn sie nicht von alleine geht. Ich übertreibe, indem ich vor allem in die Vergangenheit schaue, aber eine hierarchische Institution bleibt nun einmal, was sie ist. Beweglichkeit gibt es nur, wenn sie beweglich gehandhabt wird.

Schnell entsteht die Frage, warum wir uns dann nicht mit den Menschen statt mit der Institution abgeben. Bestehen Institutionen denn nicht aus

Menschen? Dies ist unbestreitbar wahr, aber eine Gemeinschaft von Menschen fällt auseinander wie trockener Sand, wenn sie nicht durch ein Band von institutioneller Art zusammengehalten wird. Um zu überleben, ist die Institution, für welche Gemeinschaft denn auch immer, unverzichtbar. So bräuchten wir nur noch so etwas erfinden wie eine Institution, die Freiheit schenkt, in jedem Fall eine Institution ohne Zwang. Es fragt sich nur, ob es so etwas gibt.

3. Unsichtbare Kirche?

Wenn sich alle Beschwerden und Frustrationen auf die Institution Kirche, also auf die »real existierende« Kirche beziehen, dann verwundert es nicht, daß Christen durch die Jahrhunderte hin versuchten, sich auf die unsichtbare Kirche zurückzuziehen.

Das kann entweder subtil, sozusagen unbemerkt geschehen oder auch dadurch, daß man sich mit Hilfe einer Lehre eine offizielle unsichtbare Kirche schafft. Ich beginne mit der ersten Variante, die mit einer Art Verhexung des Sprachgebrauchs zusammenhängt. Eine zweite Variante folgt daraus von selber.

In manchem Traktat oder Katechismus können wir lesen, die Kirche sei »der Leib Christi«, oder auch: die Kirche lebe vom Wort Gottes, sie sei Zuflucht für die Armen, lasse sich nicht vor den Karren des Staates spannen usw. Das sind normative Aussagen über die Kirche, womit ich meine: Sie besagen nicht, wie die Kirche *ist*, sondern wie sie *zu sein hat*, was sie tun *müßte*. Es ist einfach unmöglich, die Kirche mit Hilfe normativer Aussagen zu beschreiben (sic!); in jedem Fall müßte sich das schlimm auswirken, und das ist der Fall. Eigentlich hält man damit sich und die Mitmenschen zum Narren; denn man meint dann eine Kirche, die auf dem Papier steht, weil sie von einem christlichen und damit immer subjektiven Ideal her gezeichnet wird. Darüber läßt sich dann Stunden, Tage, Monate und Jahre reden, ohne daß die »real existierende« Kirche auch nur einen Augenblick lang in den Blick kommt. So geht es aber nur um ein Luftschloß, um ein Kartenhaus von Begriffen. Das läßt sich natürlich durch nichts verhindern und schadet auch nicht, solange nur deutlich bleibt, daß damit nicht die »real existierende« Kirche gemeint ist.

Normative Kirchenbilder sind natürlich unabdingbar, das will ich nicht leugnen, aber sie sind als Ansporn oder als Maß zu verstehen, an dem wir die bestehende Kirche messen. Das erstbeste Gespräch über die Kirche führt jedoch zum Chaos, wenn wir nach Belieben vom beschriebenen Ist-Stand zu einem normativen Soll-Stand überwechseln und umgekehrt.

Die Flucht in das, was die Kirche sein *müßte*, ist die Flucht in ein unsichtbares Ideal, in diesem Sinn also in die unsichtbare Kirche. Allerdings hat die christliche Tradition unter dem festen Begriff der »unsichtbaren Kirche« etwas anderes verstanden, obwohl er sehr in die Nähe des Besprochenen kommt. Mit »unsichtbare Kirche« sollte (und soll) zum Ausdruck gebracht werden, daß die christliche Kirche als Glaubenstatsache zu verstehen ist. Daß die Kirche Gottes Wohnort sei, läßt sich zwar behaupten, aber nicht sehen. Wir sprechen dann von etwas, was von der Außenseite nicht abzulesen ist; das ist mit dem Begriff »Glaubenstatsache« gemeint.

Aber *ist* es auch wahr, stimmen diese Glaubenstatsachen? Wie es das Wort schon sagt, *glauben* Christen, daß es so sei, denn sie glauben, daß Gott bei den Menschen wohnt und daß dieser Wohnort in der Kirche zu finden ist. Das besagt aber keineswegs, wir könnten diese Aussage nicht kontrollieren, sie werde also schon irgendwie stimmen. Nein, im Gegenteil, da wir die Richtigkeit dieser Aussage nirgendwo ablesen können, ist es umso prekärer, sich Gottes Wohnort zu nennen. Dieser Anspruch kann zu einer erschreckenden Entlarvung führen, wie das im Lauf der Geschichte auch geschehen ist. »Wohnort Gottes« zu sein ist nicht ein Faktum, auch wenn ich es eine Glaubenstatsache nannte. Diese Aussage ist auch nicht deshalb wahr, weil sie in der Glaubenslehre formuliert ist; sie ist nur wahr, *wenn* sie eben wahr ist, wenn also die real existierende Kirche von Menschen zum Wohnort Gottes gemacht wird.

Aber so kann das Wörtchen »ist« zum Fallstrick werden, wenn wir es nicht als ein Dürfen auf uns anwenden: Wir dürfen die real existierende Kirche zum Wohnort Gottes werden lassen. Wenn diese Bescheidenheit nicht hinzukommt, verfehlt die »real existierende« Kirche ihren Sinn, weil sie dann automatisch einen göttlichen Anspruch erhält.

Von daher erklärt sich das Selbstbewußtsein, von dem die mittelalterliche Kirche geprägt war und den das römisch-katholische Lehramt bis heute vertritt. Das Wörtchen »ist« wird dort nicht als ein Dürfen verstanden und so ohne jeden Vorbehalt auf die real existierende (römisch-katholische) Kirche bezogen. Damit erweist sich die römisch-katholische Kirche allerdings eine allzu große Ehre und macht sich so zur einzig wahren Kirche, die als solche berechtigt ist, unbedingten Gehorsam gegenüber der Kirchenleitung zu fordern.

Dieses massive »ist« kehrt bis hin zu den Sakramenten immer wieder zurück; denn nach römisch-katholischem Verständnis sind diese buchstäblich Behausungen Gottes. Gott *ist* einfach dort, im Tabernakel etwa, ob wir es glauben oder nicht.

Diesen Automatismus lehnte die Reformation zu recht ab, denn die Aussage »Wo Gott ist, da ist die Kirche« läßt sich nicht einfach zur Aussage umkehren: »Wo die Kirche ist, da ist Gott«. Diese Umkehrung läßt sich aber nicht verhindern, solange wir den Vorbehalt des Dürfens vergessen.

Wenn die Kirche im vorbehaltlosen Sinn Wohnort Gottes *ist*, kann sie auch nicht irren; auch diese Konsequenz läßt sich an einer schlimmen Entwicklung ablesen. Die Kirche hat dann nämlich immer recht und Kritik – auch grundlegende Kritik, wie sie Savonarola, Johannes Hus, Luther, Calvin und viele andere übten – wird unmöglich. An den hier genannten Beispielen können wir sehen, wie schlimm so ein Kirchenbegriff auch für Gläubige werden kann. Sie werden ohne Pardon aus der Kirche ausgestoßen und können noch von Glück sprechen, wenn es dabei bleibt.

4. Zur Kirche gehören: Was für ein Gefühl ist das?

Wozu fühlt sich gehörig, wer zur Kirche gehört? Damit frage ich nach dem, was Christen bei ihrer Kirchenzugehörigkeit erleben. Ich meine nicht das Erleben des Christseins im allgemeinen, worüber sich auch interessante Fragen stellen ließen. Schwarze erleben es anders als Menschen aus dem Westen, Chinesen wieder anders als Latinos usw. Aber darauf kommen wir zurück.

Auch ziele ich – jedenfalls nicht in erster Instanz – auf keine theologische Rechenschaft, d.h. auf keine Theologie der Kirche. Auch das wäre interessant und eine Vertiefung wert; aber ich würde damit das Gebiet verlassen, mit dem ich mich beschäftige, nämlich das der Glaubenstradition.

Was also erleben Menschen, wenn sie sich als Glied einer der christlichen Kirchen erfahren? Oder anders gefragt: Was für ein Lebensgefühl ist das? Die Antworten bringen eine große Verschiedenheit von Haltungen und Emotionen an den Tag. Ich greife einige heraus und weise zugleich darauf hin, daß keine der beschriebenen Haltungen ausschließlich an eine bestimmte Kirchengemeinschaft gekoppelt ist.

1. Wir sind eine andere Sorte Mensch, neben Juden und Heiden ein drittes »Geschlecht«. So sagt eine der ältesten christlichen Schriften. Daraus spricht Stolz, denn zur christlichen Kirche gehört etwas Neues, »nouveauté«; wir sind ganz anders, ganz anderswo. Oder um mit Augustinus zu sprechen: In gewissem Sinn ist die Kirche die Erscheinung des Reiches Gottes auf Erden. Dieses Gefühl ist beinahe ein Gefühl des Sieges, das es in jedem Fall mit dem Märtyrertod aufnehmen konnte.

2. Ein anderer Akzent wird gelegt, wenn die Kirche mit der Arche Noach verglichen wird. Wer in der Kirche ist, der bleibt – wie in der Arche – wohlbehalten. Zur Kirche zu gehören bedeutet also, inmitten eines »krummen und verkehrten Geschlechtes« zu den Geretteten zu gehören, zu »der

kleinen Herde«, die Gottes Zorn entgangen ist und darauf wartet, in die ewige Seligkeit einzugehen.

3. Wieder ein anderer Akzent wird gesetzt, wenn die wahre Kirche aus den Auserwählten Gottes besteht. Damit ist der Auftrag gegeben, gewissenhaft zu leben; denn wie können wir wissen, ob wir auserwählt sind? Indem wir bei uns selber sehen, daß wir es genau nehmen. Was müssen wir also tun, um über die eigene Erwählung Gewißheit zu erlangen? Wir müssen uns in einem gewissenhaften Lebenswandel üben.

4. Martialischer ist das Erleben, für das Kirchesein bedeutet, im Dienste Christi des Königs zu stehen. Früher mußte ich die Losung hören: »Als Kriegsknechte dem Herrn Jesus dienen«, und Abraham Kuyper prägte die geflügelten Worte, auf den Gebieten des Lebens gebe es »keinen Daumenbreit«, von dem Christus nicht sage: Mein! Aber auch anderswo (in der spanischen römisch-katholischen Kirche) ist Christus der König keine unbekannte Größe. In den deutschen protestantischen Kirchen schließlich identifiziert man gerne - wie spirituell auch verstanden - Kirche mit der »Herrschaft Christi«.

5. Wir sind Fremdlinge und Mitbewohner in einem fremden Land. Wer in seiner Kirche dieses Gefühl pflegt, lebt am Rande der Kultur, wenn nicht gar jenseits des Randes. Als Pilger auf der Reise in die Ewigkeit haben Menschen der Kirche mit der Welt nichts mehr zu tun. Vielen protestantischen sogenannten Sekten vermittelt die Zugehörigkeit zur Kirche so ein Pilgergefühl; die Welt wird ihnen zum »Durchzugsland«.

6. Eine weniger verborgene und sich weniger verbergende Variante dieses Daseinsgefühls ergibt sich aus dem Bewußtsein, die Vorhut des Reiches Gottes, die ersten, die Vorläufer des LEBENS zu sein. Zwar ist die Kirche nicht selber das Reich Gottes auf Erden, aber sie wird die Erde dazu machen. Kirche sein bedeutet deshalb, gegen das Alte und für das NEUE zu sein. Wenn dieses Neue mit einer anderen politischen Ordnung gleichgestellt wird, entsteht gar eine streitbare politische Variante, so z.B. in manchen Befreiungstheologien.

7. Dagegen herrscht dort ein mystisches Bewußtsein vor, wo Menschen sich als einen Teil der Kirche, des »Leibes Christi«, verstehen. Kirche ist dann eine Welt für sich, sozusagen eine Welt hinter der Welt, in der etwas geschmeckt und gefühlt wird, das wir nirgendwo sonst genießen. Die Sakramente spielen in diesem Erleben eine große Rolle; in Wirklichkeit bedeutet Mitgliedschaft in der Kirche, in die sakramentale Wirklichkeit hineingenommen zu sein.

8. Damit verwandt, aber weniger individuell ist die Erfahrung, zum »Volk Gottes« zu gehören. Das kann zwar im Sinne eines neuen »Geschlechts« (Punkt 1) verstanden werden, repräsentiert aber meistens eine Gefühlswelt, in der die Kirche als eine Gemeinschaft-unterwegs erlebt wird. Wohin ist sie unterwegs? Zu einer neuen Welt. Wird diese wirklich kommen? Dafür garantiert die Kirche als das Sakrament der Welt; sie erlebt sich selber als ein lebendiges Zeichen und als die Verheißung, daß die ganze Welt in Gottes rettendem Handeln beschlossen liegt. Deshalb wird über die Grenze zwischen Kirche und Nicht-Kirche kaum nachgedacht.

Was ist das Ergebnis dieser Aufzählung? Sie zeigt uns zwei Dinge. Erstens, die Weise, in der Menschen die Kirche erleben, steht mit dem in Beziehung, was sie unter glauben verstehen. Ein ganzer Fächer von Glaubensvarianten läßt sich einfach an der Kirchenpraxis ablesen. Zweitens, diese Varianten *gibt es* einfach, sie brauchen nicht legitimiert zu werden; die Tradition hat Türchen genug, durch die sie sich einschleichen konnten - was noch nicht heißt, daß sie alle den gleichen Erfolg erzielten. Aber das wichtigste Ergebnis ist drittens, daß es unter den genannten Varianten ein verbindendes Element gibt. Trotz aller Unterschiede geht es bei all diesen Aufzählungen von Erleben um ein Daseinsgefühl, das bei seiner Artikulation auf den Begriff der Welt nicht verzichten kann. Es gibt keine Kirche ohne »Welt« - das ist der Nenner, zu dem sie alle passen. Es ist also Zeit, in einigen Paragraphen über das Thema »Kirche und Welt« nachzudenken.

5. Kirche und Welt (1): Selbstinterpretation der Kirche

Zunächst ist zu klären, was mit »Kirche und Welt« jedenfalls nicht gemeint sein kann. Wenn wir von »Welt« in der normalen Bedeutung des Wortes sprechen, also von der Welt um uns herum, von unserer Kultur, dann ist die Kirche natürlich auch »Welt«, so daß der Gegensatz zwischen beiden hinfällig wird. Ohne Kultur gibt es überhaupt keine Kirche. Deshalb präsentiert sich die Kirche auch immer im Kleid derjenigen Kultur, in der sie sich niedergelassen hat. Schwarze Kirchen werden von der Kultur der Schwarzen eingefärbt, die Kirchen des Westens haben eine westliche Form des Christseins usw. Das bedeutet zwar nicht, die Kirche könne nichts zustande bringen, das es vorher nicht gab, aber sie kann ihre Geschichte doch nicht anders als im Rahmen der Kultur erzählen, in der sie sich bewegt.

Aber um diese Frage geht es in der Polarität von »Kirche und Welt« natürlich nicht. Welt ist da nicht etwas, das der Kirche gegenübersteht; sie ist also nicht Nicht-Kirche, keine Größe außerhalb der Kirche und in diesem Sinn keine Schöpfung, welche die Kirche nötig hatte oder hat, um sich und anderen ihren Ort in der Kultur zu verdeutlichen. Hinter dem Sprachgebrauch von Kirche und Welt steht vielmehr eine ganz bestimmte und für die christliche Kirche wesentliche Selbstinterpretation.

Zur Erläuterung knüpfe ich am besten bei der ursprünglichen Bedeutung des griechischen Wortes für Kirche an, das die Apostel verwendeten. Das griechische »ekklesia« kommt von »herausgerufen werden«. Dabei können wir daran denken, wie Abraham aus seinem Land und Volk herausgerufen wurde, um in das Land zu gehen, das Gott ihm zeigen werde, um dort ein großes Volk zu werden. So ist auch die Kirche ein Volk, ein neues Volk in einer Welt, die im Argen liegt. Einerseits ist sie so Bringerin der Heilsbotschaft, die Menschen aus ihrem alten Leben herausruft, das nichts anderes ist als ein fortwährendes Sterben und zu einem neuen Leben führt, das eine Gabe Gottes ist. Andererseits ist sie selber das Produkt der Botschaft, eine *Kreatur* des Heilswortes Gottes, eine neue Schöpfung also, welche die »alte Welt« überleben wird. Die christliche Kirche hat also einen Sinn. Sie predigt Gottes Heil und versteht sich selber als der erste Vorschuß auf dieses Heil.

Dieser Anspruch, den ich hier darlege, ist für die christliche Kirche unaufgebbar. Kirche ist weder identisch mit Welt noch mit Gesellschaft (auch wenn sie Kirche *in* einer Gesellschaft ist), sondern grundsätzlich von ihnen unterschieden. Gäbe die Kirche das auf, dann würde sie sich selber für nicht-notwendig und also für überflüssig erklären. Sie steht und fällt mit dem Grund ihrer Existenz; wenn dieser entfällt, dann hebt sie sich selber auf. Deshalb kann sich die christliche Kirche nicht anders als - um wiederum einen klassischen Begriff aufzugreifen - heilsnotwendig darstellen.

6. Kirche und Welt (2): Außerhalb der Kirche kein Heil?

Der Gegensatz »Kirche und Welt« setzt die genannte Heilsnotwendigkeit der Kirche voraus. Was damit gemeint (und ob der Anspruch wahr) ist, wird im folgenden zu klären sein. Ich grenze den Begriff der Heilsnotwendigkeit erst gegen einen ebenso klassischen Ausdruck ab, den der Kirchenvater Cyprian prägte: »Außerhalb der Kirche kein Heil«.

Das ist natürlich eine äußerst massive und anspruchsvolle Auslegung der Heilsnotwendigkeit, höchst effektiv zur Festigung der kirchlichen Macht (die Kirchenväter haben dies nicht immer verachtet), aber doch eiskalt und unsolidarisch. Noach verdrückt sich in die Arche und läßt den Rest ertrinken. Wollen wir daran eigentlich mitwirken?

So gefragt wollen wir das natürlich nicht, aber ich formuliere es so massiv um verständlich zu machen, daß sich die christliche Kirche bei ihrer Selbstinterpretation nie sicher fühlte. Sich in die Arche zu verdrücken ist ja, historisch gesehen, eine Karikatur, denn das Gegenteil ist geschehen. War die Kirche unsolidarisch? Bis auf den heutigen Tag hat sie diesen Vorwurf (vielleicht auch ihr unruhiges Gewissen) durch zwei unterschiedliche Gegenbewegungen Lügen gestraft. Die erste ist das Apostolat (oder »Evangelisierung«, wie es bisweilen heißt). Ohne den Gedanken der Heilsnotwendigkeit der Kirche im Hintergrund wäre dessen großer Aufschwung bis hin zur Mission unerklärlich. Die Botschaft von Gottes ewigem Heil muß weitergegeben werden, und dafür hat die Kirche zu sorgen; Menschen müssen zu Glaube und Bekehrung aufgerufen werden, damit sie sich dann der christlichen Kirche als der Gemeinschaft der Glaubenden anschließen. Die Formel »Kirche und Welt« besagt also im Rahmen des Apostolats: Wir leugnen nicht, daß die Kirche die Arche Noachs ist, aber in die Arche ziehen wir uns nicht ohne ein Herz für die anderen zurück. Im Gegenteil, wir verkündigen die Heilsbotschaft Gottes und rufen die Menschen auf, daran mitzuwirken. Das Apostolat hatte in den fünfziger und sechziger Jahren seine Zeit. Sein große Aufschwung ist jedoch vorbei, sogar der Begriff ist außer Gebrauch geraten.

Die zweite Gegenbewegung ist viel moderner. Die christliche Kirche begibt sich seit einigen Jahrzehnten auf die horizontale Ebene der Sozialhilfe und Humanität, also dorthin, wo jeder Not leidet, nicht nur zu »geistlichen« Menschen. Das macht deutlich, daß die Kirche, obwohl eine seltsame Ente im Teich, so seltsam nun auch wieder nicht ist, wie Menschen oft meinen. Jedenfalls läßt sie die Welt nicht kalt. Die Formel »Kirche und Welt« will auch hier auf eine Verbundenheit verweisen. Wohl hätte die Suche nach Verbindung nie solche geradezu pathetischen Formen angenommen, wäre sie nicht (immer noch) von einem Bewußtsein dessen getragen, daß die Kirche eben etwas ganz anderes ist als die Welt.

Sobald diese Zuwendung einen Schritt weitergeht, verschleiert der Erweis der Solidarität geradezu den Gegensatz. Ist die Kirche nicht für das Heil der Menschen da, und bedeutet es nicht auch Heil, wenn Menschen wieder besser miteinander zusammenleben, wieder eine gute nachbarliche Gemeinschaft bilden usw.? Sicher, darüber ist nur Gutes zu sagen, und auch Kirchen können viel dafür tun und nützlich sein. Sind sie aber auch notwendig? Wir kommen so wieder auf die Frage zurück, um die es oben schon ging, um die Heilsnotwendigkeit der Kirche.

Ich mache dazu zwei Bemerkungen. Beginnen wir mit der zentralen Bedeutung des Heilsverständnisses, an dem ich festhalten möchte. Wenn ein besseres Zusammenleben *das* Heil bedeutete, das unsere Welt nötig hat, dann bliebe von der Heilsnotwendigkeit der Kirche wenig oder nichts übrig. Die christliche Kirche wird das Heil, das »Zusammenleben« heißt, nie leugnen können, ohne sich selber zu verlieren, aber sie hat mehr, etwas besonderes zu bieten, das sonst nirgendwo zu kaufen ist. Das ist der Friede mit Gott durch Christus. Wenn sie damit nicht mehr hausieren geht, wer denn dann?

Daraus folgt kein »Außerhalb der Kirche kein Heil«. Natürlich, wenn man beim Wort Kirche an eine für uns unsichtbare, für Gott aber sichtbare Gemeinschaft von wahren Gläubigen denkt, dann ist Heil dort, wo Kirche ist. Aber wir sind nicht Gott, können also mit einer solchen unsichtbaren Kirche nicht arbeiten. Zwar rechnen wir mit ihrer Existenz, weil wir die sichtbare »real existierende« Kirche nicht überschätzen wollen. Wenn wir von ihr ausgehen, sagte der Kirchenvater Augustinus, dann gibt es viele Schafe außerhalb und viele Wölfe innerhalb der Kirche. Es läuft also dort verkehrt, wo wir bei »Kirche«, verstanden als Ort des Heils, an die kirchliche Institution denken, und - was völlig abwegig wäre - diese Institution dann wieder auf eine bestimmtes Institut, nämlich die römisch-katholische Kirche beschränken, der gemäß offizieller römisch-katholischer Lehre die Verwaltung der Gnade anvertraut ist, so daß es außerhalb ihrer kein Heil gibt. Das heißt noch nicht, daß wer in sie eintritt, des Heiles nun auch sicher sein könne, nein, aber das Heil ist nur in ihr zu *finden.* Mit diesem römisch-katholischen Verständnis sind also beide Aussagen vereinbar: zum einen, daß es »außerhalb der Kirche kein Heil« gibt, es also nur innerhalb zu finden ist; zum andern, daß die Kirche »heilsnotwendig« ist. In Wirklichkeit heißt das, daß der Klerus, der ja die Gnade verwaltet, heilsnotwendig ist. Das wiederum bedeutet Hierarchie; oben stehen die Geistlichen, unten die Laien.

Ich schlage vor, uns von der Behauptung, es gebe außerhalb der Kirche kein Heil, zu verabschieden. Sie läßt sich vor zu viele Karren spannen. So bleibt also die Behauptung von der »Heilsnotwendigkeit« übrig. Wie ist sie zu verstehen?

7. Kirche und Welt (3): »Unser aller Mutter«?

Der Begriff Kirche setzt den Begriff »Welt« als Antipoden voraus. Ohne »Welt« gibt es keine Kirche und ohne »Kirche« keine Welt. Aber damit ist noch nicht alles gesagt, auch nicht über die Heilsnotwendigkeit der christlichen Kirche, die diesem Sprachgebrauch zugrundeliegt. Wir können in zwei Richtungen weiterdenken.

Von Augustinus stammt die Aussage, die Kirche sei »unser aller Mutter«. Nun, wenn die Kirche notwendig ist, um Christ zu werden, dann ist daran etwas Wahres; die Kirche hat uns, so könnte man sagen, zur Welt gebracht. Es zeigt sich aber ein Dilemma. Nach Augustinus sieht es so aus, als gäbe es uns erst, seitdem wir Christen sind. Zuvor waren wir nicht-existent, noch nicht geboren. In der Tat, das ist - für Augustinus und für alle, die denken wie er – kein Schein, sondern Wirklichkeit. Deshalb erhalten, auf dieser Linie weitergedacht, Menschen auch erst bei ihrer Taufe einen Namen; davor heißen sie nichts, weil es sie noch nicht gibt und ein Mensch das eigentliche Dasein erst in der Kirche empfängt. Das gewöhnliche, weltliche Dasein, die natürliche Geburt aus meinen Eltern wird natürlich nicht geleugnet, ist für meine Existenz eine notwendige Bedingung, aber alles, was damit zusammenhängt, erhält seine Bedeutung nur als Auftakt zur Kirche. Die Welt besteht letztlich um der Kirche willen. Ich stimme diesem Verständnis der Heilsnotwendigkeit der Kirche nicht zu, sie steht zu nahe bei der These »außerhalb der Kirche kein Heil«.

Es gibt noch ein zweites Verständnis von der Heilsnotwendigkeit der Kirche. Ihm gemäß besteht die Welt nicht um der Kirche, sondern die Kirche um der Welt willen. Unsere Welt geht an sich selber zugrunde und macht ihre Sache schlecht; Gottes Kreativität wird durch menschliche Pfuscherei durchkreuzt. Das alles muß von der christlichen Kirche wieder in Ordnung gebracht werden. Sie ruft die Menschen dazu auf, sich mit Gott versöhnen zu lassen und ein neues Leben zu beginnen. Das menschliche Dasein, oder umfassender: die Schöpfung darf nicht »Kirche« oder »kirchlich« werden. Sie muß im Gegenteil gerade im wahren Sinne des Wortes wieder weltlich und unversehrte Schöpfung Gottes werden. Aber gerade zu diesem Zweck müssen alle Menschen zur Kirche. Sie müssen sich vom Wahn ihrer eigenen Gerechtigkeit befreien lassen, sich bekehren und sich als neue, von Gott neu geschaffene Menschen auf den Weg begeben, um aus der Welt das zu machen, wozu sie fähig sind. Ich beziehe mich auf einen klassischen altreformierten Strom in der christlichen Kirche. Wollen wir, daß die Schöpfung ihr eigenes Gewicht behält, dann müssen wir uns für diese letzte Option entscheiden: Die Kirche ist um der Welt willen da, also nicht »für« sie, sondern »um ihretwillen«.

Mit dieser Darstellung der Dinge ist in der Tat eine gewisse Zweiheit gegeben, aber sie ist so logisch wie unvermeidlich. Weil es um die Welt geht, dreht es sich um die Kirche. So wie es um Gott den Schöpfer geht, es sich deshalb aber um Christus dreht. Jesus Christus ist der Mittler zwischen Gott und Menschen, nicht weniger und nicht mehr, ebenso ist die christliche Kirche ein Mittel und nicht das Endziel aller Wege Gottes. Sie ist ein unentbehrliches und heilsnotwendiges Mittel, aber eben nur Mittel.

Man kann versuchen, diese Pole ineinander zu schieben, um – ausgehend von einer noch unkultivierten Humanität – Christus sozusagen von Anfang an in die Schöpfung einzubauen. Er ist dann der Endpunkt, auf den sich die ganze Schöpfung hin entwickelt, oder er kann als das Ferment aufgefaßt werden, das die Schöpfung emporsteigen läßt wie die Hefe den Teig. Dieser Prozeß geschieht – das ist der springende Punkt – unter Führung der christlichen Kirche, die das Geheimnis kennt und verkündet.

Vor allem römisch-katholische Theologen neigen zu dieser Konstruktion. Sie überwindet die Polarität und hält doch an der Schöpfung fest. Der Preis dafür heißt aber, daß die Welt letztendlich zur Kirche gemacht wird. Mehr noch, wer das tiefere Geheimnis der Welt sucht, der entdeckt gemäß diesem Ansatz, daß die Schöpfung eigentlich schon Kirche ist. Diese wird schließlich zugleich Mittel und Endziel aller Wege Gottes. So schön diese Vision auch sein mag, sie geht mir zu weit; die Selbständigkeit der Kultur gegenüber der Kirche müßte daran glauben, und das würde sich rächen.

Ist die Kirche also heilsnotwendig? Ja, sie ist es wegen der Verkündigung des Heils; bei der Aneignung und Weitergabe des Glaubens hat die christliche Kirche ihren unverzichtbaren Ort und müßte sich selbst als »Durchreichefenster« der christlichen Tradition verstehen. Zwar könnte auch dann noch alles schiefgehen, in jedem Fall aber wäre eine funktionale Prüfung dessen möglich, was sie sagt oder tut.

8. Die Institution muß bleiben

Wenn wir der Sozialgeschichtsschreibung glauben dürfen, dann waren die Christen, in ihren Ortskirchen vereinigt, ursprünglich ein freundliches, nicht aggressives Völkchen. Sie lebten außerhalb des großen Stromes und zeichneten sich dadurch aus, daß sie sonntags Gottesdienste hielten, in denen sie Jesus als den Christus bekannten. Zuerst war es eine Gruppe, die sich nicht unter dem religiösen Schirm des Staates befand, sondern eher das war, was wir heute eine kleine Kultgruppe nennen würden. Die Liturgie bestand aus guten Werken, inspiriert vom Aufruf: »Ihr aber ganz anders!«, mehr zu verstehen als eine Art von eskapistischer Weltflucht aus der Welt unter dem Motto »Rette sich, wer kann!«, und sicher im ersten Jahrhundert noch geprägt von den Nachwirkungen der Idee einer baldigen Wiederkunft Jesu als Weltenrichter. Man war ganz erfüllt von einer Interim-Ethik, niedergelegt in der sogenannten Bergpredigt mit ihren letzten Anweisungen unter dem Motte eines »Es wird hier bald vorbei sein«.

Aber das konnte nicht so bleiben. Die Kirche wird zur Institution, es entstehen Ämter und Gebäude, eine Organisationsstruktur, gar mit hierarchischen Zügen usw. Aber vor allem verschwindet das Interim-Gefühl. Die Kirche nistet sich ein mit allem, was das (verglichen mit dem Pathos der ersten Stunde) an Kompromissen mit sich bringt. Ich behaupte keineswegs, die erste Stunde sei die wahre gewesen, das wäre erst noch die Frage, wohl aber, daß jede Bewegung, also auch die christliche Kirche, mit einem ursprünglichen (ungeordneten) Enthusiasmus startet und sich später in den Notwendigkeiten des täglichen Bestehens festläuft. Ist das schade für die Kirche? Manche Christen werden dieses Gefühl nicht los, aber ich sehe darin mehr Nostalgie oder romantische Sehnsucht (»zurück zur Zeit, in der alles noch gut war«) als Wirklichkeitssinn. Die Kirche würde so zu einer Art von Subkultur, zu einer Gemeinschaft von weltfremden Menschen mit weltfremden Gewohnheiten, für deren Kinder nur noch das Hasenpanier übrigbliebe.

Möchten wir wirklich, daß die christliche Bewegung außerhalb des großen Stromes der Geschichte geblieben wäre? Natürlich nicht. So ist die Aussage, Jesus habe das Reich Gottes gewollt, aber die Kirche sei gekommen, also doch kein Unsinn. Doch dafür war ein Preis zu entrichten. Mit ihm beschäftigt sich dieses Kapitel, mit dem Preis also, den die Kirche bezahlt hat und bezahlen muß, um *in* der Welt (ich greife ihre Terminologie auf) und *von* der Welt, in tieferem Sinn jedoch auch wieder *nicht von* der Welt zu sein. Müßte die Kirche eine machtvolle Institution sein, die selbstzufrieden, hochmütig, zwingend, geistlich und materiell reich geworden ist? Nun, dann wäre der Preis zu hoch. Zwar wäre so die Institution gerettet, aber die Kirche in ihr versickert. Übrig bliebe, um mit Nietzsche zu sprechen, das Grab Gottes.

Aber ohne Preis geht es nicht. Wenn die christliche Kirche heilsnotwendig ist, dann ist auch die kirchliche Institution notwendig; denn ohne die Struktur einer Institution zerrinnt die Kirche wie Sand zwischen den Fingern. Er geht also darum, daß die »real existierende« Kirche notwendig ist, wenn sich der Prozeß der Aneignung und Weitergabe fortsetzen soll. Nicht jede willkürliche Gestalt wird dadurch möglich, ich unterschreibe hier keinen Freibrief. Ebensowenig ist damit gesagt, daß alles, was Kirchen verlangen, von jedem und zu allen Zeiten getan werden muß. Man braucht auch nicht wie früher immer zur Kirche zu gehen. Warum sollten Menschen nicht auch auf distanzierte Weise kirchlich sein dürfen? Aber daß sie »notwendig« ist, muß für uns sicher bedeuten, daß wir ihr helfen sollten, weiterzubestehen, und sei es mit der Bezahlung des jährlichen Kirchenbeitrags.

9. Die Kirche als Angebot

Vehikel für die Aneignung und Weitergabe der Glaubenstradition – bescheidener kann sich die christliche Kirche nicht geben. Sie behält ihre institutionelle Form, die für das Fortbestehen der Gemeinschaft nötig ist; sie behält die Ämter, gibt aber die damit gegebenen Machtansprüche auf. Sie bietet Gelegenheit, das ist alles.

Wer Gelegenheit bietet, herrscht nicht über den Glauben, sondern dient ihm in einer Weise, die Teilnehmern und Passanten Raum dazu läßt, aus dem Glauben etwas zu machen oder an ihm etwas zu tun. Wenn Aneignung und Weitergabe den Grund ihres Daseins bilden, was brauchen wir dann in der Kirche, als Institution oder als Gebäude verstanden, noch mehr zu suchen?

1. Für Aneignung und Weitergabe ist Sprache nötig, Worte und Sätze, festgelegte Begriffe und Redewendungen ebenso wie deren Rekonstruktionen. Sprache in diesem Sinn ist eine notwendige Bedingung, will man über den christlichen Glauben überhaupt denken und sprechen (deshalb dieses Buch). Darum vertritt die Kirche eine Lehre, die sie im Rahmen der Katechese und Sonntagspredigt unter die Menschen bringt. Darüber kann hinterher geredet werden, und selbst nachbeten ist noch eine Form von reden. Nie mehr zu reden macht dagegen stumm. Ohne eine taugliche Katechese, wo und wie auch immer sie gegeben wird, bleibt von der Kirche nichts mehr übrig; denn gute Werke allein halten sie nicht zusammen. So notwendig sie auch sein mögen, sie reichen nicht aus.

2. Für Aneignung und Weitergabe sind - in Form der uns so vertrauten Predigt oder anders - die Verkündigung der Gnade sowie des großen Gebots nötig: Gott lieben aus ganzem Herzen und den Nächsten wie uns selbst. Die Verkündigung der Gnade ist nichts anderes als die Predigt der Versöhnung und der Aufruf, uns mit Gott versöhnen zu lassen. Das müssen wir uns sagen lassen; denn sonst wissen wir nicht einmal, daß mit uns etwas nicht in Ordnung ist. Und wie könnten wir ohne Versöhnung andere Menschen werden?

3. Aneignung und Weitergabe setzen einen Kontakt zwischen den Generationen voraus, nicht nur zwischen Eltern und Kindern, sondern auch zu den Generationen, die noch weiter hinter uns liegen. Wir stehen auf ihren Schultern, ob wir das schön finden oder nicht (und in den Fällen, in denen wir es nicht schön finden, können wir es ja sagen). Nirgendwo wird das so deutlich wie bei der Weitergabe des Glaubens. Er wird uns in der Kirche durch Auslegung der Bibel beigebracht, indem wir uns unseren Omas, Opas usw. anschließen, uns gegen sie absetzen usw.

4. Für Aneignung und Weitergabe ist Raum nötig, Raum für eine Bandbreite an Spiritualität. »Lage« hieß das bei den klassischen Altreformierten; das Wort weist darauf hin, daß Gottes Heil nicht von allen Menschen in gleicher Weise verarbeitet wird. Es gibt Subjekts- und Gegenstandschristen, Denker und Macher, Mystiker und Oberflächenbewohner. Sie alle dürfen und müssen da ein Zuhause finden. Wenn für sie kein Raum mehr ist, dann wird die Kirche leer.

5. Das Gemüt verlangt seinen Ort. Wo ist mystische Erfahrung möglich, die der Aneignung und Weitergabe ihre Fesseln nimmt, wo Gebet? Zuallererst sind sie zu Hause, in der Kammer. Aber um sie zu teilen mit den vorangegangenen Generationen sowie mit der uns umringenden Gemein-

schaft, müssen wir in die Kirche. Das stellt Forderungen an das Gebäude. Leider hat man das vielerorts zu spät entdeckt; viele Gemeinden haben so veredelte Heuschuppen am Hals. In ihnen ist schlecht beten; die klassischen Gebete und Litaneien klingen da nicht.

6. Zu nennen sind auch der Lobgesang und das Feiern als »Aufschub der Existenz«. Die Kirchen der Reformation haben, verglichen mit den Anglikanern und den Katholiken, nur ein geringes Bewußtsein für Liturgie und für Rituale nur Verachtung übrig. Schade, das bedeutet eine Verarmung. Aber zumindest blüht das Lied. Wer friesische Bauern Psalmen singen sah (und hörte!), weiß es. Sie kennen die Verzückung des Lobgesangs und der Anrufung. Wo anders als in der Kirche ist das möglich?

7. Bleibt schließlich die Gemeinschaft zu erwähnen. Ist die Kirche »Gemeinschaft der Heiligen«, wie das Apostolische Glaubensbekenntnis sie nennt? Wenn wir das »ist« als ein »sein müssen« verstehen, dann ist sie es ohne Zweifel. Aber die Frage ist, ob die real existierende Kirche so viel Gemeinschaft merken läßt. Ich weiß nicht einmal, ob ich darauf aus wäre. Zunächst suche ich in der Kirche (und sicher im Gebäude) ein gewisses Maß an Anonymität, nicht das familienhafte, geschwätzige Schauspiel des Wir-unter-uns. Letzteres hoffe ich anzutreffen, wenn Not am Mann ist, nicht früher und bitte auch nicht später.

10. Hat die Kirche noch Zukunft?

Der Zustand, in dem sich die Kirche in Westeuropa befindet, hat schon zu vielen Klagegesängen und traurigen Vorhersagen Anlaß gegeben. Sie reichen von »ernst, aber nicht hoffnungslos« bis zu »hoffnungslos, aber nicht ernst«. Das führt zur Frage, ob die Kirche noch Zukunft hat.

Daß eine »verlorene Generation« herangewachsen ist, steht fest. Die christliche Kirche wird sich damit abfinden und sich sagen müssen, daß sie für dieses Resultat in hohem Maße, wenn auch nicht alleine, die Schuld trägt. Dies braucht aber kein Grund für Panik und Ohnmacht zu sein. Religiöser Glaube ist in keiner Weise so verschlissen wie es oft dargestellt wird. Menschen beschäftigen sich mit ihm, tun mit ihm etwas, wie ich das früher schon einmal nannte. Wenn der überwinterte Kirchgänger darüber nicht so redete (wieso darf es nur so laufen, wie Kirche und Theologie es vorschreiben?), könnte die Kirche besser damit umgehen. Mit Geduld, mit dem Glauben an ihre Notwendigkeit sowie mit dem Vorsatz, daß sie sich stattdessen nicht auf die Spur der Funktionalität rangieren und somit ausrangieren läßt, wird wieder eine Generation heranwachsen, welche die christliche Kirche in ihr Lebensmuster aufnimmt. Den Pfad des Dienstes an der Welt sehe ich hingegen nicht als einen Ausweg aus der Sackgasse. Das ist sehr schade, füge ich hinzu, denn die christliche Kirche und diakonischer Diensterweis gehören zusammen. Aber die Sucht nach dem Diensterweis darf nicht der Unklarheit über sich selbst oder über ihr Selbstverständnis entspringen. Man kann nicht mit der einen Hand, der »Denk-Hand«, an einem Kirchenbegriff festhalten, der die Kirche als heilsnotwendig für die Welt darstellt (deshalb die Formel »Kirche und Welt«), und mit der anderen Hand, der »Mach-Hand«, dieser Welt nur bringen, was sie sich auch selbst bringen kann. Solange die christliche Kirche diese Unausgewogenheit nicht überwindet, sich also erst für die Heilsnotwendigkeit entscheidet und danach - aufgrund dessen - für das Amt des Sozialarbeiters inmitten anderer Sozialarbeiter, so lange darf sie nicht erwarten, sie löse ihre eigene Probleme, indem sie ihre Dienstleistung erhöht. Dafür ist ihr Diensterweis eben nicht da.

Eher sollte die christliche Kirche die Krippe etwas tiefer hängen, so daß alle, nicht nur halbe Theologen, zu ihr kommen können. Man kann an seinem Glauben auch auf andere Weise arbeiten, das braucht nicht in der Beherrschung der Lehre zu bestehen. Von Maria steht geschrieben, daß sie alles, was gesagt wurde, in ihrem Herzen erwog. Sie war keine Schwätzerin. Wir sollten in der Kirche wieder mehr Wertschätzung für Menschen haben, die von diesem Gerede nur einen Schock bekommen.

Es braucht in der Kirche nicht einfach schön zu werden, aber Provinzialismus sollte nicht die einzige Handelsmarke z.B. der Protestanten sein und Zwang nicht das Kennzeichen von Rom. Das sind m.E. Vorbedingungen für die Rückkehr der verlorenen Enkelkinder, der Söhne und Töchter. Eine Institution mit Qualität ist frei von Zwang. Ein Beispiel für die Welt, ein Schaufenster für das, was Gottes ewiges Heil mit Menschen macht, wird die Kirche zwar nie werden. Wohl aber könnte sie zum Ausstellungsraum werden, in dem Proben dafür zu sehen sind, wie sich Menschen mit Gott versöhnen lassen und deshalb auch einander zu vergeben wissen; so etwas Einfaches liegt vielleicht im Bereich des Möglichen. Wenn das aber schon in der Kirche mißlingt, wie soll es dann anderswo gelingen?

11. Christentum ohne Kirche?

In den sechziger Jahren verlangte man plötzlich nach einem Christentum ohne Kirche. Auch das war eine Flucht in die unsichtbare Kirche! Aber ob es so etwas gibt? Nehmen wir das Verlangen danach ernst und suchen wir nach den Motiven, die dahinter stecken können.

1. Wer ein Christentum ohne Kirche will, hat sich an der kirchlichen Institution mit ihrem Zwang gestoßen und kann beim Wort Kirche nur noch

an Pastoren oder Pfarrer denken, an Papst oder an synodale Erlasse, kurzum, an Instanzen mit der Sucht, sich mit Vorschriften und geistlichem Zwang in alles einzumischen. All diese Dinge haben die Institution Kirche durch die Jahrhunderte begleitet und - ich wiederhole es noch einmal - große Bevölkerungsgruppen der Kirche entfremdet. Darauf bin ich schon genügend eingegangen, so daß es bei diesen paar Worten bleiben kann.

Nun wäre eine Institution ohne eine Spur von Zwang vielleicht die Lösung, aber die Ehrlichkeit gebietet den Hinweis, daß das eine Illusion ist. Mit jeder Institution ist eine Form von Regulierung verbunden, sonst wäre es keine Institution. Regulierungen nicht als Verpflichtungen aufzuerlegen, das würde helfen. Die Mitglieder der Kirche müßten die Angst vor der Freiheit ablegen und kirchliche Autoritätsträger die Angst, die Kirche werde die Freiheit ihrer Mitglieder nicht überleben.

2. Ein zweites Motiv hinter dem Ruf nach einem Christentum ohne Kirche lautet: »Kirche« bedeutet Diskriminierung, wesensgemäß Unfähigkeit zur Solidarität oder sich anders, frömmer, heiliger zu verhalten als die anderen. Das scheint mir einer der wichtigsten Gründe zu sein, warum Jüngere sich der Kirche nur mühsam anschließen oder eben sehr leicht die Kirche verlassen. Dazu genügt oft allein schon die Tatsache, daß man zu einer Gruppe gehört, die behauptet, weiter zu sein als die anderen. Gewiß, das ist aus Gnade so, wie der Pfarrer sagt. Aber aus Gnade oder aus Ungnade - man geniert sich, dazuzugehören.

Diese Scheu scheint mir überwindbar, sicher wenn man älter wird. Mehr muß ich sagen zum Abscheu vor dem Heilsegoismus, der sich hinter kirchlichem Verhalten verbergen kann. Es stimmt ja, wenn wir beim Heil Gottes Egoisten sein können, dann ist das überall erlaubt. Ist Heilsegoismus authentisch christlich? Nein. »Ich wünschte, von Gott verbannt zu werden um meiner Brüder willen«, hören wir den Apostel Paulus sagen, wenn er seine Trauer darüber beschreibt, daß sich seine jüdischen Zeitgenossen von Jesus von Nazaret fernhalten. Das ist eine Äußerung von Anteilnahme, nicht von Heilsegoismus. Ebensowenig vermittelt sie übrigens den Eindruck, es lohne sich nicht, dem ewigen Heil nachzulaufen. Im Gegenteil, es ist so viel wert, daß der Apostel seinen Anteil gerne weggeben möchte, wenn dies seinen Brüdern zugute käme.

3. Auch das dritte Motiv hat in den vergangenen Jahrzehnten an Popularität gewonnen. Was man in der Kirche zu finden hofft, Gerechtigkeit und Nächstenliebe, das findet man oft auch außerhalb. Aber kann es überhaupt so etwas wie eine »Kirche außerhalb der Kirche« geben?

Die Antwort auf diese Frage ist zunächst eine Frage der Definition. Wenn man sagt, überall dort sei Kirche, wo Gerechtigkeit geübt wird, dann ist Kirche auch außerhalb der christlichen Kirche in allen Teilen der Welt anwesend, im Islam ebenso wie im Kapitalismus. Denn nicht nur Unrecht herrscht überall, überall herrscht auch Recht. Das berechtigt uns aber nicht dazu, für die christliche Kirche Menschen (und deren Überzeugungen) zu annektieren, die sich dem christlichen Glaubensbekenntnis nicht angeschlossen haben und auch nicht wünschen, sich ihm anzuschließen. Es wäre gegenüber diesen Menschen nicht fair, sie ohne ihr Wissen (wüßten sie es, dann vielleicht sogar gegen ihren Willen) dem Christentum einzuverleiben. Übrigens würde es die Glaubensbeziehung zu Christus entwerten, die nur als bewußte Beziehung gelebt werden kann. Der Begriff »anonymes Christentum« ist also kein guter Begriff.

Die Annexion vollzieht sich übrigens unter der Voraussetzung, das Tun der Gerechtigkeit sei ein Vorrecht der Christen. Das ist aber nicht der Fall; denn man kann dies auch in anderen Läden finden. Es ist anzuerkennen anstatt zu annektieren. Warum nimmt man also, wenn man so viel Wahres, Gutes und Schönes sieht, zu einer Kirche außerhalb der Kirche Zuflucht? Im Hintergrund steht noch immer das Schreckgespenst eines »außerhalb der Kirche kein Heil«, das uns zwingt, alle Menschen (und alle Dinge), für die wir Hochschätzung empfinden, in die Kirche hineinzuholen. Aber das ist überflüssige Hirngymnastik. Urteilen wir nicht über das Heil anderer Leute; schätzen wir alles, was in unserer Welt wahr, gut und schön ist, als eine Gabe Gottes des Schöpfers hoch und glauben wir, daß auch Gott dies hochschätzt. So bleibt die Welt bei ihrem Wert, das Heil Gottes aber bleibt Heil.

12. Gottes eine Kirche und unsere vielen Kirchen

Das Ansehen der christlichen Kirche hat durch die Zersplitterung der christlichen Glaubensgemeinschaft einen kolossalen Einbruch erfahren. Die Kirche hat an Wertschätzung verloren, ist sie doch vervielfältigt zu Teilen, von denen jeder für sich das Ganze sein will. Wohin soll jemand gehen, der zur Kirche will? Sofort bieten sich zehn, zwölf Kandidaten an, die für diese Ehre in Betracht kommen wollen. Das führt zu Mißständen, zur Kirche im Angebot. Ich wage zu sagen, daß das Chaos, in dem sich die christliche Kirche befindet, mit ihrer unmöglichen Vielfalt beginnt. Auf eine Vielfalt ist der christliche Kirchenbegriff einfach nicht ausgelegt, und die ganze Glaubenstradition gerät dadurch aus den Fugen.

Das wissen die verschiedenen Kirchen und deshalb sprechen sie, wenn sie sich selber meinen, hartnäckig von »der Kirche«. Manchmal geschieht das unbewußt, in einer Art naivem Sprachgebrauch, aber diese Redeweise kann ebensogut mit einem dogmatischen Unterbau versehen sein, so wie das in der römisch-katholischen Lehre, aber auch in anderen Kirchen geschieht. Es hilft nichts, die Vielheit wird dadurch nicht geringer und der quadratische Kreis von »Gottes einer Kirche in unseren vielen Kirchen« (Berkhof) bleibt bestehen. Für das Gesetz besteht nicht einmal »die Kirche«, es kennt nur *Religionsgesellschaften.* Das ist ein hoffnungsloser Begriff, ich gebe es zu, und für eine Kirche mit einigem Selbstbewußtsein ein peinliches Wort. Aber die christliche Kirche hat es sich selber zu verdanken, daß es soweit gekommen ist.

Woher kommt diese Vielheit? Ich möchte positiv beginnen: Sie besagt nicht nur Elend. Abraham Kuyper sprach in seiner Zeit von der »Einförmigkeit als Fluch des modernen Lebens« und verteidigte damit eine Verschiedenheit von Kirchen aufgrund ihrer kulturellen Bestimmtheit. Die Mehrförmigkeit der Schöpfung durfte nach ihm in die Kirchen zurückkehren. Kuyper bekommt sehr spät recht. Wir sehen heute besser als früher, daß Kirchen die Farben ihres Kontextes zeigen. Schwarz, mongolisch, batakisch und warum nicht ebenso lateinamerikanisch und westlich? Als Saulus zu Paulus, dem großen Apostel, bekehrt wurde, blieb er der rastlose Eiferer, der er immer gewesen war, jetzt aber als Christ. So bleiben auch Kirchen Gemeinschaften von Christen, die an ihrer europäischen, chinesischen oder lateinamerikanischen Art festhalten. Sie können nicht anders, aber wir dürften es nach Kuypers Meinung auch nicht anders wollen. Es gibt aufgrund der Schöpfung eine Vielfarbigkeit, die fröhlich stimmt.

Was ich sage, beinhaltet natürlich nicht, daß ich Kirche und Kontext miteinander identifiziere. Wenn eine Kirche meint, sie habe in ihrem Kontext etwas zu sagen, kann sie sich zwar nur in der Art des kulturellen Kontextes äußern. Das Elend liegt aber in der Tatsache, daß die Kirche in eine Anzahl von Konfessionen - römisch-katholisch, reformatorisch/protestantisch und östlich-orthodox, um nur die größten zu nennen - auseinanderfällt, innerhalb der Konfessionen wiederum in eine große Anzahl miteinander streitender - oder einander ablehnender - Gruppen und Grüppchen. Die Kontroversen, die diese Zerteiltheit in Gang setzen, leugne ich nicht. Manchmal geht es um kleine Zimmerbrände, manchmal sind sie es doppelt und dreifach wert, gelöscht zu werden. Müssen sie aber für Kirchentrennung ausgebeutet werden? Das Besprechen der Unterschiede führt zu nichts, wie jeder sehen kann. Die Identitäten und Nestgerüche sind viel zu stark, und warum auch nicht? Es gibt für diese unmögliche Vielfalt nur eine Lösung: Macht die verschiedenen Kirchengemeinschaften zu Orden innerhalb eines gemeinsamen Verbandes, so wie die römisch-katholische Kirche bis heute in der Einen Kirche die Existenz sehr unterschiedlicher Formen von Spiritualität zu integrieren wußte, indem sie aus ihnen Orden machte. Damit provozieren wir keine Unglücke für uns selbst; die Kirchen dürfen ihre Besonderheiten behalten und die Welt geht weiter. Aber gewinnen würden wir vieles: Wir werden uns vielleicht nicht unmittelbar wiedererkennen (aber dafür haben wir die Zeit und die Ewigkeit), wohl aber können wir uns als Kirche anerkennen, was immer noch mehr ist als einander nur zu dulden.

Noch etwas kommt hinzu. Verglichen mit den immensen Unterschieden der großen Religionen sind die interkonfessionellen Unterschiede in ihrer Weise nicht mehr als ein Zimmerbrand. Für den Weltrat der Kirchen sehe ich eine prachtvolle Aufgabe am Horizont auftauchen. Die Einheit der christlichen Kirchen könnte er auf sich beruhen lassen (sicher, wenn wir sie als Orden innerhalb eines Ganzen betrachten), um sich für das interreligiöse Gespräch vorzubereiten. Zuallererst mit dem Islam, der Größe nach der dritten religiösen Gemeinschaft in Deutschland. Ich möchte gerne wissen, ob ich statt »Gott ist groß« auch »Allah Akhbar« sagen kann; den Platz Jesu in der christlichen Tradition möchte ich verglichen sehen mit dem Platz Mohammeds im Islam - das sind nur globale Themen, die unbedingt besprochen werden müßten.

Was aber unseren Diensterweis betrifft: Die Weltkirche ist da, um für diejenigen einzutreten, für die niemand eintritt; für Menschen, mit denen keine politische Ehre zu gewinnen ist; für den Abfall und den Ausschuß, der auf den Schrotthaufen gekommen ist, die Verachteten unter den Menschen. Könnte dieser Diensterweis nicht viel mehr erreichen, wenn Islam und Christentum ihn zusammen ausüben würden?

13. Pluralität in der Kirche

Die Entstehung der Pluralität innerhalb der einzelnen christlichen Kirchen verstehe ich als Test auf unsere Bereitschaft zu gegenseitiger Akzeptanz. Für manches Kirchenmitglied, auch für kirchliche Amtsträger, bedeutet Pluralität ein neues Phänomen, mit dem umzugehen sie nicht gewohnt sind.

Pluralität wurde anfangs denn auch als ein negatives Phänomen gewertet und besprochen, als eine Form von Verelendung der christlichen Kirche. Zwar stimmt diese Auslegung, wenn wir uns mit dem Zustand von vor dreißig Jahren vergleichen. Aber dann haben wir die damalige Zeit, oder welche anderen vergangenen Zeiten auch immer, zugleich als Maßstab für das eingeführt, was als gut zu gelten hat. Das geht natürlich nicht; gestern ist nie Norm für heute oder morgen.

Wir könnten besser mit der Anerkennung der Tatsache beginnen, daß die Einheit von Lehre und Leben in eine Vielzahl von Ansichten auseinandergefallen ist. Das ist Pluralität mit allen damit verbundenen Vor- und Nachteilen, die wir nicht beheben können, auch wenn wir das wollten. Aber wir können es nicht einmal mehr wollen! Die Freiheit zu reden, und nicht einfach anderen nachzubeten, wenn man etwas sagen will, das ist uns außerhalb der Kirche in Fleisch und Blut übergegangen; das hat uns aber so gut gefallen, daß wir es jetzt auch in der Kirche praktizieren wollen. Das hat sein volles Recht. Der Weg hätte sogar umgekehrt verlaufen können; denn in der Kirche - in jedem Fall in den Kirchen der Reformation - haben wir ursprünglich die Freiheit gelernt, die wir jetzt in der Gesellschaft anwenden. Die politische Freiheit hat mit der Religionsfreiheit begonnen.

Der Nachteil der Pluralität liegt nicht so sehr in der Vielheit der Ansichten, die an Stelle der Einheit getreten sind, sondern im Prozeß ihrer Verarbeitung. Was der eine als positiv erfährt, bedeutet für den anderen Verfall und Ausverkauf. Der Lernprozeß, der zur Pluralität gehört, gibt uns den Auftrag, für beide Reaktionen einen legitimen Ort offenzuhalten. Jemand darf Verfall nennen, was ich für Fortschritt halte, und nicht nur umgekehrt. Das Elend beginnt dort, wo Menschen die Auffassungen der anderen nicht mehr hören wollen. Wenn es gut geht, dulden wir einander noch in der Kirche, aber Dulden ist der Anfang vom Ende; denn wer nur noch geduldet wird, zieht die Konsequenzen und verschwindet.

Einander anzunehmen, so wie Christus uns angenommen hat, damit muß alles beginnen. Ich mache darauf aufmerksam, daß dieses Wort des Apostels Paulus von uns nicht verlangt, daß wir gegenseitig unsere Ansichten akzeptieren, was wirklich allzu verrückt wäre. Einige prophetisch erfüllte Menschen möchten das zwar gerne so, aber damit würden sie es mit sich und dem anderen verderben. Wenn wir jedoch *einander* annehmen müssen, aber nicht des anderen *Ansichten*, dann können wir über diese Ansichten wie über jede Ansicht in Ruhe sprechen.

Unter dieser Bedingung braucht eine Vielfalt von Auffassungen über Christus oder die Taufe, über praktische Fragen wie Umgang mit Invaliden oder Euthanasie, um nur einige zu nennen, in keiner Weise ein Grund zum Verlassen der Kirche zu sein, zur Kirchenspaltung oder etwa zur Uneinigkeit in der Gemeinschaft. Für jede aufrecht vertretene Ansicht zur Frage, was christlich ist, gibt es - sofern nicht ausdrücklich auf Lieblosigkeit und auf die Schädigung des anderen gerichtet - in der christlichen Gemeinschaft Raum. Damit soll nicht schon gesagt sein, eine solche Ansicht passe in die christliche Tradition oder stehe außerhalb ihrer. Wer so viel Raum nicht zugesteht, will herrschen, dies nach Möglichkeit gedeckt mit der Autorität der Religion.

Ich meine damit nicht, Pluralität kenne keine Grenzen. Die praktische Liebe ist, wie ich schon sagte, so eine Grenze. Eine solche Grenze ist auch der christliche Gottesentwurf, innerhalb dessen sich die Auseinandersetzung vollziehen muß. Schließlich nenne ich die Loyalität (etwas ganz anderes als Gehorsam) gegenüber der Gruppe, der Gemeinschaft und dem Kirchenverband.

Es mag nicht einfach sein, innerhalb ein und derselben kirchlichen Gemeinschaft Pluralität zu akzeptieren und zu verarbeiten; die Kirche muß lernen, damit zu leben. Wenn uns aber schon Fußgänger ermüden, wie sollen wir dann mit Pferden mithalten können!

14. Mission

Ein Kapitel über die Kirche, ohne auf die Mission einzugehen, wäre unerträglich. Beide gehören zueinander; wir hätten in Europa überhaupt keine christliche Kirche gehabt, wenn es keine Mission gegeben hätte.

Die frühere Tätigkeit der Mission wird heute oft kritisch besprochen. Sie habe nichts Gutes geleistet, sondern alles verdorben, lautet das harte Urteil. Ich teile es nicht, vor allem dann nicht, wenn es von kirchlicher Seite kommt, denn ich bin kein Masochist. Eine Kirche, die laufend sich selber beschuldigt, erweckt Widerwillen, um nicht zu sagen Mißtrauen. Es mag bei der Mission vieles falsch gelaufen sein, zu rügen ist vor allem die Anlehnung an die koloniale Macht. Erst so wurde es möglich, den Missionar mit dem Machthaber zu identifizieren, was sich auf die Dauer rächen und den Kirchen ein schlechtes Gewissen verschaffen sollte. Aber im Rahmen ihrer Zeit gesehen ist die Mission, wie mir scheint, wie ein mildes Unternehmen gegenüber der harten Hand des kolonialen Eroberers.

Warum betrieben die Kirchen Mission? Weil sie von der selbstverständlichen Wahrheit des Christentums ausgingen, so wie wir das heute beim Islam wiederfinden. Heiden sind ohne Gott in der Welt, sie sind Götzendiener; die Christenheit aber kennt den wahren Gott. Das schafft Verpflichtungen; wer die Düsternis vertreiben kann, dies aber unterläßt, macht sich vor Gott und den Menschen schuldig. Wie die Literatur zeigen kann, kam allmählich auch mehr Verständnis für die einheimische Bevölkerung hinzu. Das Motiv hinter der Mission war in den Hochzeiten des Kolonialismus sicher keine platte Herrschsucht, sondern eher Besorgnis um das ewige Wohl und Wehe der Menschen.

Aber die Mission vollzog sich im Rahmen eines unaussprechlichen Paternalismus. Die Kultur der »Heiden« wurde für mitleiderregend rückständig gehalten, man kannte sie nicht und hatte vor ihr keinen Respekt. Es ging um »Wilde«, die in Gottes Namen aus der Denkwelt erlöst werden mußten, in die sie verstrickt waren; sie sträubten sich dagegen, weil sie nicht wußten, was für sie gut war. Glücklicherweise wußte das aber der Missionar.

Paternalismus und Zwang liegen - zumal in Ländern, in denen sich koloniale Mächte niedergelassen haben -, eng beieinander. Die Mission hat das nicht erkannt. Ich meine damit nicht, daß sie sich des starken Arms der kolonialen Obrigkeit bediente, sondern daß sie nicht bemerkte, wie sehr Kolonialisierung und Christianisierung ineinander verwoben waren. So brachte sie den religiösen Glauben der Herrschenden und belastete damit die Weitergabe des Glaubens mit einer Hypothek, die bis heute das Selbstverständnis der Mission beschäftigt.

Nun ist die Zeit des dankbaren Negerleins schon lange vorbei, aber die Kirchen werden noch immer dafür angeschaut. Es macht sie unsicher, und sie weichen deshalb auf Diakonie aus, wogegen nichts zu sagen ist. Im Gegenteil, auch sie gehört zur Ur-Aufgabe der Kirche. Aber darf die Mission in dieser aufgehen?

15. Ist Mission notwendig?

Die christliche Kirche hat sich in den vergangenen Jahrhunderten mit bisweilen übertriebenem Nachdruck als Missionskirche angepriesen. Unter welcher Theorie und aus welchem Motiv dies auch immer geschah, untersuche ich hier nicht. Die Kirche muß gepflanzt, denn das Wort muß verkündigt werden »bis an die Enden der Erde«, das gehört von alters her zum Pathos der christlichen Tradition. Muß das so bleiben? Sicher, was jemandem wichtig ist, darf er weitererzählen. Das gilt für tiefsinnige philosophische Gedanken und für Religionen ebenso wie für Nepp-Geschichten. Freie Meinungsäußerung hat auf der Rangliste westlicher Werte ja einen hohen Stellenwert. Der Islam darf in den Niederlanden frei heraus über Allah und Mohammed sprechen, der Baghwan hat zwar seine Zeit gehabt, aber wir gaben ihm allen Raum, viele hörten ihn sogar voll Ehrfurcht. Warum sollte dann die christliche Mission in Form des gläubigen Einzelnen oder der Kirche nicht über den christlichen Glauben sprechen dürfen?

Von allgemein anerkannten Maßstäben her ist also nichts dagegen zu sagen, daß Kirchen Mission betreiben. Warum aber sollten sie? Darauf muß von seiten der christlichen Kirche eine Antwort gegeben werden. Sie muß wissen, was sie damit anrichtet und deshalb dafür gute Gründe haben. Wenn sie allerdings glaubt, diese Gründe zu haben, dann muß sie es wagen, die Mission unter bindende Maßstäbe zu stellen.

1. Sendung und Mission entwurzeln eine Gesellschaft, es ist wohl wahr. Man lese das überaus lobenswerte Buch von Maryse Condé mit dem Titel *Segu*, wenn man den Prozeß der Entwurzelung mit seinen weitreichenden Folgen etwa in Afrika verstehen will. Erst kommt der Islam, danach der Westen und in seinem Schlepptau schließlich das Christentum. Von der ursprünglichen fetischistischen Kultur bleibt in dieser Zeit nur noch ein hoffnungsloser Rest übrig.

2. Was ist dazu zu sagen? Ist keine Mission mehr zu treiben? Erstens ist die Entwurzelung, wie mir scheint, unvermeidlich; Europa hat diesen Prozeß auch erlitten und ihn bewältigt. Ferner ist das Christentum nicht der große Übeltäter, es sei denn, man identifiziere die westliche Techno-Kultur mit dem Christentum. Und selbst wenn das so wäre (was nicht stimmt), dann steckte in dieser Entwicklung noch immer etwas Unvermeidliches; denn in unserer Welt kann es keine Kulturen mehr geben, die in ihrer Entwicklung Meilen voneinander entfernt bleiben. Den Gegensatz von reich und arm kann es noch geben, auch wenn er zu verurteilen ist. Aber der Gegensatz zwischen technologisch hoch entwickelten und technologisch primitiven Kulturen kann sich auf die Dauer nicht halten. Der Schmelztiegel wird also sein Werk verrichten.

3. Der Ernst dieses Prozesses ist kaum zu überschätzen. Zerrüttung und Entwurzelung werden noch mehr Menschen zu Opfern machen, es wird noch mehr Tote geben, noch mehr Menschen werden von Haus und Herd vertrieben, noch mehr Frauen als Objekt benutzt werden usw. Mission? Ich würde sagen, mehr denn je könnte sie etwas bedeuten. Kennt die christliche Kirche nicht die Vorliebe Gottes?

4. Aber wir können dann nicht kommen als die Repräsentanten, die den Unwissenden die Wahrheit bringen. Eine solche Mission lieber nicht. Mission ist nicht auf Eroberung aus, sie kommt genauso verletzlich in das fremde Land wie die Fremden in unser Land, mit keiner anderen Stütze als der verletzlichen Wahrheit des eigenen Glaubens.

5. Predigen heißt also auch nicht: »Wir kommen, um Euch den Herrn Jesus zu bringen«, sondern wir müssen zusammen mit den Angesprochenen fragen, was ihre Traditionen in einer veränderten Welt bedeuten. Es gibt also keine Botschaft, die etwa lautet: Ihr macht es nicht gut, wir dagegen wissen besser, was ihr nötig habt. Wir haben vielmehr zu fragen: Was sind eure und was sind unsere Glaubenstraditionen, was sind sie wert?

6. In diesem Kontext, der nicht nur die anderen, sondern auch uns selber relativiert, bekommen die eigenen Glaubensüberzeugungen ihren Ort. Wer sich selber nicht relativieren kann, kann keine Mission betreiben. Solange der Islam das nicht kann, können wir an ihm lernen, wie es nicht gehen sollte. Er tut es so, wie wir es früher getan haben.

7. Das Gegenargument, man müsse andere Kulturen in Ruhe lassen, ist Romantik. Niemand läßt sie in Ruhe; die Touristen überfallen Bali und die westliche Wirtschaft überfällt Schwarzafrika. Wäre die christliche Kirche ein schlimmeres Unglück oder besäße sie nicht vielleicht etwas, das Menschen in solchen Übergangssituationen helfen kann, ihr Leben zu stabili-

sieren? Dabei ist keine einzige Religion unantastbar oder erhaben über alle Kritik. Sollte das beim Christentum anders sein?

8. Das Problem kann also nicht darin liegen, daß eine Kirche, die an ihre eigene Sache glaubt, Mission betreibt. Natürlich darf sie das. Die ganze Angelegenheit steht und fällt vielmehr mit der Frage, ob wir die anderen, die Angesprochenen, noch ernst nehmen, ihnen also Freiheit einräumen und noch zu einem wirklichen Gespräch zulassen. Ein Gespräch geschieht ja auf dem Boden der Gleichheit; es verlangt eine Gegenseitigkeit, die mehr beinhaltet als einige Tricks zur Überredung der anderen. Dies würde ich für höchst unfair halten, denn nur zum Schein stellten wir dann die eigene Wahrheit zur Diskussion. Ich hielte das für entehrend, für einen Mangel an Respekt vor den anderen. Eine solche Mission würde von der Zeit weggespült und hätte es nicht besser verdient.

XVII. Kirche und Sakramente

Solange der Ausdruck »symbolisch« mit »nicht real« gleichgestellt wird (wie das in unserem alltäglichen Sprachgebrauch allzuoft der Fall ist), können wir über Sakramente kaum sprechen.

G. Van der Leeuw

1. Rituale in der Kirche

Ebenso wie jede andere ehrwürdige Institution, religiös oder nicht, schätzt die christliche Kirche Rituale: Handlungen, die etwas repräsentieren, das nur die Gemeinschaft weiß (1), die das Repräsentierte auf die Teilnehmer übertragen (2) und die ihren Status (sowie ihre Macht) innerhalb der Gemeinschaft aus ihrer Wiederholung (3) beziehen. Sie haben ursprünglich mehr als nur eine Funktion, doch darauf werde ich nicht tiefer eingehen. Eine Gemeinschaft profiliert sich durch ihre Rituale, unterscheidet sich durch sie von anderen Gemeinschaften, bestätigt - mit anderen Worten - durch Rituale ihre Identität. Aber auch nach innen haben Rituale für die Gemeinschaft eine Funktion: Sie machen ihre Mitglieder zu aktuellen Teilnehmern an dem, was die Gruppe zusammenhält, und haben so eine verbindende Bedeutung. Ohne Rituale hält es keine Gemeinschaft aus; das gilt für die Vergangenheit, aber ebenso für die Gegenwart.

Rituale in der Kirche sind also nichts Ausgefallenes, sondern gehören zu ihr wie dürre Blätter zum Herbst. Die römisch-katholische Kirche kennt sie in allen Maßen und Arten, in anziehenden und weniger anziehenden Gestalten. In ihrem Eifer für die Verinnerlichung des Glaubens haben protestantische Christen dagegen die Neigung, auf Rituale herabzuschauen und sie als Äußerlichkeiten zu betrachten. Darin täuschen sie sich, übrigens in mehr als einer Hinsicht. Die Liturgie mag für die Reformation dann, um mit Noordmans zu sprechen, auf der Straße liegen, doch gehört sie auch in die Kirche. Auch Protestanten haben ihre Rituale, wenn auch andere (verbale); sie verkennen aber deren Bedeutung. Um nur ein Beispiel zu nennen: Die Aneignung und Weitergabe des Evangeliums geht in protestantischen Kirchen zwar den Weg der Predigt von der Kanzel, aber auch das ist ein allsonntäglich wiederkehrendes Ritual, um von der Predigt selber zu schweigen. Wer in protestantischen Kirchen zu Hause ist, weiß, daß sich in der Predigt- und Gebetssprache feste Wendungen wiederholen; es sind Rituale von Phrasen. In protestantischen Kirchen werden übrigens Sakramente gefeiert, und das geht nicht nur mit Festgetöse, sondern auch mit vorgeschriebenen Formeln.

Damit bin ich beim Thema dieses Kapitels, den Sakramenten, an denen die christliche Kirche festhält. Die Herkunft des Namens tut nichts zur Sache. Er wurde zum klassischen Begriff für Rituale, die im Unterschied zu brennenden Kerzen und zum Besteigen der Kanzel einen besonderen Status bekommen haben.

Deshalb war man sich über ihre Anzahl uneins. Welchem Ritual kommt ein solches Gewicht zu, daß man es ein Sakrament nennen kann? Die protestantische Version des Christentums behielt von den sieben, die die römisch-katholische Kirche kennt, zwei bei: Taufe und Abendmahl (Eucharistie). Sie zusammen bilden die schmale Brücke, die beide Daseinsformen der christlichen Kirche miteinander verbindet. Es sind, besser gesagt, Brückenköpfe des Erkennens und des Anerkennens.

Warum werden Sakramente in einem besondere Kapitel behandelt? Weil sie, das gilt schon für den Namen »Sakrament«, nicht mehr leisten, wofür sie eingesetzt sind; sie sprechen nicht mehr an, binden nicht mehr zusammen und schaffen keine Verpflichtung mehr. Was sie repräsentieren wollen, ist an sich nicht (jedenfalls nicht in erster Linie) umstritten. Umstritten sind hingegen die Vorstellungen selber, das Bild, das Ritual, das ansprechend (und ansteckend) zeigen sollte, worum es geht. Es stammt aus einer Lebenswelt, die in keiner Weise mehr die unsrige ist und berührt uns deshalb auch nicht mehr in unserem Gefühl. Ja, unter großer Anstrengung mag es noch gelingen, aber die Selbstverständlichkeit, mit welcher die rituelle Bildsprache die emotionale Schicht unseres Daseins erreichen sollte, ist verschwunden.

2. Taufe und Abendmahl

Warum die Sakramente nicht mehr genügend ansprechen, versuche ich anhand von zwei Sakramenten näher zu erläutern. Ich gehe ein auf die Spendung der Taufe und die Feier des Abendmahls, das von den katholischen Christen »Eucharistie« genannt wird.

Bei der Taufe findet die Frage noch am deutlichsten eine Antwort. Die »Spendung der Taufe«, so die offizielle Formel, stammt aus einer Zeit, die wir nicht mehr kennen. In den protestantischen Kirchen zeigt sich das im Streit, der dort seit dem 16. Jahrhundert über die Frage geführt wird, ob die Mitglieder der christlichen Kirche als Kinder oder als Erwachsene zu taufen seien. Was ist das Problem? Christ-sein setzt eine bewußte Entscheidung voraus, wozu nur Erwachsene imstande sind; Kinder zu taufen bedeutet also, daß ihnen das Christ-sein ohne ihre Zustimmung aufgebürdet wird.

Ich leugne nicht, daß damit ein Problem gegeben ist. Der durchschnittliche Christ hat um seine Taufe nicht gebeten, sondern wurde einfach getauft, ob er wollte oder nicht. Aber das eigentliche Problem liegt tiefer. Die Taufe ist eigentlich ein Übergangsritus, ein »rite de passage«. Der Täufling geht - das will Taufe besagen - von der einen Welt in die andere, von der Welt der Sünde hinüber zur Welt der Versöhnung. Dieser Schritt ist zu vergleichen mit dem Schritt aus dem Tod zum Leben. Die Symbolik vom Untertauchen in das Wasser deutet darauf hin. Wasser ist in der antiken Kultur eine zwiespältige Größe; man kann in ihm ertrinken, aber auch auf ihm schwimmen. Es sind die »Wasser des Todes«, die jemanden umgeben, aber aus diesen Wassern kann er gerettet werden, so wie Noach in und durch die Arche gerettet wurde. Dieser Hinweis ist nicht zufällig, denn die Kirche *ist* (bis hinein ins protestantische Taufformular) die Arche Noachs, und die Taufe *ist* Errettung vor dem Gericht.

Deshalb kann die Taufe nur einmal gespendet werden; man geht nur einmal vom Tod über zum Leben. Aber je christlicher die Welt wurde, desto weniger blieb bei der Taufe vom Übergangsritus übrig, weil der Unterschied zwischen der einen und der anderen Welt verschwand. Da gab es nicht mehr einen Griechen, einen Römer oder gar einen Germanen, der beschloß, seinen Stamm zu verlassen und zur christlichen Kirche überzugehen; sein Stamm war ja schon christlich. Es gab eigentlich keinen Grund mehr, um hinüberzugehen; es gab keine fremde, feindselige Welt mehr, der man mit der Taufe Lebewohl sagte.

Die Feier des Abendmahls verfiel auf eine vergleichbare Weise. Sie begann als die Feier der Eintracht, des Zusammengehörens, begründet auf dem Opfer Dessen, der die Gemeinschaft stiftete, Jesus Christus. Brot und Wein verbinden ungemein, wenn sie für den Leib und das Blut stehen, die für die Gemeinschaft geopfert wurden. Die Gemeinschaft bekommt so etwas von einer geheimen Genossenschaft, das Feiern etwas Verschwörerisches; andere bleiben draußen. Lange Zeit war die Feier des Abendmahls denn auch strikt geheim, wie sich der christliche Glaube als eine Geheimlehre und die Kirche als eine geheime Genossenschaft verstand. Kurzum, beide - Taufe und Abendmahl - setzten eine ganz andere Welt als Kontext voraus, eine Welt der Verständnislosigkeit und selbst der Feindschaft. Deshalb war da auch eine völlig andere Kirche, eine Kirche nämlich, die sich in der Welt fremd fühlt, in ihr nicht zu Hause ist und auch nicht zu Hause sein will, weil sie auf die große Auflösung des Dramas wartet, das Kommen des Reiches Gottes.

Diese Kirche gibt es nicht mehr, ebensowenig diese Welt. Zwar können wir uns in diesen Gedankengang der Vergangenheit noch einfühlen, und eine ausführliche Auslegung zur Bedeutung der Sakramente könnte uns dabei sogar behilflich sein. Aber gerade die Tatsache, daß diese Auslegung notwendig ist, macht auch deutlich, daß wir ihr entwachsen sind. Wir haben uns diese Situation ganz gewiß nicht herbeigewünscht, aber wir können dorthin auch nicht mehr zurück. Nicht, als ob wir das nicht wollten, sondern weil die Welt, in der die Sakramente entstanden sind, vergangen ist. Die kulturelle Sprache von damals ist weg, das Verhältnis von Christentum und Kultur hat sich völlig verändert und das innere Erleben, die Religiosität von früher, kennen wir nicht mehr. Von den Symbolen schließlich ist nur ein kleiner Rest übriggeblieben. Ein paar Tropfen Wasser haben das Untertauchen ersetzt und ein Stückchen Brot mit einem kleinen Schluck Abendmahlswein die rituelle Mahlzeit. Das sind Tatsachen.

3. Symbole

Die wichtigste Voraussetzung der Sakramente, nämlich das Bedürfnis nach Verbundenheit in einer feindlichen Welt, ist verschwunden. Was blieb übrig? Es blieb die Bildsprache, derer sich die Sakramente bedienen, die Symbole: Wasser bei der Taufe, Brot und Wein beim Abendmahl.

Sich aber an Rituale zu halten bedeutet mehr als Bilder sprechen zu lassen; Sakramente sind kein Bilderbuch, das in der Kirche gezeigt wird. Das ist zwar in der protestantischen Tradition oft aus ihnen geworden; Sakramente sind dort Zeichen, die darstellen, was die Gemeinde glaubt. Sie fügen also das Bild zum Wort.

Aber das hat die klassische Auffassung mit Sakramenten nicht gemeint. Selbst die Kirchenväter der Reformation ließen die Sakramente noch nicht in der Zeichensprache aufgehen, sondern fügten das Wörtchen »Siegel« hinzu. Sakramente »besiegeln«, was sie darstellen; so blieb doch etwas von der »magischen« Seite des Rituals erhalten.

Die klassische römisch-katholische Kirchenlehre legte nun gerade allen Nachdruck auf diese »magische« Seite. Was dargestellt wird, das geschieht, dies mit allen Kontroversen, die das wiederum provozierte: Geschieht es automatisch, allein mit Gebet? Und falls dabei nicht (gut) gebetet wird, geschieht dann nichts?

Die Kontroversen sind abgeebbt. Noch vor etwa dreißig Jahren waren sie wenigstens unter Theologen Gegenstand tiefgreifender Diskussionen, heute aber bringen diese es nicht weiter als zu Themen mit Interesse für die Kirchenordnung: Was sollen wir voneinander annehmen und was nicht? Das ist eine vielsagende Entwicklung, der ich nichts hinzuzufügen habe außer der Frage, wie es nun weitergehen soll.

Man könnte sagen: Lassen wir die Bilder-Seite der Protestanten und die magische Seite der Katholiken wieder zusammenfügen und wir sind wieder bei einem Ritus, der wenigstens etwas bedeutet. Aber wir können auch diesen Weg, abgesehen von der Frage nach einem Erfolg, nicht mehr gehen. Mit Symbolen können wir nicht mehr umgehen wie frühere Generationen.

Natürlich, wir können unsere Einsicht in sie vertiefen, indem wir religionswissenschaftliche Literatur lesen, die uns erklärt, welche Kultur welche Symbole pflegte. Wir können uns selbst darin üben, sowohl innerhalb als auch außerhalb unseres Lebens Symbole zu erkennen; aber wir beweisen damit nur, daß Symbole nicht mehr aus sich selber wirken. Menschen, die dafür studiert haben, kirchliche Amtsträger also, können mit ihnen noch am ehesten etwas anfangen. Für uns gewöhnliche Menschen fehlt etwas. Was ist das?

1. Die Symbole selbst, die die christliche Kirche für ihre sakramentalen Rituale verwendet, haben einen Wert - besser noch, einen Werteverfall - erfahren, der sie für ihre Funktion ungeeignet macht. Wasser mag ein noch so klassisches Symbol für Leben und Tod, für Reinigung und Wiedergeburt sein - für uns ist Wasser zum Schwimmen da. Wir denken an Sport, an Wettkämpfe, an Surfen und an andere Aktivitäten. Ich sehe keine Möglichkeit, zum Wasser als einer Macht zurückzufinden.

2. Noch weniger können wir mit Symbolen »magisch« umgehen. In der Tat, es ist so, wie Van der Leeuw sagt: Bei symbolischen Handlungen denken wir nicht mehr an etwas Wirkliches, also an etwas, das nicht nur vorgeführt wird, sondern auch geschieht. Es ist wie mit der Flagge unseres Landes. In der Fremde spricht sie uns (wenigstens jetzt noch) an, aber in unserem eigenen Land bringt sie es nicht weiter als bis zum verordneten Schmuck an bestimmten Tagen. Ihren Symbolwert erleben wir nicht mehr und ihre Magie ist verloren; deshalb erfahren wir z.B. das Hissen der Flagge nicht mehr als ein wirklichen Ereignis.

Die Frage, die bleibt: Ist es schlimm, daß wir mit den Sakramenten, wie wir sie kennen, nur noch wenig anzufangen wissen?

4. Müssen Sakramente bleiben?

Sakramente sind von uns selbst, also von Christen ausgedachte Rituale. Das widerspricht nicht der Überzeugung, daß Taufe und Abendmahl beide auf die Einsetzung durch Jesus zurückgehen. Wenn das auch historisch richtig wäre, dann blieben Sakramente dennoch von uns ausgedachte Rituale. Ich erläutere, was ich damit meine. Das »Scheitern« der Sakramente in unserer Welt von heute hängt damit zusammen.

Der gläubige Mensch kann nicht ohne die Erfahrung Gottes leben. Glaube stammt aus Erfahrung und ist auf Bestätigung durch Erfahrung angewiesen, wie ich in einem der früheren Kapitel sagte. Bestätigungen sind meistens Ereignisse: also etwa eine Erleuchtung, die uns überkam, eine Errettung aus der Not oder auch ganz einfach eine Welle der Freude. Es sind »Spuren Gottes« in unserem Dasein. Aber solche Erfahrungen sind selten, wir begegnen ihnen nicht jeden Tag und doch haben wir sie beinahe täglich nötig. Wir schaffen sie also selbst mit den bedeutungsschweren Ritualen, die wir Sakramente nennen. Es sind künstlich angelegte Begegnungspunkte, künstliche Gegenwart Gottes; denn Begegnung und Gegenwart hat der Glaube nun einmal für seine Bestätigung nötig. »Künstlich« ist nicht dasselbe wie »automatisch«. Zwar können wir Brot und Wein zubereiten, wenn es uns gut dünkt, aber die Begegnung mit Gott hängt dann von Gott selber ab. Sakramente sind also keine Automaten der Gottesbegegnung.

Aber wie gut das auch gemeint sein und einem tiefen Bedürfnis entsprechen mag, hierin liegt zugleich ihre Schwäche. Sakramente sind nicht »natürliche« Erfahrungsobjekte, sondern sind und bleiben künstlich. Sie spielen sich nicht im alltäglichen Leben als dem ersten und eigentlichen Erfahrungsfeld der Menschen ab. Die Künstlichkeit wird noch dadurch verstärkt, daß das Ritual im Laufe der Zeiten verarmte. Eine Mahlzeit wurde zum Verteilen einer kleinen Oblate und das Untertauchen unter Wasser zum Verspritzen von ein paar Wassertropfen auf dem Kopf eines Kindchens.

Kurz und gut: Sakramente sind für Insider, sie wollen für Insider sein und nur Insider können wissen, worum es geht. Das ist, wie mir scheint, das große Handicap der Kirche in unserer Welt. Unser romantisches Gefühl sagt uns, daß es doch sehr schön sein müsse, wie in der klassischen Welt wieder Kirche zu sein. Wir sind aber in einer anderen Welt, und zu dieser anderen Welt gehören andere Rituale. Drinnen und Draußen sind deutlich unterschieden. In diesem Sinne sind wir nicht mehr Kirche und können es so auch nicht mehr werden. Mit den Sakramenten so umzugehen, wie das die Alte Kirche tat, erfahren die Menschen in unserer Welt deshalb als Diskriminierung, als Ausschluß. Gehören denn nur die Getauften dazu, zu Gott? Und wohin mit den anderen? Dürfen nur die Gläubigen Abendmahl feiern? Wenn jemand aber nur halb glaubt oder gar nicht glaubt, wird er dann ausgeschlossen?

Das ist das Problem: Wir wollen niemanden ausschießen, und doch schließen Sakramente aus. Ich komme aufs neue auf den Kirchenbegriff zurück, dessen Konsequenzen im letzten ungeklärt sind. Solange dies aber der Fall ist, wissen wir auch mit den klassischen Sakramenten nichts anzufangen, können keine neuen schaffen (das geht nicht) und müssen eben mit den Riemen rudern, die wir haben.

Ich finde die Sakramente keineswegs sinnlos, möchte sie aber relativieren. Damit befinde ich mich übrigens in guter Gesellschaft; denn kein Geringerer als der Apostel Paulus wagt es mit so vielen Worten zu sagen, daß er von Gott nicht gesandt, um zu taufen. Das ist hart, denn gemäß dem Evangelium nach Matthäus gab Jesus doch gerade den Befehl, alle Völker zu lehren und zu taufen.

Wer nicht getauft ist, geht nicht verloren, als ob er die Vergebung der Sünden verfehlen würde, ebensowenig diejenigen, die nicht zur Beichte gehen (»die zweite Planke nach dem Schiffbruch«). Wer mit einem Partner zusammenlebt, ohne verheiratet zu sein, lebt nicht in Todsünde; und so können wir fortfahren. Das Abendmahl schließt noch am ehesten bei den Möglichkeiten unseres Erlebens an: Zusammen essen und trinken, das schafft ein Band. Aber können wir Jesu Leib und Blut zu uns nehmen? Ich weiß nicht, was ich davon halten soll. Wenn wir die Symbole von Brot und Wein so verstehen wie Van der Leeuw es gerne hätte, dann werden wir zu »Menschenfressern«, wie der Schweizer Reformator Zwingli das nannte. Das kann niemandes Absicht sein. Was bleibt aber dann?

Vielleicht sollten wir Gottes Gegenwart - wenigstens vorläufig - nicht so sehr auf diesen künstlichen Inseln unserer Zeit, also in den kirchlichen Sakramenten, suchen, sondern in unserem Leben selbst.

Die Letzten Dinge

XVIII. Die christliche Zukunftserwartung

O, das Lachen des Kindes
vor der Welt und nach ihrem Ende

von einem kleinen blinkenden Wind
erzählt es, der einst ausgesandt wird
über Stolz und Schmerz,
bis Babylon und London
vergeben und vergessen sind.

A. Roland Holst

1. Die Utopie

An keiner anderen Stelle erfuhr die christliche Tradition eine so eingreifende Neuinterpretation wie bei der christlichen Zukunftserwartung. Zwar fehlte das Thema nie, aber es stand in einem ganz anderen Zusammenhang und wurde inhaltlich ganz anders verstanden. Allein schon die Überschrift, unter der es besprochen wurde, spricht Bände: die Letzten Dinge. Sie eignete sich, denn es ging um die Frage, was einen Menschen als letztes überkommt. Deshalb wurden sie auch als letztes besprochen: der Tod, die Wiederkunft Jesu Christi, das Jüngste Gericht und das ewige Leben bzw. der ewige Tod. Seit den sechziger Jahren unseres Jahrhunderts hat sich das geändert. Die Zukunftserwartung wurde viel irdischer ausstaffiert, der warme Golfstrom des utopischen Verlangens überspülte auch das Christentum. Wissen nur marxistische Philosophen wie Ernst Bloch etwas von der Hoffnung? Nein, sagten Christen, auch wir verstehen etwas davon, wissen es sogar besser, denn wir haben in unserer Tradition den Schatz der Utopie in Form des Glaubens an das Reich Gottes bewahrt und können deshalb zeigen, was das für Mensch und Welt bedeutet. So ungefähr verlief, kurz zusammengefaßt, der Gedankengang. Unbestreitbar ist wieder ein Umschwung zu spüren, jetzt aber mehr aus Enttäuschung, wie mir scheint, als aufgrund veränderter Einsicht. Die Zukunftserwartung hat keinen Rückenwind mehr, die Gläubigen aber bleiben mit ihrer Verwirrung allein. Ich werde in diesem Kapitel darlegen, was auf dem Spiel steht.

Was ist Utopie? Mit dieser Frage möchte ich beginnen. Buchstäblich ist Utopie so etwas wie »Nirgendhausen«. Die Vorsilbe »U-« steht für »nicht« und »-topie« für »Ort«. Utopie ist etwas, das es nirgendwo gibt, von dem wir aber träumen können. Dieser Traum ist ein an sich erstaunliches Phänomen. Wir träumen von einer anderen Welt, von anderen Menschen und vermögen daran unsere bestehende Welt zu messen. Der Traum wird zur Kritik; die Welt ist nicht, was sie nach unserer Meinung sein könnte.

Das ist aber nicht alles; denn daraus folgt auch, daß wir dem Traum seinen Inhalt immer vom Heute her geben - nicht nur, weil das Heute für uns Anlaß zur Kritik ist, sondern auch deshalb, weil wir diese andere Welt - die Welt also, wie sie sein könnte - ausstaffieren mit Hilfe der »das-ist-es-nicht«-Erfahrungen, die uns das Heute verschafft. Wovon träumen wir? Von einer Welt, in der die Tränen abgewischt, Hunger und Durst verbannt sind, in der Unrecht aufgehoben und der Tod als letzter Feind vernichtet ist; ich zähle so willkürlich einige Inhalte auf. Alles, was im Traum von der Zukunft beschlossen liegt, stammt von heute, aus den gegenwärtigen negativen Erfahrungen (1); wir selbst also stecken die Umkehrungen dieser Erfahrungen in den Traum (2). Deshalb sehen die Zukunftsträume immer so zeitgebunden aus. Agrarier träumen ihre Welt ohne Flecken und Runzeln anders als die Städter eines Industriezeitalters, denn sie erfahren nun einmal andere Minuspunkte. Damit habe ich schon auf die Begrenztheit der Utopien hingewiesen. Sie stammen nicht aus einer anderen Welt, als wären es die Träume vom Reich Gottes, beinhalten in diesem Sinn also keine Offenbarung. Wir machen sie selber.

Utopie ist also, zusammenfassend gesagt, der Traum von der Goldenen Zeit, einer Zeit, in der alles gut ist. Ich muß hier etwas aufgreifen, das ich schon früher erwähnte: Ein großer Strom der Menschheit träumt von der Goldenen Zeit in der Vergangenheit, als noch alles gut *war*. Die Paradieseserzählungen sind dafür ein gutes Beispiel; auch sie beinhalten utopische Vorstellungen! Aber so sehr man auch nach dem Paradies der Genesis suchte, es war nicht zu finden. Natürlich nicht, sagen wir hinterher, denn das Paradies ist Utopie, ein Nirgendhausen.

Eine andere Strömung, von Bloch der »warme Golfstrom« genannt, erträumt sich die Utopie als Goldene Zukunft: Einmal wird alles anders sein. In der christlichen Tradition kennen wir uns damit besser aus, dies dank der Passagen in den Evangelien und anderen biblischen Büchern wie etwa der Geheimen Offenbarung des Johannes, vor allem aber dank dem Begriff vom Reich Gottes.

Terminologisch lassen sich beide Blickrichtungen gut miteinander verbinden. »Heute noch wirst Du bei mir im Paradiese sein«, hört der Räuber am Kreuz als Antwort von Jesus. Das Paradies bezeichnet nicht mehr eine vergangene Zeit, auch nicht ein zukünftiges Jahrhundert, sondern ist zu einem anderen Wort für Himmel geworden. Nirgendhausen ist »bei Gott«.

Kommen wir zurück zum Königreich Gottes. Ist das nicht die christliche Utopie, der Traum von *Christen*, aber eben auch nur ein Traum, also Nirgendhausen?

Sicher, aber bei meinem Ja mache ich einen kleinen Vorbehalt. Das möchte ich in diesem Kapitel etwas ausführen und zugleich gegen die Kritik derjenigen verteidigen, die der Meinung sind, wir müßten - mit oder ohne Gottes Hilfe - das Reich Gottes hier auf Erden verwirklichen.

2. Das Reich Gottes und die Utopie

Im voraus eine wichtige Bemerkung: Es ist ein großer Unterschied, ob wir bei Utopie an eine Welt denken, die nirgendwo zu finden ist und auch nie zu finden sein wird, oder an etwas, das es jetzt zwar nicht gibt, das aber bald, nach längerer Zeit oder in einer fernen Zukunft wirklich sein wird. Utopien von Philosophen sind meistens von der ersten Sorte, es sind umkleidete, mit Fleisch und Blut versehene Gesellschaftskritiken. Die christliche Utopie, »Reich Gottes« genannt, hat deren Anhänger oft dazu inspiriert, aus ihr eine Utopie von der zweiten Sorte zu machen. Mag sein, daß es jetzt das Reich Gottes noch nicht gibt, aber es kommt. Es wird einmal in der Zeit und auf dieser Welt anwesend sein. Hat Jesus uns nicht gelehrt zu beten: »Dein Königreich komme«? und ist nicht Er selber dessen Bringer, der Heilbringer-Messias der Endzeit, der Erfüller aller Erwartungen? Ist Er nicht Derjenige, auf dessen Kommen sogar »die Heiden« hofften?

Die Christenheit der vergangenen Jahrzehnte hat vor allem diese zweite Version eines utopischen Traums aufgegriffen und für manchen das Träumen dieses Traums zum Kern des christlichen Glaubens gemacht. Christlicher Glaube ist im Grund der Dinge Hoffnung auf eine andere Welt, die dereinst in dieser Welt anbrechen wird.

Es fragt sich, ob das stimmt. Können wir der christlichen Tradition eine solche Wende besorgen, daß die Hoffnung nicht zur Ergänzung, sondern zum Ersatz des Glaubens wird? Können wir uns die Erfüllung der Hoffnung überdies auch noch »innerweltlich« vorstellen? Ich bin überzeugt, das bezweifeln zu dürfen; ich halte es für eine übertriebene Akzentuierung, erklärbar als Überholmanöver, das zwar sein gutes Recht, in den Folgen aber auch seine Grenzen hat.

Natürlich wirkt die Utopie vom Reich Gottes sehr ansteckend, wenn man ihr eine innerweltliche Verwirklichung andichtet. Die sechziger und die siebziger Jahre haben das gezeigt. Die christliche Kirche wußte, was sie zu tun hatte: Sie mußte die Vorhut des Reiches Gottes sein, die Welt ausspähen nach den »Zeichen der Zeit«, nach den Zeichen also, die uns erzählen, wie spät es ist. Mit einem Wort: sie war dazu da, in unserer Welt für Jesus Christus und sein Königreich Raum zu machen. Das Werk der Kirche ist »Opus Dei«, Gottes Werk. Wir kennen diesen Begriff in Verbindung mit äußerst konservativen römisch-katholischen Christen. Aber das Modell - so möchte ich sagen - paßt genausogut zu Christen, die eine progressive Politik vertreten: Wer Sorge trägt für die Lebbarkeit der Welt, arbeitet für Gott.

Halten wir kurz ein: Ist das denn nicht der Fall? Sicher, und gleich werde ich das noch dick unterstreichen. Jetzt aber geht es um die grundlegende Frage, aus welcher Perspektive wir diese Arbeit an der Lebbarkeit unserer Welt denn sehen sollen. Wenn wir es einordnen unter dem Nenner des Reiches Gottes, das Jesus Christus bringen wird, und dies verstehen als Beschäftigung mit der Goldenen Zukunft, die sich »innerweltlich« verwirklichen soll, entgleist uns dann nicht die gesamte christliche Tradition? Das ist öfters geschehen. Ich erinnere nur an das Abenteuer der sogenannten Täufer im 16. Jahrhundert. Auch dieses läßt sich verstehen als der heldenhafte Versuch, alles Doppelte und Doppelsinnige zu überwinden und, ausgehend von Münster, das Reich Gottes radikal aufzurichten. Aber es lief auf eine Katastrophe hinaus und hat der christlichen Heilsbotschaft viel geschadet. Die Reformatoren (sowohl Luther als auch Calvin) waren sich dessen wohl bewußt und haben sich deshalb gegenüber den Täufern äußerst kritisch - und noch schlimmer - verhalten. Das ehrt sie nicht; die Täufer hätten besseres verdient. Aber wer die Hintergründe kennt, der begreift die Bannstrahlen der Reformatoren etwas besser. Ebenso wie bei uns in den sechziger und siebziger Jahren bekam das Wort »innerweltlich« bei den Täufern eine politische und gesellschaftliche Übersetzung. Diese Übersetzung ist nicht zwingend; wir könnten uns auch vorstellen, daß nicht »die Welt«, sondern die christliche Kirche als das Feld gesehen wird, auf dem sich Gottes neue Welt niederläßt. Gemeint wäre also eine »innerkirchliche« statt einer »innerweltlichen« Welt. Ich behaupte nicht, daß ich diese Idee unterstütze, denn auch die Kirche ist nicht die Verwirklichung des Reiches Gottes. Aber für eine solche Darstellung der Dinge gibt es auf jeden Fall Argumente, und sie hat eine lange Tradition. Für die Übertragung des Reiches Gottes auf das »politische« und »gesellschaftliche« Terrain gilt das hingegen nicht; der christliche Glaube ist kein Fortschrittsglaube. Wir würden das Schiff der christlichen Utopie so mit einer Last befrachten, die es leck schlagen ließe.

3. Kein »innerweltliches« Reich Gottes

Meint das Reich Gottes die Erwartung der Goldenen Zeit? Das Merkwürdige ist, daß die christliche Tradition darüber doch weniger berichtet, als wir erwarten könnten. Das Apostolische Glaubensbekenntnis kennt keinen Utopieparagraphen; der Apostel Paulus beschäftigt sich nicht mit ihr, welche Phase seines Denkens wir uns auch vor Augen führen; das Johannesevangelium kennt nicht einmal mehr eine Zukunft, weil schon alles zum »Heute« geworden ist. Nur bestimmte Stränge aus dem Flechtwerk der sogenannten synoptischen Evangelien (Matthäus, Markus und Lukas) sowie das Buch der Geheimen Offenbarung bringen sie explizit zur Sprache, dann aber im Rahmen des katastrophalen Endes, das unsere Welt erwartet. Wie verhält sich das? Hatten wir uns mit unseren Ideen der sechziger und siebziger Jahre so weit von der ursprünglichen Botschaft entfernt oder haben die ersten Zeugen wenig davon begriffen?

Nach meiner Meinung sind die ersten Zeugen selbst durch eine Schule gegangen. Die utopischen Erwartungen der Christen in der ersten Generation haben sich selber korrigiert. Das beginnt schon beim Apostel Paulus, bei ihm sogar ganz deutlich. Nicht ohne Grund hat ihn manch einer beschuldigt, er habe das einfache Christentum Jesu verdorben. M.E. können wir mit Gewißheit sagen, daß er das nicht getan hat. Zunächst wäre daran zu erinnern, daß Jesus nicht der erste Christ war und es deshalb Unsinn ist, von seinem »Christsein« zu sprechen. Das Christentum stammt, wie ich das im Kapitel über die Christologie zeigte, von Paulus, sofern er – zusammen mit anderen Aposteln – Jesus ausgelegt hat. Aber Paulus hat nichts verdorben, sondern nur eine Einsicht ins Zentrum gerückt, die dann zur Achse wurde, um die sich die gesamte christliche Tradition zu drehen begann. Gewiß ist Jesus der Messias, der von Gott her das endgültige Heil bringt. Mit diesem Gedanken war der Apostel vertraut, er war ihm mit der Muttermilch eingegeben. Aber innerhalb der vielen in seiner Zeit gebräuchlichen Messias-Interpretationen distanziert sich der Apostel bewußt und sehr eindeutig von einem Messias, dessen Reich »innerweltlich« realisiert wird. Paulus sagt sozusagen: »Warte eben, so einfach geht das nicht« und verweist dann auf Vergebung, Versöhnung und die Rechtfertigung des Sünders als notwendige Voraussetzungen für den Eintritt in das Reich Gottes. Allein schon die Terminologie vom Eintritt in das Königreich spricht Bände. Auch Jesus spricht von »hineingehen« und nicht davon, daß für das Königreich und seinen König Platz gemacht werden muß. Können wir herausfinden, warum Paulus nicht der Spur der Utopie als innerweltlicher Verwirklichung des Reiches Gottes folgt? Ich möchte einige Gesichtspunkte nennen.

Das wahre Heil besteht für ihn (und für die christliche Tradition, die ihm darin folgte) in der Versöhnung des Sünders mit Gott und in einem neuen Leben, dem Leben sogar eines »neuen Geschöpfes«. Nur Gott kann dieses Heil geben. Zwar können Menschen einander ein »kleines Heil« geben (und nehmen), auch das ist ein wesentlicher Gesichtspunkt der christlichen Tradition. Aber dieses »kleine Heil«, also gesellschaftliches oder politisches Heil, mag zwar unverzichtbar sein, es macht Menschen aber nicht definitiv heil. Das Sterben können wir nun einmal nicht mit gesellschaftlichen oder politischen Maßnahmen aufheben.

Ich berühre damit schon einen zweiten Punkt: Wir müssen das »kleine Heil« immer auf Kosten anderer erobern. Nur in einer vollkommenen Welt wäre das nicht nötig; aber die Welt, in der wir leben, ist nicht vollkommen. Wir bekämpfen Unrecht und schaffen damit neues Unrecht; wir kämpfen gegen Gewalt, aber dazu haben wir neue Gewalt nötig usw. Es ist zwar »mehr vom selben«, aber nichts qualitativ anderes, wenn wir Heil im gesellschaftlichen oder politischen Sinn verstehen.

Sagen wir es noch kürzer: Warum können wir uns nicht der Utopie bedienen, um einen Himmel auf Erden zu schaffen? Weil Menschen Sünder sind - das große Wort muß heraus. Sie arbeiten einige Zeit lang an einem Ideal, wußte schon Frederik van Eeden, dann aber geben sie es auf und wollen Geld sehen. Sie sind eine Weile Helfer der Armen, bis ihnen dadurch Nachteile drohen, dann werden andere Saiten aufgezogen. Ich nenne nur einige bekannte Eigenschaften von »uns Menschen«. Unter den Bedingungen unserer »alten Welt« wird nie eine neue entstehen. Dies hält Paulus davon ab, dieser Utopie zu folgen. Erst muß etwas anderes geschehen.

Aus diesem Grund konnte sich die erste Generation der Christen so leicht in der Sprache des Buchs der Geheimen Offenbarung ausdrücken, von Katastrophen sprechen, vom Jüngsten Gericht und vom Weltuntergang. Natürlich! Erst muß die alte Welt vergehen, denn aus der alten entsteht keine neue. Alles Metaphern für dasselbe Problem: Unter den Bedingungen der heutigen Welt kommt kein Reich Gottes auf Erden. Nicht grundlos enden solche Passagen denn auch mit der Bemerkung: »denn wir erwarten einen neuen Himmel und eine neue Erde«. Diese Erwartung ist in der Tat christlich, aber wie das Reich Gottes aussehen wird und wie es kommt, das wissen wir nicht. Die Christenheit hat ihren Traum nicht ohne Grund den Traum vom Reich *Gottes* genannt. Es »innerweltlich« zu erwarten oder gar verwirklichen zu wollen, geht der christlichen Tradition völlig gegen den Strich.

4. Der neue Mensch: Die Zukunft hat schon begonnen

Bleibt die Zukunft also Zukunft, bleibt uns nur Erwartung, ist das endgültige Heil Gottes nirgendwo und bleibt das Reich Gottes deshalb ein Nirgendhausen in dieser Welt? »Still, warte, alles wird neu«, war in den sechziger Jahren in den Kirchen der Niederlande ein ungeheuer populäres Lied. Wollte es besagen, daß wir hier noch nichts davon merken, sondern bis zum Jenseits warten müssen? Merkwürdigerweise ist das nach der christlichen Glaubenstradition auch wieder nicht der Fall. Die neue Welt ist sehr wohl präsent und zwar als eine Erstlingsgabe von Gottes Heil in unserer unheilvollen Welt. Wenn das aber so ist, dann sollten wir nicht auf das politische und gesellschaftliche Terrain schauen, wo wir die neue Welt nicht sehen werden, sondern nach Menschen, nach der Person. Genau das meint der von mir eben zitierte Paulus mit seinem »warte eben« gegenüber allen Schnelläufern. Übertriebene Hast schadet nur; erst muß ein neuer Mensch kommen, bevor eine neue Welt entstehen wird.

Damit fällt die christliche Tradition eine Entscheidung, die für die Welt der Gesellschaft und der Politik weitreichende Folgen hat. Um mit dem Wörtchen »erst« zu beginnen: Erst kommt der neue Mensch, danach die neue Welt. Es ist wahr, daß Mensch und Zusammenleben, gesellschaftlich wie politisch gesehen, einander voraussetzen. Menschen machen ihr Zusammenleben und das Zusammenleben macht (stempelt) wiederum die Menschen zu dem, was sie sind, wie Hegel und nach ihm Marx zurecht betonen. Wenn wir aber auf eine andere Welt aus sind, müssen wir irgendwo die Initiative ergreifen. Wo? In der Gesellschaft als Hauptakteurin oder bei Menschen? Wir müssen bei den Menschen sein, so die Voraussetzung der christlichen Tradition. Der umgekehrte Ansatz, hauptverantwortlich sei die Gesellschaft, ist mit der christlichen Tradition nicht vereinbar.

Erst also kommt der neue Mensch. Warum? Weil Menschen schmutzige Hände haben und sich mit schmutzigen Händen keine saubere Welt bauen läßt. Wie man es auch versucht - von Adam bis Adorno -, es will halt nicht gelingen; wir halten das Schiff nur mühsam flott. Menschen dürften keinen Egoismus mehr kennen, sie müßten sich für die anderen einsetzen, müßten ihre Angst ablegen, zu kurz zu kommen, und so könnten wir fortfahren. Aber das können Menschen eben durchweg nicht. Es verlangt Opfer, manchmal sogar das Opfer des Lebens, und so weit sind wir nicht.

Um ein Mißverständnis zu vermeiden: Die neue Welt ist natürlich nicht eine Welt, in der die Aufopferung ein und alles geworden ist. Aufopferung ist nicht das Herrlichste, das es gibt. Es ist in unserer alten Welt aber das Weitestgehende, wozu wir fähig sind, wenn wir uns für andere einsetzen. In der neuen Welt ist jedoch keine Not und kein Elend mehr; wozu müßten wir dann noch »für Andere dasein«? Wir können uns eine solche neue

Welt nicht einmal vorstellen, ebensowenig den neuen Menschen; denn wie wir ihn auch ausstaffieren, unsere Phantasie kommt nicht weiter als zu einem neuen Menschen unter den Bedingungen unserer alten Welt.

5. Wie man ein neuer Mensch wird

Wie wird jemand ein neuer Mensch? Das ist die Kernfrage, um die es sich im Christentum als Religion des WEGES dreht. Auf jeden Fall werden wir es anders, als Marx es sich vorstellte; gesellschaftlicher und politischer Neubau bringt keine neuen Menschen hervor, sondern hat gerade neue Menschen nötig. Der christliche Glaube sagt, daß er neu geschaffen werden muß, wiedergeboren, gerechtfertigt und geheiligt; weniger reicht nicht aus, es geht also um eine Tat von der anderen Seite. Die Tat beginnt damit – ich verweise auf das Kapitel von der Versöhnung –, daß uns ein anderer Status vermittelt wird, indem wir nicht mehr zur alten Welt gehören, die vorbei geht, weil sie dem Tode verschrieben ist. Der andere Status besagt keine abstrakte Wahrheit, nicht eine Art Leerformel, über die ferner nichts zu sagen wäre. Im Gegenteil, sie wird in der Vergebung der Sünden operational. »Wer in Christus ist, ist eine neue Schöpfung«, heißt also ganz praktisch, daß die alte Welt vergessen und vergeben ist. Die Vergebung der Sünden ist die unwiderleglichste Art, in der sich die neue Welt der alten anbietet. Es ist der erste Schritt zur Erneuerung, der notwendige erste Schritt, denn das Alte muß weg. Nun, es *ist* weg; das ist die Vergebung der Sünden.

Aber das ist nicht alles. Der neue Zustand wird auch und zugleich durch den Geist Gottes operational, der in jemanden fährt. Ich weiß gut, was ich sage, es ist kein konfuses Zeug. Gottes Geist hängt nicht vom christlichen Glauben ab, sondern kommt zu gelegenen und zu ungelegenen Zeiten über viele Menschen, und oft erkennen wir das senr gut in Künstlern, in Staatsmännern, in gesellschaftlichen Erneuerern und wo sonst noch alles. Aber das heißt noch nicht, daß sie ein neuer Mensch geworden sind. Das geschieht, wenn der Geist Jesu Christi in jemanden fährt. Ist das ein spektakulärer Vorgang? Möglicherweise, das kommt vor. Aber meist wirkt der Geist in Form einer unsichtbaren Gegenwart, von der Außenseite her nur an den Früchten zu erkennen, die jemandes Dasein bewirkt. Menschen sind dann etwas freundlicher, etwas weniger ängstlich, etwas einsatzbereiter; sie sind darauf aus, Böses zu vermeiden und allmählich dazu geneigt, Gutes zu tun; kurzum, sie sind unterwegs zum Gegenteil der schwarzen Kohle, womit der Heidelberger Katechismus den natürlichen, nicht vom Geist Jesu Christi erneuerten Menschen zeichnet, weil er dazu neige, Gott und den Nächsten zu hassen.

Und was geschieht an der Innenseite? Sie bleibt für Außenstehende verborgen und muß es vor allem bleiben. Wer betet, gehe in seine Kammer, wie Jesus sagte. Der Umgang mit Gott ist nicht für die Außenwelt bestimmt, falls er nicht - so wie im Gottesdienst mit seiner Liturgie - in Form von Riten geübt wird. Dann aber wissen wir alle auch, daß es sich um Riten handelt.

Mit diesen wenigen Strichen zeichne ich also den neuen Menschen unter den Bedingungen der alten Welt. Das bedeutet einerseits, daß er so ungebrochen neu auch wieder nicht ist, daß es jeden verblüfft. Wir können noch nicht einfach behaupten: »Das Alte ist vergangen, siehe, das Neue ist gekommen.« Aber man darf doch von Christen erwarten, daß sie (sehr bescheiden) damit beginnen, nicht nur nach einigen, sondern nach allen Geboten Gottes zu leben. Es bedeutet auch, daß zum Christsein mehr Dinge gehören als einfach zum guten Leben, die aber doch getan werden müssen. Ich sprach schon vom Opfer, das bisweilen gebracht werden muß. Das ist nicht schön, denn wir wurden nicht Mensch, um uns für andere Menschen aufzuopfern. Unter den Bedingungen unserer alten Welt ist das aber zum Schutz anderer doch nötig und unverzichtbar.

Was heißt also Rekonstruktion des Daseins durch den Geist Gottes? Es heißt, daß wir dazu befähigt werden, Menschen im kreatürlichen Sinn zu sein, damit wir tun können, wozu wir im Stande sind und uns selbst dadurch entfalten. Es heißt aber auch zu wissen, daß es mehr gibt als das, daß wir uns manchmal gerade *nicht* entfalten können, wie wir möchten, sondern zugunsten eines anderen einen Schritt zurücktreten oder eine Aufgabe anpacken können, die wir sonst nie übernommen hätten. Das hat seine Grenzen - ich meine nichts Übertriebenes wie die Aufforderung: »Geh' hin, verkauf alles, was du hast, und folge mir«. Das darf Jesus sagen, nicht aber ich. Die Welt ginge übrigens unter, wenn die Mehrheit der Menschen dem ersten Teil des Rates folgen würde. Dennoch bleiben solche Worte ein dringender Appell, die Augen für andere offen zu halten, solange unsere alte Welt andauert.

6. Neue Menschen in einer alten Welt: ein unheilbarer Zwiespalt

Die christliche Kirche predigt die Heilsbotschaft von der neuen Schöpfung und ist zugleich die Wirkung dieser Botschaft, ihr Produkt, also die neue Schöpfung selbst, dies unter den Bedingungen der alten Welt. Das klingt gegenüber Außenstehenden beinahe diskriminierend, aber die christliche Kirche kann es unmöglich anders sagen, ohne sich selber (d.h. den Grund ihres Bestehens) aufzuheben. So komme ich zu dem unheilbaren Zwiespalt, von dem im Titel dieses Paragraphen die Rede ist. Die Christen sind in dieser Welt zu Hause und zugleich nicht zu Hause - mit wechselndem Erfolg lavierend zwischen dem einen und dem anderen Brennpunkt dieser Ellipse.

Die christliche Tradition nennt seit den Zeiten der Apostel den Christen denn auch einen Bürger von Zwei Reichen. Die Rede ist vom Reich, das hier ist, also unserer Erde, und vom »Reich der Himmel«, oben bei Gott. Es läßt sich fragen, ob wir mit einer solchen Terminologie viel weiterkommen. Was sie aber zum Ausdruck bringen will, ist für die christliche Tradition unumgänglich und unaufgebbar. Ich fasse es im folgenden unter dem Nenner der Zwei Reiche zusammen. Auch das ist nur ein Begriff (übrigens mit einer Geschichte, die bis auf Augustinus zurückgeht), zugleich aber unter Verdacht geraten durch Gebrauch und Mißbrauch, durch Vermutungen, die er wachruft und so fort. Man wollte in ihm gar einen weltanschaulichen Dualismus finden, der auf vor-indische religiöse Bewußtseinsinhalte zurückgeht. Was die Christenheit mit ihm meint, hat damit aber nichts zu tun. Die Zwei Reiche hat sie ihrem eigenen Glauben zu verdanken. Es ist ein typisch christlicher Zwiespalt, der vom Evangelium selbst ins Herz geträufelt ist und an dem andere nicht tragen. Aber Mißverständnisse sind m.E. vermeidbar. Im folgenden werde ich deshalb die Terminologie ausführlich erläutern, um deutlich zu machen, warum ich sie im Zuge der christlichen Tradition für unumgänglich halte.

Der Christ ist Bürger von Zwei Reichen, daraus folgt eine Zweiheit in seiner Existenz. Der damit gegebene Zwiespalt bringt uns zur Frage, ob diese Zweiheit wirklich nötig ist. Meine Antwort wäre: Sie entspricht nicht nur einer Christen auferlegten Notwendigkeit, sondern bildet zuvor den vorgegebenen Ausgangspunkt ihrer Existenz. Das Christsein hält an einer Kirche fest, in der das Evangelium zum Tragen kommt. Damit möchte sie jedenfalls zum Ausdruck bringen, daß es um mehr geht als um Sport und Spiel, um glückliche Liebe und ein erfolgreiches Geschäft. Letzteres gibt es natürlich auch; es bestimmt in Länge und Breite sogar unser tägliches Leben, und mit Herz und Seele sind wir damit beschäftigt. Das alles *gibt es* nicht nur, sondern wir müssen es auch das sein lassen, was es ist, nämlich Gottes Schöpfung. Auf der anderen Seite können wir aus der (in der Kirche zugesagten) Vergebung der Sünden kein Element der Schöpfung machen. Ein Mensch muß schließlich auch für die Ewigkeit gerettet werden.

Damit haben wir der Zweiheit schon einen ersten Inhalt gegeben. Wir leben unser tägliches Leben in einer Welt, aus der wir gemäß der christlichen Heilsbotschaft zugleich gerettet werden müssen. Wir leben dieses Leben sogar mit Begeisterung. Wie aber kombinieren wir diese zwei Brennpunkte? Das ist nicht einfach! Sich zurückziehen wäre eine Lösung: die Welt ist des Teufels. Eine andere Möglichkeit hieße: Wir sehen mit dem Gerettet-werden keine Probleme, denn so schlimm ist es nun auch wieder nicht. Letzteres nun kann das Christentum nicht behaupten, ohne sich selber aufzuheben; ersteres aber gelingt keinem Christen, von schmalen Strömen in dem breiten Bett der Kirche abgesehen, die es trotz allem versuchten. Nur eine Folgerung ist möglich. Praktisch handeln die Christen so, als ob die Welt, verglichen mit ihrer düsteren Theorie, so schlimm nicht wäre. Das ist denn auch die christliche Antwort. Abgesehen von der etwas hochmütigen Terminologie, derer sich z.B. Abraham Kuyper bediente, als er sagte: »Die Welt ist halb so schlimm«, beläßt die christliche Tradition die Welt in ihrem Wert, spricht sie von der natürlichen Erkenntnis Gottes und Seines Willen und meint damit, daß man kein Christ sein müsse, um Mensch zu sein. Menschen sind allerdings noch keine Christen. Zugleich hält die christliche Kirche an ihrem eigenen Wert und an ihrer Selbständigkeit fest, denn für ihre Existenz gibt es gute Gründe.

7. Ein Gott, Zwei Reiche

Diese Zweiheit mag also die tatsächliche Praxis des Christseins bestimmen. Wäre es dann aber nicht gut, wenn die Theorie die Praxis reformierte und von den Zwei Reichen eines machte? Wie ich anderswo gezeigt habe, ist das weder nötig noch erlaubt oder gar möglich. Aus der Schöpfung können wir keine Versöhnung machen und aus dem Genuß einer Strandwanderung keine Vergebung der Sünden.

Es sollte auch nicht so sein, denn dadurch verlieren wir entweder die Schöpfung, indem wir sie zu einer verkappten Erlösung verzaubern, oder die Erlösung, indem wir sie in die Schöpfung einbauen als eine Art Prinzip, das im Laufe der Geschichte dank der Kirche zur Entwicklung kommen wird.

Damit komme ich zu einem weiteren Grund, die Zweiheit nicht aufzugeben. Wie ich früher schon unterstrich, muß die Welt Welt und die Kirche Kirche bleiben. Beide dürfen wir nicht ineinander schieben oder miteinander vermischen. Das liefe auf eine Welt hinaus, die am Gängelband der Kirche gehen müßte, um Welt sein zu können. Sie müßte »kirchlich« werden, auf die Direktiven von Päpsten und Synoden hören. Die Geschichte liefert Beispiele genug dafür, was geschieht, wenn es wirklich so weit kommt. Die Welt ginge dann in Barbarei unter; denn die Kirche versteht von der Welt nichts, jedenfalls nicht mehr als die Welt selber.

Aus demselben Grunde würde es zugleich auf eine Kirche hinauslaufen, die »weltlich« wird, wenn sie die Welt beherrschen will. Auch davon, von einer »weltlich« gewordenen Kirche, liefert die Geschichte Beispiele, und auch davon können wir nur sagen: Die Kirche würde so bankrott gehen, denn sie müßte verleugnen, wofür sie steht, nämlich für die Liebe und das Opfer.

In der Welt müssen Dinge getan werden, die wir als Christen nicht von Jesus gelernt haben, und die dennoch nötig sind. Vergeben, frei sprechen von Schuld in Geschäft und Politik wäre sehr schön, wenn es jeder täte; das aber ist nicht der Fall. Deshalb können wir auf diesen Gebieten nichts damit anfangen. Wir verrieten damit die Schwachen mit und behielten nur die Starken übrig, die Draufgänger und die Magnaten. Wenn wir für die Armen und die Entrechteten eintreten wollen, ist dafür Macht nötig, bisweilen sogar Gewalt und Blutvergießen. Zwar sind das die alten Mittel der alten Welt, aber um gegen Verrat, Betrug, Unrecht und Lüge anzugehen, gibt es keine andere Möglichkeit.

Befinden wir uns in einer unheilbaren Zweiheit? In der Tat, aber nicht in einer, die nicht gelebt werden kann, wie das alltägliche Leben zeigt. Wir könnten nicht mehr in ihm leben, wenn wir die alltägliche Welt, von mir die Welt der Schöpfung genannt, Gottes und Seiner Gebote beraubten. Wenn die christliche Tradition das weltliche Reich weltlich nannte, hatte sie nicht diese Absicht. Es hieß nicht »weltlich«, als ob es ohne Gott wäre, sondern weil Gott in ihr auf andere Weise gegenwärtig ist als in der Kirche, in der das Wort herrscht und der Geist die Menschen ergreift. Im weltlichen Reich herrscht Gott mit dem Schwert, sagte Luther. Das ist für unser Bewußtsein eine allzu harte Charakterisierung von Gottes dortiger Gegenwart. Sagen wir so: In der Welt herrscht Er mit seinen Normen. Karl Barth sagte in seiner Tambacher Rede, auf weltlicher Ebene müßten wir alles sachlich regeln. Ich sage lieber: Wir arbeiten dort mit den Normen von Moral und Recht, auch diese kommen von Gott. Der Begriff der Eigengesetzlichkeit des weltlichen Reichs führt zu Mißverständnissen. Der Mann, der ihn ausdachte (Naumann) meinte damit nicht, es gebe dort keine Normen, sondern daß es nicht dieselben Normen sind wie in persönlichen Beziehungen. Im Geschäftsleben wirkt Nächstenliebe, wenn sie möglich ist, anders als sie von Mensch zu Mensch wirkt.

So spricht alles dafür, daß ich mich (und die anderen sich) auch auf weltlichem Terrain an Werte und Normen halte, die sich so eng wie möglich bei der Nächstenliebe anschließen. Es ist sogar der Mühe wert, dafür zu kämpfen. Aber wir sollten uns keine Illusionen machen. Schon in der Kirche gelingt das nur schwer, wie ich eben zeigte, denn Menschen sind nicht so leicht von ihrer egozentrischen Existenz abzubringen. Aber das ist nicht das einzige. Geschäftemachen funktioniert eben nicht nach dem Grundsatz: »Ich überlasse Ihnen natürlich diese einmalige Gelegenheit«; denn damit ginge der allzu freundliche Geschäftsmann bankrott. Politik geht nicht im Stil von »Ich finde Sie vortrefflicher als mich, werden Sie doch Kanzler«; denn dann gewinnen die Falschen. Recht schließlich können wir nicht üben, indem wir die Strafe in Freispruch oder Vergebung bestehen lassen; denn dann behielte der Räuber seinen Vorsprung vor dem Opfer.

Versucht werden darf alles, aber schnell stoßen wir an die Grenzen, die uns im Kampf gegen das Chaos lebensfähig erhalten müssen.

8. Die christliche Hoffnung

Die christliche Tradition kennt Glaube, Hoffnung und Liebe. Hoffnung ist also gewiß ein grundlegender Bestandteil der christlichen Tradition. Aber worauf richtet sich diese Hoffnung, was ist ihr Inhalt? Sie richtet sich nicht auf eine »innerweltliche« Verwirklichung des Reiches Gottes, wie wir sahen. Es gibt die Hoffnung auf einen schnellen Untergang der alten Welt – das ja. Origenes, der Kirchenvater, verstand das übrigens schon buchstäblich. Christen feiern ihren Geburtstag nicht, sagt er, sie verfluchen diesen Tag sogar, denn dieser Tag besagt, daß wieder ein Jahr in diesem Leben vergangen ist. Er übertreibt, denn der Untergang der Welt bedeutet im Rahmen der damaligen Apokalyptik nichts anderes als den Ausdruck der Erfahrung, daß wir in dieser Welt das Reich Gottes nicht finden werden. Bleibt dann noch eine Hoffnung übrig, die etwas bedeutet? Müssen wir mit der Hoffnung, die in uns ist, vielleicht über den Horizont der Zeit hinausschauen?

Ich bin davon überzeugt, daß es die christliche Tradition in der Tat so meint. Wie es mit unserer Welt abläuft, ist uns zurecht zwar sehr wichtig; denn Menschen aus Fleisch und Blut läßt das nicht kalt. Aber nach christlichem Verständnis gibt es von Gott in diesem Sinn keine Verheißungen. Damit behaupte ist nicht, es könne diese Zukunft nicht geben, aber wir wissen von ihr nichts, und die christliche Glaubenstradition macht uns an diesem Punkt nicht klüger. Der »große Sommer« ist ein Traum, ein Traum der bis hin zur christlichen Tradition geträumt wird, aber es bleibt ein Traum, über dessen Verwirklichung wir nichts sagen können.

Könnten wir denn nicht darauf hoffen, daß einmal die Posaunen klingen werden? Kommt dann für diese Welt ein Ende und wird alles wahr werden? Meine erste Gegenfrage wäre: *Was* wird wahr? Wir selber, fehlbare Menschen, haben dem Traum mit unseren eigenen, oft parteiischen Menschenwünschen seine Inhalte gegeben. Müssen unsere Wünsche alle wahr werden, will Gott unseren Erwartungen entsprechen oder etwa denen von früheren Generationen, die wieder ganz andere Wünsche hatten?

Die zweite Gegenfrage: Was heißt »einmal«? So etwas wie gleich, später, in der fernen Zukunft – wird dann die Goldene Zeit beginnen? Wenn aber diese Zukunft – jedenfalls nach der christlichen Überlieferung – nicht mehr in diese Zeit fällt (also nicht »innerweltlich« sein wird), haben wir dann etwas an diesem »Einmal«?

Gut, sogar ganz sicher weiß ich, daß in dieser Zeit, also »innerweltlich«, die Posaune einmal auch für *mich* blasen und meine Stunde einläuten wird, die Stunde meines Todes. Mein Tod ist nicht das Ende der Welt, denn diese geht ohne mich weiter; wie es mit ihr abläuft, weiß ich nicht. Aber für mich endet die Welt in jedem Fall bei meinem Tod. Auch wenn wir, z.B. mit Calvin, von der Vorstellung ausgehen sollten, der Mensch erreiche bei seinem Tod einen Zustand, in dem er (schlafend oder wachend) den Großen Tag abwartet, auch dann noch würde die Welt für mich aufhören, wenn ich selbst aufhöre; für mich ist *mein* Ende also *das* Ende. Bultmann hatte Recht, wenn er sagte: Die Stunde Null sei für einen Menschen kein ungenaues »einmal«, irgendwann in einer undurchdringlichen Zukunft, keine Art Sankt Nimmerlein, sondern die Stunde seines eigenen Todes. Dann hört unsere Geschichte auf, selbst dann, wenn es mit der Welt bis in Ewigkeit weiterginge, und auch dann, wenn wir das wüßten. Was also ist das ENDE? Ich möchte noch einen Vorbehalt machen und sagen: Vorläufig ist es, christlich gesprochen, mein Tod. Worauf hofft also ein Christ? Auf die Zukunft, die für ihn bei Gott aufgehoben ist. Dies scheint mir die einzige Zukunftserwartung zu sein, die ihre Anhänger nicht mit leeren Worten abspeist, d.h.: ihnen nicht etwas schmackhaft macht, das sie doch nicht bekommen werden.

Ist das also eine ganz persönliche Zukunftserwartung? In der Tat, sie ist typisch christlich. Aber ich gebe zu, daß es etwas Verrücktes an sich hat. Ein Mensch ist ein Mensch mit und in seiner Welt. Wo aber bleibt diese Welt? Hat ein Christ für diese Welt und die Menschen, die auf ihr wohnen, keine Hoffnung oder Erwartung? Zweifelsohne, anders hätte er aufgehört, ein Christ zu sein. An einem geheimen Ort seines Herzens hegt er die Hoffnung, daß der Schöpfer darauf eine Antwort wisse. Er selber aber weiß davon nichts, außer dem einen, daß nach seiner Tradition Gott ein Gott ist, der uns bis in Ewigkeit die Treue hält und der nicht fallen läßt, was seine Hand erschuf. Daraus schöpft er den Mut, auch selber - sei es aus Angst, sei es, weil er sich allzu fest eingenistet hat - das nicht im Stich zu lassen, womit er sich beschäftigte.

XIX. Leben und Tod: Das Jenseits

Liefde staat ergens onder l
en naar de letter gaan wij langzaam door
naar o van ouderdom en later s
van sterven. Bij de zerk eindigt het spoor.

Das Alphabet des Lebens:
Liebe steht irgendwo unter L
und bei diesem Buchstaben gehen wir langsam weiter
nach A wie Alter, und später S
wie Sterben. Beim Grabstein endet die Spur.

F.L. Bastet

1. Lebendig kommt niemand heraus

Das Leben mag hinreißend sein, ein Spielplatz oder gar ein Schlaraffenland, es hat seinen Preis: Lebendig kommt niemand heraus. Sterben ist keine Entscheidung, sondern ein Geschick, das jedem überm Haupt schwebt. Wer noch jung und vital ist, denkt nicht dran. Warum denn auch? Bis auf einmal ganz in der Nähe eine Freundin stirbt, es mit dem Opa zu Ende geht oder man ein Unglück auf der Straße erlebt. Einen Augenblick steht die Zeit still, aber sie geht glücklicherweise wieder weiter und erst wer über vierzig ist, denkt dann: Ich muß wohl auch mal sterben, wie soll das eigentlich geschehen?

In allen Kulturen hat diese Frage die Menschen im Griff gehalten, was sich an den Religionen der Welt ablesen läßt. Sie kennen alle einen höchst wichtigen Paragraphen zum Tod und danach; einige sind sogar ganz davon inspiriert. Es gibt also kein Volk und keine Gesellschaft, in der der Tod – der Kürze halber verstehe ich darunter das Sterben-müssen – nicht als Spielverderber gesehen wurde und wird. In dieser Hinsicht bildet die christliche Glaubenstradition keine Ausnahme. Alle Religionen lassen sich als Versuch verstehen, so oder anders zu ihm etwas zu sagen. Wir müssen alle sterben. Aber warum ist das so; was geschieht danach; sind wir für immer von den Menschen genommen, zu denen wir gehörten; was ist Tot-sein für ein Zustand? Es wimmelt von Fragen, auf die kein Mensch eine Antwort weiß. Der Tote zieht hinter sich immer die Leiter hoch, so daß wir nicht erfahren, was danach geschieht, ob überhaupt etwas geschieht.

Glaubenstraditionen antworten auf diese unlösbaren Fragen. Das macht sie von vornherein einigermaßen verdächtig, wenigstens in einer Kultur, die gelernt hat, zu zählen, zu messen, zu wiegen und von nichts anderem zu leben. Der Verdacht hat jedoch gute Gründe; streng genommen wissen wir von ihm nichts. Alles, was die religiösen Traditionen weiter behaupten, ist denn auch reiner Glaube im Sinne einer Glaubensvorstellung, mit der wir unsere Erfahrung (oder besser: unseren Erfahrungsmangel) ergänzen. Es fragt sich nur, ob das Unsinn ist oder ob es nicht mindestens ebenso gute Gründe gibt daran festzuhalten, daß wir beim Tod nicht ins Nichts versinken. Letzteres möchte ich in diesem Kapitel verständlich machen, wenn auch unter der einschränkenden Voraussetzung, daß der christliche Glaube und die ewige Geborgenheit bei Gott unabdingbar zusammengehören. Gott ist kein Gott der Toten, sondern der Lebenden. Das sogenannte Jenseits - ich komme auf das unglückliche Wort zurück - ist eine Folgerung aus dem Gottesentwurf, den die christliche Tradition vertritt.

2. We shall overcome?

Den Tod überleben zu wollen ist nicht typisch christlich. Alle religiösen Traditionen sind ja, wie ich schon sagte, Versuche, mit der Tatsache ins Reine zu kommen, daß Menschen sterben müssen. Wir können geradezu eine komplette Typologie von »Lösungen« dieser Frage aufstellen, geordnet nach der Art, wie man mit dem Tod fertigzuwerden hofft.

Könnten wir auch absehen von jedem Versuch zur Transzendenz, uns mit dem Tod einfach abfinden? Auch das sehe ich als eine Art der Lösung. Pessoa z.B. sagt:

Wenn der Frühling kommt, und wenn ich dann tot bin,
werden die Blumen genauso blühen
und die Bäume werden nicht weniger grün sein als im Frühling zuvor,
die Wirklichkeit hat mich nicht nötig.

Ich fühle ungeheuere Freude
beim Gedanken, daß mein Tod völlig unwichtig ist.

Ist das traurig oder geradezu fröhlich? Abgesehen davon, was wir von diesen Versen finden, spürt der Dichter Pessoa eine enorme Freude oder ist (etwas später im Gedicht) in jedem Fall völlig zufriedengestellt. Denn alles ist so, wie es sein muß. Die Wirklichkeit hat ihn nicht nötig.

Das ist auch eine Möglichkeit, mit dem »Sterben-müssen« ins Reine zu kommen, sogar auf eine ganz bescheidene Art. Man hört das öfters: Seien wir nicht so hochmütig, nach Unsterblichkeit zu verlangen oder sogar zu fordern, daß Gott besonders für uns, die Menschen, auf die Barrikaden steige, um uns vom Tod zu erretten. Sind wir so wichtig? Eben nicht. Im übrigen ist der Tod ein Stück des Lebens. Du mußt ihn annehmen, dann hast du mit ihm auch keine Last. Gibt es ihn, dann gibt es dich nicht, und wenn es dich gibt, gibt es ihn nicht. Warum also Angst haben, sagte Epikur. Nur ein unzeitiger Tod sei unerträglich, aber nicht der Tod von jemandem, der alt ist und auf eine schöne Lebenszeit zurücksehen kann.

Das ist eine typisch nicht-religiöse (oder doch religiöse?) Art, dem Tod einen Ort zu geben. Die religiösen Traditionen tun das anders, weil sie den Tod anders definieren. Sie verstehen ihn nicht nur als eine biologische Wirklichkeit (als Verfall oder Rückkehr zur Erde), wie es bei Pessoa der Fall ist, sondern auch als eine soziale und gesellschaftliche Tatsache. Der Tod schlägt in die Familie, in die Verwandtschaft, in das Zusammenleben eine Lücke. Wir haben jemanden weniger. Was passiert da mit uns und vor allem, was geschieht mit diesem »Jemand«?

Ich halte kurz ein. Offensichtlich ist es wichtig, daß wir uns den Tod nicht nur als eine biologische Tatsache, sondern auch (und vor allem) in seiner sozialen und gesellschaftlichen Dimension vor Augen halten. Was habe ich gegen Pessoa einzubringen? Eigentlich nichts; denn was er sagt, ist prachtvoll, und recht hat er auch noch. Alles geht ja einfach weiter, auch wenn ich nicht mehr da bin. Es wird wieder Frühling, die Sonne geht jeden Tag auf, als wäre nichts geschehen.

Und bald wird auch von dir und mir
Kein Mensch mehr wissen und erzählen.
Es wohnen andere Menschen hier,
Wir werden keinem fehlen.

Aber es ist erst wahr - die Zeilen stammen von Ernst Jünger - wenn Zeit vergangen ist, eine neue Generation sich angemeldet hat, die die alte nicht mehr kannte. Für die Gemeinschaft, zu der der Tote gehörte, ist es jedoch unbegreiflich, daß die Sonne aufgeht, als wäre nichts geschehen. Ich meine also, daß wir zwei Dinge unterstreichen müssen, die übrigens die Kehrseite voneinander bilden. Sich auf den Tod als ein biologisches Faktum zurückzuziehen, das ist eine moderne Art, mit ihm ins Reine zu kommen; eigentlich sei das Sterben ein natürlicher Prozeß, und deshalb sollte man keine Probleme machen. Aber der biologische Tod ist eine Abstraktion des Todes, wie ihn Menschen durch Jahrhunderte hin erfahren, eine Reduktion des Erlebens auf die naturwissenschaftlichen Fakten. Diese Tatsachen (absterben und vergehen) sind unbestreitbar, gehören christlich gesprochen sogar zur guten Schöpfung. Staub sind wir und zu Staub werden wir zurückkehren. Wir werden wieder Erde, dieselbe Erde, aus der wir genommen sind. Deshalb ist die Erde von uns, sagt dazu Achmatova, und wir sind von der Erde.

Aber genauso unumstößlich ist die Erfahrungstatsache, daß Menschen damit nicht umzugehen wissen. Die Naseweisen, die uns vorhalten, so schlimm sei das doch nicht, der Tod sei ja eine evolutionäre Weisheit, sie können nicht erklären, warum uns die Evolution nicht davon abgebracht hat, geschockt und traurig zu sein, wenn uns wieder einmal jemand für ewig verlassen hat. So rief Dylan seinem sterbenden Vater zu:

»Do not go gentle into that night,
rage, rage, against the dying of the light«

»Geh nicht leise in diese Nacht,
rase, rase gegen das Sterben des Lichtes«

Menschen erfahren, daß sich durch diesen biologischen Verfall hin eine Trennung vollzieht, die nicht mehr zurückgenommen werden kann. Sie ist unwiderruflich definitiv. Wir vermissen jemanden, und dieser »Jemand« ist jetzt ohne uns. Und bald gehen wir denselben Weg, es sei denn... An diesem Punkt beginnen die religiösen Traditionen mit ihrer eigenen Geschichte.

3. Typen der Transzendenz

In der Regel unterscheidet die Religionsgeschichte vier oder fünf Typen von »Lösungen«, die enthüllen sollen, was mit den Hinterbliebenen und dem Toten eigentlich geschieht. Ich beschreibe hier kurz die Auffassungen, die sich teilweise überschneiden.

a) Die Ahnenverehrung. Sie wurde zum Begriff für ein Erleben von Tod und Leben, das beide viel weniger voneinander trennt. Ein Mensch ist ein Glied in der Kette der weiterführenden Lebenslinie einer zeitlich gestreckten und nie endenden Familie. Eltern leben auch nach ihrem Tod in ihren Kindern fort, ihr Leben hat nicht aufgehört. So sehen das auch die Kinder: Die verstorbenen Ahnen sind nicht wirklich fort, denn hinter der Wand der sichtbaren Welt leben sie mit der Familie. Deshalb ist es gut, sie zu verehren. Sie repräsentieren die Weisheit und die Macht, die der Familie in Zeiten der Krise beistehen kann. Darum sind das Begräbnis und die damit verbundene Ehrbezeugung für den Toten wichtig. Nichts ist zu übergehen, das bei solchen Gelegenheiten zu tun ist; umgekehrt muß alles getan werden, um den Toten so gut wie möglich auf die anderen Seite zu verhelfen. Hinter der Ahnenverehrung verbirgt sich die tiefgehende Überzeugung, daß zwischen den Toten und den Lebenden noch eine Beziehung besteht. Die Trennung wird nicht verneint, aber sie ist nicht absolut.

b) Das Totenreich. In eine andere Richtung bewegt sich die Phantasie bei der Auffassung, die Toten seien in einem eigenen Reich versammelt, in dem sie als Schatten fortleben. Die Kulturen um das Mittelmeer (Semiten, Griechen, Römer) pflegen diese Vorstellung. Je länger die Toten dort sind, umso schemenhafter werden sie. Das stimmt ganz mit der Erfahrung überein, daß wir am Beginn, gleich nach dem Tod eines Verwandten, noch das Gefühl haben, er oder sie seien noch unter uns. Aber je weiter die Zeit fortschreitet, desto unklarer wird die Erinnerung. Natürlich gibt es Varianten; das Totenreich als der bewachte Bewahrungsort aller Toten verträgt sich nicht ohne weiteres mit dem Totenreich als dem Reich der Vorväter. Aber das ist jetzt unwichtig. Diese Trennung macht auf die Dauer (nicht am Beginn) allen Kontakt unmöglich, es sei denn an den Gräbern von berühmten Menschen. Da reicht die Unterwelt der Oberwelt sozusagen die Hand. Deshalb werden nirgendwo so viele Pilgerfahrten zu Gräbern unternommen wie rund um das Mittelmeer. Diese Kulturen müssen von Tod und Grab besessen gewesen sein und sind das oft noch heute. Am Grab von Petrus ist auch heute noch gut beten.

c) Der Tod als Fiktion. Die Leugnung der großen Trennung ist vor allem aus der Ägyptischen Religion bekannt. Der Tote geht auf Reise, wird mit Essen und Trinken reichlich versorgt, umgeben mit Bildern des Lebens, das er führte, und dann wird - als Zeichen dafür, daß er unerreichbar ist - das Grab vermauert. Das hat etwas von einer magischen Beschwörung der großen Trennung an sich, wovon der Dichter Achterberg fasziniert war. Der Tod ist kein wirklicher Tod, sondern ein Verschwinden hinter dem Horizont, so wie die Sonne abends verschwindet, aber nicht wirklich fort ist.

d) Mehr magische Praktiken werden auf den Tod angewendet, es geht also um echte Magie. Der Schamane oder der Priester sieht Chancen, den Toten wieder, und sei es nur für einen Augenblick, unter die Lebenden zurückzubringen und seine Stimme hören zu lassen. Natürlich geschieht das nicht buchstäblich, aber doch durch den Priester hindurch, der die Zeichen seiner Gegenwart versteht und so mitteilen kann, was er sagen will. Oder nach einer anderen Vorstellung ist der Schamane derjenige, der den Weg zum Totenreich kennt und es versteht, von dort guten Rat für die Lebenden zu holen. Der Tod ist zwar Tod, aber durch ein magisches Ritual wird es möglich, die Grenzen zu überschreiten.

e) Das Weiterleben in der Erinnerung der Gemeinschaft. Der Tod läßt sich auch überwinden, indem man ihm einen Namen verschafft. Männer von Ruhm leben nach ihrem Tod fort. Das wußte die antike Kultur und preist deshalb diesen Weg zur Unsterblichkeit sogar an. Ein Künstler verschafft sich selber das ewige Leben. Nur ein Künstler? Nach Rikus Waskowski leben auch die Namen der großen Trinker weiter.

In moderner Version begegnen wir dieser Art von Weiterleben in der Welt der lateinamerikanischen Befreiungstheologie. Eines gefallenen

Kämpfers wird im Kreise seiner Kameraden gedacht; sein Name hallt wider und unmittelbar folgt ein »presente!« Er ist dabei. Nicht wirklich, bei lebendigem Leib, denn er ist tot. Aber in der Erinnerung seiner Freunde ist er doch wieder anwesend. Für Dorothee Sölle ist das die Art, in der Christen über die Auferstehung sprechen. Im Kapitel über die Auferstehung bin ich darauf eingegangen.

f) Wir überleben den Tod persönlich. Unter entwickelten Kulturvölkern ist das vielleicht die häufigste Vorstellung; man denke zunächst an den indischen Reinkarnationsgedanken. Der Mensch ist in eine Reihe von Geburten verwickelt, steigt vom einen Leben zum anderen um, um nach vollzogener Läuterung schließlich zur Quelle seines Daseins zurückzukehren, zu Gott oder dem Nichts.

Die unsterbliche Seele, die den griechischen Philosophen so wichtig war, ist davon abgeleitet. Ein Mensch hat ein Stückchen in sich, das Gott verwandt und deshalb unsterblich ist. Dieser denkende Geist kehrt wieder zu Gott zurück, der ihn gab. In Wirklichkeit ist Gott das große Sammelbecken von Geist. Aristoteles sah darin die beste Lösung, und der Kirchenvater Origenes fühlte sich dabei wohl. Im allgemeinen fand übrigens der Gedanke der unsterblichen Seele unter den Christen früherer Jahrhunderte viel Zulauf, so wie die Reinkarnation heute viel Zulauf findet. Unter den Titel des persönlichen Überlebens gehört auch die christliche Auffassung von der Auferstehung der Toten. Darauf gehe ich im folgenden Paragraphen näher ein; hier beschränke ich mich darauf, sie mit den anderen »Lösungen« zu vergleichen.

Der Ort, an dem unsere Toten bleiben, das Jenseits, ändert in der christlichen Tradition seine Ausstattung. Aus der Unterwelt wird ein Himmel. Das Wort spricht für sich selber; es ist der Wohnort Gottes, der Ort also, an dem Er Sein Heil bereithält. Himmel wird so zum Ort, zu dem die Toten gehen. Deshalb ist die Trauer gemäßigte Trauer; denn sie sind uns nur vorausgegangen, wir aber folgen.

Himmel - wo ist das? Nirgendwo. In Begriffen unserer irdischen Verhältnisse gedacht ist der Himmel jenseits dessen, was wir als Ort benennen können. Ist jemand »in den Himmel« gegangen, höre dann auf zu suchen. Für uns sind er oder sie nirgendwo mehr.

Im Mittelalter wurde der Himmel zum wuchernden Gewächs der Phantasie. Dem sind wir entwachsen, aber vergessen wir nicht: Sie dachten über ihn nach und machten sich von ihm eine Vorstellung. Das ist immer noch besser, als ihn aus Angst vor Fabeln zu verabschieden.

Das möchte ich auch auf den Gebrauch eines Begriffs wie das »Jenseits« anwenden. Er ist eingebürgert mit allen dazugehörenden Mißverständnissen und Karikaturen, übrigens genauso wie beim Himmel. Das ist m.E. aber kein Grund, ihn aufzugeben. Im Gegenteil, es scheint mir gerade in unserer

Kultur, die mit »Sterben und danach« nicht viel anzufangen weiß, eine Herausforderung zu sein, daran festzuhalten, daß »Jenseits« und »Himmel« Metaphern sind für eine Realität.

4. Sterben ist Erben und Verlust: die christliche Lösung

All diese Lösungen, auch die christliche, verhindern nicht, daß eine Trennung stattfindet, die schmerzlich ist. Rosen auf dem Grab, prima. Gute Erinnerungen? Noch schöner, »but the best is lost«, wie ein englischer Dichter sagt. Auch die christliche Glaubenstradition setzt voraus, daß der Tod zwar hundert Mal eine biologische Gegebenheit sein mag, aber seine Schärfe erst dadurch bekommt, daß Menschen ihn als Trennung erfahren. Sterben heißt aus der Gemeinschaft herausfallen. Für den Sterbenden bedeutet das die Einsamkeit der letzten Stunde; der Tod vereinzelt den Menschen. Für die Gemeinschaft bedeutet der Tod aber ein Loch, eine leere Stelle. Wie kommen wir mit beidem weiter?

»Das Beste ist verloren«, davon müssen wir ausgehen, wenn wir die christliche Tradition über das Jenseits nicht zu einem Trostpflaster machen wollen. In gewissem Sinn ist sie das natürlich. Gegenüber dem Tod stehen wir hilflos da, doch dürfen unsere Phantasien und Erwartungen dessen, was nach dem Tode kommt, keine schöneren Kleider anziehen als sie tragen können. Für Christen ist der Himmel als ihr Jenseits nicht das Endziel der Pilgerschaft, auch wenn es bisweilen so dargestellt wird, sondern vielmehr ein Glück im Unglück. Der Schiffbruch der Existenz geht noch einmal gut aus. Der Strandvogt findet uns beizeiten und birgt uns für die Ewigkeit.

Sterben ist, so verstanden, Erben wie Verlust. Verlust erleidet der Tote, der uns entbehrt, Verlust erleiden die Nahestehenden, die jemanden weniger haben. Das Beste, die leibliche Gegenwart, ist verloren, was dem auch gegenüberstehen mag. Sein Verfall beginnt schon mit dem Altern; wir können nicht mehr, was wir wollen, Verlangen und Begierden sterben ab und enden im wirklichen Sterben, dem Aushauchen des letzten Atems. Und dann darf man noch von Glück sprechen, wenn man nicht vorzeitig weggerafft wird. Das muß ernstgenommen werden. Die christliche »Lösung« ist nicht die Leugnung des Todes (Ägypten), nicht eine Weiterführung des Lebens im Sinn von »Fortsetzung folgt«, auch nicht das Fortbestehen der unsterblichen Seele (klassische Philosophie), sondern der Glaube, daß wir den Tod überleben. Persönlich, wie ich sagte, und als Geschenk. Sterben ist auch erben.

Auf den Geschenkcharakter komme ich noch zurück. Zunächst weise ich darauf hin, daß die christliche Tradition mit ihrer »Lösung« anknüpft bei der ausgesprochenen oder verstohlenen Hoffnung wohl der gesamten

Menschheit, daß der Tod nicht das letzte Wort sein werde. Das ist einer der Gründe dafür, daß sich ein Begriff wie »Himmel« mit all seinen traditionellen Bedeutungen nicht abnutzt. Es gibt dafür mehrere Gründe, z.B. daß dort gutgemacht wird, was jemand hier zu wenig erhielt. Es gibt also Kompensation. Nicht nur der arme Lazarus bekommt erst im Himmel seinen Anteil, sondern auch die Schwarzen aus dem Süden der Vereinigten Staaten haben den Himmel als den Ort besungen, an dem alle Tränen abgewischt werden und alles Unrecht zurechtgerückt wird. Was ist dagegen zu sagen? Warum darf jemand nicht in Trauer singen: »O, dort zu sein, wo nimmer Tränen fließen«? Muß der Henker seinen Vorsprung vor den Unterdrückten denn bis in Ewigkeit behalten? Der Himmel ist die Herberge des endgültigen Glücks und muß das auch bleiben.

Es gibt noch einen anderen Zugang: Wer erneuert den Erneuerer? Zwar bauen wir unsere Welt auf, aber die Bauleute selber gehen unter. So können sie nur *glauben*, daß sie »anderswo« aufgebaut werden; wir sprechen in Worten wie »ewige Wohnung«, nicht aus Händen gemacht, wie einer der Apostel irgendwo sagt. Zwar mögen Menschen das fiktiv finden, doch ist es realistisch und bestimmt nicht unlogisch. Der innerweltliche Zirkel liefert jedenfalls kein persönliches Heil. Heil also schließen wir entweder aus oder wir glauben, daß es mehr gibt als das, war wir während unseres Lebens bekommen.

Also ein Geschenk? Besteht es näherhin in der Kontinuität des Ich, wie ich im Kapitel über die Auferstehung sagte? Eigentlich ist das erst in zweiter Linie der Fall. Das Geschenk besteht zunächst in der Freundschaft mit dem ewigen Gott. Diese beginnt hier und jetzt, wo der Friede mit Gott angenommen und genossen wird. Aber sie überdauert den Tod. Freundschaft mit dem ewigen Gott ist ewige Freundschaft. In ihrem Sog überleben wir gemäß der christlichen Glaubenstradition als Person, als Ich-Sager, den Tod. Das Zelt (unser leibliches, irdisches Dasein) wechseln wir für das ewige Haus bei Gott, besser gesagt, *in* Gott. Wenn wir alle dann wieder in Ihm sind, ist Gott alles in allem.

Die Trennung, die der Tod bewirkt, ist wirklich, aber zugleich relativiert. Er vernichtet uns nicht, es sei denn, daß die Freundschaft des Ewigen uns nichts wert ist. Läßt der Allerhöchste uns dann am Wegrand liegen? Die christliche Kirche spricht davon in ihrer Tradition und heftete daran die Etikette »der ewige Tod«. Es ist die wirkliche »große Trennung«, jetzt aber nicht nur von der Familie und den Verwandten, sondern auch von Gott. Es klingt logisch und weniger phantastisch als »Hölle und Verdammung«. Aber dabei muß es bleiben. Zur Heilsbotschaft gehört der ewige Tod nicht.

Wer in Gottes Freundschaft gestorben ist, ist hingegen für die Ewigkeit geborgen. Achterberg wußte warum:

Gott wurde leicht sein Finder
und diese Gemeinschaft wird für ewig sein.

5. Bleibt der Erde treu!

Das Jenseits wird leicht zum Hafen der Flucht oder zu einer Art Leck, durch das sich unsere Verantwortlichkeit ins Nichts verläuft. Das will natürlich niemand, aber es geschieht. Nietzsches Beschwörung, der Erde treu zu bleiben, hat sich die Christenheit denn auch sehr zu Herzen genommen. Wir möchten nicht gerne als »Eskapisten« oder »Hinterweltler« zu Buche stehen. Also der Erde treu! In der Tat, aber wie? Wann bist du der Erde treu? Ich möchte versuchen, dies an Hand von zwei Aussagen zu verdeutlichen.

Beginnen wir mit einem Wort von Merleau Ponty, Christen seien - aufgrund ihrer Tradition - zu einer »mauvaise foi«, zu einer Art Verrat an der Welt verurteilt. Das ist eine Behauptung, die nicht stimmt. Zwar gibt es »mauvaise foi« in unserer Welt, aber diese ist in der gesamten Menschheit und nicht nur im Christentum zu finden. Zahllose Strömungen oder Bächlein machen aus ihrem Leben eine Art Weltflucht. In gewissen Zeiten tut das sogar jeder; er kann es nicht anders, zumindest wenn er durchhalten will.

Aber das ist kein Element der christlichen Religion. Die Welt, unsere Welt, ist kein Ort der Läuterung, den wir nach Möglichkeit links liegen lassen, um möglichst schnell das Endziel der Reise zu erreichen. Zugegeben, auch das war ein Strang im Flechtwerk der christlichen Tradition, und wer es so fühlt, was soll's? Aber der Hauptstrom war und ist von anderer Art. Die mystischen Autoren wissen von einem »ewigen Haus«, das die Christen erwartet. Aber sie wissen auch, daß es verdächtig ist, mit einem »ewigen Haus« zu rechnen, wenn man nicht hier - im Rahmen einer gewissen »innerweltlichen Aszese« - daran zu bauen beginnt. Das bedeutet eine gewisse Zurückhaltung. Christen brauchen für sich den Bogen nicht zu überspannen.

Die klassische Lehre von den Zwei Reichen - das meist praktizierte Modell für die Beziehung des Christen zur alten Welt, das ich im vorigen Kapitel besprochen habe - ist in dieser Hinsicht eine ausreichende Widerlegung. Das Leben eines Christen spielt sich nicht in der Kirche ab, auch wenn er ohne Kirche kein Christ sein kann, sondern in der säkularen Welt. Beide, Welt und Kirche, sind eine Schöpfung ein und desselben Gottes und beiden macht sich ein Christ untertan. Die Zweireichelehre garantiert, daß die Erde ernstgenommen wird und nicht heimlich zur Kirche umgebogen werden muß, bevor wir sie gebrauchen (und genießen) können. Die Erde ist des HERRN, sie darf es sein und bleiben.

Zum Überfluß merke ich noch an, daß die Natur zu allen Zeiten stärker war als die Lehre und das auch bleiben wird. Wir brauchen Menschen nicht zu ermutigen, der Erde treu zu bleiben. Auch der schlimmste »Hinterweltler« tut nichts anderes, aber seine Art unterscheidet sich von der gewöhnlichen.

Das bringt mich zur anderen Aussage, derer ich mich bedienen möchte. Wenn wir nur für dieses Leben unsere Hoffnung auf Christus gesetzt haben, dann sind wir die Unglücklichsten aller Menschen. Das sagt kein geringerer als Paulus. Wohlgemerkt, er nimmt bei diesen Worten nicht ein bloßes Vertrauen auf unsere heutige Welt zum Maß, sondern das Vertrauen auf Christus. Davon sagt er, wir seien unglücklich, ja die unglücklichsten Menschen der Welt, wenn wir innerhalb der Erwartungsgrenzen bleiben, die innerweltlich erfüllbar sind. Die mit Händen gemachte, die machbare Welt sei zu begrenzt für das, was Jesus zu bieten hat.

Sind wir nur für dieses Leben? Das ist doch wohl zu wenig. Hört dieses Leben nicht auf, sterben wir nicht, und für wen soll denn nun sein, was wir erbaut haben?

Wer den Gedanken aufgibt, daß es gut sei, den Tod *persönlich* zu überleben, der braucht sich natürlich solchen Fragen nicht zu stellen. Ich sage darüber nichts Schlechtes. Im Gegenteil, warum soll ein Mensch an das Überleben des Todes denken? In unseren vitalen Augenblicken haben wir an einem Jenseits keinerlei Bedürfnis. Aber muß es dabei bleiben? Das würde, wie mir scheint, den tröstenden Charakter, den die christliche Tradition in sich trägt, ungeheuer begrenzen. Leben wir denn nur für dieses Leben? Hier bleiben doch die Lahmen lahm und die Krüppel Krüppel. Und wollen wir nicht vital sein? Aber das sind Menschen lange nicht immer. Wie krampfhaft würde das Dasein, müßten wir unsere Schwächen, den stillen Verfall und das Absterben, das unseren Leib durchzieht - Freund Hein, der an den Zehen zieht - vor uns und anderen verborgen halten. Nur für dieses Leben? Alt werden bedeutet, wenn ich Ida Gerhardt glauben mag, Verfall um Verfall, aber mit einer Aussicht auf die andere Seite. Es ist

allmählich ein unumstößliches Wissen
daß Du erneuert wirst sein und neu geschaffen,
wenn man von Dir wird schreiben: »entschlafen«.
Wenn Dein Name auf Erden vergessen ist.

In der Tat, nach christlicher Glaubenstradition können wir es nicht anders sagen, als daß die neue Welt und der neue Mensch auf der anderen Seite zu finden sind.

Gebet

XX. Kommunikation mit Gott

Wer den Respekt vor dem Menschen verliert, sollte nicht meinen, er könne dies mit seinem Respekt vor Gott begleichen.
G.Th. Rothuizen

1. Sprechen in den Raum

In manchen japanischen Schinto-Tempeln hängt ein großes Seil, an dem Gläubige mit einen kräftigen Ruck ziehen, so daß irgendwo ein Glöckchen klingelt. In anderen klatschen Besucher fest in die Hände, wenn sie vor dem Altar stehen. Als ich bei einer solchen Gelegenheit fragte, was los sei, bekam ich als Erklärung, der Gläubige wende sich an Gott, aber - das sei selbstverständlich - er müsse erst um dessen Aufmerksamkeit bitten, indem er die Glocke klingeln läßt oder fest in die Hände klatscht. Ich weiß noch, daß ich über soviel Kindlichkeit lachte.

Später dachte ich an das, was unsere Prediger und Priester auf der Kanzel tun. Zwar klatschen sie nicht in die Hände, aber sie erheben ihre Stimme und rufen Gott an mit »O Herr« oder »O Gott«. Sogar wenn Menschen »still beten« (fester Begriff für das unhörbare Gebet), bitten sie Gott, Er möge doch hören. Unterscheidet sich das so von dem, was in Japan zu sehen ist? Ich erinnere mich an das kleine Buch von J.H. van den Berg, in dem er das Ritual des Betens beschreibt. Was geschieht denn da, fragt sich ein Außenstehender. Jemand schließt die Augen, murmelt oder brummt Worte, die sichtlich an jemanden gerichtet sind, einen unsichtbaren Jemand. Und kommt eine Antwort? Nein, man hört nichts zurück. Dennoch ist der Mann oder die Frau, der oder die da murmelnd sitzt, zufrieden, wird nicht aufsässig oder frustriert; er tut es morgen wieder. Kann jemand erzählen, was da vor sich geht?

Was ich hier beschreibe, heißt in der christlichen Tradition »beten«. Es sieht aus wie sprechen in den Raum, aber umfaßt doch sichtlich mehr als das. Komplette Phänomenologien wurden darüber geschrieben, die zeigen, daß es in einer bunten Verschiedenheit von Gestalten in allen Religionen so etwas wie Beten gibt. Religiöses Bewußtsein gehört, wie ich oben dargelegte, zur Existenzweise von Menschen. Zu diesem religiösen Bewußtsein nun gehört es offensichtlich, immer wieder Kontakt zu suchen mit - ich möchte sagen - Oben und dieses Oben mehr oder weniger spontan als ein jemand-artiges Wesen anzusprechen.

Ich ziehe darum den Begriff Kommunikation vor; er ist umfassender als »Gebet« und vielleicht etwas weniger mit Vorstellungen aus unserer Kinderzeit belastet. Kommunikation mit Gott, ist das möglich und wofür kann das gut sein?

2. Das Beten verlernt

Was einmal selbstverständlich war, haben viele Menschen verloren, nämlich die Art zu beten, die sie zu Hause gelernt hatten. Und wer es einmal verloren hat, beginnt damit so einfach nicht wieder, so wie Menschen, die den Gang zur Kirche verlernt haben, diese Gewohnheit nicht so leicht wieder aufnehmen. Eine Art Blockade ist aufgeworfen, über die sie nicht hinwegkommen. Ist das mangelnder Wille? Ohnmacht? Eine Mischung von beidem? Bisweilen kommt noch Scham hinzu, und dann wird es doppelt schwierig: Warum habe ich verloren, was ich früher besaß?

Um die letzte Frage zu beantworten, erstelle ich in diesem Paragraphen eine knapp formulierte Liste von stichhaltigen und nicht stichhaltigen Beschwerden gegen das Beten, dies in Begriffen der christlichen Tradition.

1. Der Entlarver: Beten ist eine überholte Form von Magie und ein Versuch, die Gottheit zu beeinflussen. Wir sind über solche Ansichten hinaus.

2. Der Kenner, der es vom »Hören sagen« wissen muß: Beten ist verlorene Liebesmüh'; denn ich erinnere mich gut, daß alles zuvor schon bestimmt ist. Die Dinge kommen, wie sie kommen müssen.

3. Der Enttäuschte: Beten hilft nicht. Das ist eine Erfahrung, die viele mit mir teilen. Warum sollte man es also weiterhin tun?

4. Der Skeptiker: Beten verlangt eine Gewißheit des Glaubens, die ich nicht aufbringe: »O Gott, wenn es Dich gibt, höre mich, wenn Du mich hören kannst«.

5. Der Kritiker: Beten ist Egoismus; Menschen erbitten für sich eine Vorzugsbehandlung; das mache ich nicht mit. Ich kann dabei sogar zum Konkurrenten des anderen werden.

6. Der Erwachsene: Beten ist eine Form von quengeln, die in meine Kinderzeit gehört; dahin will und kann ich nicht zurück.

7. Der Bescheidene: Wer bin ich, daß ich Gott zur Last fallen dürfte? Beten ist Hochmut.

8. Der postmoderne Dekonstruktivist: Wir müssen für uns selber sorgen. Beten ist ein Zeichen von Schwäche, ein Schauspiel. Tüchtige Menschen beten nicht.

9. Der Naturwissenschaftler: Beten heißt die Wundermacht Gott anrufen, Wunder aber gibt es nicht. Ich hab' also damit aufgehört.

10. Der schnelle Junge: Ich habe dafür keine Zeit.

Die Zahl zehn ist willkürlich; aber es sind keine willkürlichen Antworten auf die Frage, warum beten (in der Weise, wie die christliche Tradition darüber spricht) in unserer Kultur seine Bedeutung eingebüßt hat. Sie schließen einander nicht aus, im Gegenteil, die eine Antwort verstärkt die andere. Einige davon werde ich ausdrücklich besprechen, auf andere implizit antworten.

3. Sprachlos vor Gott

Mit Beten Schwierigkeiten zu haben ist ein Problem von Menschen, die von Haus aus mit ihm aufgewachsen sind. Andere werden sich darüber nicht so schnell Sorgen machen. Dieses Kapitel geht also auf spezifisch christliche Glaubensprobleme ein, doch denke ich, daß damit auch Außenstehende etwas anfangen können.

Es ist nicht nur die Kultur, die uns sprachlos macht. M.E. läßt sich dafür auch ein viel positiverer Grund angeben. Wir bringen nicht viel an Gebet zustande, weil wir nicht wissen, was wir beten müssen. Das sage nicht ich, sondern es ist eine Aussage des übrigens so redegewandten Apostels Paulus. Es wäre gut, wir würden solchen Aussagen der christlichen Tradition nicht weniger Gewicht zuerkennen als den Aussagen, die sagen wollen, wir sollten unermüdlich beten. I. ü. schließen sie sich keineswegs aus.

Sprachlos zu sein soll hier heißen, daß wir die guten Worte nicht finden können. Das stimmt. Wer sind wir, daß wir wissen, was wir vortragen müssen und dürfen, wenn wir Gott anrufen? Ich meine damit nicht nur, daß das Leben so kompliziert ist, daß wir nicht wissen, was gut und was falsch ist, sondern auch ein anderes: Wir haben so wenig ein Bewußtsein von Gott, von Seiner Macht und Seinen Plänen mit uns und mit anderen, daß uns die Sätze, die wir aussprechen, schon bald wie Unsinn vorkommen. Das ist kein Unglück, denn gemäß der christlichen Tradition ist dafür vorgesorgt. Erstens bedeutet das keineswegs, daß die Kommunikation aufhört, wenn keine Worte mehr vorhanden sind. Unter Menschen ist das ja auch nicht so, warum sollte es dann bei der Kommunikation mit Gott der Fall sein? Von der Gegenwart guter Worte in unserem Mund hängt sie also nicht ab.

Das bringt mich zu einer zweiten Bemerkung. Wovon reden wir eigentlich? Vom Beten in der eigenen Kammer; nur dort gedeiht die Kommunikation. Das ist nicht buchstäblich aufzufassen, als ob man nur in der eigenen Kammer beten könne. Es bedeutet vielmehr, daß Beten eine persönliche

Sache ist, in diesem Sinn also ein einsames Geschehen, andere sind nicht dabei.

Das hat einen heilsamen Effekt: Wir werden nicht kontrolliert, sind frei, brauchen weder gute noch große Worte zu verwenden (es darf natürlich geschehen, wenn man es so gelernt hat), kurzum: Was sich dann vollzieht, ist ganz und gar ein Geheimnis zwischen Gott und dem betenden Menschen. Andere hat die Frage nicht zu interessieren, wie ich es tue, was ich tue und wo ich es tue. Der einzige, der zählt, ist Derjenige, Den ich in meinen Gedanken habe und an Den ich mich richte - bewußt oder unbewußt, möchte ich noch hinzufügen. Nicht nur gute Worte sind freigestellt, sondern beten ist auch unbewußt möglich, ohne es zu wollen.

Sprachlos vor Gott zu sein bedeutet also keine Anklage gegen mich. Es ist eher das Gegenteil: Beredt zu sein vor Seinem Angesicht, das ist in der eigenen Kammer jedenfalls in keiner Weise von Bedeutung. Warum nicht? Ich komme zu einer dritten Bemerkung. Weil Sprachlosigkeit eine Lücke für das offen läßt, was wirklich wichtig ist, nämlich für Gott Selber, der Sich einen Eingang verschafft in unser Leben. Wenn es schon von unserer Seite zu viele Worte gibt, wo kann Er dann noch dazwischen kommen? Ich folgere also daraus, daß still zu sein sich leichter mit dem Gebet verträgt als zu reden, sicher leichter als zu viel Gerede. Sprachlos vor Gott zu sein heißt soviel wie ein Bewußtsein von Gott zu haben. Und müßte damit nicht die Kommunikation beginnen?

4. Not lehrt beten

Für manche Christen kommt das Gebet an letzter Stelle. Zuerst versuchen sie selbst weiterzukommen, und wenn das nicht mehr gelingt, wird gebetet: »Da hilft nur noch beten«. Andere brechen über diese Vorgehensweise den Stab. Beten werde so zu einer Art Notausgang, zu einem Hintertürchen, auf das manche - Gläubige im Unterschied zu den Nichtgläubigen - in Zeiten der Not noch zurückgreifen können. Damit aber degradieren sie das Gebet, dazu sich selbst und Gott. In diesem Zusammenhang wird dann Dietrich Bonhoeffer zitiert, nach dem wir Gott nicht benutzen dürfen als Lückenbüßer für die Lücken, die wir selber noch nicht auffüllen können. Noch nicht! Sobald es uns auch noch mit dieser letzten Lücke gelingt, ist Gott nicht mehr nötig. Was ist dazu zu sagen?

Dahinter verbergen sich, wie ich meine, Mißverständnis und dogmatische Hartherzigkeit. Zuerst gehe ich auf das dogmatische Mißverständnis um Bonhoeffer ein: Wenn er vom Stopfen der Lücken mit Hilfe von Gott spricht, dann denkt er an Gott als eine ursächliche Erklärung für Sachverhalte, für die wir bis heute (noch) keine andere Erklärung finden konnten.

In der Tat, wenn das alles ist, was wir von Gott zu sagen haben, wird Gott überflüssig, sobald wir der letzten Erklärung auf der Spur sind. Das gilt auch für das Gebet, Bonhoeffer hat das gut gesehen. Beten wird so zum Anflehen Gottes um einen übernatürlichen Eingriff in den Gang der Natur. Glücklicherweise geschieht das nicht und hält Gott uns an das, was wir selber herausgefunden haben. Wenn Bonhoeffer im selben Zusammenhang bemerkt, daß wir (vor Gott!) *mit* Gott *ohne* Gott leben müssen, meint er genau dasselbe. Wir sollen nicht mit übernatürlichen Eingriffen Gottes rechnen, sagt er eigentlich, denn dann haben wir eine falsche Vorstellung von Gott. Im Kapitel über Gottes vorsehende Fügung habe ich dargelegt, daß Gott damit keineswegs von der Bühne verschwunden ist.

Bonhoeffer wird zugleich zu hartherzig ausgelegt, wenn man meint, das Gebet dürfe für ihn keine »Hintertür« sein. Es wäre doch absurd, wenn wir Menschen, die wirklich in Not sind - und wären wir es selber - verbieten wollten, in einem solchen Augenblick zu Gott Zuflucht zu nehmen. Werde ich dadurch unaufrichtig? Hätte ich es gestern auch tun müssen, als ich noch nicht krank war? Komm, was ist das für eine Schulmeisterei! Gott ist kein Krämer, der darüber Buch führt, ob wir Ihm genug geben. Übrigens - so abwegig ist es doch nicht, Gott anzurufen, wenn wir nicht weiterkommen und Ihm nicht zur Last fallen, solange die Dinge von selber laufen.

Nein, Not lehrt beten, und dagegen ist nichts zu sagen. Not ist viel zu real, um darüber theologische Witze zu machen. Wie der Blitz zu Gott, wenn du in Not kommst! Anders kann ich es nicht sagen.

Zu sagen ist etwas gegen die Unaufrichtigkeit, wenn wir die Anrufung nicht ehrlich meinen und die Kommunikation wieder unterbrechen, sobald die Not vorbei ist. Ansonsten ist der Gott der christlichen Tradition gerade ein Gott, den wir in der Not anrufen können, und wer es tut, findet Seine Gunst unendlich groß. Dürfen wir der christlichen Tradition glauben, dann macht sich der Gott der Christen geradezu eine Ehre daraus, in der Not zu helfen. Ich muß hier noch einmal auf Bonhoeffer zurückkommen und auf die Interpretation, die man seinen Briefen gegeben hat.

Menschen gehen zu Gott in ihrer Not, sagt er in einem Gedicht, und merken dann, daß Gott in Not ist. Das klingt etwas seltsam, aber Bonhoeffer will nichts anderes sagen, als daß Gott mit Seinen Geschöpfen mitleidet und wir uns vorläufig damit bescheiden müssen. Hinter dieser Ausdrucksweise verbirgt sich eigentlich der Widerstand gegen dasselbe Mißverständnis wie oben. Wer Gott anruft in der Not, darf keinen übernatürlichen Eingriff erwarten; so wirkt Gott nicht, und wer das meint, macht es sich selbst zu leicht. Das letzte, worum es Bonhoeffer ging, war es, die Not wegzureden oder Menschen zu verbieten, in ihrer Not Zuflucht zu Gott zu nehmen.

5. Wer Ihn anruft in der Not

Damit ist die Anrufung des Namens des HERRN, wie dies so feierlich im Alten Testament gesagt werden kann, rehabilitiert. Beten heißt in erster Linie und von alters her, sich mit der Bitte um Hilfe an Gott zu wenden.

Es klingt für moderne Ohren einigermaßen peinlich, es so zu hören. Gebet ist in der Tat ein Zeichen der Schwäche, wie ich oben schon andeutete. Menschen, die für sich selber sorgen können, beten nicht, sicher dann nicht, wenn beten eine Form von Bitten ist. Da haben wir unseren Stolz, man will nicht gerne jemand sein, der um Hilfe bittet. Dieselbe Art Stolz spüre ich bei Marsman, wenn er sagt: »Meine Sünden gehen mit mir ins Grab«.

Ist das Gebet wirklich erniedrigend? Seine Karikatur hat es leider so weit kommen lassen. Wer erzählen will, daß sich die Kirche leere, pflegt zu sagen: Da saßen noch einige alte Weiblein und beteten, das war alles. Nie hört man: Da saßen alte Männer. Nein, beten ist nicht männlich, und darum beten Männer nicht.

Ich lasse mich so breit darüber aus, weil sich diese Haltung nicht auf das Beten beschränkt, sondern auch bei allerlei anderen Beziehungen eine Rolle spielt. Menschen bitten andere Menschen nicht so leicht um Hilfe, sei es aus Stolz, sei es aus Verlegenheit oder aus einer Mischung von beidem. Aber darum geht es in diesem Augenblick nicht. Wichtiger ist mir der Hinweis, daß so sehr viel gelitten wird. Könnte doch jemand rufen: »Hilf mir!«, sicher stünden Menschen bereit, um zu Hilfe zu kommen. Aber das haben wir verlernt. Wir verlernen es aneinander und das Ende vom Lied ist, daß wir überhaupt nicht mehr bitten können und mit Stummheit geschlagen sind.

Das hängt miteinander zusammen, wage ich zu behaupten. Wer gegenüber Gott nicht mehr zu rufen wagt »Hilf mir!«, der wagt es auch nicht mehr gegenüber den Mitmenschen.

Was steckt dahinter? Stolz, behaupte ich. Beten empfinden wir als einen Anschlag auf unsere Selbstachtung. Vielleicht hat dem eine bestimmte Art von Frömmigkeit in die Hand gearbeitet, die uns zu einem kindlichen Gebet aufruft. Ich liebe eine solche Bildsprache nicht, weil sie die Infantilität fördert; wir sind aber keine Kinder und dürfen auch nicht zur Kindlichkeit zurück, weder im Umgang mit Gott noch im Umgang miteinander.

Um auf diesen Stolz zurückzukommen, den wir unserem Selbstrespekt glauben schuldig zu sein. Er entspringt, wie mir scheint und wenn mir darüber ein Wort zusteht, einer kolossalen Täuschung. Zunächst täuschen wir uns über unsere eigene Situation, als ob sie so geartet wäre, daß wir niemanden nötig hätten, um hindurchzukommen und durchzuhalten. Welch eine Selbstüberschätzung! Sie treibt uns zudem in eine Isolierung, die sich wie ein Panzer um unser Leben legt. »Mund zu, dich nicht durchschauen lassen!«, das ist der übelste Rat, den jemand einem anderen überhaupt geben kann.

Wir täuschen uns noch in einem anderen Punkt. Es ist eine Ehre, mit Gott zu kommunizieren. Tiere können das nicht, wohl aber Menschen. Durch die ganze Kulturgeschichte hindurch war das bedeutenden und unbedeutenden Gläubigen bewußt. Wer betet, steht mit dem Allerhöchsten in Beziehung; er legt seine Hand auf den Mund, weiß sich gegenüber Dessen Größe sprachlos, erfährt aber die Ehre, zu der er als Mensch bestimmt ist: Umgang zu haben mit dem Schöpfer. Es ist der Mühe wert, an diesem Gefühl festzuhalten oder es zurückzuerobern, falls es verschwunden ist.

6. Hilft beten?

Nachdem die Ehre des Gebetes gerettet ist, legt sich die bekannte Frage nahe, ob beten hilft. Die Behauptung, daß beten helfe, ist ein Klischee und setzt wahrscheinlich auch Klischeevorstellungen vom Gebet voraus. Woran denken Menschen, wenn sie fragen, ob beten hilft? Wer sich bei dieser Hilfe nur vorstellen kann, daß auch geschehen müsse, worum er bittet, hat eine magische Vorstellung von Beten im Kopf. Beten wird dann zum Mittel, das wirken muß, weshalb sonst wird danach gegriffen.

Ich halte das für eine Form primitiven Denkens, von dem uns die christliche Tradition gerade abbringen will, allen gut gemeinten Gebetsheilungen zum Trotz, die mehr Unglück als Glück bringen. Mit Gebet können wir einen Arm nicht wieder hinbeten, eine Querschnittslähmung nicht ungeschehen machen und einen Lungenkrebs mit Metastasen nicht heilen. Ist das Mangel an Glaube? Wer diesen Vorwurf noch als extra Belastung auf alle Lasten legt, die manche Menschen schon zu tragen haben, verdient das Himmelreich nicht. Beten kann auch einen Bärendienst erweisen.

Gebet ist also kein magisches Mittel, um Gott zu beeinflussen, aber dennoch bleibt die Frage: Hat das sogenannte Bittgebet einen Sinn? Verändert Gott sozusagen auf Antrag den Lauf der Dinge? Das ist eine entscheidende Frage, von deren Beantwortung Sinn oder Unsinn des Betens abhängt. Ich gehe Punkt für Punkt darauf ein

1. Beginnen wir mit einem eindeutigen Wort Jesu. »Wer von euch wird, wenn sein Sohn ihn um ein Brot bittet, ihm einen Stein geben? Oder wenn er um einen Fisch bittet, eine Schlange? Wenn also Ihr, die Ihr schlecht seid, Euren Kindern gute Gaben zu geben wißt, um wieviel mehr wird Euer Vater im Himmel denen das Gute geben, die darum bitten.« Mit einem solchen Aufruf zum Vertrauen ist die Frage, ob beten Sinn hat, scharf gestellt. Wenn wir Jesus glauben dürfen, gibt es keine Steine statt Brot –

wenigstens bei Gott nicht. Ich könnte noch das Gleichnis vom ungerechten Richter hinzufügen, der einer Witwe schließlich ihr Recht verschafft, weil sie ihm mit ihrer Hartnäckigkeit beinahe die Tür einrennt. Das Gleichnis wird von Jesus erzählt im Blick darauf, »daß sie allzeit beten und darin nicht nachlassen sollten«. Beten heißt anklopfen.

2. Solche Worte können das Gebet leicht zu einem krampfhaften Unternehmen machen, was manchmal auch geschehen ist. Aber dazu brauchte es nicht zu kommen; dem steht nämlich gegenüber, daß Gott den Weg schon lange weiß. Gott ist wenigstens sein Geschöpf, wie ich im Kapitel über den Schöpfer sagte. Er ist mit uns so vertraut, daß er unsere Worte schon kennt, bevor wir sie noch formuliert haben. Warum sollen wir dann überhaupt noch beten? Darauf weiß ich nur die eine Antwort, daß es von Gott aus gesehen nicht nötig, für uns selbst aber gut ist; wir haben eine Adresse, an die wir uns wenden können, ein offenes Ohr und ein Auge, das nach uns sieht. Wir brauchen aus dem Gebet keine überspannte Angelegenheit zu machen, als müsse Gott erst auf den Stand dessen gebracht werden, woran es hapert. Beten heißt anklopfen bei Ihm, der es schon weiß.

3. Worum also geht es letztlich beim Beten? Ich umschreibe es mit einer Geschichte aus dem Alten Testament. Als Jerusalem vom König von Babylon belagert wird und es nur noch wenig Aussicht auf Rettung gibt, beugt sich König Hiskia im Tempel nieder und breitet vor Gottes Angesicht die Briefe aus, in denen der König von Babylon die Vernichtung der Stadt ankündigt. Zwar sagt er dabei auch etwas, appelliert an die Ehre von Israels Gott inmitten der Götter, aber darum geht es mir jetzt nicht. Die Geste des Ausbreitens, es vor dem Angesicht des HERRN offenzulegen - das scheint mir ein angemessenste Symbol für das zu sein, was Christen mit beten meinen. Es wird nicht gejammert und niemand unter Druck gesetzt, sondern die Not wird beim Herrn deponiert. Das ist genug. Der Apostel Paulus wird später sagen: »Laßt Eure Wünsche bei Gott bekannt werden«. Ich lese das so: Spreche sie aus und öffne dein Herz; mehr ist nicht nötig, wenn Gott wirklich so ist, wie Jesus Ihn schilderte.

4. Mit dem christlichen Gebet ist also einige Zurückhaltung geboten. Nicht als ob alles schon feststünde, wie ein bekannter Einspruch gegen das Gebet lautet. Im Kapitel über Gottes vorsehende Fügung habe ich erklärt, warum diese Vorstellung nichts taugt. Noch weniger, weil sich unser Leben in einer unzerbrechlichen Kette von Ursache und Wirkung abspielt. Zwar ist das der Fall, das eine Mal zu unserer Freude und das andere Mal zu unserer Trauer. Aber diese Kette steht sozusagen im Dienst Gottes, sie schließt Ihn also nicht aus.

Die Zurückhaltung hat ihren Grund im Vertrauen darauf, daß Gott unsere Not schon lange kennt und keine Steine für Brot gibt. Das bedeutet nicht einfach, daß Er gibt, worum wir bitten. Natürlich schafft das Probleme, wie alle Menschen wissen, die beten. Aber das braucht nicht dazu führen, daß sie damit aufhören; das wissen sie auch.

7. Disziplin

Gemäß der christlichen Tradition geschieht im Gebet der Umgang mit Gott, die Kommunikation. Ich übertreibe nicht wenn ich behaupte, daß alles, die ganze christliche Tradition genau darin ihr Ziel hat. Sie sagt uns, daß Gott ein Gott ist, den wir anrufen können und dürfen; mehr brauchen wir nicht zu wissen. Aber damit ist natürlich ziemlich viel gesagt. Wir richten unser Wort nicht an eine Idee, und einen Begriff rufen wir nicht an. Zwar ruft Gott Ideen und Begriffe wach - sagen wir: Erwartung, Hoffnung, Liebe -, aber wir beten nicht zur Liebe oder zur Hoffnung. In erster Linie können wir uns ins Gebet begeben, weil Gott ein jemand-artiges Wesen ist. Das ist die erste Voraussetzung.

Zweite Voraussetzung: Gott sieht den einzelnen inmitten der zahllos vielen Millionen. Wie verwegen der christliche Glaube ist, wird erst beim Gebet deutlich. Wir richten nicht nur unser Wort zu Gott, und wir glauben nicht nur, daß Gott am Dasein seiner Geschöpfe interessiert und von deren Geschick bewegt ist, sondern wir tun das mit ganz persönlichem Einsatz. Wer bittet, der glaubt, daß Gott an ihm Interesse hat.

Damit wiederum hängt die Gebetsdisziplin zusammen. Als meine Kinder klein waren, beteten sie genausogut für die Unterdrückten wie für Sankt Nikolaus, »der so gefährlich über die Dächer reiten mußte«. Hier beginnt schon eine Form von Disziplin; man betet nicht einfach für alles. Die christliche Tradition hat das Vater Unser in dieser Perspektive gesehen. Es heißt »das vollkommene Gebet«, weil es in das Ordnung bringt, was wir vor Gott niederlegen. Mit den Worten

Geheiligt werde Dein Name.
Dein Reich komme.
Dein Wille geschehe.

nehmen wir das, was Gott wichtig findet, auf unsere Rechnung. Es kommt zuerst, ob es uns dabei nun gut geht oder nicht. Danach kommen wir mit dem, was wir für uns selbst wichtig finden:

Unser tägliches Brot gib uns heute.
Und vergib uns unsere Schuld,
wie auch wir vergeben unsern Schuldigern.
Und führe uns nicht in Versuchung,
sondern erlöse uns von dem Bösen.

Diese Bitten besagen nun, Gott möge auf *Seine* Rechnung nehmen, was *wir* für wichtig halten. Zugleich sehe ich in ihnen eine massive Zucht unseres Wunschpakets. Was wichtig ist, reduziert Jesus bis auf die Knochen.

Stimmt es, daß wir das Beten anderer nicht kritisieren dürfen? Als ich noch Prediger war, hörte ich das oft, aber ich halte nichts davon. Doch gibt es ungeordnete, zuchtlose, egoistische, schlaue und brutale Gebete, zudem Gebete mit ausgesprochenen Nebenabsichten.

Das bringt mich zum öffentlichen Gebet. Jesus sagte: »Wenn Du betest, gehe in Deine Kammer!« Im öffentlichen Gebet – ich meine damit vor allem das Kanzelgebet im sonntäglichen Gottesdienst – halten wir uns nicht daran, denn wir wollen auch zusammen beten. Das war kein Problem, solange die Kirche aus einer kleinen Gruppe bestand, einer Hausgemeinde, in der man jeden kannte und anerkannte. In unseren großen Kirchengebäuden kann das Beten jedoch zu einem Übel werden, das sich selbst bestraft. Je konkreter der Pfarrer betet, umso mehr Menschen wenden sich ab, denn oft teilen sie seine veröffentlichten Optionen nicht. Dabei rede ich nicht einmal von der Tatsache, daß sich mit Hilfe des Gebetes politische Propaganda betreiben läßt; das ist, wie mir scheint, nicht nur ein ungeordnetes, zuchtloses Beten, sondern bedeutet auch Mißbrauch von Kirche und Kanzel. Dem öffentlichen Gebet wäre deshalb geholfen, wenn es die Grenzen eines vorformulierten Gebetes nicht überschritte.

Seinerseits gibt das disziplinierte Gebet auch wieder dem Leben Disziplin. Eine Frömmigkeit ohne Nächstenliebe hat keinen Wert, denn das eine kann nicht an Stelle des anderen treten. Beten heißt auch nicht, Gott die Sache regeln lassen, damit wir so gratis bekommen, wofür andere arbeiten müssen. Umgekehrt erstirbt dem Faulen das Gebet auf den Lippen.

»Laß' uns nicht leben, als wüßten wir nichts von dem Leiden, das andere durchmachen müssen«. Ein solches Gebet ist christlich und wäre selbst auf der Kanzel nicht fehl am Platz.

Gebot

XXI. Der Wille Gottes

What will survive of us
is love
Was von uns überleben wird,
ist Liebe
Philipp Larkin

1. Das christliche Leben

Die klassische christliche Katechese endet mit dem Gebot. Unter diesem Titel wurden die Zehn Gebote eingeprägt, mit Auslegung und Anwendung versehen. Damit festigte die Kirche in Europa eine moralische Tradition, die bis heute den gegenseitigen Verkehr von Menschen und Gruppen bestimmt. Es geht um die Moral. Zum guten Verständnis: »Moral« und »moralisch« haben nicht speziell mit Sexualität zu tun. Dieses Mißverständnis wurde gefördert durch einen Begriff wie »sittlich«, dessen Verkehrung »unsittlich« lautet, und unsittlich bezeichnet nun einmal ein verbotenes sexuelles Verhalten. Namentlich die älteren Generationen von katholischen Christen leben in diesem Mißverständnis, aber es sind nicht die einzigen.

Das Wort »Moral« dagegen faßt einfach alles zusammen, was Menschen zu tun oder auch zu lassen haben. Durch Moral ist unser Leben gegenseitig verbunden, selbst Diebe und Diebeshelfer haben noch ihre moralischen Regeln, die wenigstens solange nicht übertreten werden dürfen, als Zusammenarbeit andauert.

Auch das christliche Leben beinhaltet eine Moral, geht jedoch nicht in ihr auf. Im Gegenteil, es ist nicht nur ein viel weiterer Begriff, sondern auch ein Begriff, in dem und durch den die Moral ihren Ort zugewiesen bekommt. Moral macht nicht selig, Moral ist wie ein Gehen an Krücken, aber Moral ist zugleich ein unentbehrlicher Bestandteil des Lebens, von Christen wie von Nichtchristen.

Gehen wir von der Ortsbestimmung aus. Die christliche Glaubenstradition tut der Moral keinen Abbruch, fügt ihr auch nichts hinzu, sondern weist ihr den Ort zu, der ihr zukommt. Sie überschätzt die Moral nicht, denn Moral bahnt nicht den Weg zu Gott, macht Menschen nicht akzeptabel vor Gott und kann nicht an die Stelle des Glauben an Gottes Barmherzigkeit treten. Aber ebensowenig unterschätzt sie die Moral: Diese kann für Leben und Zusammenleben den Willen Gottes repräsentieren, mit allen Fragezeichen, die eine solche Formulierung mit sich bringt (nicht ohne Grund sage ich »kann«). Keine Gemeinschaft, christlich oder nicht, kann ohne Moral bestehen. Zwar ist sie nicht heilsnotwendig, aber doch notwendig; darum arbeitete die christliche Kirche zu allen Zeiten an der moralischen Erziehung mit.

Der Begriff »christliches Leben« ist, wie gesagt, umfassender als der Begriff »Moral«. Christen beten, feiern christliche Feste, gehen zur Kirche, lesen in der Bibel, besinnen sich auf die christliche Überlieferung und tun, kurz gesagt, eine Anzahl Dinge, die für ein Christenleben typisch sind. Es sind Besonderheiten, an die sich andere Menschen nicht halten; das Wichtigste und Umfassendste darunter ist die von mir sogenannte »Kommunikation mit Gott«. Sie macht das christliche Leben eigentlich zu dem, was es ist.

Dazu gehört aber auch die moralische Dimension des Daseins, darauf will ich dieses Kapitel ausrichten. Traditionsgemäß führt es hin zu den Zehn Geboten. Diese bilden nicht nur eine summarische Zusammenfassung dessen, was wir moralische Grundprinzipien nennen könnten, sondern stellen diese auch als Gottes Wille dar. Genauer gesagt meine ich, um mit den Vätern zu sprechen, Gottes geoffenbarten Willen, dies im Unterschied zu Seinem verborgenen Willen, Seinen Absichten also, die verborgen sind hinter Seiner Regierung über »alle Dinge«.

2. Gottes Willen tun

Es gab eine Zeit, in der Gottes Wille keine großen Probleme bereitete. Um ihn kennenzulernen, mußten die Menschen in der Kirche sein. Die kirchlichen Gesetze waren Gesetze Gottes; was gemäß der Kirche verboten war – und das war nicht wenig –, war Sünde.

Für viele Christen ist das noch immer so. Die Kirche verwaltet den Schatz der (übernatürlichen) Offenbarung, kann den Menschen also die christlichen Tugenden beibringen und bewacht zugleich die natürliche Moral, ist deren autorisierte Interpretin. Das ist, kurz zusammengefaßt, die römisch-katholische Darstellung der Dinge. Protestanten folgten oder folgen oft derselben Argumentation, nur müssen wir dann an Stelle von übernatürlicher Offenbarung das Wort »Bibel« lesen: Was Gott will, steht in der Bibel, und diese wird in der Kirche ausgelegt. Selbst jemand wie Karl Barth kommt zu diesem Ergebnis: Es gebe nur ein Wort Gottes, nur eine Offenbarung, die Offenbarung Gottes in Jesus Christus, Evangelium und

Gebot in einem. Die christliche Kirche verkündigt dieses eine Wort. Wo also kann man die Erkenntnis von Gottes Willen finden? In der Kirche, unter der Verkündigung des Wortes. Diese Konstruktion unterscheidet sich völlig von der genannten römisch-katholischen, aber auch von der klassisch protestantischen Version, der Effekt ist jedoch derselbe: Das christliche Leben besteht im »Gehorsam« gegenüber Gott.

Stimmt das etwa nicht? In der Tat, eine Erziehung, die auf Gehorsam aus ist, ist nicht nur autoritär, sondern züchtet auch (wie Dorothee Sölle bemerkte) autoritätsgläubige und unselbständige Menschen. Überdies fällt der Aufruf zum Gehorsam gegenüber Gott leicht zusammen mit dem Aufruf zum Gehorsam gegenüber dem Verhaltenscode der Gemeinschaft. Das kann so weit gehen, daß der Prediger Gottes Willen inhaltlich nicht einmal mehr näher umschreiben wird, das ist ja bekannte Kost. Sich »Gott unterwerfen«, oder »sich Jesus übergeben« auf solch leere und also lebensgefährliche Formeln läuft die christliche Verkündigung bisweilen hinaus.

Nun braucht ein Moralcode, um darauf zurückzukommen, nicht auf eine Katastrophe hinauszulaufen; das passiert nur dann, wenn wir den Willen Gottes nicht mehr vom Moralcode unterscheiden können. Wir brauchen sie keineswegs gegeneinander auszuspielen, denn es gibt da einen Zusammenhang. Zu dessen Verdeutlichung lege ich in diesem Kapitel dar, was mit Moral und Moralcode gemeint ist. Aber sie miteinander zu identifizieren führt zu unsagbaren Unglücken und Katastrophen. In Zeiten schneller gesellschaftlicher Veränderungen kommt das untrüglich ans Licht. Was unsere Großeltern für Gottes Willen hielten und als Moralcode übernahmen, ist eine Jacke, die uns nicht mehr paßt. Müßten wir sie anziehen, kämen wir keinen Schritt weiter und liefen damit sogar ins Unglück.

Der Grund dafür liegt in der Tatsache, daß in der Gedankenabfolge ein Bindeglied vernachlässigt wird: Gottes Wille erreicht uns nicht direkt, etwa als Stimme aus dem Himmel oder in der Art einer besonderen Offenbarung, sondern hat Handlanger nötig, die ihn uns im Namen Gottes erzählen. Diese Handlanger sind aber fehlbare Menschen, vielleicht traditionell gesonnen, vielleicht solche, die Macht ausüben wollen oder sehr bescheiden sind – immer sind es Menschen, und Menschen sind nie Gott selbst. Viel gut gemeinte Übergabe an Gott oder an Jesus, erzwungen oder nicht, bedeutet deshalb, so hart das auch klingt, Übergabe an Menschen, die behaupten, im Namen Gottes aufzutreten. Dagegen sollten wir uns wehren.

Christen sollten also zehnmal nachdenken, bevor sie Weisungen für das Leben, einen Moralcode also, mit Gottes Willen gleichsetzen. Dabei habe ich noch keineswegs die Irrtümer und Katastrophen, die Tyrannei und Gewalttaten im Auge, die von Christen im Namen Gottes und Seines Willens entfesselt wurden. Die Geschichte der europäischen Kultur ist voll von christlicher Gewalt. Es wäre deshalb besser, von Gottes Willen würde vorläufig geschwiegen. Ich meine damit nicht: von Gut und Böse, sondern von dem, was als Gottes Gebot gelten darf.

Mit dem Gesagten will ich nicht leugnen, daß es einen Willen Gottes gibt, verstanden als Anweisungen für das Leben. Zu fragen ist nur, ob wir diesen so gut kennen wie wir behaupten. Auch sage ich über Moralcodes kein böses Wort. Im Gegenteil, Moral *gibt es* nur in der Gestalt von Codes. Aber sie dürfen, ob kirchlich oder nicht, mit Gottes Anweisungen für das Leben nicht gleichgestellt werden.

3. Zerfallener Code: Pluralität in Kirche und Gesellschaft

Unsere Großeltern - versetzen wir sie in die dreißiger Jahre - gingen nicht ins Kino, kauften sonntags für ihre Kinder kein Eis, verwendeten keine Verhütungsmittel und wohnten nicht unverheiratet zusammen; denn das entsprach nicht dem geltenden Code, und dieser Code war der Wille Gottes. Darüber denken wir anders, und falls wir noch zögern sollten, unsere Kinder dann sicher nicht. Wie kommt das?

Die Moral ändert sich, wie sich alle Gewohnheiten ändern. Teils können wir nicht genau angeben, warum das so ist, teils spielen Faktoren mit, die wir *sehr wohl* unterscheiden und die uns Einsicht in den Veränderungsprozeß verschaffen können. Erstens, die Entfaltung von Wissen und Können schufen Alternativen, die unsere Eltern noch nicht kannten, neue Alternativen ermöglichen aber andere Entscheidungen. Früher führten sexuelle Beziehungen zu Schwangerschaft; für verheiratete Menschen bedeutete das zwölf Kinder oder Enthaltung, für unverheiratete unerwünschte Schwangerschaft. Die Pille erlöst uns von diesem Dilemma, stellt uns aber vor eine neue Wahl; denn wenn eine sexuelle Beziehung nun keine Schwangerschaftsgefahr mehr bedeutet, können wir mit ihr dann freier umgehen oder haben wir uns noch genauso wie früher zu verhalten? Ein weiteres Beispiel: Früher starb ein schwer geschädigtes Neugeborenes von selbst, ein moralisches Problem war für den Arzt damit nicht gegeben. Gegenwärtig kann es am Leben erhalten werden, aber zum Preis einer traurigen behinderten Existenz. Auch damit kam eine Alternative ins Spiel, die eine Entscheidung fordert: müssen wir das Kindchen retten oder nicht?

Neben anderen Alternativen entstehen neue Ideen. In keiner Weise denken wir noch wie Augustinus oder Calvin oder selbst wie unsere Großeltern. Verbrecher werden nicht mehr gerädert, Knechte sind nicht weniger als Herren, und Frauen gelten nicht mehr als dem Manne untertan. Ein Mensch ist ein Mensch, so möchte ich es zusammenfassen, ob er nun schwarz oder weiß ist, Mann oder Frau, Knecht oder Herr. Selbst darüber, was erlaubt und verboten ist, haben wir eine andere Auffassung. Gegenüber dem Moralcode wurden wir selbständiger und passen uns dem nicht mehr so schnell an, was wir nicht gut finden und doch tun müßten. Menschen haben in unserer Kultur einen nicht zu unterschätzenden Freiheitsdrang bekommen.

Mit den Moralcodes verändert sich auch der christliche. Das ist nicht so überraschend; ein Code läßt sich vergleichen mit einem Netzwerk von großen und kleineren Wegen, die durch Gehen entstanden sind, so wie in einem Weideland ein Pfad entsteht, wenn Bauern immer dieselbe Ecke abschneiden. Aber die Bauern gehen nicht mehr, seitdem sie mit Traktoren fahren. So kommt es, daß auf dem Pfad wieder Gras wächst und neue Wege entstanden sind, Wege auf denen ein Traktor fahren kann.

Der Vollständigkeit halber muß ich noch etwas hinzufügen. Moral ändert sich nicht nur, sie zerfällt auch. Von einem Pfad zu einem Traktorenweg ist kein allmählicher Übergang möglich. Manche Menschen halten möglichst lange am Alten fest, andere erfahren die neuen Alternativen geradezu als Befreiung. So kann es dazu kommen, daß sich in ein und derselben Kirchengemeinschaft die eine Gruppe für »Beendigung des Lebens auf Verlangen« einsetzt und die andere kompromißlos dagegen ist, oder ein Elternpaar seine Kinder unverheiratet zusammenwohnen läßt, das andere dies mit Hilfe von Gott und Seinem Gebot zu verhindern sucht. Solche Kontroversen gehen quer durch alle Kirchengemeinschaften. Das Ergebnis ist, daß allein schon innerhalb der Christenheit eine Pluralität der Moral entsteht, die wir früher nicht kannten. Dabei lasse ich den nicht-kirchlichen Code außer Betracht und denke noch nicht an die Sitten der ethnischen Minderheiten in unserer Kultur.

Eine Zeitlang dachten Christen, sie könnten diese Entwicklung aufhalten durch den Verweis auf die Natur (so hat das vor allem das römisch-katholische Lehramt getan und tut es noch immer) oder auf die Schöpfungsordnung (so eine protestantische Neigung), die dann als eine Art überzeitlicher Maßstab verstanden wurden. Aber wie wir schon im Kapitel über das Menschenbild sahen, liefert die Natur im Sinne einer biologischen Größe keine Normen, die wir nicht zuvor in sie hineingelegt haben. Der Besitz von Geschlechtsorganen etwa verpflichtet nicht zur Fortpflanzung, auch wenn römisch-katholische Moraltheologen das noch so »natürlich« finden. Als »natürlich« kann offensichtlich höchstens das gelten, was Menschen in einer bestimmten Zeit für natürlich halten, und für die Rede von »Schöpfungsordnungen« gilt genau dasselbe. Sie sind nicht in der Schöpfung begründet, sondern in der Geschichte entstanden und zur Schöpfungsordnung *erhoben*. Da hilft also nichts: Moral ist ein Netzwerk von Regeln, die zusammen einen Code bilden; dieser Code verändert sich, er kann sogar zerfallen. Wenn wir nicht die Gefangenen der Moral von Opa oder Oma werden wollen, bleibt uns kein anderer Weg. Das führt aber auch zur

Kehrseite, der ängstlichen Frage nämlich, ob überhaupt noch etwas feststeht oder nicht.

4. Gottes Wille und die Bibel

Aber haben wir denn nicht die Bibel? Für manchen Christen bedeutet diese Frage den Ausweg aus dem Problem. Die Bibel enthalte den Willen Gottes für alle Zeiten, deshalb könne die Berufung auf die Schrift unsere moralischen Probleme lösen. Ich bezweifle das.

In der Tat ist die Bibel voll von Geboten, Ermahnungen und Anweisungen zum Leben und zum Sterben, oft mit dem Hinweis verbunden, daß sie von Gott, von Seinen Propheten oder Aposteln stammen. Aber wir halten uns nicht oder nur zu einem kleinen Teil daran oder - noch wahrscheinlicher - wir geben ihnen eine eigene Form. Anders wäre das nicht möglich; denn die Lebenswelt, die all diese Gebote voraussetzt, ist nicht mehr die unsrige. Wir haben keine Sklaven mehr, spießen unsere Feinde nicht mehr mit dem Speer an einen Baum, haben (außer in fundamentalistischen Kreisen) keine patriarchalischen Familien mehr und essen alles, was nützlich und nahrhaft sein kann, ohne auf Speisegebote zu achten. Stundenlang könnte ich so fortfahren. In einem anderen Zusammenhang sagte ich: Würden wir alles tun, was in der Bibel als Gebot Gottes überliefert wird, dann wären wir heute schlechte Menschen mit abscheulichen Taten. Und umgekehrt tun wir viele Dinge, die in der Bibel rundweg verurteilt werden. Wie also können wir in der Bibel dennoch Gottes Willen finden?

Es ist in der Tat dennoch möglich. Das wußte schon das Mittelalter (Thomas von Aquin), und Calvin dachte darüber genauso. Um bei letzterem zu bleiben: Es ist gut, wie er sagt, zwischen zeremonialen, bürgerlichen und moralischen Geboten zu unterscheiden. Die ersten hängen mit der Religion Israels zusammen und haben für die christliche Kirche keine Bedeutung mehr; die zweite Gruppe setzt, gesellschaftlich gesehen, die bürgerliche, halb agrarische und halb nomadische Gesellschaft Israels voraus. Eine so geformte Gesellschaft aber haben wir nicht mehr, also passen auch diese Gebote nicht mehr in unsere Situation. Die dritte Gruppe, die moralischen Gebote, besteht aus Geboten, die immer und überall gültig und in den Zehn Geboten kurz zusammengefaßt sind. Das ist eine ausgezeichnete Unterscheidung, mit der wir leben können, ohne uns zugleich von der Bibel zu distanzieren. Sie wird aus historischer Perspektive betrachtet.

Aber woher wußte Calvin, was zu den bürgerlichen Geboten gehörte und deshalb zeitgebunden war, und was ein moralisches Gebot und deshalb immer und überall gültig ist? Warum sind, um ein Beispiel zu nennen, die Regeln zum Löschen des Feuers der Eifersucht (in Numeri 5 ergreifend beschrieben) zeitgebunden und ist es die Todesstrafe für Homosexualität nicht? Dafür stand ihm kein Maßstab zur Verfügung; er ging einfach so von der Gesellschaft aus, wie er sie kannte. In ihr war die Sklaverei abgeschafft, ein Jubeljahr paßte nicht hinein, und für ausgeliehenes Geld Zinsen zu verlangen, schien ihm (im Gegensatz zu Luther) eine vernünftige Sache, obwohl Gott es verboten hatte. Calvin fand den Maßstab für seine Unterscheidung zwischen Überholtem und immer Gültigem in den Normen und Werten seiner eigenen Gesellschaft.

So geht das noch immer. Die Menschen, die so eifrig für die Bibel als Richtschnur für Lehre und Leben eintreten, befolgen manche Anweisungen der Bibel und lassen andere auf sich beruhen. Dafür müssen sie jedoch Kriterien haben, sonst könnten sie nicht zu dieser Unterscheidung kommen.

Das ist aus mehr als einem Grund erstaunlich, denn erstens muß ein Kriterium, das uns eine Auswahl ermöglicht, wesensgemäß über den Texten stehen. Ich stimme dem zu, es kann gar nicht anders sein. Aber es ist natürlich nicht in Übereinstimmung zu bringen mit der Behauptung, daß die Bibel die Normen und Werte gibt. Sicher, manche Normen und Werte stammen von ihr, aber diese werden nicht einfach übernommen, sondern wir suchen sie aus. Warum aber suchen wir uns genau diese und nicht andere Normen? Wir erkennen sie wieder, weil wir finden, daß sie zu unserer Welt passen, daß wir sie in ihr anwenden können, oder wie man es auch immer ausdrücken mag. In jedem Fall werden die Normen, die wir nicht anwenden können, auch nicht übernommen. Unser Kriterium, aufgrund dessen wir also eine Auswahl treffen, hat einen anderen Ursprung; es kommt aus unserer eigenen Kultur. Zwar ist diese Kultur, darauf komme ich noch einmal zurück, durch und durch vom Christentum geprägt, doch ist sie weder die Bibel noch die christliche Kirche.

In einem der folgenden Paragraphen werde ich zeigen, daß dieser Vorgehensweise nichts Unrechtes anhaftet. Moral stammt nicht aus der Bibel, sondern aus dem natürlichen Licht, denn das Menschliche geht dem Christlichen voraus. Von Gut und Böse wußten die Menschen schon lange bevor es die Bibel gab, so wie sie schon lange davor zimmern und Schiffe bauen konnten. Deshalb finden wir Moral - wenn auch im Kontext einer vergangenen Zeit - auch in der Bibel, und sie konnte die christliche Kirche durch Jahrhunderte hin wieder herausholen, um ihre Mitglieder damit zu erziehen.

5. Vom Moralcode zur moralischen Beratung

Die gängigen Wege sind uns also versperrt. Was bleibt zu tun? Gibt es einen Weg, der uns zu dem führt, was erlaubt ist oder nicht, was sich gehört oder was ungehörig ist, und können wir auf diesem Weg herausfinden, was von alters her Gottes Wille heißt? Sicher, dieser Weg wird schon Jahre beschritten, und die Christenheit, auch in ihrer orthodoxen Gestalt, vergibt sich nichts, wenn sie sich daran beteiligt. Wir müssen dazu einen anderen Ansatz wählen.

Gott will, was gut ist, gut im doppelten Sinn: gut für Mensch und Welt, also gut in der moralischen Bedeutung. Dieser Ausgangspunkt ist m.E. unbestreitbar und führt unmittelbar zu der Frage, was nun gut ist. Darauf gibt es nur eine Antwort: Das müssen wir selbst herausfinden. Würden wir antworten, gut sei, was Gott will, dann drehten wir uns im Kreis; denn Gott will das, was gut ist. Es sei denn, wir meinen mit der Formel »was Gott will«, etwas (eine Handlung) sei gut, *weil* Gott sie will? Aber das wäre eine Aussage mit einer seltsamen Folgerung. Gut und Böse wären dann, sozusagen durch Gottes Dekret, zu gut und böse erhoben. Das aber macht aus gut und böse reine Willkür; denn hätte Gott anders dekretiert, wäre es eben anders gewesen. Wir könnten darauf natürlich antworten, Gott beschließe nie willkürlich, ob etwas gut sei oder böse; denn Er ist gut, also will Er gerade das Gute. Aber dieses Argument bringt uns wieder zum Anfang zurück. Etwas (eine Handlung) wäre nicht deshalb gut zu nennen, weil Gott es so will, sondern Gott will es so, weil es gut ist, und wir haben - wiederum - die Aufgabe und Verantwortung, herauszufinden, was nun gut und was nicht gut ist.

An letzterem ist festzuhalten: Weil etwas gut ist, deshalb wird es geboten und nicht umgekehrt: Weil Gott es gebietet, ist es gut. Aber wissen wir denn, was gut ist? Ein bißchen wohl, denn wir könnten Gott nicht gut nennen, wenn wir davon kein Bewußtsein hätten.

Was barmherzig und treu ist, wissen wir auch, sonst hätte sich Gott, wie die Überlieferung sagt, bei Israel nie als der Treue und Barmherzige empfehlen können; man hätte nicht gewußt, was diese Worte bedeuten. Natürlich können wir uns irren (mutwillig oder ungücklicherweise) und etwa erlaubt nennen, was unerlaubt ist und umgekehrt. Aber das ändert nichts an der Tatsache, daß wir mit dem arbeiten müssen, was wir für gut und böse halten. Eine andere Möglichkeit gibt es nicht.

Mit diesen Zeilen bin ich schon zur moralischen Beratung gekommen. »Gut« ist ein Adjektiv, eine Etikette, die wir den Menschen, Dingen, Handlungen und noch anderen Dingen aufkleben. Tun wir das zurecht oder zu Unrecht? Davon handelt die moralische Beratung.

Sie beginnt nicht am Nullpunkt, sondern mit dem, was wir schon kennen; ich meine die moralischen Prinzipien, mit denen wir erzogen sind, sowie die Erfahrung von vielen Jahrhunderten, versammelt in Codes, Sitten, Gewohnheiten, Büchern und Notizen über das, was erlaubt und was unerlaubt ist, was sich gehört und was nicht.

Deshalb findet die Beratung zunächst innerhalb der moralischen Gemeinschaft statt, in der wir großgeworden sind. In ihr verläuft sie noch am einfachsten; denn wir können uns über diesen Code weitgehend einigen (Reformierte anerkennen andere Reformierte). Es wird schon etwas schwieriger, wenn wir dabei die Pluralität der Christenheit mit einbeziehen, wenn Lutheraner die Beratung also mit Reformierten oder Katholiken führen wollen; es gibt da weniger an gegenseitiger Anerkennung, weil die Codes sich schon deutlicher unterscheiden. Noch schwieriger verläuft die Beratung zwischen Christen und Nicht-Christen oder zwischen Christen und Muslimen. Aber auch zwischen ihnen muß sie stattfinden; denn so plural eine Gesellschaft auch sein mag, sie muß doch einen allen gemeinsamen Moralcode finden, anders kann sie nicht existieren.

Damit bin ich schon beim Ziel der moralischen Beratung. Sie dient dazu, in einer Gesellschaft, in welcher der traditionelle Code unter dem Gewicht der gesellschaftlichen Veränderungen zusammenbricht, herauszufinden, was gut ist. Ich formuliere gleich auch ihre Voraussetzungen: Wer mitmacht, erkennt den anderen als gleichwertigen Gesprächspartner an, Reformierte z.B. die Altkatholiken, Katholiken die Mennoniten und umgekehrt. Dieser Raum ist in einer solchen Beratung in aller Regel offenzuhalten: »Was du willst, daß Menschen Dir tun (nämlich Raum geben), das tu auch ihnen«. Eine bessere Lebensregel kann ich mir nicht ausdenken, wenn man in einer pluralen Gesellschaft zu einer sinnvollen Beratung kommen will.

Für überzeugte Christen ist das nicht immer leicht, aber natürlich ebensowenig etwa für Muslime. Aber wer diese Vorleistung nicht erbringt, sollte mit der Beratung gleich gar nicht beginnen. Sie setzt unterschiedliche Einsichten voraus, sonst wäre sie überhaupt nicht nötig - aber keine Unveränderlichkeit, denn sonst wäre nichts mehr zu besprechen.

6. Selbst herausfinden? Das natürliche Licht

Wenn nun die Berufung auf Natur oder Schöpfungsoffenbarung zu nichts führt, wenn es ferner keine besondere Offenbarung gibt zur Frage, was erlaubt ist und was nicht, und wenn schließlich von den kirchlichen Ansprüchen in dieser Hinsicht nichts übrig bleibt, dann müssen wir es selbst ausfindig machen. In der Tat, so ist es immer gewesen und so soll es auch bleiben. Es selbst herauszufinden besagt nichts anderes, als daß die in unserer Gesellschaft herrschenden Normen und Werte, wenigstens was die Basisprinzipien betrifft, Frucht menschlicher Erfahrung sind. Generationen um Generationen haben daran mitgearbeitet, sind durch die Sümpfe von »Versuch und Irrtum« hingezogen und haben sich bisweilen auf Pfade begeben, auf denen sie wieder umkehren mußten, weil sie sich als Sackgassen erwiesen. Was letztendlich übrig blieb, liegt heute vor uns: keine willkürlichen Edikte, sondern Regeln, von denen »erwiesen« ist, daß es gut ist, sich an sie zu halten. In der Moral und ihren Regeln verbirgt sich also eine ganze Welt. Verantwortlichkeit ist immer persönlich, aber Moralregeln sind das Produkt einer Gemeinschaft (1) und deshalb historisch bestimmt (2).

Moral ist also Menschenwerk. Vor dieser Einsicht müssen wir nicht zurückschrecken, denn sie knüpft an der christlichen Tradition an. Die Erkenntnis des Guten und des Bösen beruht auf einem »natürlichen Licht«, wie von alters her in der katholischen wie in der reformatorischen Tradition gesagt wird. Den Begriff »natürlich« verwende ich wieder in der oben beschriebenen Bedeutung: man muß nicht Christ sein, um den Unterschied zwischen gut und böse zu erkennen. Diesem klassischen christlichen Standpunkt stimme ich zu. In diesem Kapitel will ich nur etwas konkretisieren, wie wir uns dieses natürliche Licht vorstellen könnten. Es ist kein besonderes Organ, mit dem wir Wünschelruten laufen könnten in Sachen Moral. Ich verkenne nicht, daß es in unserem moralischen Bewußtsein auch etwas Geheimnisvolles gibt, einen spontanen Respekt vor einem anderen Menschen etwa; aber woher kommt er? Ist er uns, wie Calvin sagte, eingeschaffen? Tragen Menschen von Natur aus so etwas wie Sympathie in sich, wie David Hume meinte? Aber auch wenn wir solche Dinge ins »natürliche Licht« einschließen, meint es doch noch keinen Moraldetektor, über den wir verfügen, sondern eine praktische Weisheit, die sich selber als wirksam erwiesen hat und immer wieder als wirksam erweist. Moral hat in den Augen ihrer Anhänger etwas Rationales in sich, das uns sagt: »Es ist doch nur so möglich.« In diesem Sinn hat Moral mit praktischer Weisheit zu tun. Deshalb unterscheidet sie sich tiefgreifend von Kultur zu Kultur und verändert mit der Zeit ihr Kleid, um genau die praktische Weisheit zu bleiben, die sie immer schon war.

Moral als Menschenwerk – kann sie also ohne Gott bestehen? Natürlich ist das unmöglich, ebensowenig wie die Schöpfung ohne Gott bestehen kann. Aber müssen Menschen das wissen, um in der Schöpfung leben zu können? Nein. Müssen Menschen von Gott wissen, um moralisch sein zu können? Auch das nicht. Gott schafft die Bäume; aber ich kann einen Baum erkennen, ohne Gott zu erkennen oder gar anzuerkennen. So verhält es sich auch mit unseren moralischen Prinzipien. Für deren Existenz ist Gott zwar notwendige Voraussetzung, nicht aber für das *Wissen* um sie.

Übrigens würde uns das zum absurden Schluß führen, daß nicht-gläubige Menschen den Unterschied zwischen Gut und Böse nicht kennen.

Moral hat also etwas Säkulares, das alle Menschen, nicht nur Christen umschließt. Die Kirchenväter haben die Moral in ihren Tagen herzlich aufgenommen und in die christliche Tradition inkorporiert. Das konnten sie ja schon beim Apostel Paulus sehen, der seine Leser dazu aufrief, »alles, was gut ist und wohl klingt«, zu bedenken, und der seine Briefe dann mit in seiner Zeit üblichen moralischen Regeln durchsetzte. Es ist, als lese man die Stoa.

So geht es auch heute noch; das Christentum nimmt in sich auf, was in einer Kultur moralisch geboten ist (persönliche Freiheit, Demokratie usw.). Dazu gehören alle Irrtümer, die uns dabei unterlaufen können sowie alle Diskussionen zur Frage, was nun zu einem »christlichen« Leben gehören kann und was nicht.

7. Warum muß das so geschehen? Moralische Autorität

Ich beginne mit dem Hinweis, daß uns Moral mit Autorität begegnet. Die Sprache führt uns hier weiter. Moralische Anweisungen werden mit Hilfe von Worten wie »müssen« und »sich gehören« formuliert, anders handelt es sich nicht um Moral, sondern um persönliche Vorlieben oder persönlichen Geschmack. Was eine moralische Handlungsanweisung von uns verlangt, läßt sich im Unterschied zum Recht zwar nicht erzwingen; dennoch erfahren wir in moralischen Regeln eine gewisse Autorität und fühlen uns durch sie verpflichtet. Woher kommt diese Autorität und wie gelangt sie in diese Regeln? Solange bei Moral nur der Verhaltenscode der christlichen Kirche zur Debatte stand, gab es kein Problem, sie mußte von Gott kommen. Nachdem wir das aber nicht mehr so sagen wollen oder können, von wem kommt sie dann? Das ist eine gute Frage, die aber nicht so gut zu beantworten ist. Beginnen wir mit der Frage, wie diese Autorität in die moralischen Regeln gelangt, vielleicht hilft uns das weiter.

Ich knüpfe bei der Moralerziehung an. Moralische Regeln formulieren das Verhalten, das die uns erziehende Gruppe oder Person von uns erwartet. Wir unsererseits inhalieren diese Erwartungen; wir *wissen*, daß man von uns erwartet, daß wir ihnen entsprechen. Wo nichts von uns erwartet wird und wir diese Erwartungen nicht in uns aufnehmen können, kann von Moralerziehung keine Rede sein, ist bei uns Hopfen und Malz verloren. Aber diese Situation ist nahezu unmöglich, denn Menschen leben immer in einer Gruppe, und sei sie noch so klein; in einer Gruppe aber wird von jedem Teilnehmer etwas erwartet, und sei es noch so wenig. Jeder Teilnehmer weiß das auch.

Wir wissen also, daß »die anderen« dahinterstehen. Es geht aber nicht einfach um andere, sondern um Autoritäten, in Wirklichkeit um eine ganze Kultur mit Vergangenheit und allem, was dazugehört, mit der über Jahrhunderte angehäuften Erfahrung. Das gibt dem Moralcode schon ein kolossales Gewicht, das sich nur noch erhöht, wenn er - als »Gottes Wille« - auch noch unter die Obhut der Kirche gebracht wird. Wir sehen hier noch einmal (in Klammern sei es bemerkt), wie leicht »die anderen« und »Gottes Wille« ineinander übergehen. Das ist Grund genug, um mit der Autorität des Moralcode behutsam umzugehen.

Ich stelle gleich die brennendste Frage: Läßt uns die Autorität (der anderen) noch etwas von unserer Freiheit oder stehen wir vor einem Dilemma zwischen Freiheit und Moral? Nach meiner Überzeugung ist das nicht der Fall; moralische Verpflichtungen und persönliche Freiheit sind miteinander vereinbar. Ich illustriere das an Hand von drei verschiedenen Interpretationen dessen, was Verpflichtung heißt:

1. Jemand kann sich vor den Verpflichtungen der Moral bücken, wie sich ein Schuljunge vor dem Schulmeister bückt. Die anderen bilden die Mehrheit, gegen die man ja doch nicht ankommt. Es bleibt also keine andere Wahl. So wird Moral beinahe resignierend als Zwang akzeptiert (deshalb mein Bild vom Schulmeister). Die Gehorsamsart, die dieser Haltung entspricht, ist sicher nicht so erhaben. Wir fügen uns nicht aus Überzeugung, sondern aus Angst vor Repressalien oder aus Bequemlichkeit.

2. Wir können die Moral in der Tat mit einem Schulmeister vergleichen, der Gehorsam verlangt; sie hat Autorität. Aber diese kommt ihr nicht zu, weil sie im Namen der anderen spricht, sondern weil ich selbst ihr diese Autorität zuerkenne. Zwar muß ich sozusagen dem Schulmeister gehorsam sein, aber dieser spricht von innen, weil ich ihn selber hereingelassen habe. Wir gehorchen also einer von uns selbst anerkannten Autorität. Nur das ist der echte, nicht erzwungene Gehorsam.

3. Moral ist mit einem Schulmeister überhaupt nicht vergleichbar. Zwar ist ihre Autorität von der Weisheit der Jahrhunderte getragen, aber sie appelliert nicht an unsere Bereitschaft zum Gehorsam, sondern an unsere Einsicht. Wir folgen den Moralregeln, weil wir sie bejahen. *Mein* Urteil und das Urteil der *Moral* fallen zusammen. Darum habe ich mit ihr auch keine Probleme und fühle mich ganz und gar frei.

Die letzte Möglichkeit verdient ganz bestimmt den Vorzug. In der ersten wird die Moral zu einem äußeren Zwang, die zweite reduziert den Zwang auf inneren Zwang, die dritte arbeitet nicht mit Zwang, sondern sagt eigentlich: Wenn die Moral die Ernte menschlicher Erfahrung ist, dann *kann* ich damit einfach keine Probleme haben, denn ich selbst bin auch ein Mensch.

Wenn doch die dritte Möglichkeit auch immer zuträfe. Aber das wäre doch zu rosarot gemalt. Was hat zu geschehen, wenn mein Urteil und das Urteil der Moral einmal nicht zusammenfallen? Muß ich die Moral dann trotzdem akzeptieren? Das tun wir nicht so ohne weiteres. Warum also halten wir uns dann nicht mehr an die Instruktionen von Opa und Oma, warum gehen wir ins Kino (was sie für unerlaubt hielten), warum bekommen wir Kinder, ohne verheiratet zu sein (wofür man früher auf die Arme-Sünderbank mußte) und warum stimmen wir für eine nichtchristliche Partei (was früher von der Kirche verboten war)? Mit welchem Recht haben wir uns von diesem Code abgewendet? Die Frage bringt mich zu einem so lästigen wie unverzichtbaren Begriff: Unsere Autonomie. Ich wüßte nicht, worauf anders wir uns für unseren eigenen neuen Weg berufen könnten.

8. Autonomie: ein suspekter Begriff

Viele Christen haben mit dem Begriff »Autonomie« ihre Mühe. Von der Vergangenheit her kann ich mir das gut vorstellen. Autonomie ist eine Losung mit dem Ziel, die Moral (zu Recht, wie ich meine) von der Kirche zu lösen, aber sowohl Befürworter wie Gegner setzten dieses Ziel (zu Unrecht) gleich mit der Losung »Los von Gott«. Der »autonome Mensch« wurde dann auf eine Ebene gestellt mit jemandem, der sich von jeder Bindung befreit hat und nur sein eigener Gesetzgeber sein will.

In wörtlicher Übersetzung heißt »autonom« in der Tat sein eigener Gesetzgeber sein. Aber kein Mensch *kann* sich so verhalten, selbst wenn er es gerne wollte; denn wir existieren nicht als Individuen, sondern sind mit tausend Fäden in eine Kultur verwoben, die von Normen und Werten aus der Vergangenheit geprägt ist, und wer sie nicht vom Elternhaus mitbekommen hat, übernimmt sie aus dem Umkreis der Arbeitswelt oder der Freunde. Kurzum, alle Menschen handeln zwar nicht immer nach denselben Regeln, wohl aber nach Regeln. Ungeregeltes Verhalten bringt jemanden in die psychiatrische Klinik.

Wir *wollen* übrigens nicht, daß jemand sein eigener Gesetzgeber sei, eben dafür halten wir uns an eine Moral. »Jeder muß es für sich selber wissen« geht uns leicht über die Lippen, und wir haben damit recht; solange es um Vorlieben oder Geschmack geht, wollen wir nicht darüber jammern, wofür andere sich entscheiden. Aber bei Moral geht das nicht mehr; denn eine moralische Handlungsanweisung ist ja schon vom Begriff her gerade dadurch gekennzeichnet, daß *nicht* jeder für sich selbst, nach Belieben, ausmachen kann, was er tut, sondern daß er eben das *zu tun hat*, was die Regel vorschreibt. Foltern ist nicht erlaubt; es ist doch keine Rede davon, daß wir sagen würden, das müsse jeder mit sich selber ausmachen.

Wenn das alles unter Autonomie verstanden wird, können wir mit ihr nichts anfangen. Weder in der Praxis noch in der Theorie ergäbe sie einen Sinn, das sei in aller Offenheit gesagt.

Aber Autonomie läßt sich auch in einem guten und unverzichtbaren Sinn verstehen, und zugunsten der Moral *müssen* wir uns auf sie berufen. Das wird offensichtlich, wenn wir uns auf die Pluralität der Gesellschaft besinnen, in der wir leben. Europa kannte eine Zeit, in der die Regel galt: Die Religion des Fürsten sei die Religion des Volkes (»Cuius regio, eius religio«). War der Fürst katholisch, dann wurde auch von den Untertanen erwartet, daß sie Katholiken waren; änderte er seinen Glauben, indem er z.B. protestantisch wurde, dann mußten ihm alle Untertanen folgen. Das würden wir heute nicht mehr akzeptieren. Warum nicht? Weil es zur Autonomie des Menschen gehört, daß er sein Leben in Übereinstimmung mit seinen tiefsten Lebensüberzeugungen einrichten darf.

In diesem Sinn hat Autonomie nichts zu tun mit Willkür, in der wir unseren eigenen Gesetzgeber spielen, sondern umschreibt einfach meine gesellschaftliche Freiheit, mich in einem vielfältigen Angebot von Lebensüberzeugungen für diejenige Überzeugung zu entscheiden, für die ich meine, gute Gründe zu haben. Die Freiheit zur Selbstbestimmung macht so ein Zusammenleben erst möglich, ohne sie würde es explodieren. Ich verstehe Autonomie also als gesellschaftliche Freiheit.

Dabei müssen wir es einem Menschen zugestehen, daß er sich aufgrund von ihn überzeugenden Argumenten auch dann in Freiheit entscheidet, wenn er für sich eine andere Entscheidung fällt als wir möchten, selbst dann, wenn uns seine Gründe vielleicht nicht überzeugen. Autonomie als gesellschaftliche Freiheit geht zurück auf eine Autonomie, die unser Menschsein charakterisiert: Menschen haben ihre Gründe, zu handeln, und Gründe sind nicht auf Ursachen zurückzuführen. Ich beschließe etwa, mich an einer Sammlung zu beteiligen, weil ich das Ziel sympathisch finde oder weil ich Bekannte habe, die bei der entsprechenden Institution arbeiten. Aber ich tue es nicht, weil meine Hormone es mich an diesem Tag wissen ließen oder weil ich Wohltätigkeitspillen eingenommen habe. Wer einen Menschen so interpretiert, entmenschlicht ihn, ignoriert sein Urteilsvermögen und stellt ihn dar als ein Produkt von Ursache und Wirkung, oder - auch das wäre möglich - von anderer Leute Zwang. Autonomie als »Selbstbestimmung« widersetzt sich einem solchen Menschenbild. Der Begriff setzt voraus, daß überlieferte Normen und Werte gegenwärtig sind, sonst bliebe überhaupt nichts mehr zu bestimmen; er setzt voraus, daß ich selber in einem solchen Netzwerk aufgewachsen bin (wo anders hätte ich meine

Orientierung bekommen), aber er spricht von meiner Freiheit, zu bestimmen, was ich mit ihr tue. Ein Mensch hat die Möglichkeit, den Mut und das Recht, anders als sein Opa und seine Oma zu handeln, sonst wäre er nicht Mensch.

9. Christliche Weltanschauung und Moral

Wie gewinnen wir Einsicht in das, was erlaubt und was nicht erlaubt ist, wenn nicht aus dem Glauben? Mit dieser Frage bewege ich mich noch immer auf dem Gebiet der Erkenntnis von Gut und Böse. Zwar hat moralisches Handeln mehr als gute Einsichten nötig, aber die Frage nach der Erkenntnis muß erst ausgefochten werden. Die Freiheit des Christenmenschen, wie Luther das nannte, steht damit auf dem Spiel. Wenn z.B. nur Kirchenführer wüßten, was erlaubt und was nicht erlaubt ist, hätten wir als einfache Menschen nichts mehr zu sagen. Aber haben sie wirklich das Wissensmonopol?

1. Moral kommt aus dem Glauben. In der Tat, wenn sie in ihn eingewoben ist, folgt sie aus ihm. Aber wie kommt sie hinein? Indem wir sie zuerst hineingelegt haben, um sie dann wieder herauszuholen. Mit »wir« sind nicht wir persönlich gemeint, denn schon vor uns waren Generationen damit beschäftigt; sie sagten etwa, vor der Heirat dürfe man keine Geschlechtsgemeinschaft haben, sonntags müsse man zweimal zur Kirche gehen, Theater- und Filmbesuch passe nicht zu Christen usw. Ich nenne Beispiele, die deutlich zeigen, daß wir selber bzw. unsere Väter die Regeln erst hineinlegten und sie deshalb, danach also, wieder herausholten. An sich ist das nichts Besonderes, denn wie wir sahen, geht es mit dem christlichen Glauben immer so. Er nimmt in sich auf, was moralisch gut ist, weil er auf seine Art verlangt, Gutes zu tun; was aber Gutes zu tun bedeutet, das wird durch die Moral geregelt. Ein unmoralisches Christentum stünde im Widerspruch zu sich selbst. Das hat es übrigens mit dem Judentum gemein.

2. Eine zweite relativierende Bemerkung: Um wessen Glaubensüberzeugung geht es? Wir haben allein schon in Deutschland eine katholische und viele unterschiedliche protestantische Glaubensgemeinschaften. Jede dieser Gemeinschaften kennt eigene besondere Moralregeln, die die anderen nicht kennen. Soziologisch gesehen könnten wir also jeweils von einer Gruppenmoral sprechen, die dann natürlich als eine allgemein christliche (anstatt z.B. einer reformierten) Moral, oder noch schlimmer, als Wille Gottes ausgegeben wird.

In diesem Augenblick interessiert mich aber ein anderer Punkt. Offensichtlich holen sich die christlichen Glaubensgemeinschaften aus dem Glauben unterschiedliche, bisweilen einander widersprechende moralische Anweisungen. Das wäre natürlich aufgrund der Tatsache möglich, daß die christliche Tradition mehr als eine Auslegung erlaubt, die Glaubensgemeinschaften widersetzen sich jedoch gerade dieser Folgerung. Woher kommen diese Unterschiede? Es bleibt wirklich nur die eine Antwort: Die Glaubensgemeinschaften halten an solchen Besonderheiten fest, weil und sofern sie eine jeweils unterschiedliche Moral in ihre Überzeugung aufgenommen und zu allem Überfluß noch ihre Identität an sie gebunden haben. Daß sie aus dem Glauben abgeleitet sei, das ist jedenfalls nicht zu belegen.

3. Das bringt uns unmittelbar zur Losung: »Ihr aber ganz anders«, mit dem der Apostel Paulus die Christen seiner Tage dazu aufrief, sich von ihrer Umgebung zu unterscheiden. Und in der Tat, wenn sich Christen in einer Umgebung befänden, in der Morden, Huren, die Erpressung der Schwachen oder die Ausrottung von Minderheiten für normal gehalten werden, dann müßten Christen »ganz anders« leben. Sieht unser Zusammenleben so aus? Ich komme noch einmal darauf zurück, stelle aber zunächst fest, daß wir mit solchen Aufrufen vorsichtig sein müssen. In einer Gesellschaft, in der das »unterscheidende« Verhalten der Christen nicht mehr so leicht ins Auge fällt, neigt eine Gemeinschaft schnell dazu, dieses in Besonderheiten zu suchen wie dem Verbot vorehelicher Wohngemeinschaft, von Verhütungsmitteln oder des Diskobesuchs, dem Gebot, den Sonntag zu heiligen, nur mit Kopftuch oder Hut zur Kirche zu gehen und ähnlichem mehr. Das wiederum bietet den Außenstehenden ein bizarres Bild dessen, was als christlich zu gelten hat. Natürlich steht es jeder Gemeinschaft frei, dem Christlichen den Inhalt zu geben, den sie für richtig hält; keine muß deshalb die andere verachten. Aber darin etwas anderes zu sehen als eine Form von Gruppenmoral, ist auch wieder nicht nötig.

10. Bin ich denn christlich genug?

Daß sich das unterscheidend Christliche nicht so leicht aufzeigen läßt, verschafft zu seiner Zeit manchen Christen Schuldgefühle. Sie haben das Gefühl, mit ihrem Christsein zu leichtfertig umzugehen. Und sollten sie dieses Gefühl nicht selber schon entwickelt haben, dann gibt es in ihrer Nähe immer wieder Leute, die ihnen das einreden.

Es steht mir nicht zu, über andere Menschen zu urteilen. Ob jemand aus seinem Christsein etwas macht oder sich mehr am Rande bewegt, ist eine Frage, die in erster Linie jeder für sich selbst zu beantworten hat. Aber das spezifisch Christliche muß keineswegs in etwas liegen, das uns von anderen unterscheidet. Daß wir das Unterscheidende nicht so genau angeben können, kann auch - viel einfacher also - mit einem anderen

Sachverhalt zu tun haben: Unsere Kultur ist so vom Erbgut der Christenheit durchtränkt, daß Christliches und allgemein Menschliches (im Sinne von Humanität) einander wie zwei Wassertropfen gleichen. Die westliche Kultur hat die christliche Tradition auf ihre Weise eingeatmet und verarbeitet. Aus diesem Grund ist der tatsächliche Unterschied in Auffassungen über Gut und Böse (Auffassungen und Handeln sind zwei verschiedene Dinge) zwischen Christen und Nichtchristen auf kulturellem, politischem und moralischem Gebiet nur schwer deutlich zu machen. Christen können bei ihrer Suche nach dem Willen Gottes also alle Krampfhaftigkeit aufgeben. Sie brauchen sich nicht zu schämen, wenn sie nichts spezifisch Christliches finden können.

Ich mache dazu drei Bemerkungen. Erstens, sich selber in jeder Hinsicht von anderen zu unterscheiden, das ist zu seiner Zeit für jeden Christen ein herrliches Ideal. Aber der Apostel Paulus war nüchtern genug, um seine Leser davor zu warnen. Wer das wolle, müsse die Welt verlassen, sagte er. Das tut aber niemand, auch nicht der radikalste Christ; niemand kann das tun, und ich behaupte, daß es auch *nicht nötig* ist.

Zweitens, kann das christliche Erbe auch ohne eine lebendige Verbindung mit den Wurzeln bestehen bleiben, aus denen es hervorgegangen ist? Nach allem, was ich hier über das natürliche Licht als Basis der Moral ausführte, wird es niemanden erstaunen, wenn ich die Frage mit Ja beantworte. Die christliche (d.h. die von der Kirche in den Glauben eingebrachte) Moral kann auch ohne die christliche Kirche als deren Ernährerin und Hüterin fortbestehen, sofern natürlich andere Gemeinschaften die Aufgabe der moralischen Erziehung übernehmen. Dritte Bemerkung: Dies entbindet die Christenheit nicht von der Pflicht zur Wachsamkeit. Die national-sozialistische Ideologie brachte in kürzester Zeit die gräulichste Verfälschung der Humanität zustande. Das kann wieder geschehen.

Gibt es dann nicht so etwas wie eine christliche Moral und - als Form der Reflexion über sie - eine christliche Ethik? Es kommt darauf an, wie wir die Begriffe füllen. Gegen eine christliche Moral ist nichts zu sagen, solange sich jeder, der sich des Begriffs bedient, der Tatsache bewußt ist, daß er damit die Moral einer Gruppe, oder besser, die einer der vielen christlichen Gruppen beschreibt. Im diesem Sinn kann christliche Ethik ein sinnvoller Begriff sein. Gemeint ist eine Ethik, die die Gruppenmoral einer bestimmten christlichen Gemeinschaft zum Gegenstand der Forschung macht. Machen wir mehr daraus, dann wird es schnell zu viel des Guten. Im eigentlichen Sinn des Wortes aber gibt es keine christliche Ethik, so wenig wie es ein christliches Recht gibt.

Das typisch Christliche ist, wie ich im ersten Paragraphen schrieb, eher in der Tatsache zu suchen, daß die Moral, der sich Christen anschließen, in die christliche Glaubenstradition eingebettet ist. Die christliche Glaubenstradition verändert nicht, was an allgemeinen Regeln unter Menschen lebt, sondern weist der Moral innerhalb des Glaubens einen eigenen Platz zu: Wir werden durch sie nicht gerettet. Moral ist also nicht seligmachend, aber Christen können auf sie auch nicht verzichten. Mit deren Hilfe - also mit Hilfe moralischer Beratung - suchen sie nach dem Willen Gottes für das tägliche Leben; ein anderer Weg steht ihnen nicht offen.

Ich füge noch eine Bemerkung hinzu: Der christliche Glaube widersetzt sich ferner jedem Moralismus. Darunter verstehe ich die Tatsache, daß Menschen ihre moralische Vortrefflichkeit als einen Schemel benutzen, um sich selbst zu erhöhen. Dann stehen sie vermeintlich höher und können auf die anderen herabschauen. So denken Moralisten. Ich könnte hier Jesu Gleichnis vom Pharisäer und dem Zöllner zitieren. Es beginnt mit dem Satz, Jesus habe diese Geschichte erzählt »angesichts derer, die sich selber für gerecht hielten und andere verachteten«. Beides hängt immer miteinander zusammen. Christen machen da nicht mit, denn sie wissen um den Menschen als Sünder und um die Vergebung Gottes. Moral bleibt notwendig; sie ist das Floß, auf dem das menschliche Zusammenleben treibt, aber nicht das Floß, das uns trägt in unserer Beziehung zu Gott.

11. Alles, was Gott verboten hat. Die Zehn Gebote (1)

Zu wissen, was Gottes Wille für Mensch und Welt ist, ist gemäß dem christlichen Glauben, trotz allem, was ich bis jetzt darüber gesagt habe, keine Unmöglichkeit. Seine Zusammenfassung können wir in den sogenannten Zehn Geboten finden. Es sind keine Gebote, sondern merkwürdigerweise eben Verbote; der Name ist also falsch. Puristen sprechen dann auch von Zehn Worten. Ich halte mich dagegen an den eingebürgerten Sprachgebrauch, unterstreiche aber doch, daß die Gebote nicht sagen, was wir tun müssen, sondern eine negative Form haben. Sie fassen »alles, was Gott verboten hat«, zusammen. Wir würden sie heute eine negativ formulierte Regelethik nennen. Warum diese negative Formulierung? Diese Frage war Anlaß zu vielen tiefsinnigen Überlegungen; der Hintergrund aber scheint mir einfach. Die Zehn Gebote sind in einer (noch) wenig differenzierten Gesellschaft formuliert und haben zum Ziel, in ihr die Grundwerte zu schützen, die ein Zusammenleben ermöglichen. Es geht um menschliches Leben, Eigentum, den guten Namen und die gesellschaftliche Position. Wir können aus den Zehn Geboten keine Tugendethik machen, die das Mittelalter so liebte (und die das römisch-katholische Lehramt immer noch so liebt). Luther und Calvin konzipieren ihren Katechismus, kennzeichnend genug, nicht vom klassischen Tugendkatalog, sondern von den Zehn Geboten her. Der Grund dafür ist in ihrem Verständnis der christlichen Tradition zu suchen. Sie hatten große Angst davor, eine Tugendethik könnte doch wieder zu einer Selbstverherrlichung des Christen auf seinem Weg zu Gott führen; genau das hatten sie ja unter Einsatz ihres Lebens die ganze Zeit bestritten. Der Aufruf, uns selbst mit guten Werken zu schmücken, deutet sich zwar im Neuen Testament allmählich an, aber auch dort dominieren noch die Anweisungen in der Form von Regeln.

Die Zehn Gebote formulieren, etwas kraß gesagt, Selbstverständlichkeiten. Nach der christlichen Tradition (von Ambrosius über Thomas und Calvin bis heute) bilden sie dann auch die Zusammenfassung der sogenannten »natürlichen Sittlichkeit«. »Natürlich« will in diesem Zusammenhang dasselbe sagen wie im Ausdruck »natürliches Licht«: Man braucht dafür kein Christ zu sein.

Augustinus prägte dafür ein schönes Wort. Gottes Gebote seien dem Menschen bekannt, denn sie seien »in corde scripta«, uns ins Herz geschrieben. Er wiederholt damit, was er schon beim Apostel Paulus gelesen hatte. Luther, ein weiterer Zeuge, nennt die Zehn Gebote sogar »der Juden Sachsenspiegel«. Wie die Sachsen (Luther war ein Sachse) ihre Lebensregeln in Form des sogenannten »Sachsenspiegels« haben, so haben die Juden ihre Lebensregeln in Form der Zehn Gebote. Das war keineswegs als eine Deklassierung gemeint, vielmehr wollte Luther damit unterstreichen, daß darin nur steht, was jeder Mensch weiß, jedenfalls wissen kann; denn überall sind Töten, Stehlen usw. verboten.

Das hinderte die jüdische und die christliche Tradition nicht daran, diese Lebensregeln als Gottes Gebot zu präsentieren. Gemäß der Überlieferung hat Gott sie eigenhändig dem Moses ausgehändigt, und damit ist die natürliche Erkenntnis von Gut und Böse unter die Hut Gottes gestellt.

Im folgenden Paragraphen werden wir sehen, daß ich damit etwas zu viel behauptet habe. Nicht allen Zehn Geboten kommt dasselbe Gewicht zu. Gegen Teile einiger Gebote sträuben sich uns die Haare, von anderen sind wir sogar der Meinung, daß sie ihre Geltung völlig verloren haben. Das ist häufiger der Fall, stehen doch im Alten Testament viele direkte Anweisungen für das Leben, die für uns undenkbar und überholt sind, auch wenn Gott sie gegeben hat. Ganz der Argumentation folgend, der wir schon bei Kirchenlehrern wie Thomas und Calvin begegneten: Zeremonielle (mit Israels Gottesdienst zusammenhängende) und bürgerliche (mit Israels Kultur zusammenhängende) Gebote sind nicht für uns bestimmt. Als das auffälligste Gebot nenne ich den Aufruf, den Sabbat zu feiern (mit dem Gebot, die Eltern zu ehren, das einzige mit einer positiven Formulierung). Daran hält sich die Christenheit nicht, auch nicht dadurch, daß sie den Sonntag feiert, denn der Sonntag ist nicht der Sabbat.

Die Zweite Tafel (ich komme auf diesen Begriff noch zurück) umfaßt das, was die Tradition die moralischen Gebote nannte. Wenn es um Moral geht, kommt es für uns mehr auf sie an als auf die Gebote der Ersten Tafel; nicht als ob Gott weniger wichtig wäre als die Menschen, sondern weil Gott sich zu wehren weiß, wenn wir einen Fehler machen, während Menschen schnell unwiderruflich Schaden zugefügt wird.

12. Ausbau zum Moralcode. Die Zehn Gebote (2)

Die Zehn Gebote sind kurze, zeitlos formulierte allgemeine Regeln, deshalb für alle Zeiten und Orte geeignet. Das ist ihre Kraft, zugleich aber auch ihre Schwäche: Wie können Regeln, die so allgemein formuliert sind, Anweisungen für das Leben geben? Sie können es nicht, deshalb müssen sie erst zu einem Moralcode ausgebaut werden. Wie das geschieht und wie wir damit umgehen müssen, werde ich im folgenden besprechen. Erst seien einige informative Bemerkungen vorangeschickt.

Eine erste Bemerkung betrifft die zeitlos formulierten Regeln. Diese Charakterisierung trifft nur für einige zu; sie befinden sich auf der sogenannten Zweiten Tafel. Es sind die Regeln von moralischer Art im Unterschied zu den religiösen Regeln, die zusammen die Erste Tafel bilden. Terminologisch geht diese Unterscheidung auf die biblische Erzählung zurück. Darin wird von »zwei Tafeln« gesprochen, auf die Gott mit eigener Hand die Zehn Gebote graviert hatte. Was liegt näher als die zwei Gebotsarten auf die beiden Tafeln zu verteilen, die Erste Tafel bis zum Sabbatgebot einschließlich laufen zu lassen und den Rest der Gebote zur Zweiten zu rechnen. Mit einem schon früher zitierten Wortspiel (von G. van der Leeuw) könnten wir sagen: Die Erste Tafel hat die Etikette, die Zweite die Ethik zum Thema.

Noch eine zweite formale Bemerkung: Innerhalb der christlichen Kirchen wird nicht dieselbe Zählung verwendet. Was bei Protestanten als Erstes und Zweites Gebot gezählt wird, faßt die katholische Tradition zu einem zusammen. Das protestantische Dritte Gebot ist bei den Katholiken das Zweite usw. Am Schluß kommen beide Traditionen wieder zusammen, indem die katholische Version das Zehnte Gebot der Protestanten in zwei aufteilt.

Wir kommen zur (jetzt genauer formulierten) Frage zurück: Nehmen wir etwa das Gebot »Du sollst nicht töten« (genau zu übersetzen mit »nicht widerrechtlich töten«). Wie kann eine so allgemeine Regel konkrete Anweisungen für das Leben geben? Das ist nur möglich, indem das Gebot durch Hinzufügungen und weitere Ausarbeitung ausgebaut wird. Als »ausgebaute Regel« wird sie dann Teil des Moralcodes. Der Verlauf dieses »Ausbaus« ist nicht nur interessant, sondern auch wichtig für die Frage, was für uns heute moralische Verpflichtung heißen könnte. Ich beschreibe zwei Arten, in denen dieser »Ausbau« stattfinden kann.

Die erste und nächstliegende Art lautet: Widerrechtliches Töten ist nicht erlaubt, wie jeder weiß. Wirft ein Mann eine andere Person von den Felsen, dann gibt es keine Ausrede, das ist Tötung und also nicht erlaubt. Der einzige Weg, um dieser Folgerung zu entgehen, besteht in der Frage: »Aber wann ist Tötung widerrechtlich«? Dann beginnt die Diskussion; diese Art der Argumentation findet sich schon bei Aristoteles.

Im einem zweiten, mehr theoretischen Schritt wird im Zuge all dieser praktischen Beschlüsse eine Liste aller Handlungen erstellt, die - nach Ausweis der Erfahrung - unter »Tötung« fallen und deshalb nicht erlaubt sind. Auf diese Weise legen z.B. Calvin und in seinen Fußspuren dann der Heidelberger Katechismus die Zehn Gebote aus. So entsteht ein Moralcode, der mit Hilfe der Katechese von den Zehn Geboten als Tradition immer neuen Generationen überliefert wird und schon Jahrhunderte lang der europäischen Kultur ihren Stempel aufdrückt.

Trotz ihrer Kürze erstrecken sich die Zehn Gebote genau auf diejenigen Felder des Zusammenlebens, in denen eine gewisse Ordnung herrschen muß, sollen der einzelne und die Gesellschaft fortbestehen. Alle Menschen hängen am Leben, alle Menschen verhalten sich als sexuell ausgestattete Wesen, alle Menschen haben Besitz nötig, und Stück für Stück hängen sie von ihrem guten Namen inmitten der anderen ab. Auf diesen Gebieten muß, wie auch immer, eine bestimmte Ordnung geschaffen werden, gleich von welcher Art (so könnte man beinahe sagen) diese Ordnung ist; sonst hebt sich eine Gesellschaft selbst auf. Verglichen mit seinem schlechten Namen war Calvin in dieser Hinsicht sehr großzügig. Nach ihm sind Unterschiede in Gesetzen und Regeln mit der Eigenart der Moral gegeben; denn Moral muß zur jeweiligen Situation in Zeit, Ort und Volk passen. Nach ihm brauchen wir - einige Grenzen ausgenommen - diese Unterschiede nicht allzu ernstzunehmen.

Der Moralcode, mit dem die christliche Tradition die Gebote umzäunt hat, ist eine bestimmte kulturhistorisch geprägte Form einer solchen Ordnung. Sie ist nicht dasselbe wie das Gebot Gottes; zwar hat sie in der Suche nach Gottes Willen eine Funktion, aber wir sind nicht daran gebunden. Die Lebensordnung im Rahmen von Lebensschutz oder die Ordnung auf dem Gebiet von Sexualität und Besitz kann auch anders gestaltet werden, als wir es gelernt haben, und wird in anderen Kulturen auch anders geregelt. Vielleicht sind bei uns wieder andere Regelungen nötig als vor hundert Jahren.

An diesem Punkt nun beginnt die moralische Beratung. Sie setzt voraus, was »man« als Christ in früheren Zeiten tat und nicht tat, geht aber zugleich davon aus, daß wir das heute unmöglich übernehmen können. Das würde auf Willkür und - sofern Moral ein Element der Autorität umfaßt - Schikane hinauslaufen. Aus der moralischen Tradition der Christenheit muß nicht nur, sondern kann auch viel gestrichen werden, ohne daß die Moral beschädigt wird. Ich gebe einige Beispiele.

Das Gebot »Du sollst nicht töten« beinhaltet den Schutz des Lebens gegen widerrechtliche Tötung. Ein »Ausbau« etwa im Sinne des Satzes »Euthanasie ist verboten« hat eigentlich keinen Sinn, wenn es darum geht, einem Patienten, der sich in einer Notsituation befindet, auf dessen Bitte hin zu einem milden Tod zu verhelfen. Die Ordnung, die das Gebot bzw. Verbot schafft, will das Lebensflämmchen nicht bis zur letzten Zuckung verehren, sondern gegen einen Tod beschützen, den jemand nicht suchte oder will.

Ähnliches gilt für die Ordnung der Sexualität. Hier ist (um damit zu beginnen) schon die Formulierung des Siebten Gebotes (protestantischer Zählung) überholt, die allein den Mann anspricht. Ihm wird auf sexuellem Gebiet viel gestattet. Er darf mehrere Frauen haben, darf zur Prostituierten gehen und seine Frau sogar wegschicken. Aber er darf nicht in die Ehe eines anderen Mannes eindringen, weil er damit dessen Frau als Saatbeet des Mannes widerrechtlich befruchten würde. Dagegen ist der Frau wenig oder nichts erlaubt. Sie darf nicht aus dem Ehebund ausbrechen; das war sogar so selbstverständlich, daß sie im Gebot nicht einmal angesprochen wurde. Das ist für uns in unserer Zeit inakzeptabel. Das Zehnte Gebot setzt diesbezüglich allem die Krone auf. Da wird die Frau in eine Reihe gestellt mit dem übrigen Besitz des Mannes, wie Häuser und Haustiere. Das ist Sexismus, wie mir scheint.

Auch der Zaun, den die Tradition später um dieses Gebot legte, hat keinen Sinn. Dazu gehören Masturbation, sexuelle Gedanken, Homosexualität und sogar der Gebrauch von Verhütungsmitteln. Das gleicht mehr einem Lustverbot als einem Gebot des Schöpfers.

Ich belasse es bei diesen Beispielen. Sie zeigen deutlich, daß der Code um die Zehn Gebote herum primär mit Hilfe von immer weiteren Verbotsbestimmungen errichtet wurde. Das ist nicht nur wirkungslos, sondern auch einseitig. Glücklicherweise hätte die christliche Tradition noch andere Dinge in die Beratung einzubringen.

13. Die Liebe, Erfüllung des Gesetzes

Das Christentum gilt als die Religion, die gekennzeichnet ist durch den Auftrag, zu lieben. Das ist richtig; sowohl im Alten als auch im Neuen Testament gibt es Passagen, die das nur bestätigen können.

Lieben ist keine ausschließlich christliche, auch keine ausschließlich religiöse Angelegenheit, sondern ein moralischer Auftrag, den wir in ziemlich allen Kulturen finden. Der Satz: »Liebe Deinen Nächsten wie Dich selbst« steht nicht nur im Neuen, sondern auch im Alten Testament, er kommt im Buddhismus ebenso vor wie bei den Philosophen der Stoa. Luther, Calvin und die gesamte christliche klassische Tradition wußte darum. Zwar erhebt das Christentum die Liebe zur höchsten Tugend (1) und erweitert deren Reichweite bis zur Feindesliebe (2), aber sie hat sie nicht »erfunden« und ist nicht deren einzige Repräsentantin. Selbst die Feindesliebe ist in der Stoa nicht unbekannt.

Wenn von Christen verlangt wird, daß sie »mehr als das Gewöhnliche« tun, kann das nicht bedeuten, daß nur sie lieben müßten; denn die Liebe ist überall zu finden. Es geht darum, wirklich etwas mehr zu tun, ein Hemd mehr zu geben, mit jemandem eine Meile weiter zu gehen oder die Reichweite der Liebe noch etwas weiter auszubreiten. Letzteres sage ich nur zögernd, denn Liebe setzt eine konkrete Beziehung voraus. Wir lieben nicht die ganze Welt, müssen das nicht tun und könnten es auch nicht. Solche überspannten Ideen tun der wirklichen Liebe nur Abbruch, denn diese ist auf Personen gerichtet; sie betrifft ihn oder sie, die meinen Weg kreuzen und meine Hilfe nötig haben. Um es noch mehr zuzuspitzen: Der Nächste, den ich lieben muß wie mich selber, ist die Person, die auf meine Hilfe angewiesen ist.

Ich beschließe dieses Kapitel über die Zehn Gebote nicht ohne Grund mit einem Paragraphen über Liebe und lieben. Für das Christsein aller Jahrhunderte bildet »lieben« die positive Seite von Gottes Willen. »Denn die Liebe ist aus Gott und Gott ist Liebe, Amen«, sagte der Dichter Achterberg zurecht.

Das bedeutet nicht, daß mit lieben alles gesagt ist. Augustinus kann es in seinem bekannten Satz so darstellen: »Ama deum et quod vis fac«, liebe Gott und tue dann, was du willst. Er meinte damit nicht, daß wir eben aufs Geratewohl handeln könnten, wenn wir nur lieben; er meinte vielmehr, daß jemand, der liebt, gerade nicht willkürlich handelt, denn er will, was für einen anderen gut ist. Das reicht allerdings nicht. Wir müssen Liebe inhaltlich näher bestimmen, sonst könnte alles Liebe heißen. Die Aussage: »Aus Liebe mußte ich töten« ist nicht akzeptabel. Es mußte vielleicht aus Barmherzigkeit geschehen oder (besser noch) um nicht unbarmherzig zu werden, vielleicht aus einer Notwendigkeit anderer Art, aber nicht aus Liebe.

Liebe ist die Erfüllung des Gesetzes, so sagt der Apostel Paulus. Das klingt schon besser. Gemeint ist damit nicht, daß die Gesinnung, die wir Liebe nennen (und Liebe ist eine Gesinnung) ausreicht, sondern daß diese Gesinnung notwendig ist und von uns verlangt wird, wenn wir im Rahmen der christlichen Tradition Gottes Willen tun wollen. Was der Apostel Paulus »das Gesetz« nennt, wird von der Liebe nicht aufgehoben, und wenn schon »aufgehoben«, dann auf eine höhere Ebene gebracht. Ich meine, daß wir jede konkrete Tat des Dienstes und der Hilfe an der Frage prüfen können: Kann sie als eine Tat der Liebe gelten? Von allem, was wir getan haben, überlebt allein die Liebe.

14. Die Freiheit des Christen

Die Zehn Gebote wurden in einem Zusammenhang überliefert, der für die christliche Kirche große Bedeutung erhielt. Sie beginnen mit den Worten »Ich bin der HERR, dein Gott, der dich aus Ägypten herausgeführt hat«. Nun wurde niemand von uns aus Ägypten herausführt, aber dieser Auftakt hat für die christliche Kirche seine Bedeutung behalten. Hier gebietet nicht der Unterdrücker, sondern der Befreier. Zwar sind seine Gebote wie jedes Gebot ein Joch, sonst bräuchte es nicht gegeben zu werden. Aber das Joch ist sanft und die Bürde ist leicht; denn von einem wirklich befreienden Gott können nie Gebote kommen, die dem Menschen ein Sklavenjoch auferlegen.

Dies wurde in der christlichen Tradition in mehr als einer Weise ausgearbeitet. Wir können es als eine Beistandsbezeugung auffassen: Die Bürde ist leicht, weil Gott Selbst sie tragen hilft. Seine Gebote sind nicht schwer, kann ein biblischer Autor sagen. Aus dem Kontext wird deutlich, daß er meint: Bist du einmal von Gottes Geist berührt, dann wirken sie nicht mehr schwer, mögen vielleicht andere sie schwer nennen. Gegen diese Auslegung habe ich nichts einzuwenden. Im Gegenteil, es ist m.E. eine echt christliche Auffassung von der Erfüllung des Gebotes. Eine andere Frage ist damit noch nicht beantwortet: Gelangen Christen zu dieser Erfüllung, kommen sie wenigstens so weit, wie sie es selber möchten (und von Gott aus müßten)? Darüber steht uns mehr Bescheidenheit an als früheren Generationen. Origenes, der Kirchenvater, den ich früher schon zitierte, sagte zu seinem großen Opponenten, dem Philosophen Celsus: Ich gebe zu, daß auch ihr wißt, was Gott wohlgefällig ist, aber bei uns Christen findest du die Kraft, es auch zu tun! Das ist recht bescheiden ausgedrückt. In der christlichen Gemeinschaft finden wir die *Kraft*, es zu tun; Origenes sagt nicht, daß die Christen es auch wirklich tun. Daran haben in den späteren Jahrhunderten bis heute viele Christen festgehalten. Zwar müssen wir zugeben, daß es andere genauso gut wissen wie wir. Doch halten wir daran fest: Man muß Christ sein, um das auch zu können! Sicher, ich will es für einen Augenblick so behaupten. Aber die Folgerung lautet unweigerlich, daß kein Christ ist, wer es nicht tut. Das stimmt ganz mit der Erzählung Jesu von den zwei

Brüdern überein, von denen der eine »ja« sagte, aber nichts tat, und der andere »nein« sagte, aber hinterher doch handelte. Es ist also viel besser, diesen Anspruch selber nicht zu erheben. Wer tat, was zu tun war und wer nicht, darüber befindet Gott.

Gott will kein Sklavenjoch - es gibt noch einen Zusammenhang. Er bezieht sich auf den Grund, warum ich so ausführlich auf die Gebote einging und den Willen Gottes beinahe entmythologisierte. Die christliche Freiheit steht auf dem Spiel. Luther schaffte aus diesem Grund das Gesetz Gottes ganz ab, die Gläubigen seien nach dem Apostel Paulus nicht erlöst, damit sie aufs neue zu Sklaven würden. So weit bin ich nicht gegangen; ich kennzeichnete die Moral als ein *Mittel*, um Gott zu finden. Aber Moral bleibt Moral, ein Gruppencode. Wenn wir diesen mit der Autorität von Gottes Willen legitimieren, wird es unfreie Menschen geben, die es nicht mehr wagen, selbständig zu denken und zu handeln in Sinne von: Jemand muß es erlauben, sonst ist es verboten. Manche Menschen meinen sogar, sie erwiesen Gott damit einen Dienst; je härter der Druck, desto christlicher das Verhalten. Das muß ein katastrophales Mißverständnis sein, ein fundamentaler Angriff auf das Wesen des christlichen Glaubens. Glauben schafft freie Menschen, keine Knechte anderer Menschen oder Knechte der Zeit, sondern - um M. Buber zu zitieren - Knechte Gottes. Ich erinnere mich an das Gespräch mit einer Frau, die zum reformierten Christentum übergetreten war. Sie vertraute mir an, daß es ihr nicht leicht fiel. Nach anfänglicher Freude fiel sie allmählich in eine Depression: es war zuviel! Beiträge für dies, Arbeiten für das, Kinder zu diesem Club schicken, selbst wieder Mitglied eines anderen werden und zwischen all dem eine entschiedene, sich langsam entwickelnde Kontrolle, ob sie das alles auch tat und der Norm entsprach. Ich wußte nichts Besseres zu tun, als ihr den Satz eines Autors vorzulesen, den sie für den Anstifter ihres Elendes hielt. Es ist ein Satz des Apostels Paulus (aus Galater 5), mit dem ich auch das Kapitel über die Zehn Gebote beschließe:

Damit wir wahrhaft frei würden,
hat uns Christus frei gemacht.
Bleibt also standhaft und laßt euch
nicht wieder ein Sklavenjoch auferlegen.

Die Bibel

XXII. Die Bibel und ihre Auslegung

Wenn nun Livius und Dionysius und Polybius und Tacitus so frank und edel von uns behandelt werden, daß wir sie nicht um jede Sylbe auf die Folter spannen: warum denn nicht auch Matthäus und Marcus und Lucas und Johannes?

G.E. Lessing

1. Ein wehrloses Buch

Ein Kapitel über die Bibel am Ende statt am Beginn, das wird hier und da Erstaunen auslösen. Habe ich vergessen, daß es noch so etwas wie eine Bibel gibt? Nein, es gibt andere Gründe dafür. Die Bibel ist ein Teil, ein Glied in der Kette der christlichen Tradition; deshalb steht einiges, was zur Bibel zu sagen ist, schon in den ersten Kapiteln. Allerdings ist sie nicht einfach ein Bindeglied neben anderen, sondern hat eine besondere Bedeutung; deshalb wird sie hier noch einmal behandelt.

Aber es gibt dafür noch einen weiteren Grund, es ist die Art und Weise unseres Umgangs mit der Bibel. Diese Art ist bisweilen so sonderbar, daß ein eigenes Kapitel darüber gerechtfertigt ist. Hinzu kommt, daß ich im ganzen Buch nur wenig Bibeltexte zitierte. Das geschah nicht aus Versehen oder Nonchalance, sondern war Absicht. Es wimmelt von Bibel in diesem Buch, und wer gut liest, kann sie finden. Aber mich hat schon immer der Eifer irritiert, mit dem vor allem protestantische Autoren bei jeder Gelegenheit eine Bibelstelle zitieren. Dieser Eifer ist sicher gut gemeint, aber die Kenntnis der Bibel wird zur Schau gestellt und gerät leicht zur großen Parade. Hinzu kommt, daß diese Bibeltexte meistens nicht ausgelegt, sondern auf Stichworte hin abgerufen werden. Ein solcher Schriftgebrauch geht leicht von der Hand, erweckt insgesamt aber den Eindruck, als hätten die zitierten Texte eine begründende Funktion; so werden sie zu Beweismitteln gemacht: Wie ich es sage oder schreibe, ist es richtig, denn siehe, es steht in der Bibel!

So kann man etwa in älterer christlicher Literatur lesen, Krebs sei eine unheilbare Krankheit, denn die Bibel wisse von einem bestimmten Übel, daß es »wuchern wird gleich dem Krebs«; Geburten seien nie schmerzlos möglich, denn »unter Schmerzen wirst Du Kinder gebären«; die Sünde werde vererbt, sage doch ein Psalm, daß wir »in Sünde empfangen und geboren« sind; Volkserhebung sei sinnlos, denn Jesus selber habe gesagt: »Arme werden immer bei Euch sein«. Noch in einem der Vorträge des ersten Christlich Sozialen Kongresses (1892) ist zu lesen, ein achtstündiger Arbeitstag könne nicht nach Gottes Wort sein, denn die Schrift sage: »Gibt es nicht zwölf Stunden am Tag?«, und wenn Jesus sage: »Mein Vater wirkt bis heute, ich wirke auch«, dann sei das ein deutlicher Hinweis darauf, daß Arbeiter nicht faulenzen dürfen.

Das ist natürlich Unsinn, und die meisten Christen werden den zitierten Aussagen nicht zustimmen. Ihr Problem ist dabei aber nur, wie ich fürchte, daß in den zitierten Beispielen *falsche* Dinge bewiesen werden; das Prinzip »Beweismittel« dagegen halten sie vermutlich nicht für falsch. Das aber ist mir zu wenig; denn so bleibt die Bibel noch immer, was sie seit Jahrhunderten ist: Das meist mißhandelte und mißbrauchte Buch unserer Kultur.

Ein solches Schicksal hat die Bibel nicht verdient. Sie ist die klassische Besprechung des christlichen Gottesentwurfs, und Generation um Generation ist mit ihr groß geworden. Sie hat der europäischen Kultur ihren Stempel aufgedrückt und einzelnen wie Gruppen die Möglichkeit gegeben, sich mit den Heiligen der Bibel zu identifizieren. Wer sie in Bibelunterricht oder Sonntagsschule intensiv kennenlernte, hat Glück gehabt, daß ihm nichts davon entgangen ist.

Doch ein »aber« ist hinzuzufügen. Gerade wegen seiner Schönheit ist es ein Buch, das gegenüber seinen Benutzern wehrlos ist. Wo der unbefangene Umgang mit ihr durch einen dogmatischen Gebrauch im Dienste der Rechtgläubigkeit ersetzt wird, kommt zum Segen ein Fluch; denn die Quelle der Befreiung wird so zur Quelle der Buchstabensklaverei.

2. Ein Buch aus Büchern

Bislang sprach ich von einem Buch. Streng genommen ist das nicht richtig, denn es ist ein Buch, das aus einer Vielfalt kleinerer Bücher besteht, die jedes für sich eine selbständige Einheit bilden und die wir nur von einem bestimmten Leseprinzip her zusammenfassen können. Überdies besteht die ganze Sammlung noch einmal aus zwei Hauptteilen, dem Alten und dem Neuen Testament, die ihrerseits auch wieder aus einer je eigenen einheitsstiftenden Perspektive zu verstehen sind. Das Alte Testament ist eine Buchsammlung des jüdischen Volkes, heißt dort anders (abgekürzt: »Tenach«) und wird von den Juden denn auch »jüdisch« gelesen. Die Christen haben es (auch) als ihr Buch annektiert und gaben ihm den Namen Altes Testament, indem sie es dem sogenannten Neuen Testament, also der Geschichte und Auslegung Jesu Christi hinzufügten. Sie lesen es »christlich«. Sehen wir davon ab, was die christliche Kirche aus diesem »christlich lesen« gemacht hat, eines hat sie gut begriffen. Ohne das »Alte Testament« (wie sie es nennt) wäre die christliche Kirche nirgendwo; es ist die voraussetzungslose Voraussetzung für das Verständnis des Neuen. Die Leichtfertigkeit, mit der manche Christen behaupten, jedes Volk habe ein heiliges Buch, das ihnen als Altes Testament dienen könne, verkennt die im wörtlichen Sinn grundlegende Bedeutung dieses Alten Testaments. Christen müssen nicht Juden werden, müssen auch nicht »Tenach« sagen, wenn sie das Alte Testament meinen, damit machen sie niemandem eine Freude. Aber ohne das Buch der jüdischen Gemeinschaft verstehen sie sich selber nicht. Noch einmal kommen wir auf die Verwandtschaft zwischen jüdischem und christlichem Glauben, und ich unterstreiche diesen Punkt. Die jüdische Gemeinschaft hat ihre eigene Geschichte. Jüdisch ist nicht mehr, was es vor 2000 Jahren war, christlich ebensowenig. Dennoch ist und bleibt die Verwandtschaft so groß, daß die christlichen Kirchen den Begriff »Mission« zurecht nicht (mehr) auf die jüdische Gemeinschaft anzuwenden wagen.

Das griechisch-lateinische »biblia«, ist wörtlich mit »Bücher« zu übersetzen; es enthält nicht ein einziges Buch, sondern eine Sammlung von Büchern, die allein schon - wenn wir die historische Gewißheit bei Moses beginnen lassen - eine Zeitspanne von mehr als 12 Jahrhunderten umfassen. Dieselbe Zeitspanne brächte uns zu Karl dem Großen zurück. Nun, so gewiß wie die Menschen, die damals Geschichten erzählten und schrieben, nicht dasselbe dachten wie wir heute, ebenso gibt es in den Büchern der Bibel Variation und sogar Entwicklung. Die Bibel ist nicht eine aus einem Stein gehauene Skulptur, sondern eher ein Mosaik, eine Zusammenfügung von Texten, was die Lektüre außerordentlich spannend macht. Ich stamme aus einer religiösen Gemeinschaft, in welcher der Vater bei allen drei Mahlzeiten des Tages - von vorn bis hinten - die Bibel las und die Kinder ihn baten, nicht aufzuhören, solange er beim Alten Testament war. Die Bibel ist spannend, gewiß, aber was gibt einem Mosaik seine Einheit?

3. Ein Schriftverständnis im Dienste der Sicherheit

Die Bibel bildet, wie wir sagten, als eine Sammlung von Büchern ein prachtvolles Mosaik. Aber dieses Mosaik entsteht nicht von allein, dazu bedarf es einer Perspektive, welche die Vielfalt entwirren kann. Zur Ausrichtung dieser Perspektive ist ein einheitliches Verständnis der Gesamtbibel, ein einheitliches Schriftverständnis nötig.

Gegen umfassende Verständnisse der Bibel ist also nichts einzuwenden, denn jedes Gespräch über die Bibel setzt etwas derartiges voraus. Aber weil solche Sichtweisen ein einheitliches Verständnis in der Vielheit zum Ziel haben, spielen sie eine ziemlich beherrschende Rolle. Zwar wollen sie uns - um im Bild des Mosaiks zu bleiben - nur sagen, wie wir schauen müssen. Zu diesem Zwecke aber erzählen sie uns auch immer schon, was da zu sehen ist (bevor wir sozusagen selber geschaut haben). Mit solchen vorgegebenen Arten von Schriftverständnis ist also Vorsicht geboten. Wie weit können wir uns von ihnen leiten lassen, ohne daß sie über das Buch selbst dominieren?

Ein Schriftverständnis, das an diesem Punkt viel zu weit gegangen ist, ist die Lehre von der Inspiration (besser, der Inspiriertheit) der Heiligen Schrift. Durch den Geist Gottes, so diese Theorie, haben heilige Männer - unter den Schriftautoren sind keine Frauen! - aufgeschrieben, was Gott ihnen eingab. Der Geist drängte sie also nicht nur zum Schreiben, sondern trug auch Sorge dafür, daß genau der Text zustande kam, den Gott für Seine Kirche hinreichend fand. Aufgrund ihrer Inspiriertheit ist die Bibel Gottes so unfehlbares Wort, Richtschnur für Lehre und Leben, Richterin in allen Konflikten; sie ist, kurz gesagt, die höchste Autorität in der Kirche. Manche protestantischen Theologen verkünden das mit einigem Stolz. So wie der Papst letztendlich die Autorität in der römisch-katholischen Kirche repräsentiere, so haben nach ihrer Überzeugung wir Protestanten die Bibel; das sei viel besser, denn das bedeute Gottes Wort und keinen Menschen auf dem Thron.

Im Lauf der Geschichte fehlt es nicht an Versuchen, den Beton dieser Argumentation zu sprengen, aber der Erfolg war und ist wechselhaft. Die mechanische Inspiration - gemäß ihr mußten die Autoren nur die Feder festhalten, und was herausfloß, kam vom Geist - wurde durch eine organische ersetzt. Zwar bleiben die Autoren jetzt sie selbst, Kinder ihrer Zeit, aber die Theorie blieb inkonsequent und bald wurde deutlich, daß die Inspirationslehre so nicht mehr überzeugt. Erschrocken kehrten andere also schnell wieder zur traditionellen Vorstellung zurück, bei der man sich doch am sichersten fühlte.

In der Tat, für viele orthodox-protestantische Christen würde sich ein Abgrund öffnen, wenn die Inspiriertheit der Bibel aufgegeben würde. Sie ist zum Fundament des Glaubens geworden; sie loszulassen würde deshalb bedeuten, daß wir mit dem Glauben in der Luft hingen. Das ist, wie mir scheint, in mehr als einer Hinsicht ein Mißverständnis, und zwar von grundlegender Art. Ich zähle hier die Gründe gegen ein solches Schriftverständnis auf.

1. Ein solches Schriftverständnis denaturiert den Glauben, denn es begründet die Gewißheit des Glauben in einer Theorie von der Bibel, nämlich in der Lehre von ihrer Inspiration. Auch wenn jemand mit einem Teilaspekt des christlichen Glaubens nichts anfangen kann, muß er ihn akzeptieren, »denn es steht in der Bibel«. Damit wird die Sache aber auf den Kopf

gestellt; denn wir glauben nicht, weil etwas in der Bibel steht, sondern weil uns etwas berührt, uns zum Denken bringt, oder wie immer man es formulieren möchte. Die Gewißheit liegt nicht in einer Theorie verankert, sondern in dem Wort selbst, das sich an uns richtet.

2. Diese Theorie ist nicht beständiger als eine Sandburg. Sie dient als ein Axiom, auf dem der Glaube beruht, steht so also außer- und oberhalb den Glaubensaussagen. So wäre die Aussage: »Die Bibel ist das vom Geist inspirierte Wort Gottes« von genau derselben Ordnung wie die Sätze: »Jesus ist Gottes Sohn« oder: »Gott ist gnädig und barmherzig«. Nun kann aber eine Glaubensaussage unmöglich zugleich deren Fundament sein. Die Bibel ist nicht der feste Grund, in dem der Glaube verankert ist; dieser feste Grund ist Gott Selbst.

3. Ein solches Schriftverständnis verdirbt den Umgang mit der Bibel. Es macht aus ihr ein »Nachschlagewerk«: Was sagt die Bibel über Sex, über Krieg und Frieden, über die Familie, über Homosexualität usw.? Alles muß in der Bibel stehen, wenigstens herauszuholen sein. Genau das wird natürlich zum Problem; es führt zu einer verkrampften Textauslegung, einer Auslegung auf den Gleichklang von Worten hin oder zu anderen Formen eines billigen Schriftgebrauchs. Umgekehrt muß alles, was in der Bibel steht, sinnvoll und nützlich, wenn nicht gar verpflichtende Glaubenswahrheit sein.

Aber auch damit geraten Christen in eine Sackgasse, denn es stehen viele Dinge in der Bibel, die uns nichts mehr sagen, die unmöglich zu akzeptieren oder aus guten Gründen sogar zu verurteilen sind.

4. Bei großen Teilen des orthodoxen Protestantismus ist die Bibel denn auch die Bibel, wie sie von ihnen gelesen wird; es ist nicht die ganze Bibel, wie es ihr Schriftverständnis eigentlich vorschreibt (und womit man anderen die Ohren wäscht), sondern eine Auswahl daraus, ein Exzerpt von Texten, mit denen man vertraut ist oder umgehen kann. Schon Chesterton sagte, die Christenheit täte sehr gut daran, wenn nicht jeder seine eigene, sondern die Bibel des anderen lese.

5. Als spätes Echo dieses Schriftverständnisses taucht das (noch immer) verwendete Wort »biblisch« auf. Ein Standpunkt, eine Haltung gilt als akzeptabel, wenn sie »biblisch« ist. Und aufs neue können wir in diesem Wortgebrauch dieselbe Arglosigkeit ertappen; als biblisch gilt, was jemand für biblisch *hält*. Die Etikette »biblisch« wird also nicht der ganzen Bibel, sondern nur einer Auswahl von dem aufgeklebt, was sich in der Bibel anbietet. Auch das Motiv dieser Handlungsweise ist noch dasselbe: nur wenn etwas »biblisch« ist, hat es Autorität. Die mit diesem Sprachgebrauch verbundene Willkür verdient keine Unterstützung.

6. Weg damit, das ist das einzige, das ich sagen kann. Um die Bibel zu erhalten - besser gesagt, um sie zurückzubekommen -, muß diese klassisch-biblizistische Haltung weg, sonst verschwindet nach einer alten Lebenserfahrung die Bibel gleich mit diesem Schriftverständnis mit. Vor allem für orthodox-protestantische Christen schlage ich hier harte Maßnahmen vor und sehe nicht, wie wir sie ihnen ersparen könnten. Anders geht es wirklich nicht, es muß so deutlich wie möglich gesagt sein. Wer vor der Bibel wirklich Respekt hat, verläßt dieses biblizistische Prokrustesbett.

4. Die Bibel als Quelle und Norm

Die Bibel enthält, was Israel von Gott und was - als Hinzufügung - die Evangelisten und Apostel von Jesus dachten, nicht mehr und nicht weniger. Ein solches Schriftverständnis legt, wie mir scheint, die Bibel nicht an Ketten, sondern gibt sie und auch den Leser frei.

Wir können also nicht einfach behaupten, was in der Bibel stehe, das sei wahr und deshalb müsse man es glauben. Warum sollte es wahr sein? Das müßten wir dann ja auch wieder glauben, usw. usw. Von solchen Thesen haben wir also überhaupt nichts; vielmehr glauben wir an das, was Israel und die Apostel über Israel sagen, weil es uns beeindruckt, wir damit etwas anfangen können, weil es seine Wirkung auf uns hat, uns für uns selber durchsichtig macht, oder wie man es auch nennen will. Wer glaubt, glaubt um der Dinge willen, die er oder sie in der Bibel findet, um dessentwillen, was in ihr steht. Der Inhalt der Bibel gibt dem Buch seine Bedeutung und nicht umgekehrt. So ist nicht der Inhalt wichtig, weil er in der Bibel steht.

Letzteres allerdings stimmt nicht ganz. Wenn man einmal unter dem Eindruck der Bibel steht, dann hat das natürlich zur Folge, daß man nicht leichtfertig ganze Stücke streicht oder auf den Schrotthaufen wirft. Paulus mag nicht immer recht haben (er verstand etwa wenig von Homosexualität), dennoch hören wir mit Respekt auf ihn. Aber es geht eben nicht um das Buch an sich, sozusagen von vorn bis hinten, sondern um das, was in ihm steht, und nur deshalb um das Buch. Die christliche Kirche bestand am Anfang eine ganze Weile ohne Buch, nur mit einer mündlichen Überlieferung, also mit dem, was »in der Schrift steht«, bevor es zum Bibeltext geworden ist. Die christliche Kirche geht ja der Bibel voran, hat deren Umfang und Zusammenstellung selber festgelegt. Der Protestantismus tat sich immer schwer, das zuzugeben, weil er Bibel und Wort Gottes miteinander gleichstellte und ihm so keine andere Möglichkeit blieb. Es stimmt ja auch, daß die Kirche dem Wort Gottes nicht vorangeht, da sie selbst eine Schöpfung gerade dieses Wortes ist. Aber die Bibel und Gottes schaffendes Wort sind nicht identisch. Haben wir das einmal begriffen, dann können wir auch den historischen Ablauf ernstnehmen und zugeben, daß die Kirche vor der Bibel war.

5. Die Autorität

Ich unterstreiche diesen Zusammenhang noch aus einem anderen Grund. Er zeigt nämlich, daß die Bibel nicht das »heilige Buch« der Christen ist wie der Koran das »heilige Buch« der Muslime. Uns ist nicht ein Buch gegeben, aufgrund dessen wir als Christenheit entstanden wären. Das Buch, also die Bibel, ist nur die Form, in der die Glaubensüberlieferung vorläufig zur Ruhe gekommen ist. Absichtlich sage ich »vorläufig«; denn gleich werden wir sehen, daß diese Ruhe nur Schein ist, daß Überlieferung nicht zum Stehen kommt oder in Texten gerinnt.

Aber erst antworten wir noch auf die Frage, warum denn die Bibel für die christliche Kirche eine so hohe Bedeutung hat. Die Bibel ist die älteste und umfassendste Form des christlichen Suchbildes für Gott. Nur darauf beruht auch ihre Autorität. Ich vergleiche sie gern mit den Seekarten, die jemand wie Vasco da Gama zur Verfügung hatte, als er zum ersten Mal versuchte, um die Südspitze Südamerikas herum den Stillen Ozean zu erreichen. Die Seekarten mußten ihm den Weg weisen, er wußte sich auf sie angewiesen, weshalb er ihren Anweisungen folgte. Diese Karten hatten für ihn also keine Autorität wegen eines königlichen oder kaiserlichen Dekrets, sondern weil sie für ihn unentbehrliche Wegweiser waren.

So liegt auch die Kraft der Bibel in ihrem Inhalt. Wir würden etwas vermissen, wenn wir von ihr nichts wüßten, nicht nur literarisch gesehen, sondern auch in religiöser Hinsicht. Aber - Wegweiser lassen frei. Wir dürfen uns verirren, und bisweilen ist ein Irrweg noch schöner, da wir ihn einfach gehen dürfen. All diese Autoritätsprobleme sind so von der Bibel fernzuhalten; denn das Schlimmste, was geschehen kann, ist dies, daß bald kein Hund mehr die Geschichten lesen will. Das liefe auf eine kulturelle und religiöse Katastrophe hinaus. Als Beispielebuch, als Geschichtenbuch und als Erzählbuch, das Menschen bildet, gibt es keines, das der Bibel vergleichbar wäre.

So sollte die Christenheit mit der Bibel wie mit einem Brevierbuch umgehen. Die Glaubenstradition ist fest gefügt; sie ist zu einem Strom geworden und nicht mehr die Quelle (d.h. die Bibel), der sie entsprungen ist. Dieser Gedanke schafft Raum für einen unbefangenen Schriftgebrauch, für Genuß, für das Lesen um der Geschichte und nicht um deren Moral willen.

Die Moral der Bibel ist nämlich zeitgebunden, es ist eine männerzentrierte, patriarchale Moral. Polygamie ist Zeichen von Reichtum, und wer viele Frauen bezahlen kann, ist von Gott gesegnet. Sklaverei ist erlaubt, auch wenn die Sklaven gut zu behandeln sind. Verantwortlichkeit wird erst in einer späteren Periode vom Kollektiv aufs Individuum verlagert usw. Die moralische Erziehung mit Hilfe der Bibel hat den Jahrhunderten getrotzt, teils indem sie selektiv gelesen wurde. Ich nannte dafür Beispiele; niemand pries Abraham, weil er einige Frauen hinzunahm. Teils hat auch die Bibel die großen Prinzipien der Humanität in Begriffen einer vergangenen Kultur zum Ausdruck gebracht hat. Aber ich wiederhole, daß wir für die Moral die Bibel nicht zu lesen brauchen. Wir lesen sie wegen der Geschichte, die uns Zug um Zug das Antlitz eines Gottes zeichnet, der uns alle Hochachtung abfordert.

6. Wie lesen wir die Bibel?

Für die christliche Kirche ist die Bibel nicht einfach ein Buch aus der Vergangenheit, das zum Beispiel aus historischem Interesse gelesen wird. Das wäre natürlich auch möglich: Wie führte man früher Krieg, wie betrieb man zu Zeiten des Apostels Paulus die Seefahrt, wie ging es in den Tagen des Petrus und seiner Brüder beim Fischen zu? - Das alles sind zwar interessante Fragen, die man an die Bibel stellen kann, aber es sind nicht die Fragen der christlichen Kirche. Sie liest die Bibel als Heilsbotschaft eines Gottes, wie Er von Jesus Christus ausgelegt wurde und fragt deshalb, ob wir diese Heilsbotschaft gut verstanden haben. Zu dieser Frage gibt es allen Grund; denn der zeitliche und kulturelle Abstand zwischen uns und den damaligen Autoren ist groß und ihre Art, sich auszudrücken, ist durchtränkt von Bildern und Begriffen, die wir nicht kennen oder ganz anders verwenden. Herr und Sklave waren für antike Ohren eine Wirklichkeit, vor deren Hintergrund man Gott gut »Herr« nennen konnte. Aber wir kennen kein Verhältnis von Herrn und Sklaven mehr. Können wir dann trotzdem noch »Herr« sagen? Oder bedeutet »Herr« dann, wenn überhaupt, etwas ganz anderes? Ich nehme nur das bekannte Beispiel für einen Sprachgebrauch, den wir ohne eine solche Auslegung nicht mehr verstehen. Damit will ich nur sagen, daß Auslegung am Platze ist, wenn der Inhalt der Bibel als Heilsbotschaft verstanden werden soll.

Auslegung antwortet auf die Frage, wie wir diese Bibeltexte lesen müssen, und - im Anschluß daran - wann wir verstanden haben, was wir lesen.

Beginnen wir mit einer Vorbemerkung. Niemand liest die biblischen Texte, ohne sie auszulegen oder zu interpretieren; das ist nicht so und kann nicht so sein. Auch wenn wir denken: »Ich weiß, was da steht«, haben wir immer schon eine Interpretation gegeben. Einen Text zu lesen oder einen vorgelesenen Text anzuhören heißt schon, ihn interpretieren, sonst lesen wir nicht oder hören wir zu lesen auf.

Gibt es Regeln für eine gute Auslegung? Diese Frage hat im Laufe der vergangenen Jahre viel Staub aufgewirbelt. Als ich selber noch Vorlesungen hörte, war die Antwort noch einfach. Auslegen hieß einen Text aus der Vergangenheit analysieren und ihm die Bedeutung für heute durch Rekonstruktion dessen entwinden, was der Text damals bedeutete. Auslegen hieß im Grunde also geduldig hören, sich in den Gedankengang des Autors und in seiner Zeit vertiefen, um so hinter die Bedeutung seiner Aussagen zu kommen. Aber dazu sind einige Fragen zu stellen. Machen nur wir etwas mit dem Text oder macht der Text nicht genausogut etwas mit uns? Muß Verstehen nicht viel mehr sein als die historische Rekonstruktion dessen, was z.B. ein Paulus- oder Johannestext bedeutet? Es gibt ja auch noch den Hörer und Leser von heute, und verstehen bedeutet doch, daß er damit etwas anfangen kann, daß ihm diese Texte etwas sagen; sonst könnten wir doch nicht von Verstehen sprechen. So müssen Leser und Hörer von heute im Prozeß der Auslegung ihren unverlierbaren legitimen Ort bekommen. Es gibt einen Text und es gibt einen Leser. Die Bedeutung entsteht also dadurch, daß der Text etwas mit dem Leser tut und der Leser etwas mit dem Text.

Letzteres kann so weit gehen, daß der Leser - in nochmals neueren Theorien - ein und alles wird. Er wird nicht nur vom Text vorausgesetzt, sondern darf mit dem Text auch tun, was er will. Dafür sei ein Text schließlich da. Man könnte auch sagen: Der Weg der Auslegung, den ich beschrieb, führte von der »Rekonstruktion« über das »Entstehen« zur »Konstruktion« von Bedeutung. Letzteres geht mir jedoch zu weit.

7. Zum Klingen bringen

Das entscheidende Problem liegt nun nicht darin, daß jemand mit den biblischen Texten nicht tun kann, was er möchte. Auslegung ist frei, und freie Auslegung ist unentbehrlich, wollen wir eine »freie Bibel« behalten. Aber nicht alles verdient eben den Namen Auslegung. Der Text geht nämlich der Auslegung voran, geht auch allem voran, was wir aus ihm machen; der Text ist sogar notwendige Vorbedingung für die Existenz von Interpretation. Das ist, wie ich es nenne, der Vorrang des Textes vor dem Leser oder Hörer. Mehr Regeln sind nicht nötig, festzuhalten ist nur am Vorrang des Textes. Das schließt ein, daß sich Auslegen, Lesen oder Verstehen - in welchem Jargon man es auch sagen will - zu allen Zeiten gegenüber den Texten verantworten muß. Selbst wenn wir sagen, wir dürften alles aus ihm machen, ist dieses »alles« noch an den Text gebunden. Sonst wäre der Text überhaupt nicht nötig gewesen.

Eine zweite Bemerkung schließt sich an: Der Text setzt einen Leser oder Hörer voraus. Ohne Leser bleibt der Text stumm, er ist auf Leser angewiesen, schreit nach Lesern! Das ist ein weiterer Grund dafür, daß die Auslegung frei ist, frei sein und bleiben muß. Wäre Auslegung nicht frei, dann blieben die Texte ja an die Leser von gestern gebunden, an die Leser des Vatikan oder einer Synode, und wir wären nicht weiter als zuvor: Wieder bekäme der Leser einen Vorrang vor dem Text, statt daß der Text seinen Vorrang vor dem Leser behält.

Läßt sich aber eine Auslegung so angemessen prüfen, daß wir behaupten können, wir hätten das Gelesene jetzt verstanden? Ja, aber nur als eine vorläufige Folgerung, und das nur in Form einer negativen Feststellung: »Du hast es nicht verstanden, denn der Text gibt für deine Lesung keinen Anhaltspunkt«. Eine unanfechtbar positive Folgerung (»jetzt hast du den Text verstanden«) scheint mir um vieles schwieriger zu sein, *wenn* sie überhaupt möglich ist. Das bedeutet glücklicherweise, daß Auslegung immer weitergeht. Sie hält die Texte in Bewegung. Die Ruhe eines Textes, in welche die Vorstellungen, Gedanken und Meinungen über diesen eingegangen sind, wäre eine Scheinruhe. Sie würde zur Friedhofsruhe, wenn es überhaupt keine Interpretation mehr gäbe.

Die schönste Metapher für die Beziehung zwischen (biblischem) Text und Auslegung, der ich begegnet bin, vergleicht den Text mit einem Musikstück, einer Partitur: Das Musikstück muß klingen und dazu sind Spieler, manchmal ein ganzes Orchester notwendig. Lesen heißt also eine Partitur zum Klingen bringen. Aber (a) es muß dieser Text, dieses Stück bleiben. Jemand, der aus Bartok eine Art Schumann macht, schaut nicht gut hin, liest nicht gut. Um ein Stück gut spielen zu können, also gut zu verstehen, was man liest, ist ferner (b) Training nötig, Übung im Umgang mit Musik. Aus diesem Grund wünsche ich mir, daß die Bibel zum Brevier wird statt zu einem Buch, das uns das Denken vorschreibt. Die Bibel gibt zu denken; sie schreibt uns unser Denken nicht vor.

Hinweise

Achterberg, Gerrit (1905-1962), Dichter, v.a. durch die Gedichtsammlung *Thebe* (1941) bekannt. [S. 247, 250, 285]

Aratos von Soloi (315-245), schrieb ein in der Antike weitverbreitetes Lehrgedicht. Er wird in der Areopagrede (Apg 17,28) zitiert. Die Übersetzung »Wir sind seines GeschlechtsEinheitsübersetzungWir sind von seiner Art«. [S. 40, 93]»**van Baal, Jan** (1909-1992), Diplomat und Indologe, ab 1960 a.o. Prof. für Ethnologie in Leiden, Veröffentlichungen zu Anthropologie und Religionsphilosophie. [S. 25]

Bastet, Frédéric Louis, geb. 1926, Dichter und Essayist, bis 1976 Prof. für Archäologie in Leiden. [S. 243]

Bavinck, Herman (1854-1921), gereformeerd, ab 1903 Prof. an der FU Amsterdam, schriftstellerisch tätig, interessiert am Verhältnis von Theologie und Wissenschaft, von Glaube und Kultur sowie an Fragen der Erziehung. [S. 70]

van den Berg, Jan Hendrik, geb. 1914, Psychiater, 1954 Prof. für Psychiatrie in Leiden. Begründer der sog. *Metabletik*; theologische Fragen spielen in seinem Denken eine zentrale Rolle. [S. 253]

Berkhof, Hendrikus, geb. 1914, reformierter Theologe, zuletzt Prof. in Utrecht. Arbeiten zur frühen Kirche; einflußreich durch ein Handbuch zur systematischen Theologie: *Christelijk geloof. Een inleiding tot de geloofsleer*. [S. 215]

Berkouwer, Gerrit Cornelis, geb. 1903, gereformeerd, 1940-1973 Prof. an der FU Amsterdam. Studien zu K. Barth sowie zur ökumenischen Problematik von Rechtfertigung und Gnade; Beobachter auf dem 2. Vatikanischen Konzil. [S. 112, 195]

Betuwe. Landschaft in der niederländischen Provinz Gelderland, eingedeichte Niederung zwischen Lek und Waal. Zentren sind Arnheim und Nimwegen. [S. 88]

Bomans, Godfried (1913-1971), niederländischer Schriftsteller. [S. 43]

Braine, John, geb. 1922. Verwiesen wird auf den Roman *Room at the Top*, London/Boston 1957, der in England großes Aufsehen erregte. Deutsch: *Der Weg nach oben. ...und nähme doch Schaden an seiner Seele*, übers. von Herbert Schlüter (Gütersloh 1960), dtv München 1981. [S. 98]

Condé, Maryse, geb. 1937. Verwiesen wird auf den zweiteiligen Roman *Segou, Les murailles de terre* (1984), *La terre en miettes* (1985), einem fast 1000 Seiten langen Epos, das auf umfangreichen historischen und enthnographischen Recherchen beruht und nicht nur aus der Perspektive betroffener Frauen, sondern auch im Gegenzug zu einer eurozentrischen Geschichtsauffassung konzipiert ist. Deutsch: *Segu. Die Mauern aus Lehm*. Aus dem Französischen von Uli Wittmann, Köln 1988. [S. 219]

van Eeden, Frederik Willem (1860-1932), Schriftsteller und Sozialreformer, bekannt durch den Roman *De kleine Johannes* (3 Bde, 1887-1906) sowie das Lesedrama *De Broeders* (1894), ein symbolistisches Trauerspiel um die Frage von Gnade und Recht. [S. 234]

van Es, Justinus Johannea, Theologe, promovierte 1979 mit einer Arbeit zur Analogie und Metaphorik menschlichen Redens über Gott. [S. 43]

Eykelboom, Jan, geb. 1928, Dichter und Übersetzer. [S. 37]

Gerhardt, Ida G. M., geb. 1905, Dichterin in der Tradition des Symholismus, u.a. bekannt durch die Gedichtsammlung *De slechtvalk* (Der Wanderfalke; 1966). [S. 252]

de Groot, Johannes, geb. 1886, Alttestamentler. [S. 62]

't Hart, Maarten (Pseud. Martin Hart), geb. 1944, Ethologe, Essayist und Kritiker, v.a. bekannt durch zwei Bände mit Erzählungen: *Het vrome volk* (1974), *Mammoet op zondag* (1977). [S. 192]

Hillesum, Etty (1914-1943), Schriftstellerin, Tagebücher und Briefe (*Het verstoorde leven*, 1981). 1941-1942 Konzentrationslager Westerhoek, dann Auschwitz; dort ermordet. [S. 75]

Hulst, Alexander Reinard (1910-1978), Alttestamentler, seit 1946 Prof. in Utrecht. Hulst ist Bearbeiter und Herausgeber einer von J. de Groot geplanten Arbeit mit dem Titel *Macht en wil*. [S. 62]

Kirchenbeitrag. Die Niederlande kennen keine staatlich eingetriebene Kirchensteuer, sondern einen jährlichen, von den Kirchen veranschlagten Kirchenbeitrag, der individuell an die Gemeinden entrichtet wird. [S. 209]

Kushner, Harold, geb. 1935, Rabbiner in Boston. Verwiesen wird auf das Buch *When bad things happen to good people* { 1981), eine Auseinandersetzung mit den Problemen des Bösen und des Leidens. Deutsch: *Wenn guten Menschen Böses widerfährt* (München 1983), GTB Siebenstern 1089, Gütersloh 1986. [S. 110]

Kuyper, Abraham (1837-1920), Kirchenführer, Journalist und Politiker. Als Theologe auf der Basis der reformierten niederländischen Bekenntnisse Absage an Liberalismus und Vermittlungstheologie; wird zum bedeutendsten Vertreter des orthodoxen Neo-Calvinismus der Niederlande. Spielt bei der Gründung der Vrije Universiteit Amsterdam (1880) und der Entstehung de Gerefomeerde Kerk (1880/1892) die entscheidende Rolle. 1881-1901 Prof. in Amsterdam. Staatsrechtlich konservativ, seit 1881 Führer der Antirevolutionären Partei; 1901-1905 Ministerpräsident. [S. 187, 197, 202, 215, 239]

van der Leeuw, Gerardus (1890-1950), international bekannter Religionswissenschaftler, ab 1918 Prof. in Groningen, 1945/46 Kultusminister der Niederlande. Bekannt u.a durch *Phänomenologie der Religion* (1933). [S. 51, 222, 226, 228]

Lucebert (Pseud. für Lubertus Jacobus Swaanswijkl, geb. 1924, Lyriker, Zeichner und Maler. Tritt zu Beginn der 50er Jahre als schockierender Erneuerer der niederländischen Literatur auf. Bekannt ist u.a. seine Gedichtsammlung *De apocrief. De analfabetische naam*. Auszüge seines Werkes sind ins Deutsche übertragen. [S. 129]

Luyken, Jan (1649-1712), Dichter und Zeichner, von J. Böhme beeinflußt; im flämischen und niederländischen Raum durch seine Bibelillustrationen (Radierungen) und Kirchenlieder bekannt. [S. 94]

Marsman, Hendrik (1899-1940), Lyriker, Durchbruch als Expressionist. V.a. bekannt durch seinen Gedichtzyklus *Tempel en kruis* mit starken religiösen und autobiographischen Zügen. 1940 im Ärmelkanal ertrunken. [S. 258]

Miskotte Kornelis Heiko (1894-1976), reformierter Theologe, geprägt von K. Barth. Seit den 30er Jahren einflußreich und durch seine Seelsorge unter nichtkirchlichen Intellektuellen in Amsterdam bekannt. 1945-1959 Prof. in Leiden. [S. 115]

Noordmans, Oepke (1871-1956), reformiert, Pfarrer und Autor praktisch theologischer Schriften. Eine der einflußreichsten theologischen Figuren seiner Zeit. Seine Theologie ist stark von K. Barth beeinflußt. [S. 222]

Pessoa, Fernando A. N. (1888-1935), bedeutendster Lyriker der neueren portugiesischen Literatur. Deutsche Übers.: F. Pessoa, *Dichtungen*, Frankfurt 1965. [S. 244]

Ridderbos, Simon Jan, geb. 1914, Veröffentlichungen zu Fragen der Ethik sowie der Pastoralpsychologie. [S. 70]

Roelofsz, Charles Frederik (1897-1962), Maler und Zeichner, 1955 Prof. an der niederländischen Reichsakademie. R. schuf Wandmalerei, Bühnenbilder sowie Federzeichnungen und Radierungen, vom Futurismus beeinflußt. [S. 179]

Roland Holst, Adriaan (1888-1976), Lyriker, neben Shakespeare- und Yeats-Übersetzungen v.a. bekannt durch den Gedichtzyklus *Een winter aan zee* (1937), in dem die Stimmungen der winterlichen Nordseeküste zur Metapher der lyrischen Existenz des Dichters werden. [S. 229]

Rothuizen, Gerard Theodoor (1926-1988), Veröffentlichungen zu Fragen der Ethik; Kenner und Interpret von D. Bonhoeffer. [S. 253]

van Ruler, Arnold Albert (1908-1970), reformierter Theologe, 1947 Prof. in Utrecht. Veröffentlichungen zu allgemeinen Fragen der Glaubensinterpretation sowie zum Verhältnis von Kirche und Welt. [S. 116, 121, 129]

Schillebeeckx, Edward, geb. 1914, katholischer Theologe, 1958-1983 Prof. in Nimwegen. Großer Einfluß auf das 2. Vatikanische Konzil und auf die nachkonziliare Theologie. Gilt als einer der Erneuerer der katholischen Theologie. Viele seiner Werke sind übersetzt. [S. 164]

Schmidt, Annie M. G., geb. 1911, bekannte und vielseitige niederländische Schriftstellerin von Prosa, Poesie, Dokumentationen sowie Kabarettistischen Texten. [S. 95]

Schoonenberg, Piet, geb. 1911, katholischer Theologe, 1958-1978 Prof. in Nimwegen. Gab mit seinen exegetisch und theologiegeschichtlich orientierten Ansätzen der katholischen Theologie in Fragen der Gotteslehre, der Christologie sowie der Anthropologie wichtige Impulse. Mehrere deutsche Veröffentlichungen. [S. 74, 174]

Seeland. Provinz im Südwesten der Niederlande, besteht größtenteils aus flachem, seit dem 13. Jahrhundert trockengelegtem Polderland; wirtschaftlich schwächste Provinz der Niederlande. War bis zum Abschluß des Deltaplans vom übrigen Land verkehrstechnisch abgeschnitten und immer wieder von schweren Überschwemmungen heimgesucht. [S. 120]

Vestdijk, Simon (1898-1971), Autor von Gedichten und vielen u.a. phantastischen Romanen, u.a. *Aktaion onder de sterren* (1941), *De dokter en het lichte meisje* (1949), *De koperen tuin* (1950). [S. 186]

Vroman, Leo, geb. 1915, lebt in den USA, schreibt Gedichte, Erzählungen und Theaterstücke: *Tineke* (1948), *Het Carnarium* (1973). [S. 146]

Wilhelmuslied oder das *Wilhelmus* ist die niederländische Nationalhymne. [S. 115]

de Zwaan, Johannes (1883-1957), Neutestamentler, schrieb eine *Inleiding in het Nieuwe Testament.* [S. 134]

Personenregister

Sach- und Themenregister

Die behandelten Themen (kursiv gesetzte Seitenzahlen) sind den Überschriften der Kapitel und Paragraphen entnommen.